U0515647

中國近代期刊彙刊·第二輯

新民叢報

四（拾玖—貳拾肆號）

中華書局

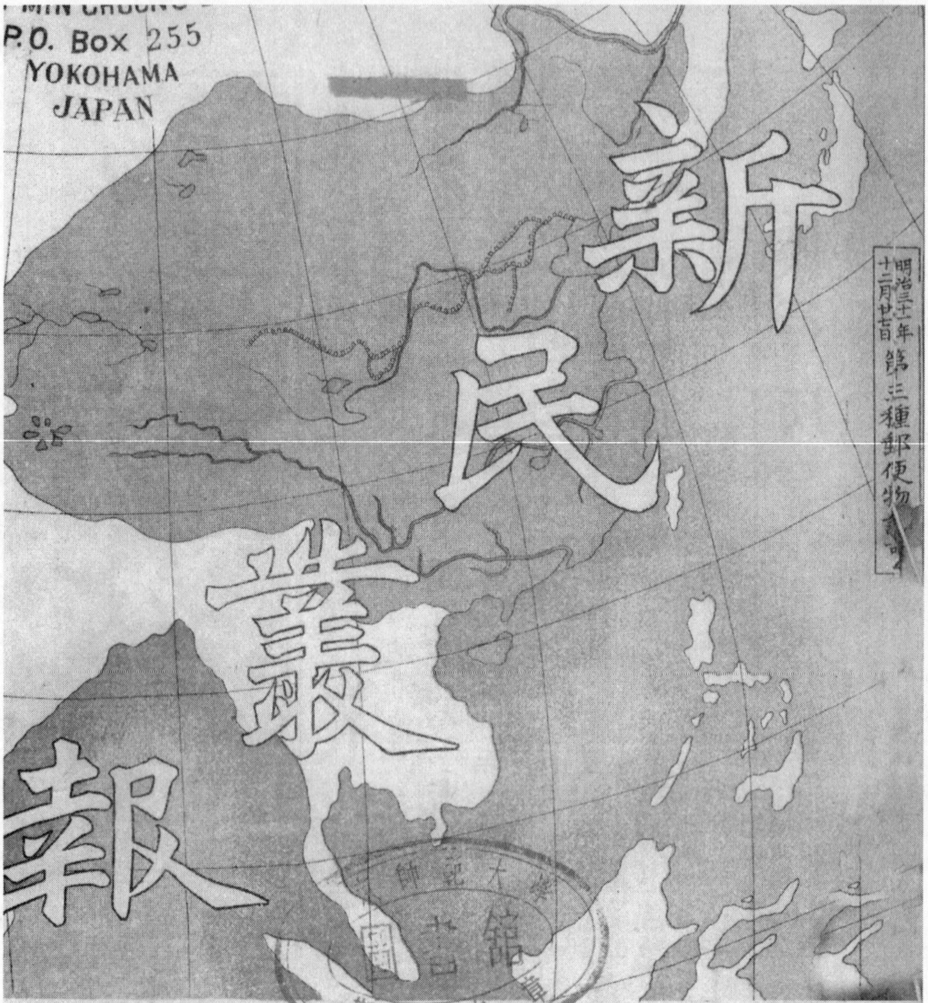

新民叢報

第拾玖號

光緒二十八年十月初一日
明治三十五年十月卅一日

每月二回朔望發行

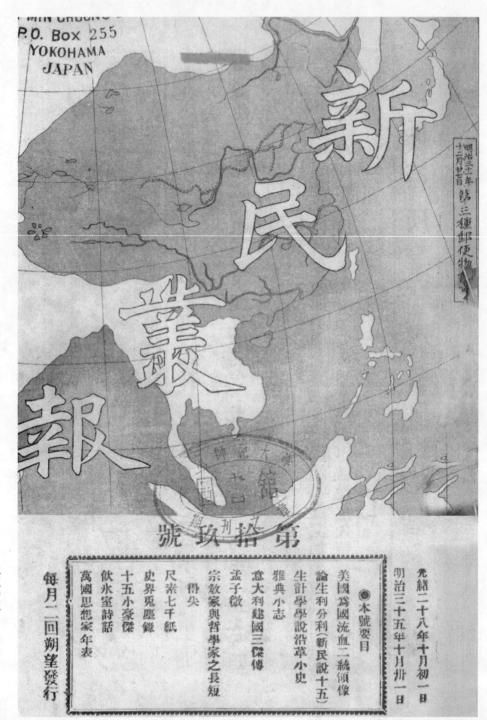

美國法學博士札遜原著〇順德麥仲華重譯

歐洲十九世紀史

出書告

全一冊　定價五角五分

十九世紀者歷史上**空前之名譽時代也**欲識人類之價值不可不讀十九世紀史欲觀天演之作用不可不讀十九世紀史欲養國家之思想不可不讀十九世紀史雖然著十九世紀史者不多而善本尤少今所最著名者則菲佛氏苗拉氏馬懇西氏之三家馬氏之書坊間有譯本題爲泰西新史攬要者譯筆太劣讀者不慊焉札遜博士之書**最晚出兼諸家所長而有之**故一殺青後重版十數各國繙譯之者亦踵相接其書敘事簡而不漏論斷卓而不偏趣味濃深如讀說部無怪爲學界所大歡迎也此編爲日本專門學校譯本重譯者麥君曼蓀久留學東京文學夙著譯本價值自無待言

發行所　上海英界同樂里　廣智書局

新民叢報第拾玖號目錄

光緒二十八年十月一日

售報價目表

全年廿四冊	半年十二冊	每冊
五元	二元六毫	二毫五仙

美洲澳洲南洋海參威各埠全年六元半年三元二毫零售每冊三毫正
郵稅每冊壹仙外埠六仙

廣告價目表（刊資先惠論前加倍）

一頁	半頁	一行四號十七字起碼
十元	六元	二毫八仙

凡欲惠登告白者須于本報定期發刊之前五日交到價泊先惠欲登長年半年者價當面議從減

編輯兼發行者　馮紫珊
印刷者　西脇末吉
橫濱山下町百五十二番館
發行所　新民叢報社
橫濱山下町百五十二番館　信箱二百五十五番
印刷所　新民叢報社活版部
東京神田區表神保町三番地
東京發賣所　東京堂

清議報全編第三集出書廣告

本社校印本編本當從速殺青惟因印務太繁蹉跎至今實無以應海內諸君之望抱歉實深茲第三集已印成裝訂日內即可出書凡購有股票者祈携票到取并將未付之欵全數清找其第四集以下容當陸續赶印准于年內全行告竣再本編以係全部編成故無零售而各地之未購有股票者多紛紛函索絡譯不絕本社實重違盛意茲當第三集發行特通融辦理如欲購者將全價交下先付一二三集其餘俟陸續印成補交○全部定價日銀八元外埠加郵費一元五角

茲將第三集全目列下

第三集新書譯叢凡十四種都爲六卷●卷九 國家論●各國憲法異同論●帝國主義論●社會進化論●政治學案 卷十 埃及近世史●明治政黨小史 卷十一 支那現勢論 卷十二 ●中國財政一斑●揚子江●中國地理文明論●支那上古宗教考 卷十三 佳人奇遇 卷十四 經國美談●共成四大厚册洋裝一千六百餘頁

發行所 橫濱山下町百五十二番 新民叢報社

新小說第一號目錄全告　准十月十五日出報

新小說社徵文啓

小說爲文學之上乘於社會之風氣關係最鉅本社爲提倡斯學開發國民起見除社員自著自譯外玆特廣徵海內名流傑作紹介於世謹布徵文例及酬潤格如下

第一類 章回體小說在十數回以上者及傳奇曲本在十數齣以上者

自著本甲等	每千字酬金	四元
同　乙等	同	三元
同　丙等	同	二元
同　丁等	同	一元五角
譯本甲等	每千字酬金	二元五角
同　乙等	同	一元六角
同　丙等	同	一元二角

凡有惠寄此類稿本者若能全書見寄最妙不能則請先寄三回或三齣以上若本社不合用即將原稿限五日內珍復決不有誤若合用則擬其酬金等第奉告如投稿者或不滿意於其等第亦請速惠函俾將原稿珍復

本社所最欲得者爲**寫情小說**惟必須寫兒女之情而**寓愛國之**

意者乃爲有益時局又如儒林外史之例描寫現今社會情狀藉以警醒時流矯正弊俗亦佳搆也海內君子如有夙著望勿閟玉

第二類　其文字種別如下

一雜記　或如聊齋或如閱微草堂筆記或虛搆或實事如本報第一號雜記之類

一笑話

一游戲文章　不拘體格

一雜歌謠　不必拘定樂府體格總以關切時局爲上乘如彈詞粵謳之類皆可

一燈謎酒令楹聯等類

此類投稿恕不能徧奉酬金惟若錄入本報某號則將該號之報奉贈一冊聊答雅意其稿無論錄與不錄恕不繳還

凡投稿諸君務請書明姓氏住址俾得奉復

新小說社啓

揚州埂子街水倉巷潘第見惠樂府八首已收到謹布報謝　本社附復

上海廣智書

日本浮田和民著

西洋上古史

此書爲日本人所著歷史中**第一善本**東學界既有定評西洋上古之文明爲近世文明之母光怪陸離令人不可思議此書本局現已譯成即日付印奉告海內諸君**勿複譯**爲盼

再此書自登告白以後海內諸君貽書囑勿複譯者三人然業已脫稿矣惟待飲冰主人附加案語故來月乃能出書也惜本社報告不速致瑤翰飛來趨避無及矣　譯者附白

日本松村介石著

萬國興亡史

此書爲最新出版著者以三年之力乃成之現僅出上世中世其近世最近世尚未脫稿也其書全用史論體專言文明盛衰之原誠日本前此未有之作也書中於中世特詳日本人所著中世史前此無一善本本局既出西洋上古史世界近世史歐洲十九世紀史合以此編則數千年之史備矣**四種合共六十餘萬言**煌煌巨帙學者合而讀之於古今大勢可以瞭然矣誠非坊間通行之萬國歷史寥寥小本者所能望其肩背也現已開譯敬告海內譯者**幸無駢枝**

局己譯書目

飲冰室主人譯

盧梭民約論

民約論之名久轟於我學界然其書至今未出現讀者憾焉譯書彙編舊有譯本尚未及半而其中訛謬殊多往往失著者之本意今飲冰室主人悉心校譯並多加注解及案語卷首復著盧梭詳傳及學案凡數千言詳述其哲學學說教育學說卷末復取近儒駁正盧說者條列之以資考證誠譯界中不可多得之本也現已成書不日付印

順德麥孟華譯

孟德斯鳩萬法精理

順德羅普譯

斯賓塞社會平權論

番禺韓文舉譯

邊沁利學正宗

新寧梁朝杰譯

歐洲新政史

以上諸書奉告海內諸君勿復譯爲盼

廣智書局派息廣告

啓者本局准于本月開派第一年老本息凡預股諸君請就近持票向各代理處領取特此佈告

茲將各處代理人芳名列下

粵省雙門底開明書局　香港上環海旁和昌隆鄺壽民翁

上海本局　北京有正書局

横濱廣萬泰黃慧之翁　檀香山甄景雁翁

舊金山大埠文興報館　又謝星儔翁　羅省技利廣安號黃翰之翁

砵崙廣聯泰李美近翁　舍路華昌胡拔南翁

碧加雪地永興源梁鉅翁　巴笨馬廣安和潘安民翁

個郎謝艮川翁　溫哥華葉星南翁

域多利李福基翁　二埠劉章軒翁

雪梨劉汝興翁　西澳省華利號

遮路頓鄺亮翁

其餘各處小埠未暇盡錄

壬寅十月　本局司理人謹啓

美國爲國流血之二大統領

（其一）林肯

Abraham Lincoln 1809-1865

林肯者美國第十六代之大統領也家世微賤父操舟為業如中國之蛋戶者然父母皆不識字林肯幼時幾於饘粥不給稍長刻苦就學學識秀卓而仁質尤盛見南部諸省虐使黑奴發大心欲拯之初著書作報發揮此義聲名漸高其論動全國千八百六十一年被舉為大統領因開南北美之戰實古今獨一無二之義戰也千八百六十五年再被舉復任戰事畢內難平忽為南省餘党所刺卒舉國莫不流涕

美國爲國流血之二大統領

（其二） 麥堅尼

Mckinley

麥堅尼美國前一任之大統領也以一千八百九十七年被舉就任一千九百一年再舉復任美國向守門羅主義不許歐洲人干預西半球至麥堅尼則別解釋此主義而擴充之西半球則不許人干預而已則干預東半球遂因古巴之事與西班牙搆戰又兼併夏威夷侵略菲律賓實美國前此所未有也美國之帝國主義遂以確而於生計界益昂然爲全球之主人翁矣美國之諸大統領除華盛頓林肯外其功業未有若麥堅尼之盛者也去年冬爲無政府党所刺卒

論說

新民說十五

中國之新民

第十四節　論生利分利

謂中國而貧國耶。大學曰有人此有土。有土此有財。未聞以數十萬里之地數十千萬之人而患貧者也。謂中國而富國耶。稽其官府則羅掘而無所於得。行其閭閻則憔悴而無以自存。雖有辯者。不能爲中國之貧諱也。貧之原因不一端。本報民報述。請專言民事。

大學曰。生之者衆。食之者寡。此言至矣。後世生計學家言殖產之術。未有能外者也。夫一國之歲殖者國中人民歲殖之總計也。綜一國之民。無論或勞力或不勞力。勞力矣或生利或不生利。而其待養於地之所產民之所出則均。一國歲殖只有此數。惟其養徒食者數寡而後贍能生者數多。贍能生者數多。而後國之所殖乃歲進。反是則其國未有不瘁焉者也。

生計家言財之所自出者有三一曰土地二曰資本三曰勞力三者相需而貨乃成譬同一土地也在野蠻民族之手則爲石田在文明民族之手則爲奇貨其故何也文明人能利用資本勞力以擴充之而野蠻人不能也所謂利用資本與勞力者何也用之而斷其有所復也何謂有所復用吾力以力田焉製造焉被其功於物材成器之後其值遂長其所成之物歷時甚久猶存人間可以轉售交易今日以功成物他日由物又轉爲功如是則勞力復焉矣斥吾資以庀材焉雇傭焉材由生貨轉爲熟貨傭以人力造出物力已熟之貨蓄力之物其所値必餘於前此所斥之資吾財無損而且有贏如是則資本復焉矣所復者多一次則所殖者進一級何也復者必不徒復也而又附之以所贏此富之所由起也一人如是一國亦然

夫綜一國之資本勞力而歲計之只有此數也今年而投諸有所復之地則明年而其率增若干焉再明年而其率又增若干焉歲而增之以至於極富今年而投諸無所復之地則明年而其率減若干焉再明年而其率又減若干焉歲而減之以至於極貧故今年同一資本同一勞力也一有所復一無所復之間其結果之相還在明年則爲一

與四之比例矣再明年則爲一與十六之比例矣又再明年則爲一與六十四之比例矣嗚呼其可驚有如此者何以明其增減之率然也此其事於資本易見而於勞力稍難明一歲之所總殖其所以用之者不外兩途其即享即用而無所復者命之曰消費其斥以求贏而企其有所復者命之曰母財（即資本）有人於此今年以千金之母財而所殖者得千五百焉使其人一歲消費之率而適五百也則適盡其所增殖者而明年仍有千金爲母財仍殖千五百則其產不進亦不退或遇時機而所殖者忽逾常率則母財亦隨增矣（然使偶一歲遇不利而所殖不及常率則又將必至蝕母財矣故曰羣治以進爲期中止則憂退則爲病不必退也即中止而已岌然不終日矣）使其消費之率歲僅三百也則明年以今年所殖之餘而合諸母其母財爲千二百而所殖者千八百矣再明年又以明年所殖之餘而合諸母則其母財爲千五百而所殖者二千二百餘矣反是而使其消費之率歲而七百也則今歲所殖不足供今歲而不得不蝕及母財明年之母財僅餘八百而所殖僅千二百矣再明年而再蝕之其母財僅餘五百而所殖僅七百餘矣蝕者其母遂並其所生之子而亡之不及三稔而千金可以蕩然此事之最易見者也夫此等持籌握算之論士君子每羞言焉而其義實通於治國一國之

產而依前者之比例焉國未有不榮者也一國之產而依後者之比例焉國未有不悴者也抑一國之浪費與一人之浪費理同而形異一國之浪費有二(其一)國中之人人皆歲費過於歲殖於是結集成國而一國之總歲費過於總歲殖是也若是者則其國不數年而遂可以滅亡雖然天下從無此國民也(羅馬之末路殆將近是故史家謂羅馬之亡乃其自亡而非日耳曼人能亡之也)有善費之民亦必有善殖之民與之相救國之所以維持於不敝賴此而已(其二)國中之人雖有善費者有善殖者而殖者之人數不及費者之人數費者一人所費之數又過於殖者一人所殖之數截長補短以統計之而一國之總歲費過於總歲殖是也今之孱國比比然也國之總費既過總殖則勢不得不蝕及全國之總母財總母能幾何豈堪當此歲蝕也此資本增減之比例率也至勞力之增減其事亦與資本相緣夫母財之為用也大率庀材者居其半給餼者居其半所給之餼即所以養勞力者也惟母財豐然後百業興百業興然後給餼眾給餼眾然後勞力者各得所養而其有所用力被於物復成母財遞增遞進而力乃盡其用今使母財被蝕而無所餘則民有力而無用之之地其力遂日以漸銷(生物學之公例。凡一能力久廢不用者。則其能力必變亡)斯密亞丹嘗言。「吾英今日

之民。勤於昔者。緣今日國財。斥之爲母以贍勞民者。多於三百年前也。三百年前之民。勞而無獲。乃多惰游。其言曰。與其作苦而無獲。不若嬉戲而無餘。大抵工商業廣之區。其民皆母財所贍雇。故其用力恆勤。而酣戲飲博。自以日銷。設其地爲都會養民者不在母財而在支費。則皆呰窳媮生。」嚴譯原富部乙篇三是資本之增減。與勞力之增減成比例也。明矣。而況夫旣舉善殖者之所食以養善費者。則此善殖者。雖不窳惰。而亦無以自存。或餓莩。或流亡。有妻不能迎。有子不能舉。勞力之損去者。不可以復續。此又其銳減之跡顯而易見者也。資本蝕矣。勞力萎矣。生財之三要素。旣毀其二。雖有土地。其將何所緣以產百物耶。國之所以有廣土衆民。而不免於貧蹙者。坐是而已。

申而言之。則國之興衰。一視其總資本總勞力之有所復無所復而已。有所復者。資母孳子。大學謂之生之者。生計學家名之曰生利。無所復者。蝕母亡子。大學謂之食之者。生計學家名之曰分利。吾將論生利分利之種別。

吾聞生計學家言。生利之人有二種。一曰直接以生利者。若農若工之類是也。二曰間接以生利者。若商人若軍人若政治家若教育家之類是也。而其生利之力亦有二種。

一曰體力二曰心力心力復細別爲二。一曰智力二曰德力若以其生利之事業分之。則有六種。

第一　發見及發明　發見者。新覓得天然物。或新考出其物之利用也。如哥侖布發見亞美利加洲。又二三百年前新考出於草中有一種特質足供人用者。皆是也。發明者。將天產物加以新法。則能廣其用。而其法爲前人所未知者。如最近發明無線電報之類是也。

第二　先占　先占者。採收未有主權之天產也。如伐木獵獸漁魚採礦之類是。

第三　用於生貨之勞力　生貨謂物之未經製造者。如農業森林業牧畜業是也。各種製造品之材料。皆自此種勞力而來者也。

第四　用於熟貨之勞力　如製穀麥爲麵包。製木材爲家具。製土爲陶磁。製金屬爲機械。製綿絲爲布帛。其餘各種關於製造者。皆屬此類。

第五　用於交通之勞力　變更貨物之位置。以運輸交通。便適民用者也。凡商業等皆屬此類。

第六　用於保助之勞力　若官吏。若軍人。若醫生。皆所以保護生利者也。雖不能直接以生利。然其職若保險公司然。故非分利。若教育家。若文學家。所以助長生利者也。雖不直接以生利。然得此令人智識增長。性質改良。於生利大有所補。故亦不爲分利。

此皆生利之事業也其不在此數者皆謂之分利斯密亞丹云「人以多雇工傭而富。以多畜便辟使令之人而貧。何也。使令者之功固匪所寄則莫可轉事竟力消而不可得復也」斯密氏充類至義之盡則以爲分利者不僅便辟使令之賤者而已。自王侯

君。公降至執法司理之官吏。稱戈擐甲之武夫。皆此屬也。故其言又曰。「品上者若官吏師儒若醫巫若文章之士。品下者若倡優侏儒鬥力走馬臧獲厮養。其用勞力也。雖貴賤迥殊。輕重各異。而皆投其力於不可復之地。當生即毀。其於分利致貧之數者也。」斯密此論。後賢聚訟紛然。吾今不具引。不具辯。吾請取我國中分利者之種類而細論之。

（未完）

學說

中國之新民

生計學學說沿革小史（續第十七號）

第九章　斯密亞丹學說　部乙一之一

德國生計學新學派之泰斗羅士哲 Roscher 嘗有言「斯密亞丹者立於生計學史之中心者也斯密以前諸家皆爲斯密學說之準備者耳斯密以後諸家皆爲斯密學說之修補者耳」美國皮爾利亦言「斯密「原富」之初出世正與美國宣告獨立同年此書亦一種獨立之宣告也彼摧破重商主義之邪說而使生計學爲一獨立之學科其聳動一世之耳目而別開一新時代殆與哲華遜（按美國獨立檄文之主稿者也）之檄文同一功用哲華遜檄文震撼政治界斯密著述震撼生計界故論者或謂生計學之鼻祖非阿里士多德而斯密亞丹也良非偶然」新民子曰吾著生計學史至斯密時代使吾生一種異感吾乃始驚學問左右世界之力如此其宏大吾乃始驚二百年來歐美各國以富力霸天下舉環球九萬里爲白種人一大「瑪傑」而推其波助其瀾者乃在一眇眇之學

士。嗚呼。斯密氏之學說。披靡西土者。已百餘年。今且爲前魚矣。爲積薪矣。而其書。乃今始出現於我學界。斯密原富嚴譯本去年始印行 然且鄉曲學子得讀之者百無一焉。讀之而能解其理者千無一焉。是豈不可爲長太息也。吾今故略敍斯密之性行學術。且舉其全書十餘萬言撮其體要。以紹介諸好學諸君子。本章所舉之詞。一依嚴譯。蓋無以易之也。其所臚學說。視他章較繁。茲不避者。重鉅子也。然提要鈎玄處。亦頗費苦心。讀者當能鑒之。吾欲以此爲讀原富者之鄉導云爾。

二

斯密 Smith 名亞丹 Adam 以千七百二十三年六月五日生於蘇格蘭之卡可底。Kirkaldy 初受教育於鄉學。學業大進。以記性絕倫聞。千七百三十七年。入本國克拉士哥大學。四十年。轉英國惡斯佛大學。其所最嗜者爲數學物理學歷史哲學。常慨然有改良羣治增進民業之心。四十八年。再歸蘇格蘭。居愛丁巴拉府。始與碩學謙謨 Hum 交。五十一年。爲克拉士哥大學教授。講倫理學及道德哲學。始有名於時。其講倫理學也。分爲四科。一曰自然理學 Natural Theology 二曰道德學 Ethics Proper 三曰國法學 Public Saw 四曰生計學 Political Economy 凡任此校講席者十一年。其時謙謨所著生計學書初出世。斯密讀之。大有所感動。益潛心以研此問題。

千七百五十九年。著一書。題曰「感情論」Theory of Moral Sentiments 此書所論。略與蘇格蘭學派首領赫欽遜 Hutcheson 李特 Reid 等相合。蓋以倫理學上同情主義爲基礎。論者或疑此書與其後此所言生計學理多相反。而不知斯密之哲學。本受「自然說」Theory of Nature 之感化。傳陸克 Lock 謙謨赫欽遜之衣鉢。其後此主張生計自由 Economic Liberty 皆此精神所一貫而已。

千七百六十四年。去大學。游歐洲大陸。僑寓巴黎者一年。其在巴黎也。與奎士尼、渣爾曝、見前章及其他哲學家、公法學家、生計學家相親交。於法國生計學說。大有所得。六十六年。歸國。隱於故鄉卡可底者十年。千七百七十六年。突然以原富一書。公於世。原富原名 An Inquiry into the Nature and Causes of the Wealth of Nations 譯言考究國民之富之天然及原因也。七十八年。被擧爲蘇格蘭稅務長。八十四年。喪母。瘠毀過度。越六年。爲千七百九十年七月。斯密亞丹遂卒。得年六十七。斯密之病革也。語其友人列德爾曰『吾一生事業。無可表見。今遂不得不死耶。』嗚呼。以斯密之學術。開拓萬古。推倒一時。爲學界建一至高至大之紀念塔。而其歉然不自足也若此。大哲之風度。吁可敬矣」

今請言斯密著述之要領。

斯密首以國民之勞力爲富之大源以謂勞力者國民所賴以得日用百物之供給者也斯密固非謂勞力爲生產上獨一無二之原質然於卷首特提出趨重力作之義殆所以示別於重商重農之兩學派也而其論勞力之效以分功爲第一要義謂分功之繁簡可以覘人國治化之淺深而又言分功學理之適用農業不如工業卷首論分功之效一篇其學識已有夐超前古者矣。

斯密又論分功之起原由於人類有欲交易物品之天性其言曰功分而生財之能事益宏雖然非前知其能生財然後分之若此也蓋起於不得已焉人生而有羣天與之以有欲其所以養此欲者非一人之身所能備也勢必取於相資故有質劑（謂相易以約者）有交易（謂相易以物者）有買賣（謂以財爲易者）而生事以供亦有此三者而分功以著治化既開易事乃始易事既有乃各審其耳目手足之所宜各操一術焉以前其羣之用勞一人之心與力而各有所出自享不盡斥其餘以爲易以給他人之求而已亦得所欲此分功交易所以相因爲用也。

斯密又論分功之程度與市場之廣狹相爲比例。蓋山城小市，貿易寡通，其民若專攻一業，則自用而外多致餘饒，而莫與爲易，故不得不舍其專而業其衆，輟此業之有餘，補彼業之不足，然後生事得粗具也。因論分功之所始，必在瀕海多江河之國，以其交通便，故市場廣，市場廣，故百工興也。近世歐美諸國汲汲然求市場於遠地，勢將合五大洲爲一大「瑪傑」，皆實行斯密分功之政策而已。

斯密又曰：分功局定，則民之生事取足於己者日以少，待給於人者日以多，故易之爲道尚焉。雖然，爲易之始，必有所窒，使乙之所以易，非甲之所欲，有則易之事將窮。有智者起，別儲一物，使隨時隨地出以爲易，人皆樂之而不吾拒，此物也名之曰「易中」，是即貨幣之所由起也。人各持此易中以易所欲得之物，然物萬有不齊也，故不得不定其價格焉，以爲相易之準。斯密論物之價格，分爲二種：一曰利用價格（物每有利用甚宏，生事所不可無，而不可以相易，空氣水土是已），二曰交易價格（物有利權甚大而利用蓋微，珠璣寶石是已）。夫物苟不可以相易，則其價格蓋可勿論，故專論交易價格。

斯密乃論物有眞値與市價異。凡人所有之物，皆自力來，始也以力致物，今也積力於

[illegible]

物及其未毀斥以與人或易物焉或得錢焉自我觀之其所得者必其與是力相當者也故功力者物之所以相爲易也若是者謂之眞値雖然於入市之際而曰吾較量吾所用之力以取償焉吾能計之而購者未必能也故取定於兩家當市之評甲仰而乙俯之乙出而甲入之至於各得分願而止若是者謂之市價

斯密又言吾欲求得一物以衡量萬物之眞値以審其貴賤之差吾思之吾重思之其可以爲諸値之程準者宜莫如人力矣成一物而費功力若干自勞力以產物致貨者言之無論何地何時其所費之分量一耳故費力多者其物貴費力少者其物廉惟功力有恒可以爲物値之準以此而衡量一切萬物之價格可謂最公而獨眞也故人力爲直正之價格貨幣不過名義上之價格而已

雖然物價亦有析分焉當民之初羣無占田無積聚故交易價格惟視產物致貨時所費之功力幾何以爲差率及羣治愈進而物價所含之性質亦愈複雜嚮昔地無所專屬也及後世分民分土而天下之地皆私財於是乎有地主勞力者必資土地乃能產物而土地既非所自有遂不得不納租賦以乞貸之於地主分其勞力所得之若干以

爲償若是者名曰租（日本謂之地代）又生民之業皆力作於先食報於後二者不能同時方其力作非先有以贍其口體固不可也則必仰於積聚者之家積聚者出其母財以餉材焉以餼廩焉及其成貨也又不得不分其勞力所得之若干以爲償若是者謂之息（日本謂之利潤）除租與息之外其成貨而售之也猶足償其勞力所費而有餘若是者謂之庸（日本謂之賃銀）租庸息三者物價之原質也即一物之價論之將見或彼或此或僅一焉或兼三焉而皆統於是三物者顧租庸息雖不同物而其始則皆勞力之所出故皆可以功力爲權度也

斯密復論經價與時價之不同經價者即物之眞値所以致是貨入市之全費也即合其所納於土地之租、所償於資本之息、所酬於勞力之庸而所售適足以相抵者是也時價者當市所售之價也時價與經價異或等或過或不及而常視供與求相劑之間（持求物售者謂之供。人欲得物者謂之求。）使供之數不及乎求之數則有力者奮出過經之價以蘄必得供少求多則求者競競則時價優於經價矣使供之數過乎求之數以經價求者無多而急售者衆求少供多則供者競競則時價劣於經價矣故時價者常爲競爭力所左右而

勤搖於經價之周圍所謂供求相劑者則任物自己而二者常趨於平也夫供求相等爲實事所絕無而勢之所趨又常以相等爲的蓋供過求時價劣經價則供者必受斂受斂則遷遷則供者減而與不及之求相劑矣求過供時價優經價則供者必獲利獲利則徠徠則供者增而與太過之求又相劑矣斯氏此論可謂通物情之窾奧洞天地之大理言利也而進乎道矣

斯密又以爲經價之成本於三物（即租庸息三者也）故經價之變又視三者而爲差而三者之差則視其羣之或貧或富其治化之或進步或中立或退行因覃思博徵以推明諸變相待之理

斯密乃言曰庸率之高下定於受傭者與雇傭者兩家之約而二者之利常相妨受者惟恐其少雇者惟恐其多兩者競爭之結果而常率出焉然雖最低之庸率亦必使所得者有餘於二人之自養然後其事乃可長而一國之庸率其能優於此最低率若干度恆視其國之貧富以爲差蓋力役爲物與百貨同體庸者力役之價也庸之消長亦視供求相劑何如國富則母財足興業多需傭衆求過於供而庸率騰國貧者反是是

故察國財之進退莫著於勞力者之庸庸優者進庸劣者不前此誠必至之符自然之驗也。

案中國庸率近日如大優進者然。他地吾不確知若廣東京津諸地則視數年前倍蓰焉。有明證也。然則是亦可謂爲我國國財增進之現象乎、曰是又不然。庸率之進固由興業之衆。而此興業之母財非出自我而出自人也。母財出自人則其贏入於人。生計學之公例。庸薄則贏厚。庸厚則贏薄。西人今患過富庸厚病贏。故其擁資本者皆以懋遷於庸薄之地爲利。彼其所以爭輳集於中國者皆爲此。非欲以劑吾庸。實欲以吸吾贏耳。今者外財驟來求傭者之數驟增而道路不通內地之傭未能遽出以劑其供率。於是庸額驟漲焉。然我所得者僅此小部分之庸而大部分之贏已盡歸他族之手。吾人欲求贏而不得則中產虧耗民生日敝。加以物價隨庸率而騰踊。受傭者雖得稍高之率亦不過僅足以自給。而前此挾小資本以求贏者今後則無可復望。勢將自降以乞爲傭於人矣。昔印度及其餘野蠻人所居之地當白種初入時皆嘗經過此現象者也。言念前途毛骨俱悚。

惟贏亦然。按贏即前所言之息。然息之界狹。贏之界廣。故常言租庸贏。依嚴書之命名也。說見嚴譯原富釋贏篇。贏之厚薄。亦常與國財盛衰相消息。雖然二者之所因同。而其所以因者大異。庸率爲正比例。而贏率則爲反比例也。蓋功力之酬。多乃有養。必國財而後庸率高。而毋本之斥少則渴之。故國財衰而後贏得厚也。

斯密次論業異而庸贏不同之故。推本於自由政策。而攻擊政府干涉之爲失計。其言曰。苟聽民之自己而不加擢塞驅縶於其間。則一國之中。民生諸業。凡所以致其力而役其財者。將苦樂利不利相若。都邑錯處。風氣棣通。一業獨腴。則民將自趨一業。獨瘠則民將自抑。將各審其內外之分。以與其所居之羣相劑。不必在上者爲之焦勤也。惟在上者爲之焦勤。而後民失其自由。而業之不齊以著。故曰。民如水。自趨平。又曰。國助不如民自助。

案斯密此言。蓋針對歐洲當時治體而言也。彼時承重商主義極盛之後。各國政府。專以干涉爲政策。干涉之敝。民失其情。物失其理。原富第一篇第十章。臚舉當時政令約束之種類有三。一曰限其人數使之少。二曰增其人數使之多。三曰禁其徙業

二五三六

使不得自然通流。夫以當時歐洲民智既大開。民皆知所以爭自存之道。然猶限制之若此。誠哉其爲民病矣。若我中國則政府之與民業向來漠不相關切以云自由則中國民之自由極矣而其敝又若此故斯密之言治當時歐洲之良藥而非治今日中國之良藥也治今日之中國舍前此所謂哥巴政略克林威爾政略者其道無由且歐洲非經前此重商主義一度之訓練而其民又安能神自由之用也況乎今日帝國主義日行各國之民業皆以政府爲後楯以出而競於世界當其鋒者又豈以一私人之力而能奏效也讀斯密書者亦審其時衡其勢而深知其意可耳。

斯密之論租也。曰合三成價。租與居一焉。而其所以入價之情與庸贏大有異。庸贏之高下物價所以貴賤之因也而租之重輕則物價貴賤之結果也何則使市價溢於經價則所溢者將斷而爲租。使適如經價而止則租無由出矣。故地之所產有物爲求常過供則市價常溢。人乃賽其地爲故常得租。有物爲求或過供或不及供則市價或溢或不溢。人乃遲回以擇其地爲故或得租或不得租。是租入之大例也。

租庸贏三者。固物價之原質。而民所賴以養軀命繕家室長子孫者也。因茲三塗。而各

羣中可分爲三大階級。一曰地主食租者也。二曰勞力者受庸者也。三曰資本家享贏者也。而三塗之利害與通國之休戚。則有合有離。地主之利害與國之休戚最相關切。蓋民至合羣成國。其中一切進化利民之事。凡可使地產日增民生日裕者。無一而非有土者之大利也。故必物產滋然後租入鉅焉。必田野闢然後物產滋焉。必民業盛而後田野闢焉。民業盛田野闢而國不休者。未之聞也。勞力者之利害亦然。大抵庸率最優。莫若進治向富之國。中立不進。所得將微。故國勢進盛之秋。大利固歸於產主及其衰退。則蒙罰尤酷者。又莫若勞民也。獨至第三級之資本家。則其利害常往往與公益相背馳。蓋民貧然後子錢加。國彌富則息率彌微。國治衰退。民生困窮。息率彌大。至其極焉。而國與羣殆將亡而散矣。

案斯密治衰息重之論。嚴氏嘗駁正之。見所譯原富部甲下案語。今不具引。

此原富第一編之要領也。（此章未完）

歷史

雅典小志

中國之新民

發端

新史氏曰：國無大小，要在其國民所以用之者何如耳。今日言世界史者，必嘖嘖道希臘，希臘之地，不足以當吾一小省也。言希臘史者，必嘖嘖道雅典、斯巴達，雅典、斯巴達之地，舉不足以當吾一大縣也。斯巴達當來喀瓦士時代，其有完全公民權者，不過九千人。雅典當克里士典尼時代，其有完全公民權者，不過萬六七千人，以視吾一大鄉鎮，猶相懸絕也。而令數千年讀史者，無論言政治、言法律、言教育、言軍事、言生計、言學術、言技藝，皆不得不鼻之以爲祖，嚮之以爲鵠，而令數千年讀史者心目中，懸一偌大之雅典，偌大之斯巴達，一若其廣土衆民與今日之英俄德美相等者然，而豈知其版圖不過我古代一侯封，其戶口不過我古代一師團也（萬二千五百人爲師）。嗚呼！果持何術而能致此。

雅典與斯巴達反對之兩極端也斯巴達主干涉雅典主自由斯巴達重階級雅典重平等斯巴達善保守雅典善改進斯巴達右武雅典右文斯巴達貴刻苦雅典貴樂利此其大較也顧猶有當注意者二事一曰斯巴達驟强而雅典漸進也二曰斯巴達之建國專賴一豪傑之力而雅典之建國則由民族全體運動力使然也斯雅二邦優劣得失之林在是焉矣

史家常言古代希臘者今世歐洲之縮本也吾以爲古代希臘之雅典又今世歐洲之英國之縮本也其爲海國也相類其以商務致富强也相類其思想發達也相類其民以自由爲性命也相類其由專制政治進爲貴族政治由貴族政治進爲完全之人民政治也相類其進之以漸也相類雅典之視英國殆所謂具體而微者也雅典立國之精神歷數千年繼續不斷以傳至今日雖其間或稍銷歇要不過如黃河之有伏流蓄其潛勢力於歷史之紙背及其一出積石則千里一曲沛然莫之能禦也十九世紀正雅典文明出伏流之時代也豈惟英國即今日世界上諸有名譽之國皆移植雅典之花以自莊嚴者也作雅典小志

第一節　雅典立國起原

希臘、四大族、其最強武者、爲德利安族、其最文明者、爲埃阿尼安族。參觀本報第十二號斯巴達小志第一節彼則以斯巴達爲代表、此則以雅典爲代表也。雅典霸於遏狄加。Attica 遏狄加者、中希臘偏東之一州、而突出東海之一半島也。有大山脉障其後、與本陸相隔斷、全州瀕海、海灣多而水深、適於碇泊、其平原開擴、延亘於海面、交通最便、而雅典實爲遏狄加之首府。初立國於高丘、其古城下距海平六百英尺、城下市街下距海平三百英尺、丘上平坦、東西袤一千英尺、南北廣五百英尺、爾後戶口日繁、始廣布於丘下之平原。

太古之事、不可深考、據其神話、希臘人最尊鬼神歷史名荷馬以前爲神話時代　則西歷紀元前一千七百九十五年、有阿啓基者、始治遏狄加、逮紀元前一五五〇年、有啓克立布者、始爲王、劃遏狄加州爲十二國、各有酋長、其五代孫西士亞者、始統一十二國、名曰雅典、而諸市邑之貴族、悉爲雅典之貴族、西士亞復分民爲三階級、一曰貴族、二曰農民、三曰工匠、凡貴族皆埃阿尼亞人也、而其中復分四族、此等族制、至克里士典尼改革時代、巋然尚存。

第二節　王政之廢止

當德利安人移往之際。（西曆紀元前千一百年頃）埃阿尼安人之居皮羅般尼梭半島者。皆被逐而遷入遏狄加有米蘭沙士者。遂爲遏狄加王。其子哥特拉士。即雅典最後之王也。相傳當時斯巴達人侵雅典。師將出。先祈於神。神託言曰。若不殺雅典王。則戰必利。斯軍壓境。國亟破矣。王哥特拉士聞敵人之受此神託也。乃微服夜入敵軍。斯巴達人不知其王也。殺之。翌晨。視其鎧中印識。審爲雅王。則大駭。氣沮。謂拂神意將遭顯罰。遂班師而雅典獲安。雅人追念王之爲國家流血也。謂此後嗣王。亮無能追其盛德者。不足以瀆茲大位。遂廢王號 Basideus 而置所謂「阿康」Archon 者。以爲一國之元首。「阿康」者。執政官之義也。是爲雅典王政廢絕之始。

案哥特拉士之盛德。史家或謂爲齊東野語。信否未能確定。要之希臘各國。當時皆厭君主專制之政。而貴族權力日漸增長。雖微此盛德之王。而雅典王政。亦當漸就衰滅矣。但得此則益增其國史之名譽耳。

第三節　由一人政體進爲寡人政體

雅典王號雖廢。然猶沿家族國體 The Family State 之舊習。未能遽變。故其王權之漸

滅則以漸進。哥特拉士殉國後。而「阿康」之職。仍由子孫世襲。終身在職。其主權所在。未嘗有變也。雖然。其精神固異於昔時矣。曩昔之王。不徒握政治權也。實爲一國之祭司長。而主宗教之事。蓋地球上無論何國。其原始時代。莫不皆然。（案中國亦然。孟子曰。使之主祭。而百神享之。其餘見於傳記者指不勝屈。）蓋以王爲神裔。而其位爲天授。此實擁護王政之甲冑也。雅典之廢王不置。非直變更其名號而已。實決破神權專制之護符。故哥特子孫任「阿康」職者。雖實際與從前君主無異。然已失「神聖不可侵犯」之資格。後此民政基礎。實開於是。哥特之子米頓。爲第一代「阿康」官。其後世及者十三代。等是君權也。而昔也無限。今也有限。昔也無責任。今也對於議會（貴族議會）而不得不負責任。貴族之權。日昌一日矣。紀元前七百五十二年。遂改終身在職之制。定「阿康」之任期。以十年爲一任。然猶限米頓之子孫。方得就職。如是者復經四任。至紀元前七百十四年。始改定一切貴族。皆得有任「阿康」之權利。同六百八十三年。復大變革。改任期十年爲一年。改「阿康」一人爲九人。分任庶職。同稱「阿康」。蓋由世襲君主制一變爲終身「阿康」制。由終身制一變爲十年制。再變爲一年制。遂至爲九人合議制。至是而王權之跡始熄。雅典之有

正史實起於此時。今將九「阿康」之名稱職權略述之。

第一阿康　稱「阿康伊坡尼瑪」Archon Eponymus 盖用其人之名以爲年號。故得此名。（希臘各國皆以君主之名爲年號）其職權爲阿康會議之議長。代表國家威嚴判决族制爭訟。

第二阿康　稱「阿康巴士利亞」Archon Basileus 盖行古代王者之職權。爲一國之祭司長。凡關於宗教及殺人罪之爭訟。由其判决。

第三阿康　稱「阿康坡里瑪加」Archon Polemarchus 掌軍政。爲一國元帥。凡本國人與外國人之爭訟。由其判决。

自餘六阿康　統名的士摩的 Thesmothae 立法者之義也。雖然其職權非主制定法律。而實專任司法之事。凡爭訟之案。不屬於前三人者。則由此六人决之

第四節　平民與貴族之爭

前此政權之變遷。由世襲而選舉。由永任而限期。由獨裁而合議。皆貴族之力爲之也。至是遂爲貴族共和制。所謂「歐巴特列士」Eupatrids （即雅典貴族之名第一章所謂貴族四族皆以此爲總稱）者。握一國主權。其餘人民。憔悴更甚於昔。盖昔者君主雖以無責任之神權臨民。然獨夫之勢

力終不敵多數。故其施政。尙往往公平順民所欲。及貴族政治興。全注重一階級之利益。且恃其團體。無所忌憚。行政司法之權。皆在彼輩。自餘人民。學識寡淺。不知法律。一任其所左右。人民多陷於農奴之地位。受地於貴族而代之耕。舉債以自給。債不能償。則自鬻其身及其妻孥以爲人役。至是階級之間。懸隔益甚。平民之憾貴族。深入骨髓。革命之機。日急一日。

案貴族舉債於民而壟其利。古代萬國所同也。戰國策稱孟嘗君使馮煖持劵往薛索逋。皆此類也。

當時遏狄加之人民。因其土地自然之結果。其職業大別爲三種。(第一)居於山谷者。其地產少。其牧場乏。故其民瘠貧。稱爲山谷黨。(第二)居於海濱者。從事造船航海製鹽漁魚諸業。其生計稍裕。稱爲海濱黨。(第三)居於平原者。遏狄加全州之利益。皆在平原。其附近多海灣。諸島橫接於海岸。農業商利。皆集於是。而貴族實壟斷其間焉。稱爲平原黨。三黨之利害苦樂。既已懸殊。而古代法律所以保護債主權利者。特重債權者。得沒收債務者之財產子女及其本身。(債權者謂有索債之權利者也。即債主也。債務者謂有償債之義務者也。即負債人也。此二辭爲日本法律

上之名詞。今以其確切。故采用之。平原黨利用此法律。益高其息率。務使負債之人民無力負擔。因以籍沒其產奴隸其人。衆併盛行。中產之家。不能自活。束縛日甚。自由殆漸滅亡。

雖然。埃阿尼亞之人民。最愛自由者也。必非能忍此而終古者也。於是紀元前六百二十一年。競爭之潮。達於極點。其山谷黨激昂已甚。亟欲行破壞手段以達改革之目的。其海濱黨稍持溫和主義。欲以正義要求貴族使之承諾。至其敵愾之精神。則兩者相均。先是雅典之法律皆不文之法律也。（不文者。謂未嘗著之竹帛制爲定本者也。如英國之憲法。即所謂不文憲法也）人民概無所知。一任貴族之上下其手。以故民益無所依賴。無所控訴。至是彼兩黨所以要求於平原黨者。其第一事曰『當先使我輩知法律之爲何物』平原黨財力雖厚。至其人數。實不逮彼等遠甚也。故不得不有所憚。於是舉「阿康」中之一人名德拉康者。使之制定法律。後世所稱『德氏律』是也。德拉康非草制新律。而編纂舊律也。採集前代野蠻殘酷之制。而引申發明之。自德氏律布。而人民之無告益甚。史家某嘗言德拉康之法律。非以墨書者。而以血書者也。其刻薄寡恩。可想見矣。雖然。法律之公布與否。實爲人民權利之第一關頭。德氏律雖不足道。然自有此舉。而人民得有所憑藉。以爲競權之的。

二五四六

實開梭倫立法之先河而雅典政治自茲一進步矣

案法律公布實爲保護國民權利之最要着能得良法律者上也。即不能猶勝於無法而任暴君汙吏之意也蓋法律既已公布則無論治人者與治於人者皆不得不同受治於法律之下。孟子曰『夫舜惡得而禁之夫有所受之也』即其義也。我國民間俗諺有二語云。天子犯法。庶民同罪。此語實合至理。惜乎吾國未嘗勒定一君民共守之法律。如何而謂之法。如何而謂之犯。其界說漠然不分明。故此言不過一空言耳。故泰西國民之爭權利者必以求得一公布之法律爲起點希臘羅馬之前事莫不皆然矣。羅馬自立十二銅表頒行法律後。民政乃立。國日以强。近世各國之流血以爭憲法亦推此意而光大之者也故英國有「大憲章」「權利法典」等而立憲之基礎以成。匈加利有「金牛憲章」而自治之根芽不滅推原其始皆由治於人者與治人者爭權限而經千辛萬苦以得之者也而今日歐美國民所以日進者實皆賴是矣吾國周禮言懸法象魏使民讀之左傳鄭子產荅晉韓起語亦言國君有與商人立約事蓋春秋以前其法律尚時或有與民同之之意焉洎後世專制政體日益進化馴至一朝律例不許民間窺誦則非直君權無限並吏權亦無限矣。

第五節　大哲梭倫之出現

德拉康之新法。既不能宜民。亂機益磅礴。勢將破裂。不可終日。於是有救時之大豪傑出焉。曰梭倫 Solon 梭倫者。賢王哥特拉士之苗裔。而雅典之名門也。生西歷紀元前六百三十八年。正全國黨爭萌芽之時也。稍長。家中落。因從事商業。徧歷埃及及亞細亞諸地。覽其文明。大有所心得。好爲詩歌。長於哲學。歸國後。以撒拉迷士島之役。立戰功。撒拉迷士島者。本雅典屬地。後爲米加拉邦所略取。雅典人初屢與爭。不能恢復。敵愾之念漸銷失。至設禁令。謂有言用兵此島者。處以死刑。梭倫以此島爲遏狄加第一海港。其得失爲雅典命脈所關。乃自作詩。佯狂行歌於市中。謂與其爲失地蒙垢之雅典人。不如爲希臘一僻邑之民。於是人心大感動。解除此禁。卒使梭倫爲大將。征撒島而恢復之。紀元前六百年頃之事也。名譽益高。梭倫見國中商業日興。中等社會勃起。因知夫前此貴族獨握政權之制之不可以久也。以爲非調和階級之爭。不足以致治。慨然有以此事爲己任之志。屢游說貴族間。使漸感悟。至德氏律發布後三十年。即紀元前五百九十四年。貧民之情狀。實不堪命。貴族若不讓步。則恐有梟雄乘之以行僭主之制。危機迫於一髮。於是乃公舉梭倫爲第一「阿康」畀以全權。使爲國家制定改革方案。人民咸歡迎之。各黨派顒顒屬望梭倫。乃得大行其志。目是雅典開一新天地。

案各國改革之業其主動力者恒在中等社會蓋上等社會之人皆憑藉舊弊以爲衣食其反對於改革勢使然矣下等社會之人其學識乏其資財乏其閱歷乏往往輕躁以取敗一敗矣即不能復振故惟中等社會爲一國進步之機鍵焉梭倫之能成大業亦由洞悉時勢而順應此原動力使然也中等社會者何則宦而未達者學而未仕者商而致小康者皆是已

（未完）

傳記

意大利建國三傑傳（續第十七號）

中國之新民

第十九節　當時南意大利之形勢

北意大利統一。大業成就。既已過半、雖然加富爾巴黎會議之宣言。特指尼布士之慘狀。以激衆怒而博同情。今者尼布士之戴外族受壓制。猶依然也。當時意大利列邦之虐政。雖萬方同慨。而其尤甚者莫如尼布士。當千八百五十一年。英國名相格蘭斯頓游歷彼地。歸而述其所見。公諸報紙。大攻尼布士政府之失政。力言其地志士日日思爆裂。良非無由。而暗示歐洲列國當援手以解此倒懸之意。時尼布士政府雖亦公一書以致辯駁。然愈辯駁愈以證其言之實耳。論者謂讀格公書而知當時尼邦人民所以蓄怨積怒而欲一甘心於政府者。必非好爲犯上作亂之徒可比也。（案格公書文詞甚優他書多有譯本以其太長故闕不錄）

是時尼布士王稱王昔昔里。實代表波旁王統。（法國路易第十四即屬於波旁王統）而依奥法兩强以爲輿

援者也。初歐洲中世之末。自由主義之萌芽。實自南歐起。即南意大利之自由市府爲其最率先者。而昔昔里、尼布士、即其市府之一也。彼其在歷史上早已以自由獲名譽。今也反爲外族傀儡所壓抑。在全歐中爲第一無告之民族。則其亟思一雪也亦宜。至是意與方爭於北。昔昔里、尼布士之民。以爲若失此不圖。則他日更無可以自立之望。方將起事。而北方和議遽定。事爲尼布士政府所詗知。勢將破裂。則同志不得不束手就縛。於是瑪志尼黨中有一豪傑。曰格里士比者。以爲先發制人。事不可已。乃首發難。豎義旗於巴拉摩、蔑士拿、卡達尼亞諸地。一面飛報瑪志尼加里波的。二傑乞其來援。實千八百六十年春也。

第二十節　加里波的戡定南意大利

時加里波的方聞故鄉尼士被割於法。憤怒塡膺。往往竊歎曰。「不圖今在故國。乃反爲外國人」。深不滿於加富爾。（著者案前第十八節所記加里波的在國會痛罵加富爾及撒王出爲調解之事實在千八百六十一年南北意大利全統一之後前誤據他書錄入彼處今合更正）至是聞南意之亂也。乃決意自投之。自助之。以達其志。瀕行上一書於英瑪努埃曰。

臣自知臣今所企畫者爲至危至險之事業雖然臣不敢避臣所志若成願以一更新且瑩之寶玉以飾王冕臣尤願陛下獨奮乾斷排斥樞臣之卑劣政策還我歇斯哭斯鈞斯游斯之故鄉一片地勿使臣附屬彼以奴隸於他族臣不勝縷縷。

加里波的旣上書不俟報可竟率其麾下素共甘苦之「千人隊」發志挪亞海岸而南。嗚呼誰謂加將軍而徒勇者乎彼其時義不可與撒的尼亞政府相關涉與相關涉則是功未就而先陷撒的尼亞於荆棘也其此後又義不可不與撒的尼亞政府相關涉不與相關涉則是其統一意大利之目的終不可得達也於是加將軍先畫成竹於胸中乃以兎起鶻落之手段飄然乘長風以行實千八百六十年五月五日也。

彼時之加富爾何爲者其許之耶利鄰邦之叛亂煽部民爲應援非政府所宜出也其禁之耶沮同志之大業任同胞之塗炭尤非政府所欲出也於是加富爾又出其外交手段而柴立其中央若爲不聞加里波的之陰謀也者不予節制而聽其自去隨布告各國聲稱嚴守中立彈壓暴民旋派海軍艦隊躡加里波的之後以行名爲追之壓之實則爲其後援也遡行加富爾以至簡單之一言訓誡其海軍提督曰「此去宜航行

於加里波的與尼布士艦隊之間願足下解此意」提督比爾薩那亦爲至簡之答詞曰『吾已解君意吾若誤會請君獄余』遂去

加里波的之旣行也此報達於各國外交界之激昂不可思議時惟一英國深愍尼布士塗炭之苦謂此舉不可已耳自餘各國則詈以海賊詈以狂人嫚罵之聲不堪入耳幸加里波的之地位爲外交干涉之所不能及而加富爾老練敏活之政略能以一身立於非難攻擊之衝而無所於動嘻加里波的南矣南方積數百年水深火熱之慘至是旣熟之又熟加以百戰飛將之威靈臨之如空捲殘雲風掃落葉東征而怨徯后蘇來時尼布士政府經練之兵雖有二萬莫不懾於先聲望風奔潰不出數日而昔昔里全定追逐所謂爆裂王佛蘭西士第二者於斯巴狄賓九月七日遂入尼布士尼布士以困獸猶鬥之勢抵抗頗力加將軍部將比奇志那曰『我等殆當少卻以避其鋒』加將軍直前掩其口曰『噫勿言我等到處皆可獲死所豈擇地耶』卒奮戰挫之不數日而加里波的及其同志之一隊遂爲南意大利全部之主人嗚呼奮七尺以先三軍未兩旬而舉萬乘此實有史以來震天鑠地之偉勳而後此雖有作者恐亦無復能望

其肩背也於是飛報轟達於世界舉世界之人目眙而不能瞬舌撟而不能下如醒如夢如祝如詛相與奔走相告語曰『加里波的天人也非尋常有肉有血之人類也』嘻此際之加富爾喜可知耳加富爾平昔最患加里波的等輕忽劇烈之手段懼其牽一髮而全身動以爲大局政策之累若夫當此等之時在此等之地演此等驚天動地之大活劇則雖有百加相國其不能當一加將軍之一指趾也於是尼布士昔昔里之舊政府既斃加里波的一躍而爲兩國之攝政官。

第二十一節　南北意大利之合併

時瑪志尼方在加里波的軍中參預百事見大功之既就也而加里波的自稱攝政官無獨立之意也乃詰之曰『何不布共和政』加將軍固愛共和者雖然其愛共和也不如其愛意大利將軍之意以爲無統一則無意大利苟應以共和而得統一者則吾犧牲百事以從共和苟應以非共和而得統一者則吾犧牲百事以從非共和所求者達此「統一」之目的耳若其手段則無容心也今日不可無一意大利亦不可有兩意大利今日撒的尼亞既具可以統一之資格以起於北吾輩亦具可以統一之資格以起

於南是兩意大利也眞有愛意大利之心固不可不詘其一以伸其一以彼經數十年厲精圖治兵强國富君明臣良之撒的尼亞欲一旦使之棄其所據以從我靡論不能也即能矣而共和政之前途又安敢保必有愈於彼於是乎加將軍詘南以伸北之志遂確乎其不可拔瑪志尼無以難也遂聽其所爲雖然加里波的瑪志尼皆崇拜古羅馬數十年晝作夜夢未嘗去懷者也其意以爲若無羅馬則意大利終不得爲意大利彼等恐撒王之自足而苟安也乃上書以要王曰『臣今權攝政宜便宜行事苟非至我王定鼎羅馬之日臣百事不敢奉詔』此當時南部諸豪布畫之情形也

加富爾既聞加里波的之定南也又聞瑪志尼之在軍中也且審且驚且懼乃急下令於提督比爾薩那曰『意大利非脫離外族凌逼專制束縛狂人跳擲之三苦海則不能自存』所謂狂人跳擲者謂瑪志尼之徒也曷爲目以狂人加富爾(一)慮加里波的被惑於瑪志尼所迷信之共和主義不肯相下而遂致分裂(二)慮彼等乘一勝之威不自量力直進擊羅馬苟爾則必招法國之干涉而此區區民間義勇隊終不能與强國久練之師爲敵而終取滅亡故其焦急至不可思議此當時北部諸豪布畫之情

移也。

於此時也意大利九天九淵之界線爭此一髮加富爾畢生事業視此瑪志尼畢生事業視此加里波的畢生事業視此吾儕讀史者至此則酣歌起舞拍案浮白而不知正諸豪絞腦髓嘔心血兢兢翼翼沈沈慄慄之秋也於是加富爾出其熟練政略務欲移此至艱至鉅之責任出之於粗豪的俠士之手而入之於沈穩的政治家之手乃決派重兵向羅馬制機先以防加里波的之運動雖然當加里波的之南征也各國已紛紛責言謂其將則故撒將也其兵則皆撒民也其必爲撒的尼亞政府所嗾使百口莫能辨也至是復以重兵向羅馬而各國其安能默焉於是加富爾之外交政略又出加富爾乃告駐剳各國之本國公使曰『若我軍不能於加里波的軍未到喀德里卡以前而先占荷的夭那河則我國必亡矣意大利必沈於革命之苦海矣』法帝拿破崙第三聞之曰『爾撒的尼亞既知此之爲害乎既知今日自救之不可以已乎然則不可不賭孤注一擲之運命以自制其所煽動之人』時拿破崙欣欣然若有喜色而不知加富爾所求者正在彼之此一言也於是加富爾毅然告以一切責任我躬負之。

於是撒的尼亞之兵。遂以九月拔隊而南。與羅馬教皇兵遇於卡士的菲達羅。大敗之。遂據安哥那之地。

加富爾所慮第一事。蓋過慮也。加里波的旣早有成算也。至其第二事。則不出所料。若非加富爾之急起直追。則前途遂不可問也。瑪志尼語加里波的曰。『我軍非以二十日內直抵羅馬或俾尼士。則我輩之志終不得達』。加將軍領之。急厲兵秣馬以行。幸也天相意大利。値尼布士收拾餘燼。拒加里波的於荷的夭那河之北岸。十月一日兩軍始得決戰。尼布士軍大潰。其王走於基達。而撒的尼亞軍亦已渡河而南矣。此時之英瑪努埃。猶未知加將軍之意如何也。深懼兩軍之或有衝突也。何圖加將軍已整飾隊伍。仍被其廣袖塵漬之赤外套。手提其緣纓下垂之破帽。莞爾而出迎曰『臣待我王久矣』。王亦握其手而慰勞之曰『謝卿賢勞』。於戲。其磊落颯爽之態度。千載下猶將見之。君子讀史至此而嘆意大利之所以興。蓋有由矣。

加里波的將以血汗所得之土地。獻諸其王。乃於前一日爲告別之宣言曰。

諸君乎。諸君乎。明日實我國民之一大紀念日也。何以故。我共主英瑪努埃。將抉破

數百年來離間我國民之障壁。而臨幸於斯土。故吾儕其竭誠盡敬以迎我王。吾儕其竭誠盡敬以迎上帝所畀我之王。吾儕之愛情。能令王感吾儕以「協同」之花。撒於王路。能令王悅。自今以往。更無政治上之意見。自今以往。更無黨派。自今以往。更無競爭。更無不和。自今以往。我如錦如荼之意大利。統一於我英武仁慈之英瑪努埃王治下。意大利萬歲！英瑪努埃萬歲！

十一月七日。王與加里波的駢轡以入尼布士。此淡泊甯靜之將軍。舉全軍全土以獻諸王。於一切勳爵無所受。於一切賞賜無所受。不攜一騶從。不拾一長物。飄然一身。直歸臥於卡普列拉島。嗚呼。吾徧讀古今東西數千年之史傳。欲求一人如將軍者。豈可得耶。豈可得耶。無已。則北美合衆國之國父華盛頓。其近之矣。

第二十二節　第一國會

英瑪努埃既得尼布士、昔昔里。雖然。尼王佛蘭西士。非所甘心也。乃訴撒王及加里波的之無道於各國。且乞援於奥法。奥王固欲救之也。然經梅特涅專制以後。國中反側大起。大軍一動。恐遂不免革命之慘。故不敢黷武於外。拿破侖直派軍艦。聲言爲援。然

不過恫喝而已。無必救之決心。加富爾乃白王曰。列國之意向可覩矣。天與不取。必受其殃。雖然事有順序。今請仍依前者北部之例。爲全國普通投票焉。從之。卒以大多數合併於撒。佛蘭西士大憤。挑戰。一敗。乞降。

千八百六十一年二月十八日開第一次國會。除羅馬俾尼士兩地外。其餘意大利全國民皆各選代議士代表民意。齊集於焦靈。此國會開設於凱歌洋溢之中。以此思慶。慶可知矣。雖然美猶有憾。憾者何。則羅馬俾尼士兩地。實意大利之脇腹。今則脇腹中猶張兩創口也。羅馬者意大利志士所崇拜之偶像也。加里波的之熱力起點於是。瑪志尼之熱力起點於是。彼二傑者。皆有不得羅馬雖死不瞑之決心。豈惟彼二傑而已。以加富爾之沈鍊愼重。亦常言「意大利非定都羅馬則强國之統一終不可得」又豈惟彼三傑。舉意大利有血有淚之男兒。固未有不歌羅馬哭羅馬拜羅馬而夢羅馬者也。於是意大利之體既具矣。而若羣龍之无其首焉。故曰美猶有憾也。

第十七號中本傳第十八節之第四段當稍刪改而移置此處前誤其年也　著者記

第二十三節　加富爾之長逝及其未竟之志

第一國會開會數月後而加富爾遂長逝相國畢生之志事亦既十就八九矣雖然國之進步靡有窮人之希望靡有窮故愛國志士之責任之懷抱之缺憾亦靡有窮於是加富爾遂自覺遺下無量數未了之緣賫志以沒其最大者則有二端一曰尼布士善後問題也尼布士雖合併然其民未能同化尼布士人久伏於專制政府之下不知有法律近以民氣大動之後流於囂張動輒以反對政府爲事於是廷議有欲以嚴峻之手段治之者加富爾大憂焉常語人曰「若妄下戒嚴令以威力治國以軍政臨民雖有智者必不能善其後也」加富爾深懼彼捐館舍之後執政者以此墜其業也其在病牀如夢魘然輒喃喃自語曰「勿下戒嚴令勿下戒嚴令」如是日數十次蓋憂之深矣二曰教皇權限問題也羅馬教皇以千年來掌握意大利之大權其權不徒在宗教教育而已而兼及於政治使教皇而認此半島即意大利爲彼所轄之土地則意大利王決不得爲國民的政府之元首其事理至易明也然以教皇之尊嚴固非能以待尼布士王之法待之也而欲彼之甘自退讓將千年固有之權力拱手以畀意王又事之至難者也於是乎意廷不得不窮當千八百六十年羅馬康達之地之合於意也教皇固已

大怒。宜言屏逐其民於教外。夫使英瑪努埃加富爾即見絕于教皇。亦不足以爲二子損。無如彼君臣者皆熱心於教會之人也。故常兢兢焉。不欲有所犯。雖然爲一國之大計。又安得含忍以終古也。加富爾深知乎改革之業。非通於全局而不能爲功也。彼常言曰。「凡擇一國之京師。不可不因人民之感情。羅馬者實甘於爲大國之首都。徵諸歷史上智識上德義上而皆然者也。……爲今之計。宜使教皇知教會之威力不必依於政權而能獨立。教皇脫離政權。然後教會益以光榮。吾有一主義欲宣布於意大利。卽『建設自由教會於自由國』是也」云云。加富爾懷此主義。屢與羅馬宮廷懇篤協議。而事與願違。意大利每進一步。則教皇之執拗愈深一層。此等夢想來往於此大政治家之腦者殆數十年。而卒懷此夢想以入於地。吁可悲矣。

加富爾三十餘年之生涯。歷人類所不能歷之勤勞。荷人類所不能荷之憂慮。其晚年所經歷至可喜之勝利。與至可悲之失敗。循環相續。而彼鐵石比堅金玉失瑩之軀體。亦銷磨盡矣。王英瑪努埃於其彌留前十日。寸步未嘗離側。易簀之時。無一言及他事。惟疾呼曰。

下戒嚴令於尼布士臣期期以爲不可期期以爲不可惟清彼等清彼等清彼等Lavi, lilavi li lavi!,

最後之一刹那猶顧其旁侍之愛弟而言曰

吾弟乎吾弟乎自由國中之自由敎會 Frate, brate, libera chiesa inlibera stato,

千八百六十一年六月五日意大利獨立大政治家宰相伯爵加富爾薨上自王下至士大夫農民商賈兒童走卒莫不悲慟如喪考妣朝爲罷朝野爲罷市全意大利國民沈於煩惱海者數月嗚呼意大利人之桎梏加富爾解之意大利人之荆棘加富爾鋤之意大利人之常識加富爾敎之意大利人之自由加富爾畀之意大利非加富爾之妻而加富爾之兒也加富爾之棄意大利也年僅五十一使更假以十年其未竟之業可以竟其未償之願可以償吾敢信意大利之國勢不止於今日也加富爾之造意大利與俾士麥之造德意志同而俾士麥之死後于加富爾殆三十年此德之所以能如彼而意之所以僅如此也此吾所以不得不重爲意大利人悲也雖然加富爾亦可以瞑矣林肯以放奴爲一生大事業南北美之難甫定而林肯逝加富爾以統一意大利

爲一生大事業第一國會甫開而加富爾逝嗚呼、加富爾其亦可以瞑矣。（未完）

學術

孟子微（續第十七號）

明夷

心性

公都子曰。告子曰。性無善。無不善也。或曰。性可以爲善。可以爲不善。是故文武興則民好善。幽厲興則民好暴。或曰有性善有性不善。是故以堯爲君而有象。以瞽瞍爲父而有舜。以紂爲兄之子且以爲君。而有微子啓王子比干。今曰性善。然則彼皆非與。孟子曰。乃若其情則可以爲善矣。乃所謂善也。若夫爲不善。非才之罪也。惻隱之心。人皆有之。羞惡之心。人皆有之。恭敬之心。人皆有之。是非之心。人皆有之。惻隱之心。仁也。羞惡之心。義也。恭敬之心。禮也。是非之心。智也。仁義禮智非由外鑠我也。我固有之也。弗思耳矣。故曰、求則得之。舍則失之。或相倍蓰而無算者。不能盡其才者也。詩曰。天生蒸民。有物有則。民之秉彝。好是懿德。孔子曰。爲此詩者其知道乎。故有物必有則。民之秉彝也。故好是懿德。

此明天生民以物則善性人人可爲善也詩有物有則一言孔子以爲知道蓋天每生一物賦之以形色識性皆各有度量分界一定之則是謂天則凡有氣之水土有生之草木有知之禽獸皆然窮物理學者不過考其天則而已剛柔飛潛各如其則而適其性則能用之若附子性熱大黃性涼因其則可以爲醫金類傳熱電氣遼遠因其則故可爲電線傳聲傳言若夫人之貴于萬物其秉彝之性獨能好懿德好之云者如磁之引鐵芥之引針其以太之所含能與懿德合而攝之如陽電陰電之相吸也非本有其電則不能與他電相吸此人獨得于天者也董子春秋繁露爲人者天篇曰爲生者不能爲人爲人者天也人之血氣化天志而仁人之德行化天理而義玉杯篇曰人受命于天有善善惡惡之性可養而不可改可豫而不可去王道通篇曰人之受命于天也取仁于天而仁也是故人之受命天之尊有父兄子弟之親有忠信慈惠之心有禮義廉讓之行有是非順逆之治文理燦然而厚知廣大有而博此民所受之天則故自好懿德也天則又名天性中庸曰德性又曰明德傳謂人既生魄陽曰魂是以精爽至于神明孔子所謂魂氣

則無不知。又曰知氣在上。易謂知氣遊魂。但有精粗之殊。故有神明精爽之氣之別。其曰體魄則降。知氣在上。是不隨體魄而化。無死生之可言。亦不因父母而始有。善養之可歷萬化而無盡也。但視所養之淺深厚薄及偏倚如何。以爲生生之視受要。人皆有之。堯典所謂明其峻德。大學之貴明其德。中庸之貴尊德性。詩所謂予懷明德。孟子之言養性擴充此物。此志也。若無此性。則無此明德。自不好此懿德矣。仁義禮智即懿德也。惟人人溺于形色體魄之中。則爲體魄所拘。投于聲色臭味之中。則爲物交所蔽。薰于生生世世業識之內。則爲習氣所錮。故性不能盡善。而各隨其明闇輕清重濁以發之。要其秉彝所含之以太。終不能沒。能養之終。可以人人盡善。蓋惟人人有此性。而後得同好仁而惡暴。同好文明而惡野蠻。同好進化而惡退化。積之久。故可至太平之世。大同之道。建德之國也。若無好懿德之性。則世界只有退化。人道將爲禽獸相吞食而立盡。豈復有今之文明乎。此孟子探天則而爲言。擠人道于至貴。令人不自暴棄。以爲太平之基者乎。其情可爲善。乃所謂善。此孟子性善說所由來也。即董子以爲善質者也。董子固主

性善者。然董子以爲善質不能謂之善。必至善乃可謂善。此乃泥其名耳。春秋繁露性善篇曰。或曰性有善端。心有善質。尙安非善。應之曰非也。繭有絲而繭非絲也。卵有雛而卵非雛也。比類率然有何疑焉。天生民有六經。言性者不當異。然其或曰性也善。或曰性未善。則所謂善者各異意也。性有善端。動之愛父母。善於禽獸。則謂之善。此孟子之言。循三綱五紀。通八端之理。忠信而博愛。敦厚而好禮。乃可謂善。此聖人之善也。是故孔子曰。善人吾不得而見之。得見有恒者斯可矣。由是觀之。聖人之所謂善。亦未易當也。非善於禽獸。則謂之善也。使動其端善于禽獸則可謂之善。善奚爲弗見也。夫善於禽獸之未得爲善也。猶知於草木而不得名知。萬民之性。善於禽獸而不得名善。知之名。乃取之聖。聖人之所命。天下以爲正。正朝夕者視北辰。正嫌疑者視聖人。聖人以爲無王之世。不教之民。莫能當善。善之難當如此。而謂萬民之性皆能當之。過矣。質於禽獸之性。則萬民之性善矣。質於人道之善。則民性弗及也。萬民之性善於禽獸者許之。聖人之所謂善者勿許。吾質之命性者異孟子。孟子下質於禽獸之所爲。故曰性已善。吾上質於聖

四

人之所善。故謂性未善。善過性。聖人過善。春秋大元。故謹于正名。名非所始。如之何謂未善已善也。孔子曰。名不正則言不順。今謂性已善。不幾於無教而如其自然。又不順於爲政之道矣。且名者性之實。實者性之質。質無教之時。何遽能善。善如米。性如禾。禾雖出米。而禾未可謂米也。性雖出善。而性未可謂善也。米與善人之繼天而成於外也。非在天所爲之內也。天所爲有所至而止。止之內謂之天。止之外謂之王教。王教在性外。而性不得不遂。故曰性有善質。而未能爲善也。豈敢美辭。其實然也。天之所爲。止於繭麻與禾。以麻爲布。以繭爲絲。以米爲飯。以性爲善。此皆聖人所繼天而進也。非情性質樸之能至也。故不可謂性。正朝夕者視北辰。正嫌疑者視聖人。聖人之所名。天下以爲正。今按聖人之言中。本無性善名。而有善人吾不得見之矣。使萬民之性皆已能善。善人者何爲不見也。觀孔子言此之意。以爲善難當甚。而孟子以爲萬民性皆能當之。過矣。聖人之性。不可以名性。斗筲之性。又不可以名性。名性者。中民之性。中民之性。如繭如卵。卵待覆二十日而後能爲雛。繭待繅以涫湯而後能爲絲。性待漸於教訓而後能爲善。善教訓

之所然也。非質樸之所能至也。故不謂性。性者宜知名矣。無所待而起。生而所自有也。善所自有。則教訓已非性也。是以米出於粟。而粟不可謂米。玉出於璞。而璞不可謂玉。善出於性。而性不可謂善。其比多在物者爲然。在性者以爲不然。何不通於類也。卵之性未能作雛也。繭之性未能作絲也。蔴之性未能爲縷也。粟之性未能爲米也。春秋別物之理以正其名。名物必各因其眞。眞其義也。眞其情也。乃以爲名。名隕石則後其五。退飛則先其六。此皆其眞也。聖人於言無所苟而已矣。性者天質之樸也。善者王教之化也。無其質則王教不能化。無其王教則質樸不能善。質而不以善性。其名不正。故不受也。董子之正名固是。但善亦有等。至善可名爲善。則善質亦可名爲善。但有精粗之分。而可名爲善則一也。論衡本性篇曰。周人世碩以爲人性有善惡。舉人之善性養而致之則善長。性惡養而致之則惡長。如此則性各有陰陽。善惡在所養焉。故世子作養書一篇。宓子賤漆雕開公孫尼子之徒。亦論情性。與世子相出入。皆言性有善有惡。孟子作性善之篇。以爲人性皆善。及其不善。物亂之也。謂人生於天地。皆稟善性。長大與物交接者放縱悖

亂不善日以生矣。若孟子之言人幼小之時。無有不善也。微子曰。我舊云孩子王子不出。紂爲孩子之時。微子睹其不善之性。性惡不出衆庶長大爲亂不變。故云也。羊舌食我初生之時。叔姬視之。及堂聞其啼聲而還。曰。其聲豺狼之聲也。野心無親。非是莫滅羊舌氏。遂不肯見。及長。祁勝爲亂。食我與焉。國人殺食我。羊舌氏由是滅矣。紂之惡在孩子之時。食我之亂見始生之聲。孩子始生。未與物接。誰令悖者。丹朱生於唐宮。商均生於虞室。唐虞之時。可比屋而封。所與接者必多善矣。二帝之傍必多賢矣。然而丹朱傲。商均虐。並失帝統。歷世爲戒。且孟子相人以眸子焉。心淸而眸子瞭。心濁而眸子眊。人生目輒眊瞭稟之於天。不同氣也。非幼小之時瞭。長大與人接乃更眊也。性本自然。善惡有質。孟子之言情性。未爲實也。然而性善之論。亦有所緣。或仁或義。性術乖也。動作趨翔。性識詭也。面色或白或黑。身形或長或短。至老極死不可變易。天性然也。皆知水土物器形性不同。而莫知善惡稟之異也。一歲嬰兒無爭奪之心。長大之後或漸利色。狂心悖行。由此生也。告子與孟子同時。其論性無善惡之分。譬之湍水。決之東則東。決之西則西。夫水無分於東西。猶人無分於善惡也。夫告子之言。謂人之性與水同也。使性若水可

以水喻性。猶金之爲金。木之爲木也。人善因善。惡亦因惡。初稟天然之姿。受純一之質。故生而兆見善惡可察。無分於善惡可推移者。謂中人也。不善不惡。須教成者也。故孔子曰中人以上可以語上也。中人以下不可以語上也。告子之以決水喻者。徒謂中人。不指極善極惡也。孔子曰。性相近也。習相遠也。夫中人之性在所習。然習善而爲善。習惡而爲惡也。至於極善極惡。非復在習。故孔子曰。惟上智與下愚不移。性有善不善。聖化賢教。不能復易也。孔子道德之祖。諸子之中最卓者也。而曰上智下愚不移。故知告子之言。未得實。夫告子之言。亦有緣也。詩曰。彼妹之子。何以與之。其傳曰。譬猶練絲。染之藍則青。染之朱則赤。夫決水使之東西。猶染絲令之青赤。丹朱商均已染於唐虞之化矣。然而丹朱傲。商均虐者。至惡之質。不受藍朱變也。荀卿有反孟子。作性惡之篇。以爲人性惡。其善者僞也。性惡者以爲人生皆得惡性也。僞者長大之後。勉使爲善也。若荀卿之言。人幼小無有善也。稷爲兒以種樹爲戲。孔子能行以俎豆爲弄。石生而堅。蘭生而香。稟善氣長大就成。故種樹之戲爲唐司馬。俎豆之弄爲周聖師。稟蘭石之性堅香。故有堅香之驗。夫荀卿之言。未爲得實。然而性惡之言。有緣也。一歲嬰兒。無推讓之心。見食號欲

食之賭好嗜欲玩之長大之後。禁情割欲。勉厲爲善矣。劉子政非之曰。如此則天無氣也。陰陽善惡不相當。則人之善安從生。陸賈曰。天地生人也。以禮義之性。人能察己所以受命則順。順之謂道。夫陸賈知人禮義爲性。人亦能察己所以受命。性善者不待察而自善。性惡者雖能察之。猶背禮畔義。義挹於善。不能爲也。故貪者能言廉。亂者能言治。盜跖非人之竊也。莊蹻刺人之濫也。明能察己。口能亂賢。性惡不爲。何益於善。陸賈之言。未能得實。董仲舒覽荀孟之書。作情性之說曰。天之大經。一陰一陽。人之大經。一情一性。性生於陽。情生於陰。陰氣鄙。陽氣仁。曰性善者。是見其陽也。謂惡者。是見其陰者也。若仲舒之言。謂孟子見其陽。荀卿見其陰也。處二家各有見。可也。不處人情性。情性有善有惡。未也。夫人性情。同生于陰陽。其生于陰陽。有渥有泊。玉生於石。有純有駁。情性于陰陽。安能純善。仲舒之言未能得實。劉子政曰。性生而然者也。在于身而不發。情接於物而然者也。出形於外。形外則謂之陽。不發者則謂之陰。夫子政之言。謂性在身而不發。情接于物。形出于外。故謂之陽。性不發。不與物接。故謂之陰。夫如子政之言。乃謂情爲陽。性爲陰也。不據本所生起。苟以形出與不發見定陰陽也。必以形出爲陽。性亦與物接。造

次必於是。顚沛必于是。惻隱不忍。不忍人之氣也。卑謙辭讓。性之發也。有與接會。故惻隱卑謙形出於外。謂性在內不與物接。恐非其實。不論性之善惡。徒議外內陰陽。理難以知。且從子政之言。以性爲陰。情爲陽。夫人稟情。竟有善惡不也。自孟子以下至劉子政。鴻儒博生。聞見多矣。然而論情性竟無定。是唯世碩儒公孫尼子之徒。頗得其正。由此言之事易知道難論也。鄧文茂記。繁如榮華。詼諧劇談。甘如飴蜜。未必得實。實者人性有善有惡。猶人才有高有下也。高不可下。下不可高。謂性無善惡。是謂人才無高下也。稟性受命。同一實也。故命有貴賤。性有善惡。謂性無善惡。是謂人命無貴賤也。九州田土之善惡不均。故有黃赤黑之別。上中下之差。水潦不同。故有淸濁之流。東西南北之趨。人稟天地之性。懷五常之氣。或仁或義。性術乖也。動作趨翔。或重或輕。性識詭也。面色或白或黑。身形或長或短。至者極死不可變易。天性然也。余固以孟軻言人性善者。中人以上者也。荀卿言人性惡者。中人以下者也。楊雄言人性善惡混者。中人也。若反經合道。則可以爲敎。盡性之理。則未也。張橫渠謂有氣質之性。有義理之性。朱子謂性爲人所受于天之理。蓋專用張子義理之性言之。今考之書曰。不虞天性。又曰節性惟日其邁。詩

曰俾爾彌性。易曰一陰一陽之謂道。繼之者善也。成之者性也。中庸曰天命之謂性、率性之謂道。又曰尊德性。夫曰天性德性尊之率之彌之皆就善而言。若非善者豈可尊之彌之率之。其當節當修當繼成之者以性雖有善質而非至善。即荀子之說性者本始質朴也。僞者文理隆盛也。質樸者猶粗惡未精云耳。隆盛者彌之節之率之加以文明。然則孟荀大概皆同。但標名曰善曰惡此蓋諸子立義之常。猶云心無二耳。後人不善體會遂生訟端。漢儒之議孟子宋儒之斥荀子亦非也。孔子曰性相近習相遠。惟上智與下愚不移。王充所謂性善者中人以上者也。性惡中人以下者也。善惡混者中人也。說非不是。但孟子之言性善曰其情可以爲善則仍是性可以爲善可以爲不善之說耳。並非上智之由仁義行也。荀子之本始質樸。但未加文飾耳。亦非下愚之不移也。孟荀所指仍皆順就中人言之也。古今學者之言孟荀皆聞其性惡而議之。不細讀此二言而生駁斥亦可異也。告子曾與墨子辨者見于墨子。蓋亦孔子後學而爲孟子前輩大儒。惟其言性曰無善無不善類楊子之善惡混。亦于孔子性近習遠之說未爲大謬。無善無不善有性不善。則孔子所謂上智下愚不移。世碩漆雕啓子賤公孫尼子之說。皆孔子之

支流餘裔也。孟子獨標性善，就善質而指之曰，乃若其情可以爲善，乃所謂善。此以舉世暴棄而欲振救之，乃不得已之苦心立說，有爲讀者無以辭害意可也。張子所謂有氣質之性，有義理之性，蓋兼理氣言之，其善乎。然莫精於董子之言也。曰天地之生謂之性情，情亦性也。天兩有陰陽之施，身亦兩有貪仁之性。白虎通亦言之。此實精微之論。蓋魂氣之靈則仁，體魄之氣則貪。魂則陰陽也。魂魄常相爭。魂氣清明則仁多，魄氣強橫則貪氣多。使魂能制魄則君子，使魄強挾魂則小人。吾嘗見狂疾之人，只知食色，不識母妻，是其魂盡去而魄猶存也。若神人者，肌膚若冰雪，清明在躬，不爲魄累，故死而猶存。蓋魄死而魂存也。若其魂魄之清濁明闇，強弱偏全，互相衡奕，牽制爲其發用，于是人性萬端，人品萬彙。當爲人性表考之，分以萬度，錯綜參伍，曲折萬變。但昔人不直指魂魄，或言陰陽，或言性情，或言精氣，皆以名不同而生惑。若其直義則一而已。

未完

宗教

宗教家與哲學家之長短得失

中國之新民

天下事理有得必有失然所得即寓於所失之中所失即在於所得之內天下人物有長必有短然長處恒與短處相緣短處亦與長處相麗苟徒見其所得焉所長焉而偏用之及其缺點之發現則有不勝其敝者矣苟徒見其所失焉所短焉而偏廢之則並其失去其短而所得所長亦無由見矣論學論事論人者皆不可不於此深留意焉。

宗教家言與哲學家言往往相反對者也吾嚮者論學最不喜宗教以其偏於迷信而爲眞理障也雖然言窮理則宗教家不如哲學家言治事則哲學家不如宗教家此徵諸歷史而斑斑者也歷史上英雄豪傑能成大業轟轟一世者大率有宗教思想之人多而有哲學思想之人少（其兩思想並無之人雖尤多然僅恃哲學以任者則殆絕也）其在泰西克林威爾再造英國者也其所以犯大不韙而無所避歷千萬難而不渝者宗教思想爲之也女傑貞德再造法國者也其人碌碌無他長而惟以迷信以熱誠感動國人而攘其敵宗教思想爲之

也。維廉濱開闢美洲者也。其所以以自由爲性命。視軀殼爲犧牲者。宗教思想爲之也。美國之華盛頓林肯皆豪傑而聖賢也。皆富於宗教思想之人也。瑪志尼加富爾皆孕育意大利者也。瑪志尼欲建新國。而先倡新宗教。其「少年意大利」實據宗教之地盤以築造之者也。其所以團結而不渙。忍耐而不渝者。宗教思想爲之也。加富爾之治國。首裁抑教權。然敵教會非敵教旨也。其迷信之力亦頗强。故不治產而以國爲產。不娶妻而以國爲妻。宗教思想爲之也。格蘭斯頓十九世紀英國之傑物也。其迷信之深。殆絕前古。（格公每來復日必往禮拜堂終身未嘗間斷又格公嘗與達爾文對談終日達娓娓語其生物學新理格公若毫不領略其趣味者然）其所以能堅持一主義。感動輿論。革新國是者。宗教思想爲之也。其在日本。維新前諸人物。如大鹽中齋。横井小楠之流。皆得力於禪學者也。西鄕隆盛其尤著也。其所以蹈白刃而不悔。前者仆後者繼者。宗教思想爲之也。其在我國。則近世哲學與宗教兩者皆銷沈極焉。然若康南海若譚瀏陽。皆有得於佛學之人也。兩先生之哲學。固未嘗不戛戛獨造。淵淵入微。至其所以能震撼宇宙。喚起全社會之風潮。則不恃哲學而仍恃宗教思想之爲之也。若是乎宗教思想之力果如此其偉大而雄厚也。

哲學亦有兩大派。曰唯物派。曰唯心派。唯物派只能造出學問。唯心派時亦能造出人物。故拿破崙俾士麥皆篤好斯賓挪莎之書。受其感化者不少焉。而俄羅斯虛無黨人亦崇拜黑智兒學說。等於日用飲食。夫斯黑二子之書。皆未嘗言政治言事功也。而其感染人若此。蓋唯心哲學亦殆近於宗教矣。吾昔讀歐洲史。見其爭自由而流血者前後相接。數百年如一日。而其人物類皆出於宗教迷信。竊疑非以迷信之力不能奪人生死之念。及考俄國虛無黨歷史。其人不信耶蘇教者十而八九。（其首領女傑蘇菲亞臨刑時教士持十字架爲之祈禱蓋景教國國俗通例也蘇非亞斥退之曰吾不信耶教毋以此相聒云云他多類是）而何以能甘鼎鑊如飴。無罣礙。無恐怖若此。吾深求其故而知彼有唯心派哲學以代之也。唯心哲學亦宗教之類也。吾國之王學。唯心派也。苟學此而有得者。則其人必發強剛毅。而任事必加勇猛。觀明末儒者之風節可見也。本朝二百餘年。斯學銷沈。而其支流超渡東海。遂成日本維新之治。是心學之爲用也。心學者實宗教之最上乘也。

夫宗教思想何以宜於治事。而哲學思想何以不宜。（此指狹義之哲學即唯心派以外之哲學也）吾深思之得五因焉。

一曰無宗教思想則無統一　今日世界衆生根器薄弱未能有一切成佛之資格未能達羣龍无首之地位故必賴有一物焉從而統一之然後不至隨意競爭軼出範圍之外散漫而無所團結統一之之具不一而宗教其最要者也故人人自由之中而有一無形之物位於其上者使其精神結集於一團其遇有不可降之客氣也則此物足以降之其遇有不可制之私欲也則此物可以制之其遇有不可平之黨爭也則此物可以平之若此者莫善於宗教宗教精神一軍隊精神也故在愈野蠻之國則其所以統一民志者愈不得不惟宗教是賴使今日世界而已達文明之極點也則人人有自治力誠無待於宗教而無如今猶非其時也故曰無宗教思想則無統一

二曰無宗教思想則無希望　希望者人道之糧也人莫不有兩境界一曰現在界二曰未來界現在界屬於實事未來界屬於希望人必常有一希望焉懸諸心目中然後能發動其勇氣而興奮之以任一切之事雖然有一物焉常與希望相緣而最爲希望之蠹者曰「失望」當希望時其氣盛數倍者至失望時其氣沮亦數倍故有形之希望希望中之頗危險者也若宗教則無形之希望也此七尺之軀殼此數十寒暑之生涯

至區區眇小不足道也吾有靈魂爲吾之大事業在彼不在此故苦我者一時而樂我者永劫苦我者幻體而樂我者法身得此希望則有安身立命之地無論受何挫折遇何煩惱皆不至消沮而其進益厲苟不爾者則一失意而頹然喪矣故曰無宗教思想則無希望

三曰無宗教思想則無解脫 人之所以不能成大業者大率由爲外境界之所束縛也聲焉色焉貨利焉孥焉名譽焉在在皆可沾戀一有沾戀則每遇一事之來也雖認爲責任之所不容諉而於彼乎於此乎一一計度之而曰如此且不利於吾名譽則任事之心減三四焉矣而曰如此且不利於吾身家則任事之心減六七焉矣而曰如此且不利於吾性命則任事之心減八九焉矣此所以知非艱而行惟艱也宗教之導人以解脫者也此器世間者業障之所成耳此頑軀殼者四大之所合耳身且非我有而身外之種種幻象更何留戀焉得此法門則自在游行無罣無礙舍身救世直行所無事矣而不然者雖日日強節之而臨事猶不能收其效也故曰無宗教思想則無解脫。

四曰無宗教思想則無忌憚　孔子曰。小人而無忌憚也。人至於無忌憚。而小人之量極矣今世所謂識時俊傑者口中摭拾一二新學名詞遂吐棄古來相傳一切道德謂爲不足輕重而於近哲所謂新道德者亦未嘗窺見其一指趾自謂盡公德吾未見其公德之有可表見而私德則早已蔑棄矣聞禮運大同之義他無所得而先已不親其親讀邊沁功利之書他無所思而惟知自樂其樂受斯密原富之篇不以之增公益而以之殖私財覩達文物競之論不以之結團體而以之生內爭耳洛克康德意欲自由之論則相率於踰閑蕩檢而曰我天賦本權覩加富爾俾士麥外交應敵之策則相競於機械詭詐而曰我辦事手段若此者皆所謂無忌憚者也夫在西國此等學說盛行而無流弊者何也有謹嚴迂腐之宗教以劑之也泰西教義雖甚淺薄然以末日審判天國在邇等論日日相聒猶能使一社會中中下之人物各有所慴而不敢決破藩籬。（若上智則自能有受高義不至有流弊）雖然此等教旨與格致學理不相容殆不可以久立至如我佛業報之說謂今之所造即後之所承一因一果之間其應如響其印如符絲毫不能假借此則無論據何學理而決不能破之者也苟有此思想其又安敢放恣暴棄造罪業於今日

而收惡果於明日耶孔子曰狷者有所不爲又曰克己復禮爲仁凡諸教門無論大小莫不有戒戒也者進民德之一最大法門也吾見日本近三十年來民智大進而民德反下其所以雖受西人之學而效不及彼者其故可深長思矣故曰無宗教思想者無忌憚

五曰無宗教思想則無魄力　甚矣人性之薄弱也孔子曰知及之仁不能守之若是者比比然矣故佛之說教也曰大雄曰大無畏曰奮迅曰勇猛曰威力括此數義而取象於師子夫人之所以有畏者何也畏莫大於生死有宗教思想者則知無所謂生無所謂死死者死吾體魄中之鐵若餘金類木類炭小粉糖鹽水若餘雜質氣質而已而吾自有不死者存曰靈魂既常有不死者存則死吾奚畏死且不畏餘更何有故眞有得於大宗教良宗教之思想者未有不震動奮厲而雄强剛猛者也若哲學家不然其用算學也極精其用名學也極精目前利害剖析毫釐夫天下安有純利而無害之事千鈞之機閣以一沙則不能動爲哲學家往往持此說三思四思五六思而天下無一可辦之事矣故曰無宗教思想則無魄力

要而論之哲學貴疑宗教貴信信有正信有迷信勿論其正也迷也苟既信矣則必至

誠。至誠。則能任重。能致遠。能感人。能動物。故尋常人所以能爲一鄉一邑之善士者。常賴宗教。大人所以能爲驚天動地之事業者。亦常賴宗教。抑人之至誠。非必待宗教而始有也。然往往待宗教而始動。且得宗教思想而益增其力。宗教其顧可蔑乎。記曰。至誠而不動者。未之有也。爲有宗教思想者言也。又曰。不誠未有能動者也。爲無宗教思想者言也。

曰、然則宗教長而哲學短。宗教得而哲學失乎。曰、又不然。宗教家言。所以立身也。所以治事也。而非所以講學。何以故。宗教與迷信常相爲緣故。一有迷信。則眞理必掩於半面。迷信相續。則人智遂不可得進。世運遂不可得進。故言學術者。不得不與迷信爲敵。敵迷信則不得不並其所緣之宗教而敵之。故一國之中不可無信仰宗教之人。亦不可無摧壞宗教之人。生計學公例。功愈分而治愈進。焉不必以操術之殊而相非也。雖然、摧壞宗教之迷信可也。摧壞宗教之道德不可也。道德者天下之公。而非一教門之所能專有也。苟摧壞道德矣。則無忌憚之小人。固非宗教。而又豈足以自附於哲學之林哉。

曰、天下之宗教多矣。吾誰適從。曰、宗教家言皆應於衆生根器而說法也。故時時不同。地地不同。一時一地。亦復人人不同。吾聞某教之言而生感者。即吾應以某教而得度也。故今日文明國最重信教自由。吾烏敢而限之。且吾今之言。言宗教也。非言宗教學也。若言宗教學。則固有優劣高下之可言。今以之立身。以之治事。則不視其教之優劣高下何如。而視其至誠所感所寄之程度何如。雖劣下如袁了凡之宗教。有時亦能產人物。他、無論也。若夫以宗教學言。則橫盡虛空。豎盡來刼。取一切衆生而度盡之者。佛其至矣。佛其至矣。

凡迷信宗教者必至誠。而至誠不必盡出於迷信。宗教至誠之發。有誠於善者。亦有誠於惡者。但使既誠矣。則無論於善於惡。而其力量常過於尋常人數倍。至誠與發狂。二者之界線。相去一杪黍耳。故其舉動之奇警也。猛烈也。堅忍也。銳入也。常有爲他人之所不能喻者。以爲彼何苦如是。其至誠之惡焉者。如至誠於色而爲情死。至誠於貨而攫市金。其善焉者。如至誠於孝而割股。至誠於忠而漆身。至誠於國。至誠於道。而流血成仁。若此者。皆不誠之人所百思不得其解者也。故天地間有一無二之人物。天地間

可一不可再之事業罔不出於至誠知此義者可以論宗教矣。

十

國聞短評

尺素七千紙

社員某

回鑾以後忽已年餘。政府媚外手段操之極熟。謂此便可以得外人歡心。此著敷衍得去。便可太平歌舞。儘地快活。雖然外人不如是其易與也。據連日電報。英公使以湖南辰州教案相切責。勒令政府處其地武員以死罪。其餘百官按糺有差。又有責政府若不能了結。吾英當代爲平之等語。聞已派砲艦泝江而上。渡湖而南矣。嘻小題大做。何至如是。豈又將效德人據膠故事耶。英人以揚子江流域爲勢力範圍。欲借端以鞏固其權力也久矣。恨無詞耳。此正其利用之時機也。當局者何以待之。九月廿五日

再者北京英公使本以月之廿九日饗各王大臣於其使署。已發帖矣。因湖南教案一變其政略。西后頤和園之宴。諸公使皆赴。惟英使獨否。至今日忽將各王大臣之請帖索回。謂我不赴頤和。想諸公亦不肯賜臨。因此收回前約云云。天下有如此請客之禮耶。外人之視我當局者。實玩弄之於股掌之上。以視戲猴者之畏其猴。亦不過若是爲

耳。然當局者顧猶意氣揚揚。甚自得也。一嘆。九月廿八日

旗人之禮。凡長輩見客。晚輩必侍立不敢就坐。向例然也。西太后迴鑾後。屢宴各國公使夫人。每宴。皇上必從。從必侍立於後。而公使夫人及其兒女乃至參贊隨員之夫人。則皆昂昂然高坐也。嗚呼、以堂堂大國之主權者。乃使之在外人前執厮養之役乎。此而不恥。其必爲無血性者矣。此而不憤。其必爲無人心者矣。請后黨諸公爲下一轉語。同日

振貝子游歷各國歸。條陳改革事宜。其目已見本報前號。內有民間子弟十歲以上者均令入學肄業。否則罪其父母一條。此事誠各文明國最美之意。最良之法。然若欲以行諸今日之中國。恐將全國廬舍改爲囹圄。猶不足以容此輩之父母矣。各國之行此制也。名曰義務教育。義務教育何以能行。蓋其官立公立各小學校。偏于陬邑。國家爲之補助。可以不收學費。而學校能支持一地學校之額。與一地兒童之額相應。而無人滿之患。於此而猶有溺愛其子弟而不使就學者。則可以罰之。故曰義務也。今中國動輙一府數縣。無一鄉黌。國家曾不爲之設法獎助。而小民生計憔悴。饔飧且不給。而乃

曰必令而子就學否則有罪民將曰吾不敢犯罪請政府諸公示我以學校所在而導我來不知諸公何以應之嗚呼豈惟此一事今日當局之言變法者皆此類而已一條陳一諭旨而變法之能事畢矣 同日

民族主義之在今日豈不磅礴而鬱積哉愛爾蘭之併於英國非愛人所欲也故雖併之數百年而未能耦俱無猜前皇域多利亞即位六十年祝典舉地球日所出入處無不張燈結綵以致慶賀獨愛爾蘭則徧豎黑旗示國喪之意怨毒之於人甚矣前宰相格蘭斯頓深觀時勢知衆怒難犯因提愛爾蘭大學改革案宗教改革案自治法案等其時自由黨（格公者自由黨首領也）同志悉反對此政策全黨分裂昨日股肱今日仇敵而格公堅持主義不少變雖然卒未能全達其目的及格公去位沙侯代之愛蘭黨激昂益甚殆生大變値英杜戰起國人注全力以敵愾而內鬩之波瀾稍息焉及戰事定和議成識者知愛蘭之事必將復燃矣果也昨日今日路透電連報愛爾蘭土地同盟黨員騷動之狀且言兵器藥彈之輸入愛爾蘭者非常之多英政府今日日戒嚴云嗚呼民族自治之精神不可壓抑也久矣不知英人何以待之安得起格蘭斯頓於九原而一籌善

彼之鐵也。九月廿八日

雜俎

史界兎塵錄

埃及古教

埃及之崇拜動物。爲宗教上一大異觀。緬菲士之神社。崇拜一牡牛。名曰「埃比士」Apis謂「阿斯利士」Osiris太陽神之化身也。此外又有一鷹。名曰「亞伊士」。其餘或貓、或猿、或蛇。其類不一。又如犬、羊、狐、蛙、鼠、甲虫、鱷魚、並諸種植物。各處多有崇拜之者。其最新奇者。凡貓死。則家人自剃其眉。犬死。則家人自剃其髮。以表哀悼之意。當多利米朝。有一羅馬兵。偶傷一神貓。於是國民共殺之。其迷信可概見矣。

埃及之敎士。最貴清潔。每日凡四浴。日夜各二回。三日則徧剃全身之毛。然亦娶妻生子。此等人爲社會上之最高級。

埃及與巴比倫之醫學

埃及之醫學。如內科、外科、眼科、齒科、之類。各有專門。不能兼及。其療治之法。亦擧國如

一以前人之經驗爲準繩若醫生以自己之意而施其法苟病者一死則醫生與殺人同罪故明知病者之症不可以常法治之亦不敢易其方也

巴比倫之醫學凡病者必出臥於城門行人過而問之於是各出其方法爲之療治苟見病者偃臥過而不問其病狀者爲法律之所禁與埃及正相反對

巴比倫之婚姻

紀元前第五世紀希臘之史家希羅多他士遊於巴比倫讀其筆記光怪陸離無所不有就中以結婚之風俗爲最新奇其法略如競賣者然先出最美之女子投最高價者得之由是人物漸下而價值亦漸低其醜陋而不得價值者則被投之美女子助以代價而使之嫁於貧困之男子如此則富者出金錢而娶美人貧者得金錢而娶醜婦於是國中之貧富可以平均結婚之期一年一度私約者爲法律所禁

波斯之葬儀

波斯古代之宗教崇拜地、水、火、風、四元素名曰「馬志亞尼沁」Magianism 然四者之中以火爲特尊設壇於山頂燃火於其中以敎士監守之使永久不滅人皆謂此火從

天來也。若有以氣吹壇上之火者是爲瀆神。其罪當死。火之下其最尊者皆水。江湖沼澤。每歲以犧牲祭之。然以滴血入水。是爲瀆神。凡汚物不能投入河流。即浣濯亦禁。又其次爲土。每歲亦祭以犧牲。且禁止土葬。如是則人之死也焚化之則爲瀆火埋之則爲瀆土沈諸江河則爲瀆水即不焚不埋不沈而以物貯之亦爲瀆風於是生出一種不可思議之葬儀凡人之罹病將死也。則衆人割其肉而分啖之然有男女之別男子不能啖婦人婦人亦不能啖男子是爲腹葬。老人死則殺爲犧牲以供於神然後食之。迨風化漸開。葬儀亦漸改良人既死則殮之而委諸山巔或沙漠。以飼禽獸然衆人猶有以爲瀆土者。乃別創一。法先以蠟塗死體使肌膚不着地然後置諸土中

檀香山風俗

先時檀香山教師及酋長殺戮之慘。有令人不可思議者。每值神誕慶節之日祭司必屠宰生人以爲祭品是以節誕之前教師必以詐術欺騙土人以供祭品之用除此慘例之外。更有待別慘刑。將兩少女賜以菓食當其食時忽置於死地此菓平時禁人食之犯者處死每一年中內有一夕全島之人不能出聲鷄犬之聲亦在禁內犯者亦處

以死刑此皆當日教師作弊肆虐之故也。然尚有最奇怪而慘酷者。則莫如島中酋長死之事。每逢一酋長死則于路上殺戮平民以爲祭品故凡有一酋長死一聞其耗則男女老少相携逃入深山土人之服其喪者皆自焚其房屋自棄其蓄積自毁其容貌自脫其牙齒以爲禮總之一酋長死則舉國無異遭一塲大兵燹其可笑至此溺兒之俗。凡未進文明者多有之中外歷史可考而知也。惟檀香山爲最甚曾有考據家謂其國人民有三分之二爲父母所溺者。其溺法有生葬于土中者有投之于海濱者但溺女多而溺男少是以島中男人多于女人數倍焉

埃及之古跡與其學術

埃及爲世界之古國。古物極多。如三角石塔。其數不下百餘。實爲世界之大觀。有歐洲學者。計其勞力與時日每日用百五十萬之役夫築之須費一千七百五十年間之歲月此外寒水石大理石之宮室石柱細彫密刻。不可勝數。至其學術則理學實自上古而已發達往時因研究理學及宗敎設一極大之學校。綿飛斯府特建一學校。使希臘學者來遊。又如亞歷山港之圖書館。宏大壯麗。罕見其比。

今日國勢雖屬衰頹。伊盧亞座之大學。猶有教師三百餘人。敘利亞、土耳其、波斯、印度及各國之來學者。一萬餘人云。

考其文學。則古代人民製造文學。多屬象形。及世界推遷。文學亦變。自西教侵入。遂混用希臘文字。

其他算術、化學、氣象、測量、建築、天文、醫學、彫刻、美術之諸學。皆爲非常進步。其利器則非鐵而銅。而其至精至妙者。用鐵者遠所不逮云。

蘇彝士運河

蘇彝士運河開鑿者。爲法人勵節夫。實十九世紀中世界之一大工事也。但以前亦有開鑿之者。且創始于二千年前。惟時通時塞。不能爲久遠之用。據西史所載。紀元前六百年代。埃及王寧區房不用羣臣之言。試爲開鑿。忽死亡十二萬工人。因大覺悟。乃託爲神而告於羣臣曰。昨夜夢天神告余曰。得享運河之利者。只在蠻民而已。余故止之。遂廢其業。此蠻民蓋指平寧斯亞人。當時彼等掌地中海紅海之航權者也。但此外當仍有竟其開鑿之功者。蓋曾自土中掘出一紀念碑。細考其文。所記爲波斯之愈雄阿

斯大王時代運河落成之事。又紀元前三十一年。安士尼、阿歷利模之戰罷。歸於埃及。以水淺舟楫不能通云則當時運河之僘存可知至第十八世紀後。圖謀開鑿者甚多。然卒無竟其志者。即如拿破崙一世亦注意於此。其遠征埃及。亦爲此主義。時用技師禮米流之策。大有所計畫。一以歐洲大亂。一以地中海與紅海高低甚爲懸殊。水利最不適。誤其測量。遂輟其業。其後遂無經營之者。至千八百五十四年埃王濟度採用勵節夫之言。而工事乃成。

蘇彝士海峽全長八十八英里。以人工開鑿者六十六英里。其十四里因湖水及沿澤。其八里乃天然之低地。不要開鑿者。當工程最繁之日。役夫用至三萬人以上。其所費之欵。總計有一億萬元。內六千四百萬出自股東。三千八百萬出自埃及國家云。

小說

十五小豪傑

第十五回 解船纜佐克勇自供 駕紙鳶武安爭上達

披髮生

却說武安聞了登高可以望遠。可惜本島獨無高山的話。正在苦心思索。偶然回頭一看。見洞中那邊正放著一個大紙鳶。不覺觸起往日閱英國新聞紙的時候。曾見有一則新聞。載著前世紀末年。有一個婦人欲駕紙鳶飛上空中。後來卒得成功的話。今忽想起。不禁大喜。便向衆人仔細說了。求他裁決可否。衆人聽畢。一時答不出來。半晌杜番道。這條計策或者可行。只是這個紙鳶不過這麼大。究竟能容得我們那一個呢。武安道。這紙鳶力量不足。不中用。還要從新再造一個比他更大更堅固的。韋格道。紙鳶一經放上之後。常能保持他的飛揚力麼。巴士他應道。自然。武安道。我頭裏想得此計。嫌太奇了。不願意用他。後來細想再無別法。只得說了出來。我想採用這個計策。雖然似險。實則非險。只要看那紙鳶的大小及那風力的強弱如何罷了。巴士他道。你打算

要他昇至怎麼高纔合用呢。武安道。昇至六七百呎以上。定能望見全島的形勢了。沙毗道。快快照你辦去罷。我也屏居日久。生了厭了。俄敦當時見各人說了許多話。自己卻始終不發一言。待衆人散後。潛問武安道。閣下眞欲試行這個計策麼。武安應聲是。俄敦道。你知他是個極險的事情沒有。武安道。知道。只是依我看來。也未必十分危險。俄敦又道。吾輩之中。你量來有人肯捨身冒這危險的麼。武安道若認定了這個事情是自己的義務。恐怕足下也不能推辭呢。俄敦道。然則閣下想着抽簽選人麼。武安道。不然。這種事情。若非本人心肯情願。斷不能相强的。俄敦道閣下意中已有其人麼。武安說聲可不是。忙向俄敦拉手。俄敦見他似有深意。也不便再問。自此武安巴士他等專意改造紙鳶。直至七月下午方纔竣工。竟造成了一個八角形的大紙鳶。看他形狀。是與前次造的一樣。只略加擴大面積。凡六十方碼。可能乘得百三十磅重的東西。只見那紙鳶下頭。繫著一個籃兒。深可隱身。是準備舉放之時。令一人安坐其中。畢露一首在外張望。這就可以左搖右擺。也沒有倒落的弊病。又見籃兒旁邊。繫著一條線。線之下端。令一人在地下拈著。籃中人拿一鐵環。若要下來的時候。將手一放。鐵環沿線而

墜。地下人便可會意。當時各人決議即時單將紙鳶試放。若果穩當。明晚便要選人駕上。可幸是晚吹的是西南風。正是放紙鳶的好機會。又喜無月色。星晨也少。更不怕被人看見。到了九點鐘。衆人潛出洞外。揀了湖邊一個寬敞地方。把絞車盤裝置地上。再把胥羅船所用的測量繩索搀了。因爲籃兒內沒有人坐着。只得放著約有一百三十磅的沙石。再將鐵環和線子配置停妥。恰好和那有人乘著的一般。才弄妥了。便見杜番巴士他葛格乙昔四人攙著那紙鳶。走至前頭。約離絞車盤二十來丈。這邊武安俄敦沙毗格羅士雅涅幾個人。持定絞車盤。專掌伸縮繩索。俄而武安發令。叫聲放。那邊連忙答應了。便見那大紙鳶乘著風勢冉冉而上。轉瞬間已騰入密雲中去了。這時樂得伊播孫善均士耳胡太等各年輕的。頓忘了平時顧慮的事情。不住的拍手喝采。無何。測量繩索放至一千二百尺。料那紙鳶已能高騰至七八百尺以上。驗那繩索。絕無一鬆一緊的弊病。知道上頭風勢甚强。紙鳶又能不傾斜。不掉頭。這已顯出十分成效了。各人忙將絞車盤倒捲。要把紙鳶收將下來。不料放上的時候。巴不上十餘分鐘工夫。至還回要收他下來。卻不容易。剛費了一點鐘過外的勞力。這時風力尚强。別無甚麼

撞觸。只見那紙鳶徐徐落下。見他恰可落在原處。衆人不覺再復歡聲喝采。試驗已畢。各人商議歸洞。正等著武安傳令。只見武安低首沈吟。一言不發。俄敦忙走上前執手語道。夜已深矣。請歸洞去。武安道。不要忙。俄敦。杜番。余有一事。要和諸君商量。杜番忙道。什麼事。你說。武安道。今晚試放紙鳶。已見十分成效了。這實因風勢不强不弱。常有一定的力量。又且風向無變。故能至此。這樣机會實難再得。明晚天色如何。不可逆料。因此我想趁著今晚。實行那條計策。諸君以爲如何。衆人細想武安說的有理。都贊成了。只是乘著紙鳶。騰上空中的事情。言來雖似容易。實則危險萬分。童子們雖然向來勇氣。到此也未免躊躇起來。這是人的恆情。毫不足怪。武安見各人久不發言。便叫道。誰敢乘這籃兒。話猶未了。便聞有人荅聲我去。衆人回頭一看。原是佐克。忽又聞有幾個人齊聲叫著我去我去。這原是杜番韋格格羅士巴士他沙毗等。爭要乘這籃兒上去。武安聽著。一言不發。佐克復高聲叫道。哥哥。請派我去罷。我不是應該第一派到的麼。杜番道。佐克。爲甚麼單你一個是應該第一派到的呢。莫不是我們都要落在你後麼。巴士他接口道。杜番說的是。佐克。你有甚麼緣故呢。佐克道。我有對諸君應盡的義

務。俄敦聞說，連忙問道。你說有對我們應盡的義務麼。佐克道。是俄敦見佐克說的似有深意。正欲往下盤問因上前執著武安的手。但見武安不知爲著甚麼渾身打戰。看官這時候若非沉黑。俄敦定能瞧見武安面色如土。兩眼含淚了。這時只聞佐克又高聲叫道。哥哥。可不是麼。杜番聽說向著武安道。你告訴我罷。武安令弟爲甚麼說有要爲我們奮不顧身的義務呢。我想來我們今日大家都有應盡的義務罷了。那有限著佐克一個人的道理呢。只聞佐克應聲道。杜番。我告訴你罷。武安聞佐克說出這句話來。不禁失驚。連喚佐克佐克。看來似有要止他別要亂說的意思。佐克只裝不聞。顫聲說。哥哥。罷了罷了。你讓我懺悔一切纔好。又哭道。我爲著這個事情心中苦了許久。今更不能再忍了。你讓我招了罷。又向衆人道。杜番俄敦諸君。我們今日離鄉井。別父母。淪落這裡。受盡艱苦了。只是尋根問源。這個大禍都是佐克一個人弄出來的呢。當初胥羅船原非無端被漂的。不過因我一時愚蔽。欲嚇一嚇諸君取個笑兒。因暗把那船纜解了。後來見那船漸流出海。不覺倉皇失措。那時候我知道沒有法了。才叫喊出來卻已不及救了。因此波累諸君至有今日這個田地。想來我的罪過太重了。我自己

也知道了。諸君諸君。千萬饒我的死罪罷。千萬饒我的死罪罷。說著。搥胸大哭。箚稚闌連忙上前。百方解慰。仍是不止。武安道。罷了。佐克。你已認罪了。你想著將功贖罪。所以這會要捨身冒險。杜番一聞此言。惻隱之心。不可復制。不禁率爾大呼道。渠不是已經償了罪麽。渠不是已經再三捨身替我們冒險麽。武安。我至今日纔曉得你遇著險事。都要先派令弟辦去的來歷呢。往日余與格羅士彷徨重霧之中。渠肯輕身往救。亦當爲著這個原故了。又向佐克道。我的好友佐克。我們樂得恕你前過。而且你將功贖罪。早已無負我們了。說著。走近幾步。各人也跟著上前。正欲與佐克拉手。佐克卻還掩面涕泣。既而收淚道。諸君。因爲這個原故。我不是第一應該乘那籃兒的嗎。又向武安道。我說的不對嗎。哥哥。武安聞說。不禁上前緊抱佐克道。我喜歡你自已認了罪了。佐克。我喜歡你自己認了罪了。杜番等正欲勸他兄弟兩個。不要他乘那籃兒上去。猛見得風勢漸弱。只見佐克忙和衆人握了手。再把籃兒裏的砂石拿了出來。正欲坐將下去。回頭向著武安道。哥哥。你給我接吻罷。武安道。是你來。我正要給你接吻呢。因爲這個籃兒。本該是我坐的。佐克聞說。不禁失驚大叫道。哥哥你。杜番沙毗等也應聲道。武

安。你武安荅道是佐克有罪。他要自已補過雖然好。只是做哥哥要替他補過也是一樣的呢。況且這條險計原來是我主張的。怎麼可以叫別人來嘗試呢。佐克聞說大叫道不行不行。哥哥請派我。武安道不行。佐克杜番挺身道那都不行。卻要派我去纔好。武安攔住道。杜番我早已拿定了主意了。別要再說。俄敦忙上前握武安手說武安我頭裏就打量著你有這個心事了。各人知道武安主意定了。勸也無益。只得呆呆看着。更不則聲。便見武安別了大衆。端坐籃內。雅涅拿著通信線的下端立著。無何喝令一聲。巴士他韋格格羅士沙毗等忙把絞車盤的繩索伸放。只見武安隨著紙鳶冉冉而上。頭裏還可望見。轉瞬之間。就連影兒都不見了。衆人在下頭擧首呆看著。喜的那紙鳶和前次放的時候一樣。不傾側也不掉頭。武安坐在籃內兩手緊拿垂索。也不甚覺危險。及愈上愈高。空氣漸乏。只覺籃兒有一點震動。傳到身上。就似骨節都會作響的一樣。不上十分鐘功夫。忽覺籃兒一觸。像似碰著甚麼東西。知道是地下繩索放盡了。武安一手拿著千里鏡。向下頭一望。但覺得湖水石壁茂林都隱在冥冥之中。認不出來。只見本島和四邊滄海。略分異色。隱約可辨。又見北南西三面都被密雲封了。一物無睹。再轉眼東方。喜的雲開天露。見有三五疏星。燦然闇裏。忽見有一道赤光。低橫地

上。計其距離。約在數十邁外。心中想道。或者那邊果有大陸。陸上又有火山。不然、怎麼能彀放出這樣火光來呢。正想著。忽然觸起在欺騙灣所見的白點。方再熟視。忽見相去五六邁的近處。又有一道火光冲上。武安心中叫苦道。不好了。那裏不是欺騙灣的左近嗎。那火光定是倭東們在茂林中燃著的了。想著不禁呆了半日。知道久留空中。也是無用。忙將手裏拿著的鉄環一放。見他旋旋轉轉。不一會就落在雅涅的手上。衆人正在疑惑。等著得了鉄環暗號。忙把絞車盤逆轉。這時風勢加强。風向漸轉。紙鳶屢欲掉頭。那繩索一張一弛。更難收將下來。經了一點四十五分鐘之久。看那紙鳶正距地上十來丈。各人舉頭認得武安無恙。纔略放心。忽有一陣狂風吹過。號嘯之聲。方猶未了。忽見掌絞車盤的杜番巴士他韋格沙吡格羅士乙菩六個人。一齊翻倒地上。各人連忙站身起來。瞧了絞車盤一眼。不禁失驚大叫道。不好了。原來方纔那陣狂風。早把那繩索吹斷了。可憐武安乘著那紙鳶。在這晚昏天黑地之中。效著列子御風而行去了。

正未必

縱然一夜風吹去　只在蘆花淺水邊

呢。雖然。不讀下回。無從知他究竟。

八

文苑

飲冰室詩話

余自己亥冬游夏威夷。其後返上海香港檳榔嶼錫蘭。遂游徧澳洲全境。所至非熱帶地即暑伏節也。於是余不見雪者殆三年。澳亞歸舟曾有句云。冰心慣住熱世界。老國從思新少年。盖紀實也。壬寅正月復旅日本。獨居塔澤環翠樓者月餘日。忽晨起則玉屑滿庭。狂喜若逢故人也。遂成兩絕句。其一云。夢乘飛船尋北極。層凌壓天天爲窄。羽衣仙人拍我肩。起視千山萬山白。其二云。三年越鳥逐南枝。汗漬塵巾鬢有絲。今日緇衣忽化素。溪橋風雪立多時。

壬寅九月復偕平子荷庵慧之游箱根。寔五年前侍南海先生舊游處也。旅館壁間懸先生手書一軸。即宿此旅館時所爲詩也。詩云。電燈的的照樓臺。夜屧游廊幾百回。明明如月心難掇。歷歷微塵刼未灰。風葉一秋疑積雨。瀑泉竟夕隱驚雷。曉珠斗大盈懷抱。倚徧銀屏數去來。余與三子摩挲環讀。不勝今昔之感。平子有詩云。偶捐塵境尋幽

去到眼風光萬念新即物即心猶有著度人度我總多情廻環碧水戀紅葉杳渺青山眷白雲各抱相思無可說爲誰西望一沾巾箇中感觸非我同游者不能喻也

南海先生遊箱根一旬得詩甚多戊戌國變紀事四首即成於彼時也余最愛誦其五古一章云天地大逆旅家國長傳舍斯人吾同室疾苦誰憐借萬方凝秋氣閉戶誰能謝既入帝網中重重纓絡絓荆榛蔽大道淵谷起寸虓解脫非不能垢衣吾敢卸化身曾八千惻怛又稅駕仲尼本旅人瞿曇乃乞者我生亦何之歷刼更多暇信宿席不煖去住心無挂灰飛滄海變時放光明夜

有自署章邱生者以長沙舒烈士閏祥感懷詩八章見寄烈士字蒲生晚號萍齋唐瀏陽至交也以己亥春成仁於湘中（章邱生來書敘君性行頗詳恕不能備載賫諸篋中爲他日史料）昔惟聞海上諸君子傳誦其詩有入市無屠狗驕人讓沐猴之句深以片鱗隻甲爲憾今得此八章烈士之志節文章亦畧見一斑矣因亟錄之如下一夜西風萬木凋繞枝烏鵲去迢迢愁邊淚落銀河水夢裏心翻碧海潮日月乾坤雙照外干戈天地一身遙江關蕭瑟尋常事銅狄摩挲憾不消太息回天力尙微乘秋便欲破空飛一身詎忍言功罪萬口偏難定是非大

澤龍蛇終啓蟄故山猿鶴莫相違三千死士田橫島南望中原涕淚霏。軍符一道下從容宜有昇平答九重誰向廣寒修月斧却教洛浦應霜鐘越禽背暖孤飛去桀犬驕人反噬凶落日營門斂秋色將軍獨自頌時雍。久已分封向醉鄉。又憑射獵入長楊渭涇清濁雙流合門第金張七葉昌。君子何辭化猿鶴中朝從此有蜩螗逢人莫道頭顱好鏡裏相看半是霜漢南司馬今人傑。萬事應非築室謀。謌舞能銷君國恨。死生空壓友朋憂。功名白髮三持節。霄漢丹心一借籌。遙領頭銜是橫海。祗隨李蔡爵通侯。周宣車馬中興日。漢武樓船鑿空年。奉使更無蘇屬國。談兵偏罪杜樊川。風雲淮海行看盡子弟湖湘亦可憐昨夜攙槍又西指仗誰搔首問青天重見詞源三峽傾。幾人聯袂又蓬瀛欲隨幕燕營新壘巳與江鷗背舊盟未死秦灰猶有燄僅存魯壁更無聲關山直北愁金鼓。要借絃謌寫太平。當年亦是鳳鸞姿。雪壓霜欺歷幾時。官味乍同雞肋戀壯懷應有馬蹄知濁醪味薄愁難破故劍情深有所思風景不殊悲舉目。買山何處採華芝。

章邸生何人也。望以姓氏里居諗我。俾慰飢渴。

人境廬集中。性情之作。紀事之作。說理之作。沈博絕麗。體殆備矣。惟綺語絕不少槪見。

吾以爲公度守佛家第七戒也頃見其「都踊歌」一篇不禁撫掌大笑曰此老亦狡獪乃爾歌有序序云「西京舊俗七月十五至晦日每夜亘索街上懸燈數百兒女靚妝靚服爲隊舞蹈達旦名曰都踊所唱皆男女猥褻之辭有歌以爲之節者謂之音頭譯而錄之其風俗猶之唐人合生歌其音節則漢人董逃行也」詩云長袖飄飄兮髻峨峨荷荷裙緊束兮帶斜拖荷荷分行逐隊兮舞傞傞荷荷往復還兮如擲梭荷荷回黃轉綠兮同挼莎荷荷中有人兮通微波荷荷貽我釵鸞兮餽我翠螺荷荷呼我娃娃兮我哥哥荷荷柳梢月兮鏡新磨荷荷雞眠猫睡兮犬不呵荷荷待來不來兮歡奈何荷荷一繩隔兮阻銀河荷荷雙燈照兮暈紅渦荷荷千人萬人兮妾心無他荷荷君不知兮棄則那荷荷今日夫婦兮他日公婆荷荷百千萬億化身菩薩兮受此花荷荷三千三百三十二座大神兮聽我歌荷荷天長地久兮無差訛荷荷

余自去年始獲以文字因緣交蔣觀雲往在美洲見清議報文苑有題因明子稿者大心醉之顧以爲夏穗卿作蓋其理想魄力無一不肖穗卿也爾後屢讀因明詩而認爲穗卿之心益橫亘胸中在澳洲作廣詩中八賢歌首頌因明而下注穗卿及東還始知

其誤。改正之。故歌中竟闕穗[illegible]也。於是乞交因明之心益熱。此吾腔子裏一段歷史，亦可爲藝林增一談柄也。初讀觀雲詩爲「時運」一首，至今常日三復之，不辭駢枝，再寫一通。……爵爵思世理，多由無字書。初俗進農桑，震旦足菑畬。爾時號聖賢，倫理爲排梳。亦足致小康，井里安厥居。中間更衰亂，大致復相如。倏忽宙運變，茲理有乘除。昔者尚專制，今茲道猶醵。昔隆禮與法，今畫自由陸。孟晋足競存，墨守喪其車。賢豪已奮變，頑靈乃齟齬。由來新舊交，殺氣滿員輿。軒隱雷電已，霁野始靚虛。羣大身則小，此言不可鋤。洶洶朕時艱，攖救寧非予。吾有黨與徒，來者方徐徐。吾有日與月，萬古爲居諸。生民丁時異，四氣有慘舒。蒼然望六合，相要重瓊琚。兒痤不苦劀，何由燎瘍疽。敝敝不拆毀，何由築室廬。綢繆聖所云，不遑事拮据。毋吟雲漢詩，傷哉泣周餘。

余與觀雲至今未識面。今春貽以一影像，媵一絕句云：是我相是衆生相，無明有愛難名狀。施波羅蜜證與君，拈花笑指靈山上。觀雲報我一影像，亦媵一偈云：分明有眼耳鼻舌，一文不值何消說。如我自看猶自厭，暫留蜕殼在人間。觀靈太撝謙生。

輿論一斑

論英國遣兵艦往漢口　上海中外日報

嗚呼。我國自庚子以來。辦理交涉之官。無內無外。無大無小。一以倚傍外人迎合外人爲宗旨。而豈知外人之乘機取利。急起直追。固與人以不可測哉。前者湖南辰州有關敎之案。旋經湘撫遣員與英領事會議辦法。第一次在辰州議定十條。其最要者。一曰、殯殮被害之敎士。二曰、修復被毀之敎堂。三曰、醫治受傷之敎民。四曰、正法鬧敎之首犯。五曰、重辦號召之匪徒。是皆題中應有之義。中國固不能不應允者也。乃未幾在漢口續議。則所索數欵。實有令人爲難者。先聞有欲將毅字營統領顏總兵定以斬監候罪名。營官劉都司定以斬立決罪名之說。繼則聞欲將某觀察革職。永不叙用。派辰州紳富攤賠英金一萬磅。并將統領顏武林正法。即據西報所言。亦謂辰州一案。以懲官員之有罪者爲最。又謂英總領事之意。欲將情罪較重之武員處斬。其餘各官則按其罪之輕重以懲辦之。嗚呼、我國自有敎案以來。除誅戮犯人賠償巨欵外。又必將大小官吏懲治數人。以平外人之氣。然亦必其人實有應得之罪名。而後如其罪以相施。猶

不失爲持平之辦法。今如英領事之意。欲將統領顏武林處斬。夫顏武林于此案。究竟有何罪名。將謂其救護不力耶。夫力與不力。事後何從追求。當一夫發難。萬衆響應之時。卽極力保護。豈能必其有濟。且因救護不力之故。卽得正法罪名。則設有更甚於此者。又何以處此。將謂兩教士死于非命。故欲殺一武官以爲抵耶。則我國固已將首犯八人正法矣。而又欲以武官殉之。何視教士之命過重。而視華官之命過輕也。將謂其有指使之咎耶。則請問事前有何風聞。事後有何實據。人命至重。豈能以斷脰之慘刑。供外人之快意也。且姑不論英領事之要索。爲合理與否。顏武林之正法。爲平情與否。而旣欲以二品之大員。處以至重之罪名。則豈得不容我國家和平商酌。以期於情於法兩得其平。乃英國公使遽因中國不從之故。於我　皇上召諸公使飲宴之時。辭謝不赴。儼若有絕交之意。而又連派兵船四艘。前赴漢口。顯示人以恫喝之意。以期其事之必成。夫所爭者不過一武員之正法否耳。乃至以兵艦相威逼。然則英人之意。豈果爲兩教士洩忿計哉。殆欲於楊子江上流。實行其權力也。殆欲藉教案爲由。更得無數利益也。殆以非洲軍務竣事已久。故欲注其全神于中國。以求逞其所大欲也。然則英人屢言欲保全中國。不使有瓜分之禍。欲令中國南方永遠太平。以保全中國商務。其

然乎。其不然乎。試以近事証之。上海戍兵撤退一案商議已久。德法兩國已無異言。惟英國獨梗其議。夫各國派兵駐滬。其議實創自英提督西摩爾君。今則西摩爾君亦以撤退爲然。而英政府獨猶豫不決。其意不深可知乎。德法兩國雖允退兵。而皆諄諄以中國不得在揚子江一帶以政治武備行輪財政等項專利讓與各國爲言。又以不得任各國在揚子江佔據要害。致揚子江歸其掌握爲言。試問今日諸國蓄意欲在揚子江一帶得有政治武備行輪財政等專利者。非英而誰。蓄意欲在揚子江口岸佔據要害者。非英而誰。然則德法兩國雖允撤兵。而必與英國同時退出。其意不又可知乎。是則英人之遣兵艦往漢口也。固欲實施其權力於揚子江上流也。其不即將戍兵退出上海也。實欲爲異日計。以實施其權力於揚子江一帶也。設各國尤而效之。接踵而起。中國雖大。尚有甯宇乎。而中國官場猶日以依傍外人爲得計。日以迎合爲事。毋亦大愚不靈之尤者乎。曩者拳匪亂時。東南疆臣無所爲計。遂與各國倉卒立互保之約。英人以是譽劉張二制軍不去口。而劉忠誠且因是得盛名以去。其實英人豈爲中國計哉。爲一己計而已。當時英人方用兵於非洲。軍事旁午。日不暇給。萬不能移其全力于中國。且彼時歐美諸國皆將乘釁而動。英人既不欲長江一帶猝有亂事。以損其利益。

而又不便輕舉妄動。以爲諸國之倡。以亂其素定之政策。故特與各疆臣立互保之約。使其爲己盡力以保其特有之權利。此固英人之微意也。今則情勢一變。凡向所欲得諸中國者。皆將如其意以求之。而不懼他國之議其後。故西報亦自言之曰。現無他國牽涉。自能辦理自如。不致有所掣肘。嗚呼、中國其危哉。

闊少帝國　香港中國日報

論世者昔以中國之頹唐暮氣奄奄如待斃也。于是擬議及之。目中國爲老大支那帝國。此名稱之宣播于東西各報紙。已非一日矣。不謂昔則由少年而老大。今則似將由老大而復少年。非循謹之少年。乃闊綽揮霍之少年也。

少年者何。不更事之謂也。闊少者何。浪用貲財之謂也。自今支那之現狀。胡爲而與闊少相類乎。蓋緣支那帝國。平昔以守舊爲宗旨。故其精神上有老大之情狀。今也不然。貌爲維新。而又不知新政設施之秩序之實際。惟假手于懵無知識之官吏。假僞顛倒。有類兒戲。金錢浪擲。虛牝堪憐。嗚呼。是非闊少之所爲乎。請就其新政敷布上實驗之。其一曰開學堂。學堂模式。較八股書院爲宏大。其用欵亦較多。委員之濫支鉅欵無論矣。彼庸惡陋劣之敎習。猶是鄉曲守舊之蒙師。一旦謬登敎習之堂。即驟予以比蒙塾

增多十倍之修脯。爲問當此庫儲支絀之際。何爲而不知時務之委員空疎迂舊之教習。無端而厚其傭値乎。曰闊少之舉動則然也。

其一曰建鐵路。敷設鐵路。動以千萬計。當此賠款數鉅期迫。日言籌欵維艱。胡爲而各省鐵路。駸駸有動工之機乎。借欵以築路。路成而中國之局面則誠堂皇矣。其奈路權之不我屬何。然而滿清帝國之好借太子債者不計也。西國有鐵路。我欲倣行西政。何可無鐵路。雖軌轍既成。而我之工藝未興。農事不振。有路而無可運之貨。有事而無可運之兵。然輪車風行于國內。得此亦足以自豪。而路權之掌握于外人。亦當在所不計也。闊少之舉動則然也。

其一曰辦礦務。五金百寶。盡埋藏于地中。然而我乃孩童之國。何能自開也。必須假手於强有力之人。而我可從旁稍沾餘利。不觀礦務章程乎。外國公司所得溢利。以幾成之幾報効清國國家。譬猶孩提之童。不惜以重大金錢。而易微末之餅餌也。闊少之舉動則然也。

其一曰派游學。學生遊學于外。所費不貲。當如何優以歲月。俾卒其業。乃速成師範遊學生限期以六月回國。彼黑暗政府。豈不曰但求有師範生之虛名。使之爲肖像于學堂

之上。雖學業未成。徒耗旅費。亦在所不惜乎。濶少之舉動則然也。其一曰用金磅金銀磅數盈虧不可以道里計。淸國自與外人交涉以來。一切關稅賠款。虧折實多。而不識不知之滿淸官吏。猶未知痛癢也。闊少之舉動則然也。嗚呼。世間凡稍涉洋派之事。未有不近于奢侈揮霍者。浮薄少年。不知西學爲何物。而稍知講求時務者。動輒沾染洋務習氣。捲烟小領相望于途。不數年而喪資蕩產者有之。今淸政府之所謂維新。亦不過沾染洋務習氣而已矣。其不致如浮薄少年之喪資蕩產者幾何哉。

私史　星架坡天南新報

史也者。所以記人間已往之事。於其地其人。宜褒宜貶。無貴賤上下尊卑之別。而一一介紹於史之中。垂之百千萬年。日月同昭。天地同壽。山河改而史不改。時代移而史不移。大哉史之權勢。重哉史之責任矣。唯君權極盛專制政體之國則不然。要其史家亦非不知史之關繫。與史之原因結果爲何如。然以懾於君權。壓于專制。或睹前代之覆車。畀疑似于當朝之𨕖轍。則顧忌焉。深文焉。屈筆焉。削以爲遷就。于是史之地。唯知有朝廷。史之人。唯知有君主。略舉其興亡强弱沿革之由。以爲一朝之實錄。把數百年事務。

作一人一家之譜系而爲之。一切英雄之運動。社會之經練。國民之組織。敎派之源流。淟淟然。漠漠然。毫不關涉。噫、以是爲史耶。公耶。私耶。亦適足埋沒數十輩之精神而閉塞數千年之聞見而已。則甚矣中國之無公史也。

卓哉唯太史遷乎。竭半生之學力。以網羅天下舊聞。考其實事。準諸公理。著爲成書。是故孔子素王也。以一韋布之儒生。無南面之榮。其事業則課徒。其留傳則删定。而列之爲世家。陳涉不過甕牖繩樞之子。亡隸之人。而遷徒之徒耳。揭竿以除秦暴。風潮僅數月。要其文明思想。實足據方面而撼强秦。所以列之爲世家。若項羽盖世之梟雄。毅然獨立。而列之爲本紀。其餘貨殖刺客。皆爲立傳。亦以其事其人可書則書之。可傳則傳之。其特識精義。以視陳壽習鑿齒司馬光朱子之徒。則不可同年語矣。何以言之。陳壽本晋人。以晋之事猶魏之事。其三國誌之祖魏。亦顧忌于晋而爲之也。習氏之漢晋春秋亦然。其目睹晋元之嗣位。與蜀相同。其帝蜀一文。未嘗不爲媚東晉計也。故北宋受禪于周。類于魏晋覆轍。司馬光生當其時。是以附和于陳壽之說。及南渡以還。高宗之半壁江山。猶先主之三分鼎足矣。尊西蜀即以尊南宋。朱子之同于習氏。非無意也。是皆以一私之心。成一私之說。姑無論其誰是誰非。亦不過爭定君主之大位。爭頌君主

之鴻名而已。是一家之史。非全國之史也。一時之史。非萬世之史也。王公之紀年史。非世界之權衡史也。以是爲史。謂之無史可也。

夫以數千年君主之年代。君主之名位。君主之統業。遂盖盡全書。即一二貴族。或奴隸於史中興臺於史中。隨名步迹於史中。亦徒受之自上。實非國民認許之歷史也。於是史之設。爲君主貴族而設。而奇人志士不與焉。爲治亂興衰而設。而道德風俗產業宗教地形人種之要不與焉。即盧騷路德彌勒約翰等同萃於支那。亦不過付之儒林文苑傳中而已。豈能銅像巍峨。立通衢亘雲漢。留之歷史。萬年不朽哉。是故大聖賢大豪傑之崛起也。言而世爲天下則。行而世爲天下法。一人之舉動。即數百兆人之階梯。此孔子陳涉所以列爲世家也。當漢之世。而列項羽爲本紀。此尤列史所難。彼尊君主媚朝廷者。苟非史遷定論於前。未有不以孔子爲儒林。以陳涉爲流寇者也。即史遷而生而一切黃巢李自成張獻忠等輩。亦斷不能以流寇書之。而吳三桂洪秀泉則更無論矣。後之史家。失史之眞義。但以事之成敗。分爲王寇。以享國之久暫。定爲眞僞。趨承奔走將全史而供奉之於帝王。其所以埋沒英雄。汚辱國民實甚。吾故曰中國無公史也。如有之。其唯史遷乎。

中國近事

◎密電述聞　据聞由內侍傳說九月十四日夜二點鐘。榮相忽接外間密電。當即親向宮門投遞。良久始出。聞太后與榮相譯覽之後。皆神色大異。不知有何要事。但聞某相口中自言自語。只有發兵四千云云。

◎遷都風聞　聞現在太后身體薄弱。自經拳匪亂後。夢中常驚悸不安。且畏寒殊甚。故擬修保定汴梁兩地行宮。爲避冬之計。或曰殆將遷都。但此信甚密。亦未可作爲已定也。

◎覬覦皇嗣　據日本報所載皇太后　皇上將於十月由頤和園還宮。離宮之裝飾。極盡閎麗。軍機大臣等諸要人。亦在頤和園附近各營別業。以取伺候宣召之便。　皇太后因去年以來之勞心。近頗有身心疲乏之感。常向侍臣嘆壽命之不永。欲在生前立喜愛之皇嗣。故仍有別立大阿哥之意見。然六十九歲之老后。氣象如何活潑。縣論皇嗣之册立。究在何時。尚不可測。乃大宮中與皇族有姻親者。已紛紛以皇嗣之問題爲

談柄。宮中解事者之語。以爲又有一紛爭皇嗣問題者。早晚必有之大問題。使此種問題。僅爲宮中之事而已。則可勿論。恐二三強國欲扶植自己之勢力。遂迎此機會。各試其智術。亦題中應有之義也。

◎**別設大員**　直隸添設巡撫一缺。早有所聞。茲探得此議已確。謂將派一旗員以爲監守之責。如不設巡撫。亦當派欽差大員爲海防大臣云。

◎**練兵確聞**　聞皇太后將調出使德國之廕都統昌回國。即派辦張家口督練旗兵事宜。惟此舉甚秘。外間皆未能得其詳耳。

◎**陝督密函**　近聞陝甘總督崧蕃有致政府密函。係論董福祥之事。蓋董自奪職後。初居空峒山。現居固原屬之黑城子。遣部下作一大堡。牆高池深。收聚原部六十營之軍火。以爲久據之地。崧督曾派甘涼道白遇道知府王式柏。變裝易服。輕騎簡從。前往查探一切。董乃與約四條。如能照辦。即當遣散。以了此餘年。一曰請專摺代奏伸雪。渠本受某革邸某相節制。令打洋人。不甘受禍首罪名。二曰渠部下各回弁須各任實缺。以免鼓譟。三曰馬安良爲渠仇人。須促赴伊犁本任。渠始能安枕。四曰渠之各部雖奉旨

裁撤。現仍存十餘營人。須將餉銀扣至本年八月。如數發給。以爲遣散之資云云。崧督恐其終成巨患。故以此番情形與政府密商辦法。以杜後患。

◎官捐交議　近聞　徐御史堉前遞官捐一摺。略謂國家貧困。既已取之於民。不妨取之於官。同是食毛踐土之人。何忍吝而不與。近日之官。十倍於昔。皆以捐項太便宜。故凡候補人員。分四項派捐。如保舉。如分發。如花樣。如改指省等事。不論到省有年者。亦應報効若干。自道府起至佐貳止。并請督撫嚴察。務令實自官出。不得藉端取巧。或累及民。或累及商。有京官貧乏可免之說。一似專注意于外官之捐班者。已有旨交吏戶兵三部會議。大約武職亦在其內。聞此事不以爲然者頗多云。

又聞此議業經鹿大軍機議准兩條。一係以捐納得實缺者。概令補足十成。一係實缺外官量缺報効。

◎辰州敎案　聞辰州敎案。漢口英國領事現與蔡伯浩觀察推翻前議。要挾多端。其最甚者。須將蔡觀察革職。永不叙用。辰州紳富派賠償金一萬磅。毅字營統領顏武林須正法。并聞英國已派有兵艦數艘。前往漢口云。

又聞十七日頤和園宴待各國公使。是日英國欽使薩道義君獨辭不赴之故。多謂由辰州教案未結。是以謝却。玆經詳加探訪。英使不惟於辰州一事致怒。且因湘撫前致外務部專電內有吏字。爲英欽使所見。以有悖歷次諭旨。爲藉口峻而拒之。蓋薩道義君頗識華文故也。

◎密約兩誌　中俄密約。外間所傳。均與外務部正稿迥不相同。外間所傳者有十三條。眞稿祗六條。俄人不許中國兵運砲入東三省。王中堂已將此條改去。亦不言運炮與否爲稍異云。又西藏密約外間所傳。亦非眞實底稿。底稿中有將新疆至伊犂許俄人添設一鐵路。爲中俄共有之利權云云。此亦駭人聽聞者也。

◎上海撤兵問題　据西電言各國現復將上海駐兵撤退事商議。所議退兵章程。一爲各國須按照預定章程同時退兵。二爲退兵後如有復行派兵至滬者。其餘各國均可照辦。德政府以不欲各國再派兵至滬。故第二款中復補一言云。中國不能在揚子江一帶以武備及他項專利施與他國。以背大開門戶之政策。此節中國政府亦已允准云云。

又言此次德法兩國所訂撤退駐滬防兵條約。英國不以爲然。其故由約中專指中國不得允准各國擅專揚子江各屬一切利權。并不涉及別處口岸之故。

◎交路後聞 關內鐵路業經英國等交還等情。已見前報。茲聞英人尚須掌管鐵路二年之久。一切出入款項均由匯豐銀行經管。該路原欠匯豐墊款百餘萬金。應繳息銀。亦由英人代付。與中國辦法無異。故交替後亦祇簿書數十册而已。

◎推拓公界 京師東交民巷。本爲列國劃作公界。茲聞各國復擬推拓至東便門內爲列國操塲。與東交民巷放一直線。佔用房民甚多。均須一律拆毀。並聞當由賠欵項下留撥若干分償民間地價云。

◎營口近聞 增將軍得俄人力留任奉天。所有一切交涉。俄人喜其順從。極願與之辦理。然頗有藐視之意。前於省城中見將軍出署辦公。俄弁俄兵大都於途間戲侮之。及至俄署。甚有不出迎迓者。而將軍均以大度包容之。日前曾來營口商辦地方事宜。旋至俄兵艦拜會。俄將僅令吹笳相迎。並未升炮致敬。人皆疑之。未幾英日等國領事官亦詣艦會晤。俄將卽各升炮若干門以相迎迓。而表敬意。此雖微事。而俄人之輕視

我國。亦可概見。

前有九月內交還營口之說。故華帶兵官皆將隊伍整頓預備開至營口駐防。亦有將前隊徑行開來營口左近者。乃俄人不退出華兵只得在營東一帶暫駐。而俄人又以華兵既來。恐有他意。又將借口于此以相留難。

◎日本專約　日本政府因滿洲開闢商埠。特與中國議訂條約如左。　一盛京省境內。外人可任便游歷。　二盛京將軍接待各國官民。須歸一律。　三開闢商埠後。海外貨物。可任便運往滿洲貿易。　四一切交涉章程。應與南方各省相同。凡外人寄居者。應由滿洲地方官保其身命財產。

◎澳門定約　澳門劃界之約。已於十四日下午經葡萄牙公使在外務部簽押。約中最要之欵。一係葡人擴充租界之議。作爲罷論。一爲華人允准葡人造路由澳門至廣東省城。三爲華人在澳門邊界所設之小抽稅關。此後一律裁撤。可在澳門設一總稅關。以便商人。按此約係屬兩有裨益。於中國尚無損害。庚子亂後和約十二欵中所定百分抽五之進口稅。葡人始終不認。迨此約告成。始爲承認。所以准中國在澳門設稅關也」

海外彙報

半月大事記 西歷十月下半月

▲十五日路透電。德法兩國議院現已重行開議。

同日電。法戶部擬欲增收稅則二萬〇七百萬佛郎。

同日電。美滔利亞戰事危急異常美總統已移駐提克士矣。

同日電。美總統并兵部大臣武樂德君代表人馬更君會同煤礦各董事在美京華盛頓會議。總統之意。擬專派一員辦理各煤礦公司及礦工交涉之事。勸令礦工從速興工。衆咸諾之。惟美國合衆會董事彌赤烈君聲言各礦工若非先行議定章程。予亦不敢受總統之命等語。目下清家高各屬因煤乏之故。均採薪備用。殊形忙碌云。

同日電。俄水師各兵艦擬于日內由屈耶斯德駛赴東方者。計鐵甲兵艦二艘。巡艦三艘。魚雷艇四艘。聞管帶各艦係統俄領太平洋水師提督斯德巴。

▲十六日路透電。各杜將已由巴黎起程。前赴德京柏林。

同日電。蘇弗兒亞風傳土國兵隊曾將墨士篤尼亞耶蘇教民鄉村四處焚燬。居民被戮甚多，目下該屬人民由邊界逃往達日瑟避難者。已有六百人之衆。

▲十七日路透電。美國各煤礦工人爭鬥一事。現已議結無事矣。

同日電。美總統因議結各礦工爭鬥一事。大爲民間所信服。

同日電。英國下議院當秋季開院會議之時。與議之人甚衆。

同日電。美沿利亞戰事。兩軍均喪失甚多。不知將何了局。

同日電。巴科首相提議教育制度之事。贊成者二百六十二人。反對者一百四十一人。

同日電。各杜將在德京柏林演說時。極言伊等仍係英屬。不敢自操國政。

▲十八日路透電。英國教育法律。現已重新規定。計一百五十條。惟恐奏效難期神速耳。

同日電。英理藩院大臣張伯倫擬欲再行接見各杜將一事。未知確否。

同日電。英首相巴科昨日已允各管學大臣動支學費。開辦學務。如此則學業之隆。可指日而待也。

▲十九日路透電据阿德沙某時報訪事云。俄日兩國所訂商約。現已將次告成。惟兩國各宜極力籌畫。俾兩國土產均可暢銷。

同日電。美國各煤礦工人現已重興工作。

同日電。一千九百〇三年。俄國預算水師經費。計銀一千一百五十萬磅。其中四十五萬一千五百五十磅爲經營旅順口水師之費。三十五萬爲增廣烈直斯達港水師之費。

▲二十日路透電。俄國財政大臣現已行抵丁尼。按該大臣日前巡勘西伯利亞各屬鐵路者。因欲早日可以開車也。

同日電。目下彌力沮爾那國革命黨大勢已危。所据城池均已失守。計被官軍殺戮者一千四百人。其餘受傷者指不勝屈。

同日電。各杜將已離德京。德皇不准各官往餞送。

同日電。素瑪勒地戰事。目下甚烈。本月六日漠拉所統各軍擊斃人馬甚多。都司弗烈各文君輪船管帶蔭納君均陣亡。素瑪勒各軍惶懼異常。參將式安君現已退兵待援矣。

同日電。本月十五六兩日。蘇弗烈西火山炸裂。聖彬森內地亦被其災。各處道路田園均爲熱沙所掩。

▲二十二日路透電。美國帮辦中美商約大臣提督資烈士近曾宣言曰。果各國不放鬆其把持中國利權手段。則中國加增稅則。自無窮期。吾恐二十年華人力盡筋疲。各國欲求其欵。不可得矣。所可異者。歐洲各國于美國在華商務。均懷妬心。不知我美國安之若素也。

同日電。房畢第一營練兵。奉命前往素瑪勒地方助戰。計兵四百六十人。

同日電。參將式安君標下某員。由素瑪勒函稱。此間戰事紛如。軍中騾馬喪失甚多。行糧軍火。亦將告磬。大局實危急異常。且各軍不甚和協。不知將來如何了局云云。

同日電。印兵現已奉命前往素瑪勒助戰。此後尚可再發援。

▲二十三日路透電。英戶部大臣武烈赤曾在下議院宣言。謂予本日來此。非爲杜人籌款之事云云。

同日電。各杜將現已遄返英京。聞彼等並不欲晋謁理藩院大臣張伯倫。緣張君並未提醒伊等也。

同日電。英將武蘭擬于十一月一日由水道啓程前往南非洲。

同日電。太晤士報云。滿洲各屬政治利源。俄人均能深知。而波斯北屬情形。俄亦素悉。且聞刻下尙欲調查阿富汗政治利權云。

▲二十五日路透電。法國各礦工滋事。現已具禀法相坎栢士。謂各礦工目下已願息事。懇請即爲調停也。

▲二十六日路透電。日昨各官商士庶。咸詣聖彼羅大禮拜堂恭行謝天儀注。嚴肅異常。

同日電。英皇及皇后擬于十一月八日在武永蘇賜皇族中人之宴。並設筵款待皇皇。

同日電。本月六日索瑪勒之戰。英兵初被戰敗。將官死有兩三人。後大將式安見勢甚危急。帶兵而前。阻敵進路。英軍始能結集全軍。復于下午極力進攻。敵兵大敗。英軍奪獲軍糧驢馬甚多。惟大砲一尊未能奪回。計是役敵人死者六十二人。英兵死者七十人。

▲二十七日路透電。英理藩院大臣張伯倫擬于十一月下旬啓程前往南非洲稽查善後制度以及新英屬之現象。聞內閣各大臣均謂張君赴非後。尙擬再往英屬各處游歷云。

▲二十八日路透電。此次各杜將遍游荷比德法諸邦。爲杜國各貧民求助賑款得銀三萬二千磅。

同日電。英欽差大臣康洛已照會土耳其政府。略謂土軍現在西登邊彊各屬騷擾不堪。如不速爲彈壓。英國必向印度調兵以資防患云。

同日電。述甯弗賀兩島海線。當于十一月八日竣工。至美國小呂宋之海線。亦已沿海建設電桿。想明年七月以前當可竣事。

餘錄

萬國思想家年表（續十八號）

訶梨跋摩	◎約一○○	印度高僧著成實論小乘佛教之反動力自此始
世親菩薩	◎約一○○	亦名婆藪般豆印度高僧著俱舍論衍小乘佛教後造唯識論唯識三十論頌十地經論等爲大乘佛教第三期之鉅子
無著菩薩	◎約一○○	印度高僧大乘佛教第三期之鉅子著大乘阿毘達磨論金剛般若波羅蜜經論攝大乘論等
賈誼	◎約一○○	漢初大儒著新書及治安策
劉安	◎約一○○	著淮南子○譯者案淮南子非王安所作姑列之耳
董仲舒	◎約一○○	漢初大儒治春秋著春秋繁露傳孔子大同之學
司馬遷	◎約一○○	中國第一大史家貫通九流獨有心得
該撒 (Cassar	◎一○○　四四	羅馬第一豪文章功業並絕千古惜還上九之悔遂以遘禍
揚雄	◎五二　一八	漢末儒者著太玄法言頗少心得

耶蘇基督		一 三三	舍身救世至今爲世界一有力之敎主於世運消長最有關係
士尼卡 L.Ann. Seneca		四 六五	羅馬哲人以實行爲敎
非羅 Philv	約	五〇	亞歷山德里亞人爲希伯來希臘派哲學家之翹楚
布爾特奇 Plutarchas		五〇 一二〇	希臘史家所著英雄傳至今寶之爲新畢達哥拉士哲學派之翹楚
巴士列底 Basilides	約	一〇〇	敘利亞人中世知識派哲學之翹楚
馬融		七九 一六六	漢末儒者專倡訓詁學
鄭玄		一二七 二〇〇	漢末儒者集東漢經學之大成
特陀里安奴 Tertulianus		一六〇 二二〇	卡賽治之敎士中世詭辯派哲學之翹楚
清辨	約	一五〇	印度高僧以空爲宗著般若燈論大乘掌珍論
護法	約	一五〇	印度高僧以有爲宗著成唯識論
戒賢	約	二〇〇	印度高僧始成敎相判釋承護法立有門宗
智光	約	二〇〇	印度高僧承清辨立有門宗
諸葛亮		一八一 二三四	三國時代之大哲事業雖未大成思想文章亦足不朽

索迦士	Ammonius Sakkas	二四一	始創新柏拉圖學派
蒲羅田尼	Plotinus	二〇四 二七〇	承索迦士在新柏拉圖派中爲亞歷山德里亞羅馬派之魁首
王弼		二二六 二四九	魏晉老莊學派之祖注易經
抱朴子 葛洪		約三五〇	支那中世道家之鉅子
湛布里嶋	Jamblichuo	四一五	新柏拉圖派中敘利亞派之魁首
澳加士田尼	Augustinus	三五四 四三〇	耶穌教士稱中世大哲
提婆		約五九〇	印度高僧始來支那譯經文開毗曇宗
鳩摩羅什		約四〇〇	印度高僧始來支那譯經文開成實宗
嘉祥大師		約四〇〇	晉高僧開三論宗著中論疏百論疏十二門論疏維摩經疏
曇無讖		約四〇〇	印度高僧來支那譯經文以涅槃經爲羣經之上品開涅槃宗
菩羅克爾	Proklus	四一二 四八五	新柏拉圖派中雅典派之魁首
南山律師		約五〇〇	梁之高僧開律宗
光統律師		約五〇〇	梁之高僧開地論宗衍世親之十地經論

二六三四

四

善導大師	約五〇〇	梁之高僧開淨土宗以大無量壽經觀無量壽經阿彌陀經爲三經以世親之淨土論爲一論
達磨大師	約五〇〇	印度高僧來支那開禪宗
義淨三藏	約五〇〇	南朝高僧入印度研究佛教以佛經歸
直諦三藏	約五五〇	陳之高僧開攝論宗
渣士田尼安奴 Justinianus	四八三 五六五	東羅馬帝國全盛時之皇帝始結集法典
智者大師	約六〇〇	陳隋間之高僧開天台宗著觀音玄義妙法蓮華經玄義摩訶止觀
杜順禪師	約六〇〇	南朝高僧開華嚴宗著五教義
文中子 王通	五八三 六七一	隋之隱君子從事教育著中說
孔穎達	五七四 六四八	唐初儒者著羣經正義
慈恩大師	約六五〇	初唐高僧開法相宗
玄奘三藏	約七〇〇	盛唐高僧入印度研究佛教以佛經歸
不空三藏	約七五〇	唐玄宗時高僧開眞言宗
柳宗元	七七三 八一九	中唐大思想家有高逸淡雅氣象尤長文章

韓愈	七六八—八二四	中唐大儒以孟子自任始立因文見道之論
李翺	約八〇〇	著復性書在支那中古儒學銷沈時代亦差强人意
最澄	七七八—八二二	始傳天台宗佛敎于日本號傳敎大師
空海	七七三—八三五	始傳眞言宗佛敎于日本號弘法大師
商羯羅阿闍梨	約八五〇	印度碩學開吠檀達哲學大倡唯心的一元論著因明入正理論
埃利旃拿 Scotus Erigena	約八五〇	愛爾蘭人初創煩瑣哲學
菅原道眞	八四二—九〇四	日本中世時代支那文學之代表以忠義名
亞威遜拿 Avicenna	九七八—一〇三六	亞剌伯之大哲人大醫家
范仲淹	九八九—一〇五二	宋初政治家以有道聞
孫復	九九二—一〇五七	宋學先鋒
胡瑗	九九三—一〇五九	宋初實行敎育家其學分經義治事二門
石介	一〇〇五—一〇四五	孫復門人與孫胡齊名稱宋初三先生
歐陽修	一〇〇七—一〇七二	其史學有新唐書新五代史其經學有易童子問詩本義春秋論又著本論以排佛敎

周敦頤	一〇一七	一〇七二	參佛老之說著通書及太極圖說爲宋代理學之始祖
邵康節	一〇〇八	一〇七七	說先天理數獨闢蹊徑
張載	一〇二〇	一〇七七	立一大淸虛之說著正蒙西銘東銘
程灝	一〇三一	一〇八五	於道學多所創見有語錄
司馬光	一〇一九	一〇八六	著資治通鑑又作易傳疑孟等
王安石	一〇二一	一〇八六	以行新法招物議著周官新義碩學而實行家也
蘇軾	一〇三六	一一〇一	與王安石齊名而宗旨反對其學兼儒佛尤豪于文
程頤	一〇三三	一一〇七	與兄齊名稱二程有易傳其學旨多見語錄
安士廉 Anselm	一〇三五	一一〇九	英國敎士第二期煩瑣哲學之首倡者
阿比埒 Abalard	一〇七九	一一四二	法國人第一期煩瑣哲學中之錚錚者
呂東萊	一一三七	一一八一	南宋大師講中原文獻之學
朱子	一一三〇	一二〇〇	儒敎中碩學集漢唐以來之大成其太極無極之論與陸象山不合
陸子	一一三九	一一九二	倡唯心派哲學目空古今言行圓滿于事理學風渾厚眞千古國士之師表

袁燮		一一四四—一二二四	陸子高足弟子能傳其學
佐溫尼	Giovanni	一二二一—一二七四	中古神秘哲學派之鉅子
麥奴士	Albertus Magnus	一二〇〇—一二八〇	德國人主實在論第二期煩瑣哲學之鉅子
文天祥		一二〇九—一二八二	朱學派之大儒宋末烈士
見眞大師		⋯⋯—一二六二	日本人傳眞宗于彼國許僧徒食肉帶妻
日蓮上人		一二二二—一二八二	日本人傳法華宗于彼國
王應麟		一二二三—一二九六	著困學紀聞玉海等書爲清代考証學之遠祖

（未完）

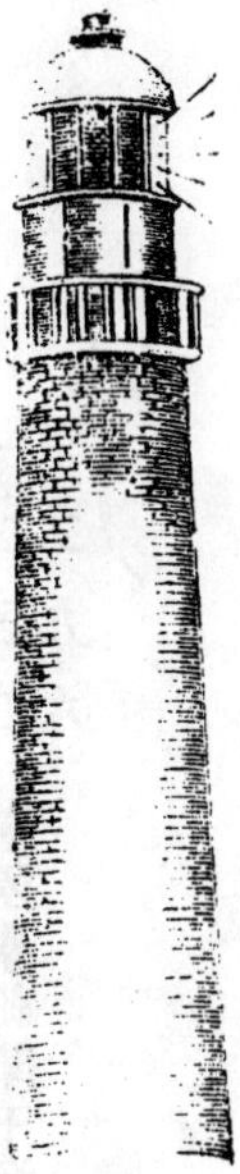

官立 大日本帝國 東京音樂學校御用同校證明書受領品

特色 ●音律正確 ●音調鮮明 ●形容嶄新 ●裝飾優美

米國製笛獨逸式製作

同文館製造

改良風琴定價

第一號形 金拾八圓
第二號形 金二十八圓
第三號形 金三十八圓
第四號形 金四十五圓
第五號形 金五十三圓
第六號形 金六十圓
第七號形 金七十圓
第八號形 金八十圓
第九號形 金九十圓
第拾號形 金百圓
第拾一號形金百卅圓
第十二號形金百五十圓

特色 ●構造堅牢 ●保險確實 ●價格低廉

其他諸體操運動用具教授用標本模型類

樂器標本器械 東京市神田區錦町二丁目

製造發賣元 同文館樂器校具店

上海廣智書局

日本維新三十年史　全六册　定價一元六角
政治學上卷國家編　洋裝全一册　定價四角
政治學中卷憲法編　全一册　定價三角五分
十九世紀末世界之政治　全一册　定價四角五分
再版現今世界大勢論　洋裝全一册　定價二角五分
法學通論　全一册　定價三角
歐洲財政史　全一册　定價三角
增補族制進化論　全一册　定價三角
再版憲法精理　全一册　定價五角五分
再版萬國憲法志　全一册　減價五角
政治原論　洋裝全一册　定價七角五分
支那史要　全四册　定價八角
飲冰室自由書　全一册　定價五角

中國魂　全一册　定價四角
國家學綱領　全一册　定價一角二分
胎内教育　全一册　定價三角
國際公法志　全一册　定價五角
實驗小學校管理法　全一册　定價二角五分
中國商務志　全一册　定價四角
東亞將來大勢論　全一册　定價二角
中國文明小史　全一册　定價四角
中國財政紀略　全一册　定價二角五分
修學篇　全一册　定價二角五分
再版楊子江流域現勢論　全一册　減價二角
新撰日本歷史問答　全二册　定價三角五分
再版埃及近世史　全一册　減價二角五分

出版圖書廣告

東亞各港志	全一册	定價三角
明治政黨小史	全一册	定價一角
外國地理問答	全一册	定價二角
理學鈎玄	全二册	定價五角五分
近世歐洲四大家政治學說	洋裝精本	定價二角
日本維新慷慨史	全二册	定價五角
英國憲法論	洋裝全一册	定價五角
羣學	洋裝全二册	定價六角
歐洲十九世紀史	全一册	定價五角五分
中等教育倫理學	洋裝全一册	定價五角
精神之教育	全二册	定價五角五分
地球之過去及未來	全一册	定價三角
滿洲旅行記	全二册	定價五角
泰西政治學者列傳	全一册	定價一角
愛國精神談	全一册	定價三角
史學小叢書第一種 俄國蠶食亞洲史略	全一册	定價一角五分
史學小叢書第二種 十九世紀大勢略論	全一册	定價一角五分
史學小叢書第三種 日本現勢論	全一册	定價一角五分
十九世紀大勢變遷通論	全一册	定價四角
二十世紀之怪物 帝國主義	全一册	定價四角
國憲汎論		近刊
英國憲法史		近刊
萬國官制志		近刊
萬國選舉志		近刊
萬國商務志		近刊
歷史哲學		近刊

啓者。本店開設日本東京經已三十有餘年。專製造機器字粒及各種花邊電版一切印刷物件。其精緻秀美。久已四海馳名。逈非別家之可比。至字粒之式様大小高低。全仿歐美所製。而且字體玲瓏堅固。雖日久用之。永無殘破模糊之弊。凡印刷書籍地圖繪畫等。皆極鮮明精巧。版面用墨不多。額外着色。本店不惜工本。專心製造。近更日加改良。精益求精。一切印刷物件。實較歐美有過之無不及。倘蒙　諸尊光顧。請移　玉步。貨眞價實。童叟無欺。

又本店之機器字粒及各種花邊電版一切印刷物件。皆印有圖形。如遠地　諸君欲購何種。而欲先行取閱式様者。可列明函告本店。當按照寄上。

登録商標 (H)

日本東京市京橋區築地二丁目十七番地

株式會社 東京築地活版製造所

本支店所在地

東京（本店）　大坂　京都　横濱　神戸
名古屋　廣島　下關　函館　大津
和歌山　四日市　長崎　小樽　足利
横須賀　三池　門司　深川（東京）

資本金　五百萬圓

横濱市本町二丁目二十一番地

合名會社　三井銀行横濱支店

電話　五五番、八九〇番、九八六番

公積金五百廿五萬圓

存金利息

一定期存金六月以上　週息　六分　一隨時存金毎百圓毎日壹錢
一特別隨時存金毎百圓毎日壹錢三厘　一通知存金利息隨時面議

明治三十五年十月七日　支店長　矢田績

下五

泰西政治學者列傳 全一册 定價一角

愛國精神談 全一册定價三角

史學小叢書第一種 俄國蠶食亞洲史略 全一册定價一角五分

史學小叢書第二種 十九世紀大勢略論 全一册定價一角五分

史學小叢書第三種 日本現勢論 全一册 定價一角五分

發行所 上海廣智書局

兒島獻吉郎漢文典及浮田和民帝國主義與教育現已開譯年內決可出書敬告海內同志希勿再譯爲幸 胡景伊 陳紹祖 謹白

弊店專辦各種紙料發客貨眞價實格外克己如欲採買者不拘多少均可應命又有各種紙辦欲看者可隨時送上此啓

◎歐美被各種洋紙
◎日本製各種洋紙
◎蠶絲用各種青紙
◎蠶絲用各種包紙
◎各種印信存底紙
◎各種印信存底紙部
◎各種曲具帖紙
◎各種紋曲具帖紙
◎各種荷造紙
◎各種書翰紙信封
◎各種單雙紅簽信封

日本橫濱市太田町四丁目五十七番地

市川紙店 （電話九十三番）

製造各種活版石版機械
發客價格甚相宜

明治五年設立
既經三十有一年

大日本東京市京橋區常盤町二番地
諸機械製造業 金津平四郎

啓者本店專製造各種活版器物發客美麗鮮明價甚相宜久爲海內外所推許近更入加改良從廉發售以廣招徠諸尊光顧請移玉步貨眞價實格外克已玆將各種活字器物列下

一電氣銅版　一大小活字模
一厚鉛片　一薄鉛片
一黃銅厚片　一黃銅薄片
一黃銅活字(釘裝用)
其餘各種活版器物

大日本東京市京橋區入舟町六丁目一番地
電氣銅版活版附屬品製造所 松藤善勝
電話新橋三千三百八十一番

下七

新小說及新民叢報

特約東京總代派處

啓者本店乃係博文館民友社特約大賣捌所兼發賣各書店一切書籍寄售各種雜誌取扱丁寧格外價廉向蒙仕商愛顧日就繁昌今復與横濱新民叢報新小說報兩社訂立特約認爲東京總代派處本店按期專人到濱取齊迅速發送　諸君如欲定閱兩報請移玉到本店掛號不勝盼切

東京芝區　田四國町二番地　第三號

小松原書店謹白

書籍　博文館發兌圖書雜誌特約店

新民叢報發賣元

本店今次擴張業務凡各處出版之書籍雜誌皆廣羅以備貴客購採價格低廉發送快捷取扱誠實懇切批發零售均甚相宜凡各種書籍雜誌如在本店定購比之在該發行所省付價付信各費實較便利如蒙光顧多少隨意

又發賣圖書雜誌目錄如要者請寄郵劵二分製本出來當次第送呈

委托販賣部大擴張本店爲便利各士商起見特設委托販賣部廣備各處之書籍雜誌今次更大加擴張凡各處出版之書籍雜誌如蒙委托販賣無不誠實可靠但有相委乞于發行前付下切盼

東京神田區表神保町三番地　**東京堂書店**　電話特（本局）貳百四拾八番

雜誌　文武堂發兌圖書特約發賣

倫理學者人格之模範而國家之基礎也凡各國學校無不以此列於第一科內地迂儒動以爲惟中國有倫理而西人無之實最妄見也泰西之言倫理有視吾中國尤精尤備者也此書著者爲日本哲學大家特爲中學校教授之用著此書凡分兩編前書言倫理之實用區爲自己倫理家族倫理國家倫理社會倫理等

日本 文學博士 中島力造著

中等教育倫理學

洋裝全一冊 現已出書

定價五角

順德 麥仲華 曼宣譯

後編言倫理之學說所謂直覺說功利說快樂說進化說等擇精而語詳文簡而意備東邦學校以爲此學教授之最善本譯者愍吾國德育之不興特覃精以譯是編實中國前此未有之本也近者學校之議漸興凡教師生徒皆宜各手一編採泰西新道德以與中國固有之道德相調和則既可以存國粹亦可以應時變矣

發行所上海廣智書局

日本專門學校教授松平康國著
新會梁啓勳譯述
飲冰室主人案語

世界近世史

現已付印
不日出書

史也者敍述羣治之原因結果也因果不一而最繁賾者莫如近世史近世史者十九世紀史之毋也此編起十五世紀末迄十八世紀其中如學問之復興宗教之革命君權之變遷諸大業皆孕育百年來之文化者也故欲知最近世史之果不可不求其因於近世史此篇爲專門學校講義煌煌巨帙東國史籍中第一善本也譯者夙有家學文辭斐然復經飲冰室主人校閱加案語百餘條將書中要點逐一剔出以卓特之學識雄奇之文筆論斷之而一以資鑑於我祖國學者苟讀一過則於史學之常識思過半矣現已付印

發行所○上海英界同樂里　廣智書局

第三種郵便物認可
新民叢報第拾九號　明治三十[redacted]廿一日發行

第貳拾號

光緒二十八年十月十五日
明治三十五年十一月十四日

每月二回朔望發行

日本專門學校敎授松平康國著
新會梁啓勳譯述
飲冰室主人案語

世界近世史

現已付印
不日出書

史也者敍述羣治之原因結果也因果不一而最繁賾者莫如近世史**近世史者十九世紀史之母也**此編起十五世紀末迄十八世紀其中如學問之復興宗敎之革命君權之變遷諸大業皆孕育百年來之文化者也故**欲知最近世史之果不可不求其因於近世史**此篇爲專門學校講義**煌煌巨帙**東國史籍中**第一善本**也譯者夙有家學文辭斐然復經飲冰室主人校閱**加案語百餘條**將書中要點逐一剔出以**卓特之學識雄奇之文筆**論斷之而一**以資鑑於我祖國**學者苟讀一過則於史學之常識思過半矣

發行所 上海英界同樂里 **廣智書局**

新民叢報第貳拾號目錄

光緒二十八年十月十五日

售報價目表

全年廿四冊	半年十二冊	每冊
五元	二元六毫	二毫五仙

美洲澳洲南洋海參威各埠全年六元半年三元二毫零售每冊三毫正郵稅每冊壹仙外埠六仙

廣告價目表 刊資先惠 論前加倍

一頁	半頁	一行 四號十七字起碼
十元	六元	五角

凡欲惠登告白者須于本報定期發刊之前五日交到價須先惠欲登長年半年者價當面議從減

編輯兼發行者　馮紫珊
印刷者　西脇末吉
橫濱山下町百五十二番館
發行所　新民叢報社
信箱二百五十五番
橫濱山下町百五十二番館
印刷所　新民叢報社活版部

新製 世界八傑牋

每盒定價二角五分

讀史者讀英雄傳者觀其言論行事未嘗不想望其風采欲買絲以繡之鑄金以事之此崇拜英雄之熱心實使人自進其人格之一法門也吾中國尋常函牘喜用雅牋盖文學美術高尙之風習使然也然通行箋紙寫風景描花鳥或集古句集碑文雖各有寄託然皆非關大體本社欲利用此高尙風習徐導起國民崇拜英雄之思想特搜集近世最著名豪傑每國一人寫其遺像并請飮氷室主人各系以畫像賛製爲世界八傑牋海內志士雅人想有同好故印數萬紙以公於世

八傑姓名列下

西班牙　哥侖布　英吉利　克林威爾

俄羅斯　大彼得　德意志　俾斯麥

美利堅　華盛頓　意大利　加富爾

法蘭西　拿破侖　日本　西鄉隆盛

發行所 橫濱 新民叢報社代售所 上海廣智書局 北京有正書局 粤城開明書局

新民叢報第二十五號

癸卯元旦本報發行第二十五號實爲本報創刊一周歲之紀念日特援東西各報館之例增刋大附錄較原報**加增百餘葉**并徵海內外大雅高文以光卷帙茲擬懸賞徵文格如下

一論題

（一）問中國國民道德頹落之原因及其救治之法

（二）問全國小學教育普及之策及其籌款方略

（三）管子傳　述其事業及其學說

一應徵例

（一）每卷以一題爲及格

（二）每題以五千字以上爲及格

新年大附錄懸賞徵文

一懸賞
甲等賞　一名　敬酬金三十圓癸夘年本報一份
乙等賞　二名　敬酬金各十五圓癸夘年本報各一份
丙等賞　五名　敬酬癸夘年本報各一份癸夘年新小説各一份

一截卷
壬寅年十二月二十日止截

一披露
癸夘年正月初一日本報第二十五號登列玉稿及名次若該號不能全錄下次補錄其不在三等賞內者恕不具登

附章
一惠稿者請書明尊銜尊寓
一尊稿無論選錄不選錄概不奉還
一郵費由投稿者自給

橫濱山下町百五十二番
新民叢報社

庚子北京事變照相全册

定價十八元

庚子事變本主人時適在北京一切情景及宮殿各景皆親自照出玆特用上好照相紙晒成合爲一巨册閱者得此雖未至北京而亦儼如親歷其境矣晒成無多欲快先覩者請速購取　高林平太郎啓

玆將各照片分列如下

〇一午門　〇二保和殿　〇三中保和殿
〇四太和殿　〇五乾清宮　〇六壽皇殿
〇七翀坤宮　〇八天一門　〇九疊翠樓
〇十皇太后之戲臺　〇十一宮內曲廊　〇十二宮巷
〇十三鴛鴦亭　〇十四宮內全景　〇十五宮內全景
〇十六北海之北儀鑾殿　〇十七北儀鑾殿之側面　〇十八北海全景
〇十九中海玉蝀橋　〇二十南海之瀛臺　〇二十一皇穹宇
〇二十二景山　〇二十三萬壽山之佛香閣

代售所橫濱新民叢報社上海

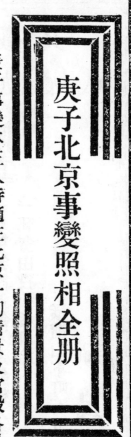

○二十四頤和園之昆明湖
○二十五頤和園之霏香橋
○二十六頤和園之石船
○二十七頤和園八鳳亭
○二十八萬壽山側面
○二十九頤和園之長橋
○三十頤和園側面
○三十一御榻
○三十二御便榻
○三十三皇建有極寶座
○三十四建極綏猷寶座
○三十五允執厥中寶座
○三十六正大光明寶座
○三十七皇帝廻鑾入大清門
○三十八九慶李與各國公使議和畫押
○四十各國公使
○四十一各國公使及夫人
○四十二慶王
○四十三肅王
○四十四李鴻章全家
○四十五袁世凱之戎裝
○四十六宮內千手佛
○四十七醇賢親王
○四十八太后迴鑾時小影
○四十九皇上迴鑾時小影
○五十皇后
○五十一宮妃
○五十二醇王
○五十三濤公洵公
○五十四王文韶
○五十五袁世凱
○五十六端郡王
○五十七榮祿
○五十八董福祥
○五十九華德西
○六十義和團
○六十一紅燈女子

廣智書局北京琉璃廠有正書局

譯書彙編第九期改正体例告白

本編創自庚子其時敗衄之餘同人留學斯邦眷念故國深惟輸進文明厥惟譯書乃設社從事譯事創爲本編選譯東西名人著述分月印行此外又副以單行本隨時增刋二年以來成書數十種久爲閱者所共許而海內外同志共抱此志創社譯書者亦踵相接至今日遂爲譯事勃興之時代本社同人實爲吾國前途深慶惟是凡事必求其進步譯書之事僅能假他人之思想直接映之於吾而不能即以爲吾之思想純以吾之思想發表斯之謂學問獨立今於此數年中欲驟脫譯書時代而進於學問獨立時代此固程度限之不能驟及然取他人之思想而以吾之思想融會貫通之參酌甄別引伸發明實爲二時代過渡之要着譬之幼者始在襁褓繼則學步終乃能趨譯書猶在襁褓自襁褓而進於學步乃今日以往之急務也故譯事在今日固爲不可緩之舉而以本編負雜誌之資格加以同人力求進

步之思想則尙有未盡之天職言念及此爰擬將本編體例大加改正以同人數年研究之心得借本編以發表之專主實學不事空談取政法必要之問題以與吾國民留心斯學者互相商榷凡我同志當深相許至本編以外之單行本仍照舊隨時印行以備參考茲先將本年第九期改正目次列後閱者幸垂意焉

譯書彙編第九期目次豫告

發行所 東京神田區駿河台鈴木町十八番地 譯書彙編社

速成師範講義叢錄出書

定價每部二元

日本高等師範學校校長嘉納治五郎因中國圖强首重教育教育創基宜興師範而中國欲建師範則又非一朝一夕之故國勢炎眉猝不及待乃創一新法于東京設速成師範科定六月爲畢業期以三四年之功縮爲半年中國各省大吏知其便南洋直隸湖南湖北廣東諸省先後選派學生入學現已將二百人而各省籌款招人欲派而未派者又不知幾何人有志師範欲來而無門徑者更不知幾何人需材之急求學之切固如此也現湖南所派學生已畢業其中顏君朱君龍君等知國人欲學無師之苦乃將所受講義筆記而錄之成巨帙二冊按三四年之功縮爲半年已稱便利今讀講義則不及半月可得同等之學力其便利更何如各省派人遊學歲費鉅萬今讀講義則僅費二元之資即得師範之要領其有益于國人更何如也書凡六種即

第一種教育與國家　第二種教育學原理
第三種小學校規則　第四種中學校要則
第五種師範學校要則　第六種地理學

又此書由新民叢報社代售者以多半供出洋留學諸君之需故設特別規則凡購十部以上者照定價九折三十部以上者照定價八折皆收日銀郵費在內

發行所　上海廣智書局

代售處　橫濱新民叢報社

埃及金字塔

The Pyramids And Sphinx, Egypt.

金字塔爲埃及古時人所築約在紀元前二千餘年實爲世界未有之一大工程也塔高四百八十二呎濶五十六萬六千二百八十方呎以歷時既久多經剝蝕故破壞崩弛至今僅餘闊四十七萬九千一百六十方呎全形爲四平面每面底闊七百六十五呎在塔旁而較小者爲一女人頭獅身石像係用天然巨石彫成其狀貌醜怪異常現今半身埋于沙漠之內使其能自言必曰「亞伯剌罕前吾已生于此世界矣」故世界之物未有長壽于此者蓋亦一有名之古跡也以其厖大之故今日撮影者多不能善施其技而曲肖之云

紐約鐵線橋

New York, And The Brooklyn Bridgs.

鐵線橋者係以直徑約十六吋之鐵線四條築成世界近今之一大工程也建造于千八百七十年正月至同八十三年五月竣工橋身跨紐約及布魯侖之東河上全長五千九百八十九呎闊八十五呎內有大塔二其一附近于布魯侖其一附近于紐約兩塔由水面量上凡高百四十呎闊五十呎橋上有人行之大路一馬車路二電車路二每三分鐘間必有電車經行其上當潮水漲溢時橋面尚距水面百十五呎故凡船舶皆得經行無礙其建造費約十五兆元現今每車過此者徵稅三分行人一分云

論說

新民說十六

中國之新民

第十四節之續 論生利分利（續第十九號）

分利者之種類大別有二。一曰不勞力而分利者。二曰勞力而仍分利者。

第一 不勞力而分利者

（一）乞丐 其人非老非幼非廢疾。以堂堂七尺之軀。乃至不能自養而行乞於塗。是蕩與惰二者必居一也。人即憐而活之。而爲蝨於一羣莫大焉。故此輩非可愍而可憎也。若君上失政。天災流行。干戈刼後。不以此論。

（二）盜竊 盜者未嘗不用體力。竊者未嘗不用心力。然此不得以勞力論也。蓋其所用力不敢以與人共見也。此其爲分利最易明。不待贅論。

（三）棍騙 棍騙者亦盜竊之一種也。然其操術稍精。其破裂稍難。故其毒害亦較深。而所分之利往往更鉅。棍騙之種類繁多。非可悉舉。如聚賭者。如巫覡。如堪輿星相卜

筮之流。皆歸此類。不能醫而冒醫爲衣食者。亦歸此類。

(四)僧道　歐洲教會之牧師神父。識者以爲國之大蠹。前所引斯密亞丹之言。半爲彼輩而發也。至近世革命屢起。奪其特權。以儕齊民。然後歐治乃平。雖然歐之教會雖無實。然猶以覺民爲名也。中國之僧道則名實兩無取矣。

(五)紈袴子弟　西人之養子也。育之使長成。教之以學業。令其足以自營自活。父母之責任。如是而已。及其既能自營矣自活矣。則析而居之。他日父母遺產之能屬於已與否。非所知也。故其故家子弟。皆絕依賴根性。無敢託庇前人餘蔭以自暇逸。中國不然。家有數畝薄田。其子弟輒驕奢淫佚。一無生業。而豪宦豪商之裔更不待論。又以同居不析產爲盛德。矯僞相效。往往有一家丁口至百數十人者。假使其家有萬金之產。則其百數十人之婦女子弟。皆囂囂然曰。吾之家乃萬金之素封家也。曾亦思此萬金者。析之爲百數十焉。各人所占能有幾何。而此百數十人皆以萬金之奉自奉。而於家中生計。絲毫不負其責任。吾見所謂故家名門若此者比比然矣。又不必故家名門也。即以尋常論之。大率一家之中。其生利者不過一二人。而分利者動十數人。夫以一人之

資本勞力而自養焉雖中下之材而猶不至於不給以一人之資本勞力而養十數人雖賢智未有能善其後者也故不得不歲耗其母財以爲消費而遂以陷於困窮我國國民之總歲殖所以不能多斥以爲母財之用者其大原因未始不由家族制度之不適宜使然也故俗語曰「富不過三代」夫使能善用富則雖十代百代可也而吾中國率不能過三代者何也生之者一人而食之者百人生之者一日而食之者百日雖有鉅母其何足以再世也西國法律所以重保護富民者爲其爲一國積母財積之愈久則其數愈鉅斥母興業人已交利而國殖歲進喬木世臣所以爲貴也中國則貧有世襲而富無世襲此亦母財消耗之明效大驗矣而其咎實紈袴子弟尸之紈袴子弟者眞一國之大蠹賊也雖然追本窮原則咎又不專在其子弟而兼在其父兄爲父兄者既以自累（己所生之利爲子弟所分故曰自累）而復以累其子弟（令子弟不能爲生利之人故曰累子弟）是誠愚不可及矣

(十六)浪子　浪子者紈袴子弟居其强半亦有非紈袴而亦浪子者此類之人尚未至爲乞丐尚未至爲盜騙其生涯也飲酒看花鬥雞走狗馳馬角戲六博蹋鞠吸鴉片狎游妓舍此之外毫無所事而衣必選色食必選味此類之人其結局也盜騙乞丐二者

必居一於是。

(七)兵勇及應武試者　生計家之論軍人。有以爲生利者。有以爲分利者。吾謂今世文明國之軍人。決不可謂之分利。何也。若無國防。則國難屢起。民將不得安其業。故軍人者。實生利之民之保險也。藉曰分利矣。然亦當屬於勞力而分利之一類。中國則不然。中國之兵勇。實不勞力而分利者也。中國之兵勇。實兼浪子盜騙乞丐三者之長而有之者也。兵勇既皆分利。其應武試者。若武童武生武舉武進士之流。更不待論。

(八)官吏之一大半　中國之官吏。皆分利者也。然其勞力而分利者居小半。不勞力而分利者居大半。不勞力而分利者。其在京官中。則除軍機大臣章京及各部主稿司員外。自餘各官皆是也。其在外官中。則凡候補需次人員及道班同通班佐雜班。實缺者之大半皆是也。此類人之性質位置。與下篇第三類略相似。至其勞力而分利者。及其分利之理由。下篇乃論之。

(九)緣附於官以爲養者　此等人所包甚廣。官親也。幕客也。胥吏也。僕役也。皂隸也。訟棍也。其性質大略相等。吾不暇徧論。但約括以此名。此類人。大率强而黠者。則豺虎、

也弱而笨者則蝗蝻也。其害群一也。一州縣衙署而豢養此輩動數百人。他可知矣。通計全國衣食於此間者殆常數百餘萬人。此階級亦幾蔚成大國矣。

（十）土豪鄉紳　土豪鄉紳大率皆紈袴子弟讀書人官吏及緣附於官者之四類人所變相也。雖然亦有不屬於此四類人而不得不謂之土豪鄉紳者。即本屬於四類而既已變相。則亦自別成爲一孽種。故不得不另立一門以總括之。而此等實分利中之最强有力者也。

（十一）婦女之一大半　論者或以婦女爲全屬分利者。斯不通之論也。婦人之生育子女爲對於人羣第一義務無論矣。即其主持家計司閫以內之事亦與生計學上分勞之理相合。蓋無婦女則爲男子者不得不兼營室內之事業不專而生利之效減矣。故加普通婦女以分利之名不可也。雖然中國婦女則分利者十六七而不分利者僅十三四。何以言之。凡人當盡其才。婦人之能力雖有劣於男子之點。亦有優於男子之點。誠使能發揮而利用之。則其於人羣生計增益實鉅。觀西國之學校教師商店會計用婦女者强半。可以知其故矣。大抵總一國婦女其當從事於室內生利事業者十而

六。育兒女。治家計。即室內生利事業也。其當從事於室外生利事業者十而四。泰西成年未婚之女子。率皆有所執業以自養。即從事於室外生利事業者也。而中國婦女但有前者而無後者焉。是分利者已居其四矣。而所謂室內生利事業者。又復不能盡其用。不讀書不識字。不知會計之方。不識教子之法。蓮步夭嬈。不能操作。凡此皆其不適於生利之原因也。故通一國總率而計。則分利者十六七。而不分利者僅十三四也。

(十二)廢疾　廢疾者之爲分利。不辨而明。雖然苟在文明國。有訓盲訓啞等學校。雖有廢疾。而往往使之操作工藝。足以自養。故其分利不多。中國苟遇此等無告。則皆有分而無生者也。是非好自爲之。而天然之缺憾。及政府之失職。使之不得不然也。

(十三)罪人　人至犯公罪而繫縲。利必其對於一羣之利益有所侵害明矣。故罪人之本屬分利者。殆十而八九也。但今日文明未至。法律未完。則犯罪者或未必眞罪。未必皆害一羣公益也。雖然及其既犯罪之後。以一羣治安所繫。不得不置諸囹圄以示懲。既入囹圄。惟受凌虐。一無所事。是使之重分利也。監之十年。則其分利者十年。監者百人。則其分利者百人。日損公家之母財以畜之。其蠹羣抑更甚矣。故各文明國之懲繫囚也。不以虐刑。而以苦役。古者輸司空輸城旦輸鬼薪。即

（是此意。）誠得其道也。中國則獄囚充塞。而此輩旣自苦。復無以自給。而不得不仰食於獄官或所親。是亦分利之一大族也。

兒童不勞力也。何以不爲分利。曰彼未及生利之年。宜儲備其力以爲他日生利之用也。兒童者實一國將來之眞母財也。（生計學家言。以人身之德慧術智。爲生產力之一種。亦謂之無形之資本。故凡兒童。皆可謂爲一國之無形資本也。）老人不勞力也。何以不爲分利。曰彼已過生利之年。其前此所生之利。旣有所儲備。而今之所享。非分之於他人者也。記曰。十六以下。上所長也。六十以上。上所養也。誠以其在一羣之地位。當如是也。若夫少年時代。荒嬉學業。不思預備將來所以報效國民之道。致使長成。百無一能。若此者。則雖未成年。已不得不謂之分利。又如壯年時代。無業游手。曾未嘗致絲毫之力。有所貢獻於其羣。及老而廢焉。徒待養於公產。若是者。則雖及耄期。仍不得不謂之分利。我中國之兒童老人。若此者。蓋十而六七焉。故我國兒童老人之分利者。亦十而六七也。

地主往往不自勞力而生計家不謂之分利。（亦有謂爲分利者）何也。彼其前此之所以得此土地者。未有不從勞力而來。今之所享。即其前此勞力之所儲備而用之未盡者也。（與老人不爲分利者）

同例。若夫藉父兄之業。其所以得此土地「所有權」者。既非經本身之勞力而復一無所事。惟衣租食稅以自豪者。斯不得不謂之分利。故我中國之地主其分利者亦十而六七也。萬國皆同然此等皆可謂之紈袴子弟故不爲另立一門。以上說「不勞力之分利者」竟。

第二　勞力而仍分利者

(一)奴婢　奴婢之勞力有視尋常人加數倍者。雖然其所勞之力。只以伺主人之顰笑。供主人之使令。其力用之而無所復。故謂之分利。此分利種族之最易見者。

(二)優妓　優妓固有所甚勞甚苦者存。然其勞力皆無所復。且能牽動他人而使之並爲分利者。故其分利之毒亦頗甚。

以上兩者。其分利未必爲本人之所欲。而有迫之使不得不然者。故分利之罪。不在本人而在迫之之人。凡有迫而分利者。皆屬此類。衙署之皂隸。與奴婢同類者。彼好自爲之。非有迫之者也。故彼輩不可不自負其分利之實任。故謂之不勞力而分利者。

(三)讀書人　士農工商。號稱國之石民。而讀書人褎然居首焉。據斯密之論則雖泰

西之讀書人。彼且以爲分利矣。顧吾平心論之。則西國之讀書人。其分利者。雖或十之一二。其生利者。猶十之七八。何也。彼其學成之後。非醫生則法官也。則律師也。否則傳教也。學校教師也。若其學工商業。直接以生利者。更無論矣。故斯密之說。施諸彼吾不敢祖焉。若在我國則至當無以易矣。吾國讀書界之現象。最奇者有二。一曰無所謂卒業不卒業也。二曰藉令卒業矣。而不知其所學作何用也。其潦倒者。則八股八韻。風簷矮屋。磨至頭童齒豁之年。其騰達者。則夸耀妻妾。武斷鄉曲。以爲維桑與梓之蠹。謂其導民以知識耶。吾見讀書人多而國日愚也。謂其誨民以道德耶。吾見讀書人多而俗日偷也。四體不勤。五穀不分。偷懦憚事。無廉恥而嗜飲食。讀書人實一種寄生蟲也。在民爲蠹。在國爲蝨也。若考據家。若詞章家。及近今輕薄之時勢家。皆分利之尤者也。彼等或以爲吾雖無益於羣。亦無害於羣。而不知其提倡此謬種。以消耗後進之腦力。腐敗國民之道德。害已重矣。藉云無益亦無害。而坐蝕一國之母財。寧得謂非害耶。若講明道學。匡翼民德。以培國家元氣者。不在此論。而惜乎我國讀書界。能若此者萬億人中不得一二也。

(四)教師　讀書人中之爲教師者。宜若非分利然。雖然。所教成者爲一羣之公益。則謂之生利。所教成者爲一羣之公蠹。則謂之分利。彼今日之讀書人。實前此之教師所產也。他日之讀書人。又今此之教師所產也。曰產公蠹。謂之不分利得乎。

（五）官吏之一小半　斯密亞丹以官吏爲分利。後人糾之辭矣。雖然若中國之官吏。則無論爲勞力者不勞力者而皆不得不謂之分利官吏之勞力者若京官之軍機大臣軍機章京各部署之掌印主稿司員外官之督撫乃至實缺之提鎭司道府廳州縣各要局之委員以及出使大臣領事等皆是矣其數度不過官吏中十之一二此輩固自謂盡瘁於王事鞅掌於賢勞也至問其勞力所用者在何處則脚韡手版耳簿書期會耳問其於國民公益有絲豪關係乎無有也英人邊沁嘗言政府者有害之物也然所以設之者以小害物制大害物而已日人西村茂樹申其義曰政府害民之事少而能制止他之大害者謂之良政府害民之事多而不能制止他之大害者謂之惡政府若是乎官吏之分利賊民固已鐵案如山不容爲諱矣特視其所賊之率多少何如耳然苟能奉其職以爲民捍禦他種大災害則其間接所生之利足以償其直接所分者而有餘故文明國之官吏不得謂之分利夫國民之所謂大災害者何也則水旱癘疫之流行也豪强之欺凌也爭鬩之枉屈也盜賊之橫恣也其尤甚者則外侮之攘奪喪我主權失我公產也若此者皆不能不仰匡救於政府政府而能捍衛是者則民雖獻

其血汗所得之權利之一二以贍養之亦不過如營業者之有保險而非可咎非可避者也若中國則何有焉民有災而不能恤也民有枉而不能伸也餓殍徧道而不能救也羣盜滿山而不能監也浸假而弄兵召戎一遇挫敗則割胸脅剝脂膏以爲償也浸假而畏敵如虎承伺顰笑則壓同胞媚仇讐以自固也由前之說則有官吏如無官吏由後之說則有官吏反不如其無官吏夫官吏而不能捍民之患則固已害矣況以官吏之故而民患益深且劇焉是他種之分利分其一而此輩之分利分其二也勞力而分利之官吏其罪倍於不勞力而分利者。故中國之官吏實分利之罪魁而他種之分利者大率由彼輩而生者也

（六）商業中之分利者　既執業斯不可謂之分利雖然亦有辨焉吾以爲今日中國人所執之商業其不分利者不過十六七而其分利者尚十二三如彼投機射利俗所稱買空賣空者其操術類於賭博其用心等於棍騙斯爲分利無論矣至如劇園酒樓之類導人於分利之途者雖主者極勤勞而不得不謂之分利又如售賣分利之事物如鴉片淡巴菰酒及一切有害衞生之物脂粉首飾及一切婦女冶容之物香燭楮爆及一切神祇供享之物古董書畫及一切名士玩耍之物印刷八股小說考據詞章等

無用書籍。乃至文人墨客一切特別精緻之物。吾八年前。曾與一友行京師琉璃廠。數其商店。不屬於分利者十不得一。諸凡業此者。皆分利者也。雖然其罪不在執此業者。而在用此物者。何以故。苟無人焉從而流通之。則其業不禁自絕。故此等實分利之果而非分利之因也。

(七)農工業之分利者　農工業亦有分利者乎。曰有。如農之種罌粟種菸葉。工之製造各種無益有害之物者。皆分利也。然科其罪。則亦與前所論之商業同。不可謂直接之分利。如種罌粟之分利。人人知之矣。然以塞入口之漏卮。則又反似生利而非分利。雖然。種者愈多。吸者亦愈多。是此業又轉爲分利之因矣。又如分功不細成物遲鈍。則工雖勞而亦分利。如業針者。以一人始終其事。窮日之力。不能成一針。若分其功而各專一事焉。凡爲針之事十七八。以十八人分任之。則日可得八萬六千針。是人日四千八百也。以一人任之。日成其一。是所廢者四千六百七十九矣。此等力皆委之無用。故曰分利。器械不具。趨事拙久。則工雖勞而亦分利。又若有鐵路三日可達之路。無之則需二十日。是使人廢其十七日於旅行中。其力委之無用。故曰分利。又如有鐵路。則十噸之貨物。不需人馬之力。不數日而可以致千里。苟無之而恃車輛焉。以十車載之。走半月。馬力人力皆委之無用。斯分利矣。若並車輛而無焉。以數十人負戴之。走一月始達。其力之委於無用者更多。斯益分利矣。又如開礦無機器。而百人乃任此役。有機器。則數人任之而有餘。推之凡百工作。莫不皆然。夫人只有此數也。人之力只有此數也。用之於此。則不能同時復用之於彼。以一人一日可成之物。而今乃需百人百日。則此九十九人九十九日。皆委之無用也。故曰分利。此等若充類至盡。則雖以今日極文明國之工藝。庸詎知後人視之。不有以爲分利之尤者乎。故以分利之罪罪我工傭不可也。雖然以今日我國之工。與歐美諸國之工比較。固不可

不謂之分利。若此者。非民之罪。有司之罪也。非一人之罪。團體之罪也。 以上說「勞力而仍分利者」竟。

吾今欲取中國民數而約計之。以觀其生利分利之比較。中國無統計。雖有巧算。萬不能得其眞率。不過就鄙見臆度而已。然諒所舉者有少無多也。

中國四萬萬人

- 婦女約二萬萬（分利者約十之六七）……約一萬三千萬（分利人數）
- 男子約二萬萬
  - 老幼者約八千萬（分利者約十之六七）……四千五百萬
  - 丁男約一萬二千萬
    - 官吏約三十餘萬……三十餘萬
    - 讀書人約三百萬……三百萬
    - 兵勇及應武試者約四百萬……四百萬
    - 緣附於官以爲食者約四百萬……四百萬
    - 僧道約三十萬……三十萬
    - 紈袴、浪子、土豪、鄉紳、共約五百萬……五百萬
    - 盜賊、棍騙、共約五百萬……五百萬

乞丐約三百萬……三百萬
奴婢、娼優、約五十萬……五十萬
罪囚約四十萬……四十萬
廢疾約二十萬……二十萬
農工商業之分利者約三百萬……三百萬（其以鈍拙遲曠而分利者不計）
其餘不便歸類者約百萬……一百萬

大約四萬萬人中分利者二萬萬一千萬有奇自餘則爲生利者

又分中國人爲五大族稽其民業之大略而比較之。

一漢族　約分利者十之五有奇。生利者十之四有奇。

二滿洲族　其在關外者。生利分利之率約與漢人等。其在內地者皆分利者無一生利者。（因本朝定例。禁滿洲人不許從事工商業。故其人在內地者。非官則兵。非讀書人則紈袴子。否則緣附於官以爲食終無可以生利之道。）

三苗族　約分利者十之二生利者十之八。

四回族　約分利者十之三。生利者十之七
五蒙古族　約分利者十之四。生利者十之六。

大抵分利之人多出於上等社會中等社會而下等社會之人殆稀。蓋惟挾持强權者。乃得取他人所生之利而坐分之也。以上所舉分利之諸種族。除乞丐奴婢罪囚優妓等數種外。其餘大率皆以一人而分數人之利者也。竊嘗計之。非以三四人之所贏決不足以償一人之所耗。吾中國四萬萬人分利者既二萬萬有奇矣。而此之二萬萬又非徒蠹蝕彼之二萬萬而遂足以給之也。必三倍焉四倍焉。嗚呼。若之何民不窮且匱。也亦幸而吾土地之饒。物彙之衍。小民生產力之大且厚。猶足勉强支持彌縫以迄今日也。不然者。吁無孑遺久矣。然此顧可久恃乎。彼生利之二萬萬人者。自生之而自食之。裕如也。今乃每人加以三倍四倍之負擔。雖强有力。何以堪此。窮之蹙之。至無復之。則不得不轉而入於乞丐盜賊棍騙罪囚之數途。於是分利者益增而生利者益減。分利者愈加多。則其餘生利者之負擔愈加重。愈不得不折而入於分利。如是遞相爲因。遞相爲果。極其弊可以使一羣之人分利者八九。而生利者不得一二。高麗是已。夫至以八九人分一二人所生之利。則分之者亦寧有幸焉。涸轍之魚。相煦以沫。其餘直

須時耳夫以吾中國之民勤儉善儲吾固信其無下儕於高麗之懼雖然吾中國所處之地位亦與高麗異以五洲第一天府之國擇肉者眈眈於其旁吾國之總母財既日減消而他國之母財且日輸入彼利用吾土地利用吾勞力以運其母而殖其子子之所殖則彼之物而非我之物也如是彼盈一度則我朒一度吾之總母財有歲減而無歲增其事至易明矣至於母財無復可斥而一國之人不聊生矣印度是也彼印度之土豈小於我其人豈遠遜於我而今竟若此吾念及此而不禁汗流浹背淚涔涔其承睫也我國人之處堂而嬉游釜而戲者其亦一動心焉否也

夫以今不及二萬萬之生利者於自養之外復養彼二萬萬有奇之三四倍分利者而其力猶可以勉支則我國民之生產力可以四五倍於自養昭昭然也使無彼二萬萬之分利者以蝕之則彼二萬萬生利者之所殖必四五倍是全國之總歲殖視今日增四五倍也使彼二萬萬分利者更轉而生利焉則全國之總歲殖視今日必增八倍乃至十倍又昭昭然也吾中國土地第一勞力第一生產之三要素既優占其二所缺者獨資本耳使傅以八倍十倍於今日之母財則與萬國爭商戰於地球誰能禦

之此猶就分功未精器械未備時言之耳使精矣備矣而復加以人無不盡之力地無不盡之利則其富率之驟漲豈復巧曆所能算也國富矣而猶弱於人吾未之聞也若是乎二十世紀生計競爭之世界果讓我執牛耳而莫與京也雖然飢人說食終不能飽吾奈此蒼生何哉吾奈此蒼生何哉

他省吾不深知吾請言粵事吾粵自前督南皮張公改闈姓爲正餉合肥李公改番攤雜賭爲正餉以來生計界日益蹙其鄉市子弟相與語曰吾與其力穡於田而日得百錢何如傭役於博而日得數百或且喝雉成盧一擲巨萬也於是闔省人趨之者十而五六至於田功手技小販與夫負戴等種種雜工日乏一日小民何知謂轉移執事以爲吾利也殊不知一省之總勞力日擲於虛牝一省之總母財日耗於尾閭曾幾何時今則一金僅易斗粟餘矣（此最近報）疇昔以分利爲利者而究何利也粵中近日之窘狀其根原雖非一端然官吏之開賭以增分利之率以消蝕此有限之勞力有限之母財實其原因之最重要者也故粵中盜賊之多亦甲於天下雖由其俗之偷抑豈不以生利者之不堪負擔迫而爲此也使循此不變十年之後吾粵民之生利者將不及二三

而分利者必至七八矣。此吾所謂遞相爲因遞相爲果之例也。今也粵人之在諸省中以最富聞者也。而其敝既若此。嗚呼諸省可以鑒矣。

讀者勿以吾爲家人筐篋之言也。今日生計競爭之世界一國之榮瘁升沈皆係於是。君不見聯軍入京以後。豈嘗索我一坏土而惟汲汲然擴張其商務權力範圍之爲務。彼豈必瀦吾宮屋吾社繫累吾子弟然後謂之亡然後謂之滅。剝吾膚焉。盬吾腦焉。吮吾血焉。馴使我萎黃蕉萃乾枯瘨死。而其所欲固已給矣。然則吾應之之道奈何。曰政府當道固與有責焉。雖然此必非恃政府當道一二人之力所能拯救也。其最要之着不可不求一國中生利人多分利人少。其轉移之次第。先求我躬勿爲分利者。復闡明學理廣勸一國人使皆恥爲分利者。復講求政策務安插前此之分利者使有自新之道以變爲生利者。天下事無中立不進則退。此兩者消長之率。若克一變則吾國其庶幾有瘳乎。雖然改革之業相因者也。將欲變甲必先變乙。及其變乙又當變丙。語及政策則誰與思之。誰與行之。嗚呼予欲無言。

（完）

學說

亞里士多德之政治學說

中國之新民

大哉亞里士多德。生平二千年以前。而令今世之言哲學者。言名學者。言數學者。言天文學者。言心理學者。言倫理學者。言生計學者。言政治學者。無一不崇拜之以爲鼻祖以爲本師。試一繙泰西汗牛充棟之科學書。觀其發端處敍述本學之沿革。無論何科。無不皆推本於亞里士多德。於戲。大哉亞里士多德。吾欲一一臚舉其學說。則恐累十數萬言猶不能盡。今他勿論。先論政治。

亞里士多德Aristotle希臘之雅典人。生於西歷紀元前三百八十四年。卒於同三百二十二年。柏拉圖之弟子。梭格拉底之再傳弟子。而亞歷山大王之師傅也。古代之文明。極盛於希臘。希臘之文學。薈萃於雅典。雅典之學術。集成於亞里士多德之一身。亞氏者。實古代文明之代表人也。而所謂Politics即政治學之一科學。所以能完全成一顓門。漸次發達。以馴致今日之盛者。其功必推亞氏。故欲治世學。不可不以亞氏學說爲研究

之初桄。

先是亞氏之師柏拉圖嘗著一書名曰「共和國」Republic 鼓吹大同理想以爲大同之世人不得獨妻其妻獨子其子不得有私財貨不藏己力不爲己則姦淫不興盜竊不作而世乃大平參觀本報第七號生計學沿革小史此實與中國禮運之微言大義相暗合而理想家之極軌也奈其事終非此五濁惡世之所得行其境終非此萬數千年內之人類所得達。於是賢弟子亞里士多德起而損益補正之然後政治學之鵠乃立柏氏之說如駕輕氣球縱觀宇內倏攝華嚴樓閣於一彈指頃亞氏之說則不離乎地不厭塵濁徐取此世界而莊嚴之再造之者也柏氏以倫理學與政治學混視爲一而亞氏則區別之亞氏非捨棄理想而其理想必務與事實相緣附此其所長也

亞氏乃博觀人羣之現象及希臘列國當時之政體以求國家起原發達之跡以爲人之爲羣始於家族家族相集次成村落村落團結次成國家雖然以進化次第論則國家視家族村落爲稍後以人生目的論則國家視家族村落爲尤要何也必至於成國家然後人道乃完國家猶全體也國家以內之諸結集猶肢官也無全體則肢官亦無

所附亞氏乃言曰「人也者善羣之動物也其好爲政治天性然也」又曰「苟不恃羣不恃國而能自生存者必非人類也非高於人類之諸神即下於人類之禽獸也」亞氏持此義斷定國家爲人道不可須臾離之物其成之也非偶然其存之也非得已此即亞氏之政治起原論也

按柏拉圖言人之所以相羣全爲謀生計上之便利其理不如亞氏之確。

又按亞氏謂人之天性善爲羣。其所謂天性者有二義。一渾純之天性指其未發達者而言。二完全之天性指其已發達者而言。故最初之生民雖非能合羣而爲政治。然此不過如小兒之不能善飯。非其性之不能。實其性之未至耳。故必至合羣爲政之後。然後眞性乃見也。

次論國家之性質亞氏以爲國家者結集而成體者也而其結集之者實惟國民。按原書作市民。蓋希臘之國家。實市府也。故當時有市民無國民。今爲便讀者。僭易以國字。故欲知國家之性質如何當先知國民之性質如何。亞氏乃爲界說三條。

第一　國民者非同居一地之人皆可冒此名也。若外國人之流寓者。若奴隸。皆同

居此地而不可謂之國民。

第二　國民者非僅有裁判上之權利即可冒此名也雖非國民者藉條約之規定。亦得有裁判上之權利。按如外國人之訟獄。亦常一體審判之。　而於國民之資格無與也。又如未成年者老而退者嘗犯罪失公權者外國人之爲後於本國者皆非完全之國民。

第三　眞國民者有權以參預一國立法行政司法諸政務得任一切之官職無有限制者也

按亞氏之釋國民。其義有未盡然二千年前之學說。勢不能如今日之完備。此不足爲亞氏病也。凡讀斯篇者皆作如是觀可也。

又按今日我國國民之資格。恰與亞氏所列第二條者相類。未足稱爲完全國民也。

亞氏最有功於政治學者。在其區別政體。彼先以主權所歸或在一人或在寡人或在多人分爲四種政體。一曰君主政體 Monarchy 二曰貴族政體 Aristocrecy 三曰民主政體 Polity or Democracy 此實數千年來言政體者所莫能外也。亞氏又不徒以主權所在爲區別也。更以行此主權之手段。或正或不正而細判之。於是乎三種政體。各有變

相都合爲六種其君主政之不正者謂之覇主政體 Tyranny 其貴族政之不正者謂之豪族政體 Origarchy 其民主政之不正者謂之暴民政體 Othlocracy 至其正不正於何判乎凡以公意謀國家之公益者則無論權在一人在寡人在多人皆謂之正以私意謀一已之利益者亦無論權在一人在寡人在多人皆謂之不正

按此亞氏政體論之大略也其三種分類後世談政體者莫不徵引之蓋未有他種區別更善於彼者故相沿而不能易也雖然當知亞氏所指三種政體與近代之三種政體皆大有異古代君主政體與近世君主政體所異者何近世之君主比於古代之君主其實權更强且大也近世專制君主以行政之職兼立法之權古代則無是古代之人羣實無所謂立法之思想存也所謂法律者不過因前古之習慣循續奉行其君主未嘗有獨布一法令破壞一羣之習俗以厲行之者也故古代之君主其專制權雖能行於臣民之上而不能行於法律之上非如近世之專制者無服從法律之義務綸言一出萬法皆空也此其所以不同也古代貴族政體與近世貴族政體所異者何欲觀近世貴族政體之眞相宜借鑒於英國英國自十九世紀初葉

以前名爲有限君主政體A Limited Monarchy實則純然貴族政體也。前此英國國王及上議院。有左右下議院之權力。實則貴族爲一國之代表也。至一八三二年、一八六七年、一八八五年、三次改革國會條例。至今貴族政體之跡全熄。英國之貴族政體其貴族非自認爲我即國家不過行政治上之監督權耳古代不然古代貴族秉政之國不以一國中全體人民爲組織國家之分子惟以少數之貴族爲組織國家之分子而其餘小民皆爲附屬物也。分子者物理學上之語。如輕氣養氣兩分子。組織成水。舍此則無水也。人民全體爲分子。組織成國家　舍人民則無國家也。古代貴族不然。惟以已爲組織成水之分子。其餘小民。則視爲浮於水面之物也。不寧惟是古代所謂民主制度其實猶不能如近世之貴族制度也何則彼所謂有公民權者不過國民中一小部分耳自餘則謂之奴隸。不謂之民。亞氏所生之雅典。號稱最文明之國也。然當時公民數不過萬六千人。其奴隸殆十倍之。又亞氏不以奴隸之制爲非。詳見下節　以此少數之公民爲一國之分子舍彼之外則無有國家謂非貴族如何至其當時所謂貴族政治者又於此少數之中而更少數者也此其所以與今制劃然也古代民主政治與今世民主政治所異者何(其一)則如上所述古代民主之與貴族不過百步五十步之差也(其二)則古代之民主政體其會議國事也凡有公民權者皆躬列其席雅典是也今則不然人民不能人人皆列席惟投票選出代表人使代已發表意見故古

代之民主制。其民有直接之參政權。今世之民主制。其民僅有間接之參政權也。古代之制。惟在小市府可以行之。幅員稍廖廓。則勢不能集。所以羅馬統一全歐以後。其民主政治不能偏及不能久存也。今世之制。則雖合全球爲一國可也。此又其所以爲異也。要之知人論世。乃得其眞。讀亞氏之書。當審彼二千年前之羣治何如。若徒以今日之眼觀之。未有不在在窒礙者也。

又按貴族政體。極盛於古代。直至百年以前。其燄猶未衰。自今以往。殆將滅絕矣。今日天下萬國。既無復有一貴族政體者存。故亞氏之分類。雖直至孟德斯鳩猶採之。及近世則漸廢不用。據政治學者所分。大率爲獨裁政體合議政體兩大類。而其中復分子目焉。（參觀本報第八號政治第四葉）中國通行舊譯。有所謂君主民主君民共主者。其名號稍悖於論理。蓋所謂君主者。殆指專制君主言。所謂君民共主者。殆指立憲君主言。然立憲君主。固不能謂之非君主也。此其所以爲失當也。然則今日而言政體。當刪出亞氏所列貴族一項。惟存君主民主二者。而君主之中。復區爲專制立憲兩子目。爲斯爲得矣。雖然。君民共主四字。一極良之名詞也。吾蓋不忍舍之。然則雖稍謬論理

而徇俗稱。亦未始不可也。要之君民共主之一政體。實過渡時代最妙之法門也。其制固不可以久。然在今後數百年間。保持治安增進公益。道未有善於是者。此種政體之出現。實由進化自然之運使然。亞氏之時代。勢不能預擬此思想。亦無足怪。君民共主之政治。濫觴於英國。英國之政權。不徒合君與民二者而爲一也。又合君與民與貴族三者而爲一。亞氏所舉三種氷炭不同器之政體。今乃合一爐而冶之。此又亞氏所不及料也。

又按亞氏以三種政體。並其變相。合爲六種。孟德斯鳩則刪其貴族變相民主變相二者。定爲四種。此實無理之分類也。夫正不正至無定形也。試請亞氏於君主與暴君之間。貴族與豪族之間。民主與暴民之間。而釐然畫出一界線。曰如何之程度則屬於甲。如何之程度則屬於乙。吾知其難矣。譬吾中國君主。堯舜湯武之爲令辟。秦政隋廣之爲民賊。夫人而知矣。然此二者之相去。其間不啻千百級。級級之程度互異。夫孰能取而武斷之曰。自某級以上。皆正格之君主政體。自某級以下。皆變相之君主政體也。推之貴族民主兩項。亦復如是。故吾有以知亞氏六種分類之法不可行

也。吾以爲不論及正不正則已耳。苟論及此。則惟民主爲正。而其餘皆不足以當此名也。何也。國者民之結集體也。民之在國。猶血輪之在身也。血輪有一窒塞。其全身爲之不甯。故主權之當在民。此事理之至淺而無待煩言者也。然則民主亦有不正者乎。曰、有。法蘭西大革命時代是也。彼其時實非多數爲政。仍少數爲政也。託民主之名而無其實者也。然則自餘兩政體亦有優劣乎。曰、貴族政體。無往而不賊民者也。既非所以保一國之自由。亦非所以保一國之秩序。貴族政體之爲劣體。不俟辯也。（然各國大率無不經過此級。但爲時有久暫。範圍有廣狹耳。）若夫君主政體則異是。當人羣之初立也。人皆率其惡性。以恣於野蠻之自由。爭奪相殺。靡有已時。無法律。無制裁。故非有强有力者行威嚴以鎭壓之。則其羣終不可得就。君主政治者。初民時代之恩人也。是故此種政體。在今日則謂之不正。而在古代則謂之正。雖然。其所謂正者。與民主之正有異。吾聞佛之說法。有實有權。權法者何。因衆生根器未成熟。而別開一方便法門以導之。使由迷而漸入悟也。及既悟矣。則權法在所必當捨。苟不爾者。謂之「法執」。而法轉爲迷因矣。故權法在小乘教。謂之正。在大乘教。謂之不正。君主制度亦然。既過其時。不

可不舍所謂權正非實正也故吾以爲不論正變則已苟論此則六者之中五皆變而惟一爲正也

且亞氏所謂正變者其區別在一謀公益一謀私益云爾謂君主貴族爲政之時而能後其私利以先人民之公益若此者雖故書雅記時或附會而樂道之至其實事吾未之見也有强權者恒濫用其權人類之天性然矣故亞氏所謂三種正格者雖未嘗不可懸之以爲鵠若夫徵諸歷史上恐億刼而不一遇也雖然同一謀私益也在多數人民自謀之則私也而反爲公矣故依亞氏之論理惟民主政體有正之可言其餘皆無可言也若民主而仍有不正者則必其非眞民主也否則當應用權法之時而誤用實法也

（未完）

歷史

新史學六

中國之新民

論紀年（懸談三）

或問新史氏曰。子之駁正統論辯矣。雖然。昔之史家說正統者。其意非必皆如吾子所云云也。蓋凡史必有紀年。而紀年必藉王者之年號。因不得不以一爲主。而以餘爲閏也。司馬溫公嘗自言之矣。（資治通鑑卷六十九）新史氏曰。審如是也。則吾將更與子論紀年。（余於丁酉冬曾爲紀年公理一篇後登清議報中今演舊說而更發明之）

紀年者何義也。時也者。過而不留者也。立乎今日以指往日。謂之去年。謂之前年。謂之前三年前十年。再推而上之則詞窮矣。言者既淩亂而難爲之名。聽者亦瞀惑而莫知所指矣。然人生在世。則已閱數十寒暑。其此年與彼年交涉比較之事。不一而足。而人之愈文明者。其腦筋所容之事物愈多。恒喜取數百年數千年以前之事而記誦之討論之。然而年也者。過而不留者也。至無定而無可指者也。無定而無可指。則其所欲記

之事皆無所附麗。故不得不爲之立一代數之記號。化無定爲有定。然後得以從而指名之。於是乎有紀年。凡天地間事物之名號。其根原莫不出於指代。而紀年亦其一端也。

凡設記號者。皆將使人腦筋省力也。故記號恒欲其簡。不欲其繁。當各國之未相通也。各自紀年。蓋記號必不能暗同。無可如何也。及諸國既已相通。交涉之事日多。而所指之年。其代數記號各參差不相符。則於人之腦筋甚勞。而於事甚不便。故孔子作春秋。首據其義曰。諸侯不得改元。惟王者然後改元。所以齊萬而爲一。去繁而就簡。有精意存焉也。（孔子前皆各國各自紀元詳見紀年公理）

既明紀年之性質及其公例矣。然則一地之中。而並時有數種紀年。固爲不便。百年之內。而紀年之號屢易。其不便亦相等明矣。何也。一則橫繁。一則竪繁也。是故欲去繁而就簡者。必不可不合橫竪而皆一之。今吾國史家之必以帝王紀年也。豈不以帝王爲一國之最巨物乎哉。然而帝王在位之久。無過六十年者。（康熙六十一年在中國數千年中實獨一無二也）其短者。或五年。或三年。或二年一年乃至半年。加以古代一帝之祚。改元十數。瞀亂繁雜。不可

竊詰。故以齊氏紀元編所載年號合正統僭僞計之不下千餘即專以史家所謂正統者論計自漢孝武建元（以前無年號）以迄今光緒二千年間而爲年號者三百十有六今試於此三百十六之中任舉其一以質諸學者雖極淹博者吾知其不能具對也於是乎强記紀元遂爲談史學者一重要之學科其糜腦筋於無用亦甚矣試讀西史觀其言幾千幾百年或言第幾世紀吾一望而知其距今若干年矣或有譯本以中國符號易之而曰唐某號某年宋某號某年則棼然不知其何指矣（譯西書而易以中國年號最爲無理非惟淆亂難記亦乖名從主人之義若言中國事而用西曆其謬更不待辯矣）夫中國人與中國符號相習宜過於習他國矣然難易若天淵焉者何也一極簡一極繁也苟通此義則帝王紀年之法其必可以久行於今日文明繁備之世復何待言

西人之用耶穌紀元亦自千四百以來耳古代之巴比倫人以拿玻納莎王爲紀元（在今西曆紀元前七百四十七年）希臘人初時以執政官或大祭司在位之年紀之其後改以和靈比亞之大祭爲紀元（當紀元前七百六十七年）羅馬人以羅馬府初建之年爲紀元（當紀元前七百五十三年）回教國民以教祖摩哈麥德避難之年爲紀元（當紀元後六百二十二年）猶太人以舊約創世記所言世界開闢爲紀

元。（當紀元前三千七百六十一年）自耶穌立教以後。教會以耶穌流血之年爲紀元。至第六世紀。羅馬一教士倡議改用耶穌降生爲紀元。至今世界用之者過半。此泰西紀年之符號。逐漸改良由繁雜而趨於簡便之大略也。要之苟非在極野蠻時代。斷無以一帝一號爲紀元者。有之。其惟亞洲中之中國朝鮮日本諸國而已。（日本近亦以神武天皇開國爲紀元）

日。然則中國當以何紀曰。昔上海强學會之初開也。大書孔子卒後二千四百七十三年。當時會中一二俗士聞之。舌撟汗下色變曰。是不奉今王正朔也。是學耶穌也。而不知此實太史之例也。史記於老子列傳。大書孔子卒後二百七十五年。而其餘各國世家。皆書孔子卒。此史公開萬世紀元之定法也。近經學者討論。謂當法其生不法其死以孔子卒紀不如以孔子生紀。至今各報館用之者。既數家。達人著書。亦往往採用。此號殆將易天下矣。用此爲紀。厥有四善。符號簡。記憶易。一也。不必依附民賊。紛爭正閏。二也。孔子爲我國至聖。紀之使人起尊崇教主之念。愛國思想。亦油然而生。三也。國史之繁密而可紀者。皆在孔子以後。故用之甚便。其在孔子前者。則用西曆紀元前之例逆而數之。其事不多。不足爲病。四也。有此四者。則孔子紀元。殆可以俟諸百世而不惑

矣。或以黃族鼻祖之故。欲以黃帝紀。或以孔子大同托始故。欲以帝堯紀。或以中國開闢於夏后故。欲以大禹紀。或以中國一統於秦故。欲以秦紀。要皆以專理有所蔽。於公義無所取。故皆不足置辨。然則以孔子生紀元。殆後之作史者所宜同認矣。

紀元之必當變也。非以正統閏統之辨而始然也。然紀元既不以帝號。則史家之爭正統者。其更無說以自文矣。不然。以新莽之昏虐。武后之淫暴。而作史者勢不能不以其始建國、天鳳、地皇、光宅、垂拱、永昌、天授、長壽、延載、天冊、登封、神功、聖曆、久視、長安等年號。廁之於建元之下。光緒之上。其爲我國史汚點也。不亦甚乎。況汚點國史者。又豈直新莽武后乎哉。

學術

孟子微（續第十九號）

明夷

告子曰。性猶杞柳也。義猶桮棬也。以人性爲仁義。猶以杞柳爲桮棬。孟子曰。子能順杞柳之性。而以爲桮棬乎。將戕賊杞柳而後以爲桮棬也。如將戕賊杞柳而以爲桮棬。則亦將戕賊人以爲仁義與。率天下之人而禍仁義者。必子之言夫。

告子弟一說性猶杞柳。義猶桮棬。以人性爲仁義。猶以杞柳爲桮棬。即董子性如繭如卵。卵待覆而爲雛。繭待繅而爲絲。性待敎而爲善之說。又曰性比于禾。善比于米。米出禾中。而禾未可全爲米也。善生性中。而性未可全爲善也。善與米。人之所繼天而成于外。非在天所爲之內也。天所爲有所至而止。止之內謂之天。止之外謂之人事。謂之王敎。王敎在性外。而性不得不遂。故曰性有善質。而未能爲善也。性者天質之樸也。善者王敎之化也。無其質則王敎不能化。無其王敎則質樸不能善。荀子曰性者本始質樸。僞者文理隆盛。與告子說合。蓋經杞柳之質若水者

則不能爲桮棬矣孟子曰乃若其情可以爲善猶乃若杞柳之質可以爲桮棬然則告子荀子董子與孟子實無絲毫之不合特辨名有殊而要歸則一也乃若其情可以爲善即董子所謂善質夫董子曰善質既不能去其善之名又何爭于孟子哉至王敎之化大學所謂止于至善物有等差善亦有等差也孟子以善質善亦可也杞柳爲桮棬之說孟子亦不能折之但在順而擴充不在逆而戕賊耳蓋仁義乃人性之固有自然若從井救人以爲仁乞醯與人以爲義是則戕賊人以爲仁義如印度梵志之捨身若行是非人道且戕賊人矣告子之說在不識仁義故孟子以爲禍仁義若其言性仍非大誤但譬況不若性禾善米之更精耳孔子道不遠人不可爲道故孟子之言性全在率性而擴充之如火之由一星而燎原水之由涓滴而江河此乃孟子獨得之要而特提妙訣以度天下者此其所與告子荀子董子用隱括克制之道異也然論語曰克己佛氏降伏其心當據亂世之生人熏習于累生之惡業惡識正不能不用之如孟子以擴充普度直捷放下如飛瀑滿流沖沙徙石開成江河而達于海氣勢滔滔浩浩此仍爲上根人語爲

太平世說粗下之人乱世之時不易承當耳然直証直任可謂無上法門也

告子曰性猶湍水也決諸東方則東流決諸西方則西流人性之無分於善不善也猶水之無分於東西也孟子曰水信無分於東西無分於上下乎人性之善也猶水之就下也人無有不善水無有不下今夫水搏而躍之可使過顙激而行之可使在山是豈水之性哉其勢則然也人之可使爲不善其性亦猶是也

告子弟二說性猶湍水可東西流視人所決此即性可與爲善可與爲不善之說亦楊子所謂善惡混也合于孔子性近習遠之義爲中人言之本無可議孟子以爲爲不善乃搏激使然似于人性不當以人性拘于體魄蔽于物欲熏于業識其爲不善乃亦極順而自然者然生于濁世激于惡風擧國皆飲狂泉掩鼻而解臭擧扇以避塵卒無能出之者若戰國五代之視殺人爲日用飲食之事此則近于搏激非復人性之本然矣由太平大同之世追論今世之各國秣馬厲兵嚴分彊界日營炮槍火器毒藥殺人之具精益求精亦必不解其故以爲狂而失人之本性矣則孟子之說亦未爲過也

告子曰。生之謂性。孟子曰。生之謂性也。猶白之謂白與。曰然。白羽之白也。猶白雪之白。白雪之白。猶白玉之白與。曰然。然則犬之性。猶牛之性。牛之性猶人之性與。

告子弟三說生之謂性。與孝經緯及荀子所謂性者生之質也。荀子曰性者本始質樸。董子亦謂天地之所生謂之性。又曰性之名非生歟。如其生之自然之質謂之性。性者質也。當是性之本義。制義制字者所爲。孟子以犬之性猶牛之性。牛之性猶人之性折之。未能窮告子也。夫有物有則。故理物萬殊。將就物之萬殊言之。非止物物各殊。人與物殊。即人與人性亦極殊。夫人之性。有萬億之不同。如堯舜之與武后張獻忠。善惡相去固遠也。即就性善言之。堯舜孔子伊尹之上聖。及顏子黃憲高允元紫芝之純德懿行。季札子臧華盛頓之高蹈大讓。以及鄉里善人。其等固有千百級之殊。薰蕕殊臭。東西相反。人之性固不猶乎人之性矣。即犬之性亦有義犬有獒犬。犬性亦不猶犬性矣。如將自大同言之。則牛犬亦能知覺運動。亦能提携親戚。抱哺其子。且屢見義犬爲人復仇者。豈止犬性猶于牛性。亦不有與人性同者耶。況人生與牛生不同。指明人性。其靈明而貴于萬物。自與牛

性。犬性有別矣。但腦度較多魂靈較足耳。且孟子固以形色爲天性。形色非生而何。而以詰難告子。未得其解。朱子謂性者人之所得于天之理也。生者人之所得于天之氣也。性形而上者也。氣形而下者也。物之生莫不有是性。是亦莫不有是氣。然以氣言之。則知覺運動。人與物各不異也。以理言之。則仁義禮智之稟。豈物之所得而全哉。此人之性所以無不善而爲萬物之靈也。告子不知性之爲理。而以所謂氣者當之。此章之誤。乃其根。按易曰。天地之大德曰生。言生即衆理氣而言。無所不包。夫謂之大德。何嘗不爲理。何嘗專就氣言之。即孟子亦言形色爲天性。則性不專就理言。在孟子亦無異說矣。且孔子言知氣在上。若魂氣則無不知。又曰。精氣爲物。又曰。元者氣之始也。無形以始。有形以生。造起天地。萬物之始。元氣。知氣。精氣。皆理之至。蓋盈天下皆氣而已。由氣之中自生條理。物受生氣。何嘗不受生理。但與人不同。非止與人不同。亦物物不同也。朱子注中庸。又言人物之生。各有健順五行之理。則言物亦受天生之全理。與此異矣。若以性不爲生而爲理者。然則性之文當不從生而從理乃可。朱子未知生與氣。即未爲知性。且持觀

未定。而難告子亦非也。

（完）

實業

英國商工業發達史

無名氏

序論

今日之世不能立足于商工業界者其國殆可以立亡也歐洲諸國張巨軍運大資本逐逐然騁其欲于大地開闢美洲割據非洲併印度攫南洋近乃及于支那大陸其經營之也皆無非出于商工業界之野心其强梗之政府巨大之海陸軍皆所以爲商工業界之後勁也英國殖民大臣張伯倫之言曰英國諸官衙無不關係于貿易者外務部殖民部以發見新市場保護舊市場爲要着海軍部陸軍部以防禦市場且保護貿易爲要着農務部商務部以謀二大實業之進步爲要着故貿易者政治上最大之利害問題也各國民欲求自存則不得不發達其商工業因商工業發達而求貿易市場于外因求貿易市場而不得不立强梗之政府修巨大之軍備自今二十世紀以後列國商工業之競爭將日鉅世界政治上之問題皆不外經濟上之問題矣

今日以後。二十世紀中。握海上霸權。稱商工業界之王者。吾固不知其何國。然近百年來。以煤與鐵。供給于世界。以新器之發明。工人之精强。發達其工業。而又行之以自由政策。賦之以天然地勢。遂使區區三島。稱海上商業之王者。則無不知其爲英吉利王國也。自美洲發見以後。東洋航路既通以來。其首握海上商權者。爲葡萄牙西班牙。其次爲和蘭。至十九世紀。則全屬英吉利矣。

據近日之形勢。以測將來。則近數年間。有最新之現狀顯焉。一德國之突進是也。二美洲合衆國之日盛是也。三斯拉夫人種之雄飛是也。德國之商工業之貿易。（以外固無論）其進步之速。高出于他國。俄羅斯之銳進。有黃河直流百堤莫禦之勢。條頓種之事業。有多爲斯拉夫人種所破壞者。美國則近日之商工業。皆足以排英人。自托拉斯特之法興。而英國之同業者。皆爲其所苦。說者謂二十世紀。稱强世界者。在陸爲俄羅斯。在海爲美國。以今日國民偉大之魄力。國家之組織而推其結果。則其大也有較昔日之羅馬帝國。今日之英吉利帝國而皆過之。嗚呼。英人之勢。固不可期其長存也。而況今日以人工之廉。物產之富。國民之特性。彼瀕死之支那。或有崛起之日也。是故英人。

之強盛在今日以前而不得聯想及今日以後其商工業如何發達如何全盛皆屬過去而非將來也然而其今日以前發達隆盛之狀況則誠足以炫燿于世界今無數國民讀之尙增長其識力而知所以取法也。

吾國人既具實業上之特性而又處商工業如此重要之時勢且屢敗以後列國之所以經營于我者皆不外經濟上之事業則我國民即不欲膨脹亦宜求自存而況近日國人理想之日卑道德之日壞愛國心之日薄推其原因皆出于商工業衰窳國之經濟日衰之故（此中有至理中國人無有能知之者他日當于叢報詳論其故）嗚呼觀他人隆盛之歷史寧不可自振歟故記此史欲我國民知他人往日之經驗而重觀念之不然又何必記他人之興盛以增予愧。

例言

既稱爲英國商工業發達史則與商工業史異商工業史者記其自古至今商工業之狀況凡關係者皆詳錄之其進步與不進步非所計也其時代亦非所計也商工業發達史則專述其發達之狀況無進步者不錄進步以前之時代不錄故自工業革命之時。

起。以前之事略記其要以後之事凡所知者則詳論之。

又有一言須論及者即商工業之與政治是也夫稱之曰商工業發達史則所記者只英國商工業如何進步之狀況國政之變遷似非所及而此書所述于政治之關係於實業者反獨詳備而民間實業之事固非不論或有甚略者蓋此作之目的原欲使國人知政治上商工業之重要也且苟知英國政治之事多關係于實業者則于此當無慊然。

第一章　十七十八兩世紀間英國商工業之狀況

一　西班牙之戰爭

十六世紀之末年。哀理查白女皇與和蘭結攻守同盟之約。（時千五百七十九年）以當西班牙。（按當時之葡萄牙亦歸西班牙所領）此同盟之精神。名雖以宗教相連合實則當時之王及政治家其着目已在宗教問題以外。此同盟結後。英國之船長如托列克等皆以海賊之行。對西班牙之商業加以防礙。以滅亡其商業為殉國之義舉。若東洋之西班牙葡萄牙商業僅足以為英及和蘭之嚮導者。而不足以有其權。而此時和蘭之事業多成功。英國亦與特許

于列晚德公司及東印度公司矣。

當時英與西之戰雲頗急。英國容哇兒達拉列之議。銳意行北美之殖民事業。其肥忌亞之措置。屢敗而屢不撓。遂于一千六百九年因倫敦公司而告成。千六百二十四年。成英國殖民地而更膨脹。遂自阿列瓦尼山嶺。出大西洋，瀰滿于全海岸。此時東洋印度公司之根柢亦漸固。到處設英國之代理商店。而尚未與西班牙及葡萄牙相衝突也。後東洋印度公司。與查理斯二世異其攻守之利害。遂有自決和戰之權。而該公司之敵甚多。各地之土人。與歐洲中法蘭西人葡萄牙人。皆其勁敵也。

英人之攻擊西班牙者。以格林威爾爲嚆矢，初賊唔斯一世。怯懦不能言戰。查理斯一世。亦不能信其人民之忠勇。皆不事戰爭。至格林威爾。迫于清教徒之思想及商業家之熱望。對西班牙宣戰。彼時所要求者。乃英人在西班牙之殖民地得通商自由及信教自由也。西班牙人果拒絕之。格林威爾遂于一千六百五十五年。圖者買加。以救古巴遂得立脚地于西印度。又乘西班牙與法蘭西之交戰，略取但加克。握海峽之獨占權。而排友邦之和蘭人。後覺但加克之無用。乃于查理斯二世時。復賣之。

二 和蘭之戰爭

西班牙人既敗格林威爾。猶不足以滿意。再激商業之議。遂與和蘭人開戰爭。顧和蘭之與英。乃久結攻守同盟之國。英人之政治家。以爲必欲滅之而後可長英之勢力。後和蘭人敗格林威爾之目的遂達。自千六百五十二年至千六百五十四年之間。不過二年。和蘭之勢力猛退。而英復發航海條例以困之。（航海條例詳後）千六百六十四年取紐約。後查理斯二世時。復屢交釁。和蘭終不復振。二國間之勝負遂大定矣。

三 維廉三世及安女皇之大陸戰爭

賊晤斯二世幽廢後。英國所以與大陸起戰爭者因阻礙路易第十四之富強也。蓋維廉一世。知路易第十四之強。有害于英國。欲掣其肘。而又恐西班牙以其財源供給路易帝國。極力防之。時西班牙之繼位戰爭。連結不解。若法西之同盟成。則於英有二害。一斯偷阿家。得路易第十四之援助。而恢復英國帝位。對專制王治及宗教擅政。有再起兵事之虞。二英國之商業發達。將受其防礙。有全滅之虞。故深防之。而幸而斯偷阿家之竄食幸免。兩國之戰爭。亦于一千七百十三年結局。英國占的布拉達之天險。爲

印度帝國及荷德孫灣所領之鎖鑰。立取加拿大之基礎。更於西班牙得二權利。即與西班牙殖民地之貿易。及每年派一貿易船一次于南海港是也。此戰爭所用軍費甚巨。且起爾來與美國之葛藤。然其爲商業上之成功則固昭昭然也。

四　戰後貿易之膨脹

戰爭之中英國貿易忽一旦膨脹。于地中海有土耳其及伊大利之貿易。于非海有和蘭日耳曼俄羅斯及那威之貿易。西半球則通商于亞美利加及西班牙殖民地。東洋則往來于印度亞剌比亞及阿非利加。公司之創立。不勝枚舉。而交戰中所蓄之資財。至是憂其何以消用之道矣。

當時公司之最著者有南洋公司。立于一千七百十一年。以南美貿易爲目的。該公司之總事人。以爲必獲巨利。議借七百五十萬磅于國供國債之一部。而不意有破產之變。全國之資本皆將入于投機之業。無數之小公司。朝起暮倒。經濟之界。舉國如狂。而其極反來商業之衰微也。

當時英國事業暴起。或創三百萬磅資本之公司。若萬一耗損。則以其奴婢償之。以與

人契約。或欲起醫菜魚肉業。或欲栽桑樹起養蠶業。或欲自西班牙輸送牡驢。以增殖英國之馬業。上下爭投資本。一時若甚興盛者。而不知資本之所以蓄積因貿易之振興。製造業之發達。及農事之改良。而欲貿易獨占權之心大熱。與外國屢開戰端。卒之國債益增。戰雖勝。而貿易獨占權之希望。終不得而達。

談叢

飲氷室師友論學牋

法時尙任齋主人復簡

(前略)公謂養成國民。當以保國粹爲主義。當取舊學磨洗而光大之。至哉斯言。恃此足以立國矣。雖然。持中國與日本校。規模稍有不同。日本無日本學。中古之慕隋唐。學國趨而東。近世之拜歐美。舉國又趨而西。當其東奔西逐。神影並馳。如醉如夢。及立足稍穩。乃自覺已身在無何有之鄉。於是乎國粹之說起。若中國舊習。病在尊大。病在固蔽。非病在不能保守也。今且大開門戶。容納新學。俟新學盛行。以中國固有之學。互相比較。互相競爭。而舊學之眞精神乃愈出。眞道理乃益明。屆時而發揮之。彼新學者。或棄或取。或招或距。或調和。或竝行。固在我。不在人也。國力之弱。至於此極。吾非不慮他人之攙而奪之也。吾有所恃。恃四千年之歷史。恃四百兆之語言風俗。恃一聖人。及十數明達之學識也。公之所志。略遲數年。再爲之。未爲不可。此大事。後再往復。粗述所見。

乞公教之。（中略）公所著黃梨洲。僅見於捫蝨之譚。然已略得大概。吾意書中於二千年來專制政體至於有明一代。其弊達於極點。必率意極思。盡發其覆。乃能達梨洲本言之隱。無窮之痛。梨洲之原君。固由其卓絕過人之識。然亦由遭遇世變。奇冤深憤。迫而出此也。每讀其書。未嘗不念環祭獄門錐刺獄卒時。但明中葉後。有一李贄者。所著之書。官書目中謂其人可殺。其書可焚。其版可毀。特列存目中以示戒。諒其論政必多大逆不道之語。論學必多非聖無法之言。公見之否。（下略）

馨齋來簡

（前略）中國空氣腐敗。誠達極點。芸芸者人。實不能爲人類之生活。某此歸。於理想學術。皆無所進。惟數年來從先生游。且久居外。鍊得一个熱心。洗得一雙淨眼。用此心。日應接外物。愈見得亡國氣象。透切如此耳。因欲將「中國人」「中國時」「中國財」數者。一一分類紀出。實按其跡。以與文明之人之時之財等相較。期爲警惕之一助。然亦恐無當也。（中略）內地既腐壞至於此極。無怪彼在東中意氣頗盛之輩。一旦云歸。即隨流俗披靡。甚或推波助瀾。轉播惡風。習於少年輩中。某此歸。覺凡有志者。僅欲自愛。尚

須於白日昭昭之下。純做愼獨工夫。方可把持得住。蓋無廉恥無禮義之事。皆公認爲賢者所必當行也。況欲滌瑕蕩垢。轉移一世乎。苟非眞傑。孰能語此。務乞先生於振起民氣之時。仍示以實實艱鉅之狀。庶後有起者無動致鼎折覆餗之虞。（下畧）

水蒼雁紅館主人來簡　（壬寅七月）

（前畧）報中近作時於孔敎有微詞。其精要之語謂上天下澤之言。扶陽抑陰之義。乃爲專制帝王假借孔子依託孔子者藉口以行其壓制之術。此實協于公理。吾愛之重之。敬之服之。雖然、儒敎不過九流之一。以是詬儒。儒無可辭。惟孔子實不當以儒敎限之。劉歆七略列儒者于九流中實爲允當其以六藝爲九流公共之業漢代學派則然亦據實之辭惟不能出孔子于儒敎之外此則未悉源流無此卓識也　舉世界各敎主而挈短較長。孔子無專長。亦少流弊。吾胸中有一孔子。其舉在時中。所以時中。在能用權。所以能權。在無適無莫。毋固毋我。無論何敎。欲挾彼敎之長以陷孔子。吾能舉孔子之語以正之拒之。無論何人欲抉孔子之短以疑孔子。吾能舉孔子之語以解之駁之。吾欲著一書曰演孔。以明此義。他日當再與公論定也。自漢以下儒敎獨尊實以忠孝之故然孟子于君臣專論施報不言忠君孔子言忠君有禮有義有分有制不如漢宋諸儒所云云也彼所云云者誣孔子也吾獨疑孔孟推尊孝字踰其分量頗授他敎以疵議之端吾反復思之孔孟之意或者据亂世重孝所謂人人親其親長其長而天下平耶太平世乃不必重孝所

三

謂人不獨親其親長其長耶公謂何如○蘇子由有言曰曾閔孝在二人文王仁及天下孝安能比仁儒者敢爲此言者只此而已儒教可議者尙多。公見之所及。昌言排擊之無害也。孟子亦尙有可疑者。孟子於儒時有出入孔子後一人而已惟仲尼日月。無得而毀。請公愼之。(後略)

問答

(問)盛丞堂近奏有云。「德意志自畢士麥以來尊崇帝國裁抑民權。劃然有整齊嚴肅之風。日本法之以成明治二十年以後之政績。日德國體與我相同。亟宜取法」其說然否。且所謂尊崇裁抑之實若何。乞登報示復以祛疑竇。(贅僊)

(答)此誠我國今日第一重要之問題。亟宜研究者也。雖靡盛公之奏。雖無足下之疑。固應發摘其底蘊。以與我國民共相商榷。今承明問。其敢有所隱諱。竭所聞以對焉。雖然。鄙人今在旅行中。經月未讀內地報紙。於盛奏原文。未獲見。未知其全體命意如何。僅就足下所徵引數言析駁之耳。抑鄙人聞之。凡論事理者不可挾意見。苟挾意見。則其論雖是。而人不樂聞。鄙人論此。不欲專持吾素昔所持之宗旨。爲一筆抹煞之言。惟平心觀察德日兩國政體所由來。及其國政之實狀。以與我中國國體相比較。想盛丞堂此摺主稿之人。必曾稍讀他國歷史者。鄙人此文所徵引。無一字無來歷。在彼當能知之。則請平心一靜察。儻鄙言亦有可採者乎。如不謂然。請賜駁義。

一

若有一二可採也。則請其以後愼於立言。勿徒執偏端爲模棱疑似之語以誤國計。也。且吾尤望盛丞堂及當道中與丞堂同地位同意見者。一讀此焉。苟其無愛國心。徒借此以保位固寵也。則吾亦何責焉。苟眞欲於國家前途有所布置也。則芻蕘之言。固不可以不留意也。

論德國之政治。不可不先明德國國體之特色。德意志者聯邦之帝國也。故向論德國政治者。必分爲帝國政治聯邦政治二項。聯邦二十餘。而普魯士最大。今以普代表聯邦。以下請分德意志帝國政治普魯士王國政治兩種而論之。

德意志帝國之皇帝。雖謂今世列國中元首之權之强盛者以彼爲最可也。何也。彼非如英國皇帝之徒擁虛位。彼非如美法各國之大統領對於議會而負責任。彼實掌握全帝國大小政務一切實權者也。雖然此權何自而來。及其權限之有無。不可不證諸彼國之憲法。德意志憲法首証明其爲聯邦國 Federal State 所以示別於合衆國 Unitary State 也。故德意志帝國之主權。非在皇帝而在其聯邦之諸王侯及三自由市府。皇帝不過其政治團體之長官。此德國憲法精神所明示也。故

其君權非無限而有限也限之者何即其憲法之意明言德意志帝國非以皇帝之特權而統治之實以法律之力而統治之也（鄙人今在旅行中篋中無各國憲法正文故不能具引原文加以解釋惟就所記憶而略述之耳他日更當據正文而補論之讀者諒焉）法律何自始即各聯邦之公意是也然則德國固亦有限君權之國而其皇帝之權實由各聯邦賦畀之明也然則其皇權以何因緣而能得如此之强大曰是有頗奇妙不可思議者德國之主權全在其「聯邦參議院」Bundesrath 而皇帝實以普魯士王之資格（德國皇位由普王世襲讀史者當能知之不必贅述）為此參議院之議長（皇帝非親為議長實委大宰相為之）而因以行用此主權者也聯邦參議院者何由各聯邦政府派出代表人以結成此團體也其議員共五十七人內普魯士十七人巴巴里亞六人索遜及華丁比爾各四人巴典及黑遜各三人迷克靈卜、梭威靈布蘭士域各二人其餘十七邦各一人凡議事時之投票不論其邦議員之數為一人為多人但一邦之投票皆須同一樣蓋以其合體以代表本邦政府也以此之故故普魯士邦之意見常得制勝於參議院何以故聯邦參議院之議長必以普魯士王國之宰相（即德意志帝國宰相）充之議事時若可否投票兩兩相等則取決於議長而議長一人之意見即普魯士代表

員十七人之意見也故議長（即帝國宰相兼普魯士宰相）所發議不待開議時而贊成之者已定有十七人此普魯士所以能握大權於此參議院而亦即德皇皇權所以獨鞏固之由也一國之主權在聯邦參議院聯邦參議院之權在帝國大宰相所兼任之議長而任免此大宰相之權在皇帝故德國皇帝得以此間接力而握一國之實權也但觀於此亦可知其權之有所受之而非如古代所謂天賦神權者之無理取鬧亦明矣

德國大宰相之職權與其餘各立憲國之宰相大有所異其名雖爲「責任大臣」Responsible Minister 其實非如英法等國有所謂「對國會之責任」Parliamentary Responsibility 者存也英法之政府大臣其所建政策必須求協贊於國會若國會反對者居多數則大臣不可不引責而辭職德國不然政府之政策雖不可不報告於國會然國會雖反對而宰相可以不去其位質而論之則德國宰相乃對於法律而負責任非對於議院而負責任也世人所謂德國君權特强者即在此點然德國何以如是何以不得不如是則亦有故德意志帝國者新造之國也前此固未嘗有此國存也前此日耳曼皇帝之位屢爲異族所據而十九世紀上半紀奧大利猶握其實

權。至畢士麥起。始屏奧大利於日耳曼國（即德意志）以外。而新造此雄邦德意志帝國之所以能立。皆普魯士王國之力也。故普魯士人常欲占大權於此國之中。苟其皇與宰相對於國會而負責任。則爲宰相者安能保其必爲普魯士人。如是則普魯士之威權將漸墜矣。故德國之所以獨尊君權。爲普魯士計也。然則普人私乎。曰以正理論。不得不謂之私。（吾意數十年或一二百年之後德國主權必有變動但今非其時也）以今日國勢論之。義固不可不出此。何也。無普魯士則無德意志也。自餘各國。若非藉普魯士之餘蔭。則至今仍爲他族所軛制。終不能爲一獨立國。又安能坐享「世界第一等國國民」之資格也。故諸聯邦之所以得有今日也。諸聯邦之公民所以得有今日也。皆食普魯士之賜也。故普魯士宜握帝國之大權者一也。又使今日普魯士而將此特權拋棄讓與他小邦。則他小邦無可以保持此厖大帝國之力量。則帝國將被侵削。而仍復千八百六十六年以前之舊觀。固非普之利。亦豈他邦之利也。故普魯士宜握帝國之大權者二也。由此言之。則德國君權所自來。可以見矣。

盛奏謂德國尊崇帝國。斯固然矣。至謂其裁抑民權。則吾不知何據也。凡其國苟無

國會者則民權必裁抑其有完全之國會者則民權未有不能伸者也今且勿論其聯邦仍論其帝國德意志之立法部以聯邦參議院及代議院 Reichstay 兩者組織而成即所謂國會者也據其憲法所規定則代議院者實代表德意志全國人民以監督政府者也監督之道奈何凡帝國大臣不可不對於法律而負責任而法律之頒定不可不仰代議院之贊成是即監督權之最大者也一國民但得有此權則他權之得與不得獨無害也吾聞德意志之民權可以裁抑政府矣未聞政府可以裁抑民權也至宰相之去就非議院所能左右此其權固稍遜於英國然彼有特別原因而出於此前節言之詳矣而豈畢士麥以裁抑民權爲治國之策也

至語其聯邦政治則雖謂德國民權不讓英國爲可也據其帝國憲法言德意志帝國有立法上之主權聯邦各州惟有自治 Antonomy 之權而已雖然徵諸實際其帝國雖承各聯邦賦與此重大無上之權然其實行之者不過一小部分耳小部分者何即監督諸邦是也帝國所布之法律諸聯邦所以實行之者其範圍如何其方法如何一仍聽聯邦之自爲也據憲法則凡民法刑法皆由帝國頒立實則今者私法上立法之大權仍由各邦自掌之聯邦之自爲奈何

一。皆取決於其本邦之議會。實則德意志帝國。除外交軍事郵運財政（專指帝國政府之財政）數大端外。其餘政權。仍皆在各聯邦政府之手。各聯邦政府之權。又在各聯邦公民之手。於此而猶謂德意志公民之權被裁抑也。吾不得不駭此搢捉刀人之固陋。而疾其武斷矣。

抑民權之有無。不徒在議院參政也。而尤在地方自治。地方自治之力強者。則其民權必盛。否則必衰。法國號稱民主。而其民權反遠遜英國者。以其地方自治之力微也。至於德國。則今日全世界上號稱地方制度最完備之國也。餘邦勿徧論。請專論普魯士。日耳曼人素以自由種子著聞。（西人常言自由種子從日耳曼森林中發榮滋長出來。遂漸徧於全世界）其歷史上之成蹟。既歷歷不可掩。及士達因Baron von Stein相普（十九世紀初葉）而制度益鞏固。及一千八百七十二年之改革。而權力益擴張。今請言其畧。普國地方機關分爲五種。一曰「蒲羅溫士」Pronince（假名曰省）二曰「的士得列提」Districts（假名曰府）三曰「棱克里」Circle（假名曰縣）四曰「倫治米因德」Landgemeinde（假名曰鄉）五曰「士他治米因德」Stadtgemeinde（假名曰市○案此省府縣鄉市之名非確譯也但假以爲名下文便於措詞耳讀者勿泥）此五者之中。惟府非自治體。其餘皆自治體。而縣實統於

曾鄉市實統於縣。一省之中。其政治機關有二。一曰專掌行政。代表國家及其監督權者。巡撫原名 Superor President. 今亦假中國之名以名之耳讀者勿泥主之。二曰專掌立法。代表本省及其自治權者。省長及省會法院 Provincial Randtay 主之。二者權限劃然。絲毫不能侵越。普魯士憲法云。「省也者。一省之人相結合。而凡關涉於本省之事務。皆得有自治權利者也」其語意可謂分明。一省之立法院。即議院自其省中各縣之人分區選出議員而組織之。又由此立法院公舉省長一省之長及省行政會會員。此專理自治範圍內之行政者民權之完備如此。其餘縣鄉市之制度。亦大略相同。特有大小之殊耳。由此言之。普國地方自治之權。與英國殆不相上下矣。其餘各聯邦亦大略相類夫地方自治者。民權之第一基礎也。今德國之尊重自治權也如彼。而盛摺乃謂其裁抑民權。吾誠不知其所指者何事。而所據者何史也。

至於日本。其文明程度。殊屬幼稚。遠下於歐洲數等。但今且勿具論。日本之崇拜德國固也。雖然。亦未見如盛摺所云云也。謂日本尊崇君主則可。謂日本尊崇君權有語病矣。至謂其裁抑民權。又夢囈之言也。日本之君權。稍優於英國。而遠遜於德國。

何以言之。君權之輕重。一視其政府大臣對於議院所負之責任何如。英國政府大臣。對於議會而負完全之責任。苟不能制多數者。決不得安其位。大臣去就之權。一在議院。故英之君權。幾於無。德國反是。故德之君權。爲各立憲國君主之冠。（若普王之權則己不如德皇矣同一人也其所代表者異故其權限亦異）若日本憲法。則英國之類。而非德國之類也。日本之例。凡政府政策。如在議院被反對者。則可以請天皇解散議會。命再選舉。再選舉而再被多數之反對。則可爲政府大臣不孚輿望之證。必引責辭職。此英國之先例。各國所踵行。而日本亦無以易者也。（英國舊例。必待再選舉開院後。果遇反對。然後大臣辭職。自格蘭斯頓的士黎里兩大政治家抗爭時代。每於解散議會後。待其再舉時。議員中屬於我黨者幾何人。苟察其不能制多數。則不俟再開院。便先行辭職。此後以爲常例。日本當明治三十一年。伊藤博文爲宰相時。以還遼之舉。大爲議院所反對。伊藤乃解散之。及再選舉時。而民間自由進步兩黨。合而爲一。以抗政府。改名憲政黨。伊藤察其必再被反對。遂引責去。而憲政黨首領繼爲宰相。即行英國格的兩相之成例也。）宰相及各部大臣爲一國行政之長官。而黜陟此長官之權。一在代表民意之議院。於此而猶謂之裁抑民權。吾不知如何而始爲伸也。但日本民智尚狹。民德未醇。故其民間所立之政黨。殊未完備。不能與藩閥老輩代興。此其所以下於英國一等也。雖然此由其自力不足使然。優勝劣敗之公例。不得不爾。而非在上者從而裁抑之也。彼其自開國會以來。

至今凡爲政黨內閣者兩次。一曰明治三十一年憲政黨之大隈內閣。一爲明治三十三年立憲政友會之伊藤內閣。然皆不過半年遽爾崩潰。其崩潰也。皆非由反對黨推倒之也。其黨內自訌使然也。此可以爲日本政黨內力不完之明證矣。政黨不完。亦即民智民德不完之表記也。故日本民權之不逮歐美也。非有裁抑之者也。初萌始達而未能一蹴以臻於完備之域也。然其民日斯邁而月斯征焉。吾信其此後必有能如英國之一日也。彼爲盛捉刀者徒見日本憲法有「天皇無責任」「天皇神聖不可侵犯」「天皇有種種特權」之文而遽曰日本尊崇君權裁抑民權。抑何不考其立法之精神。察其現行之情實也。

又彼有「以成明治二十年以後之政績」一語。吾不知其所指者爲何。推其意殆以明治二十年以前法國學派極盛。二十年以後德國學派代興也。果爾則此公必嘗稍讀日本書。略知其情者也。則吾更欲與彼一言。公所謂明治二十年以後之政績者。則孰有過於二十三年之開國會者乎。開國會爲伸民權乎。爲抑民權乎。公當能自辨。無待余喋喋者。公必以爲二十年以前則民氣囂張。以後則民氣馴靖。以是

爲德國學派之明效也。不知前此之囂張。爲求民權耳。求而既得之。更何囂張之與有。雖無德國學代興。猶之馴靖也。抑前此之囂張。其爲益於日本乎。其爲害於日本乎。吾則曰其益無量也。苟非有此。則日本至今猶未開國會焉。未可知也。自板垣退助副島種臣等請立議院不報。（旅行無書可查不能確記其年份大約在明治十年前後）全國議論洶湧。盧梭民約等類之書。幾於家絃戶誦。政府至將民黨中錚錚者十餘人放逐於外。而明治十三四年間。其風潮正達最高點。政府亦不得不從民欲。遂於十四年下詔。許以二十三年開國會。自是以後。舉國晏然矣。故明治二十年以後之政績。實由明治七八年至十三四年間所鼓吹之孕育之而得此者也。而要其最大關目。則不過定君權。使有限。伸民權。使同治而已。而盛摺之爲此言。抑何其與情實正相反背也。

盛摺又謂日德國體與我相同。吾滋惑焉。德爲聯邦之國。我爲大一統之國。德爲新造之國。我爲四千年古國。是皆正相反對者。其相同之點在何處。吾苦不能得也。日本宜稍相近者。然日本之王室。自二千五百年來。未嘗易姓。（吾昔嘗戲號爲地球第一大世家）彼都人士。日沾沾焉翹以示人。自謂皇統萬世一系。其國體爲地球萬國所無。而我國則四千

年來。征誅篡禪。自秦以後。未有五百年無新王興者。謂其與日本國體正同。誰能信之。推盛摺之意。必以爲同爲君主國。故曰相同。然世界中君主國亦多矣。何必偏舉此絕相反對之德日以爲比例。且公之意欲尊君權耳。然則何不舉俄羅斯。俄羅斯國土之大與我同。王統之屢易與我同。專制之久與我同。誠哉其同也。然公殆知俄羅斯政體之野蠻。不敢舉不忍舉也。是則盛丞堂之差強人意也。然則何不舉英吉利。吾以爲君主之尊榮者。莫如英吉利。君位之鞏固者。莫如英吉利。故欲尊其君者。不可不學英吉利。欲安其國者。不可不學英吉利。吾國國民程度。雖與英吉利大相遠。至如公之所謂國體者。則與德日大異。而與英吉利不甚相遠。公胡不舉英吉利」。

至所引盛摺末一語。謂亟宜取法德國日本。則富哉言矣。羣公如皆同此心。我后而肯採此言。斯眞中國之福也。雖然。苟其法之。必當似之。法其一二而遺其十百。法其小節而遺其大端。而曰我法日本。我法德國。日德不任受也。法日德。奈何亦曰法其伸民權以護君權而已。盛摺之不言法俄羅斯也。蓋猶知俄羅斯之君權。非可高枕爲樂之君權也。言國體而知日德之當法。不可不謂思想之一進步。炙手可熱之當

道。而有此思想。此吾所歎害無量也。雖然。其必標明裁抑民權四字。則何也。得毋以民權與君主不兩立耶。今且勿論英國。即以彼所舉之日本德國論證。以鄙人所徵引。其兩立耶。其不兩立耶。是亦可以鑒矣。平心論之。謂民權興而君權必無所損。此自太過之論。在專制政體之國。而興民權。則必不可不將前此固有之君權。割出一部分以讓之於下。雖鄙人亦無容爲諱者也。然究其實。則所損者果爲君權乎。是亦不然。專制國之君主。實非能有完全之大權也。其權或在朝臣。或在外戚。或在宦寺。我國數千歷史。如貉一邱矣。即在今日。君權之蝕於官者幾何。君權之蝕於胥吏者幾何。質而言之。則一國之主權。君主所能有者。不過十分之二三耳。苟開國會。興民權之後。而君主所能有之主權。斷不止二三也。（大抵今日德國君主。有一國主權十之六七。日本君主。有一國主權十之四五。）所割出之一部分。不過自朝官胥吏之手而移諸民。非自君之手而移諸民也。然則雖謂民權而君權反增可也。雖然。其所異者。在一有限。一無限。君權而無限也。則有英明仁武。雄才大略之主出焉。而善用之。可以驟進其國於富強。雖然。此等君主。間世而不一遇者也。苟易葉焉。傳諸其子孫。則必有濫用此權而致一國之民不聊生者

雖然此又豈君主之利也。旣以一身攬其全權。則不可不以一身負其責任。雖法律上無責任之明文。而一國人民心目中固不得不以此責任科君主。此事所必至。理所固然。欲避而不能避者也。責任旣集於一身矣。其有失政。則怨毒歸之。此革命之禍所以不絕於四千年史冊中也。而君主究何利焉。故人臣之愛其君者。苟能保其君之子孫人人皆放勳重華。代代皆漢文唐太。則雖不言君權之有限可也。而不然者。則惟其限之乃所以保之。爲君者亦然。苟欲自愛護其大位以傳諸無窮也。舍伸民權以自限而限其子孫。其奚術哉。其奚術哉。且人亦奚必以無限之權爲樂者。今日英國之君主。日本之君主。豈非享盡天地間第一奇福者耶。以視俄羅斯皇之朝避猛虎夕避長蛇。何如哉。此義今在我國青年學界中稍知外事者。皆能言焉。而當道有力者。猶夢夢然。語及民權二字。則畏之如蝎如蛇。是眞可歎可憐者也。至如盛丞堂此摺之主稿者。謂其絕不知外事焉。不可也。度其人必嘗游日本。或嘗讀日本書數種。而乃爲此影響失實之言。以惑人心而阻一國之進步。吾不知其誠何心也。其不知而誤會耶。是可恕也。讀鄙人茲篇。請君改之。其不肯服耶。請君駁之。而不然

者。則必昧良心造謠言。媚當道以取富貴者也。是則可誅也。吾且更爲當道諸公一言。公等而有一二分之忠君愛國心也。則宜速擲棄其裁抑民權一語。勿使置之念頭。不然。民權之大勢。終非公等之所能敵也。昔魯仲連亦一匹夫耳。猶言吾寧蹈東海而死。吾不忍爲之民。今國中四萬萬人。甯無魯仲連其人者。公等其熟思之。善處之。

辱承下問。本擬略復數語以釋尊疑。但一執筆。則如有鯁在喉。非吐之不快。故不覺縷縷數千言矣。想不厭其詞費也。十月初三夜九點鐘屬稿。寫至此已子正兩點。尚未盡言。姑止於斯。(飲水)

再者。盛摺又有『劃然有整齊嚴肅之風』一語。甚然甚然。非整齊嚴肅則無以爲國也。然整齊嚴肅。豈俟裁抑民權而後得此乎。吾中國現今無民權。所謂整齊嚴肅者安在乎。英國民權最盛。其整齊嚴肅又豈讓德日乎。惟「法治國」爲能整齊嚴肅。法治國者。一國之人各有權。一國之人之權各有限之謂也。故無憲法之國。斷不能整齊嚴肅。有法焉。則自由固可也。專制亦可也。人民行其自由於法律之下。則自由而

非暴政府行專制於法律之下則專制而非苛專制而非苛者有諸乎曰有古代之斯巴達是已斯巴達專制若彼而民無怨者上下有權限而政府一切舉動皆在法律範圍內也中國如能有法乎有權限乎則雖學斯巴達可也豈惟日本豈惟德意志十月四日晨起綴此數言（飲冰）

雜俎

是汝師錄三

韓持國與伊川語歎曰今日又暮矣伊川對曰此常理何歎爲公曰老者行去矣伊川曰公勿去可也公曰如何能勿去伊川曰不能則去可矣

薛文清曰德冠古今功滿天下皆分內事與人一毫不相干

洪自誠曰蓋世功名當不得一個矜字彌天罪過當不得一箇悔字

鄒南臯曰學莫先於立志千古聖人俱是一箇內身漢子只是志不宜作凡夫畢刀匹馬所向無前何聖域之難臻唐人詩云語不驚人死不休吾以爲不至聖死不休也

朱子曰陽氣所發金石亦透精神一到何事不成

古語曰斷而行之鬼神避之

荀子曰百事之成也必在敬之其敗也必在慢之

薛文清曰人之自立當斷於心若實見得是當決意爲之不可因人言以前以卻而易

其守

程子曰言而不行是欺也君子欺乎哉不欺也

呂居仁曰今日行一難事明日行一難事久則自然堅固

王陽明誡龍場諸生書曰夫過者大賢所不免然不害其卒爲大賢者爲其能改也諸生自思平日亦有缺於廉恥忠信之行者乎亦有薄於孝友之道陷於狡詐偷刻之習者乎不幸或有之皆其不知而誤蹈素無師友之講習規飭也諸生試內省萬一有近於是者固亦不可以不痛自悔咎然亦不當以此自歉遂餒于改過從善之心但能一旦脫然洗滌舊染雖昔爲寇盜今日不害爲君子矣若曰吾昔已如此今雖改過而從善將人不信我且無贖於前過反懷羞澀疑沮而甘心于汚濁終焉則吾亦絕望爾矣

程子曰人之於患難只有一箇處置盡人謀之後卻須泰然處之

朱子曰大抵事只是一箇是非是非既定卻揀擇過是處行將去必欲回護得人人道好豈有此理

程子曰難勝莫如己私學者能克之豈非大勇乎

謝上蔡曰。克己須從性偏難克處克將去。

或問程伊川人於議論多欲己直無含容之氣。是氣不平否。伊川曰。固是氣不平。亦是量狹。人量隨識長亦有人識高而量不長者是識實未至也

顧亭林曰。恥之於人大矣不恥惡衣惡食而恥匹夫匹婦之不被其澤故曰。萬物皆備於我矣反身而誠樂莫大焉

曾文正自題楹聯曰。天下無難事。天下無易事。終身有樂處。終身有憂處。

小說

殖民偉績

第一回 查理斯行權興國教 維廉濱努力保自由

凡是一個人。生在世界上。都應當有自由的權利這個自由的權利。是天給我們的。是由母親的懷裏面帶來的。凡人總要保守自由這兩個字。若是有人來侵我的自由。我一定要拚命的同他爭的因爲倘若一個人沒有了自由。就是奴隸。就是牛馬。諸君請看世界上的動物。也不曉得有多少種。爲什麼這些動物都要受人的驅使呢。只因他本有自由權。被人奪了來了。到後來不能自由。就被人驅使。這个苦處。大家也都是曉得的，若是不能保全自由。就要同牛馬一樣了。古來多少英雄豪傑。因爲爭自由權做出驚天動地的事情。譬如人生在這個國裏。這國裡的人要奪我的權利我就同他爭。爭不到就另外造一個新國也可以的。有一個英雄。就是這樣做的。諸君請聽說書的慢慢講來。話說美國聯邦有一個濱西爾烏亞泥雅地方。這個地方的文明。世界上的人

是都曉得的。近來又在他的首府。開了一個大博覽會。世界上面更都仰望他的文明。但是這個國的起源。說起來眞是一件開天闢地的偉業。後來的人都應當把他當做龜鑑的。此話很長。待說書的一路講來。去今二百三十年前。當英國國王查理斯的時候。英國的政府。腐敗得很。定了一個宗教。當做國教。無論何等人民。都要遵守這個教。倘若有背這個教的。無論何人。都用極嚴的刑法處置。你想英國是個立憲自由的國度。英國的人是最貴重自由的。若是有人奪他權利。他便洶洶湧湧。反抗起來。試看這個國教的制度。把人民信教自由的權利。一齊奪去了。於是英國全國的人。稍有知識的。沒有一個不痛恨國王的。有罵國賊的。有愁眉嗟歎的。有說無論怎麼樣。一定要把這個自由的權利奪回來的。這時舉國上下。紛紛議論這件事。街頭巷尾。無一處不是人聲嘈雜。大概英國全國的人。除政府幾個人以外。都是反對國教這件事的。因爲這件事。激動了一位英雄。這個英雄是誰呢。復姓維廉。名濱。他父親曾做過英國海軍將官。是一個富貴人家的子弟。最愛讀書。有獨立特行。一表非凡的氣概。他的心裏是最不能容壞事的。一遇壞事。他便要設法把這件壞事弄到形影不留。他纔痛快。一日正在書

房看書。忽見家人送上一張新聞紙來。維廉濱便隨手取來一看。只見維廉濱看不上半張面上紅一陣白一陣兩目圓睜把新聞紙一擲。拍案大叫道。好國賊。好國賊。連我們信教的自由你都要奪去嗎。說完就在衣架上順手取了一件外套往身上一披邁步出房。家人也不敢問他。只見他氣冲冲的出門去了。原來維廉濱最是一個熱心愛自由的人。他見人家奪了他的自由他便一定要奪回來的。這日因爲國教的事情他大怒之下。便跑到平日幾個相知的朋友家中。彼此一見都是憤憤。維廉濱心中此時正如火焚一般。那裡遏得住一點兒呢。又急忙出來走到十字街上。逢人便說痛罵國教的壞處。東街跑到西街。西街跑到東街。唇焦舌敝。自上午一直到晚上。那裡停了一刻嘴呢。晚上回到家來晚飯也不吃。一個人痴痴呆呆坐在書房裡面也不同別人說話。到了十二點鐘的時候。就和衣在睡椅上睡着了。到了天亮臉也不洗。飯也不吃。一直的往外就跑。跑到一個空闊地方。就跕在一個石臺上演說起來。一個人手舞足蹈滔滔不絕的在那裡痛罵國教的壞處。起初聽的人還少。到後來越來越多。竟是人山人海。擁擠不開了。只聽得拍手的聲音。響得利害。維廉濱正在這裡肆口大罵。忽見人叢裡

面閃出兩個巡捕。一見維廉濱。就逕上石臺。把維廉濱拿住。帶着就走。走了約有三四里路。到了一個地方。維廉濱知道這個地方是敎倫塔。這裡面有獄牢。到了門前。巡捕將維廉濱往裡面一帶。交與管獄的人。逕自去了。要是別人。一個人兀坐在倫敦塔的獄裡。暗窓鐵栅的下面。好不難受。維廉濱感慨滿胸。就是坐在獄中。他的要奪回自由權利的心思。是時時刻刻在心裏的。維廉濱在獄中過了一宵。到了次日早晨。曳出法廷。維廉濱從從容容。把他一副懸河之辯口。與裁判官辯訟起來。辯了三四個時辰。畢竟還是糊裏糊塗。又把他送到獄裏來了。回到獄舍。偶然在禁子手裡得了一個急報。說維廉濱的父親。病勢危篤。命在旦夕。維廉濱一得此信。恨不能飛出獄中。回家看父。後來又想到這個身體。旣替自由作了犧牲。這個身體。就不是我維廉濱的身體了。想到這裡。又不願出獄。本來犯罪的人。可以用保全出獄的。維廉濱决意不肯。到數日後。維廉濱的親友。也不管他肯不肯。就用保全保他同同志諸人。一同出獄去了。出獄以後。究竟如何。且聽下回分解。

第二回　老將軍病床訓子　大英雄酒館談心

話說維廉濱的父親。年紀六十多歲。鬚髮如銀。近來因年紀大了。常時生病。身體也就衰弱起來。維廉濱在家裏的時候。時常延醫生診治。醫生都說是老境無可診治的。維廉濱心中也知道父親的病。是不容易醫治的。然而維廉濱是個孝子。日日自早晨一直到晚上。總在父親榻前、盡心照應。凡是父親湯藥。都要自己過目經手。纔送上來的。有一天維廉濱的父親睡在床上。忽然對維廉濱道。濱兒。你連日在這裏伺候我。一刻也不肯離開。把你讀書的工夫躭擱了。我想你不必一天到晚都在這裏。要把些工夫到書房裡去看書。纔是道理。維廉濱道。爹爹的話。孩兒自當照樣做。但是爹爹現在生病。孩兒一刻離開。孩兒就放心不下。維廉濱的父親又道。你這孩子。一點兒用處也沒有。只知道做一個人的孝子。就不知道要做全國人同種人的功臣麼。你拿把椅子來坐下。我講給你聽。維廉濱連忙在房門口提了一把椅子。在床面前放下。輕輕的坐了下去。只見老將軍說道。濱兒。吓凡是在世界上做了一個人。總要轟轟烈烈在世界上做一番事業。纔算得是一個人呢。譬如我們現在生在英國。總要替英國人造起一場大福來。若是英國人受外國人的壓制。我便要同外國人反抗。就是外國

人的勢力大。我的勢力小。明曉得敵他不過。也一定要想法子弄到英國人不受外國人的壓制爲止。凡是人都有自由權。若是有人來奪我的自由權。我便怎麽樣都要奪回來。總而言之。一個人生在世界上面。總要在世界上面算得一個人在千古以後算得一個人纔是呢。說到這裡。老將軍便坐起來道。濱兒吓你這箇身體。你不要把他當做你一個人的身體。也不要把他當做我給你的身體。就說是英國人的身體都可以的。我這一番話。並不是叫你不要做孝子。是叫你不要只知道做一個人的孝子。把許多大事就抛却了。如今世界上有一般人講孝字。講到極荒謬的境界。說身體髮膚不敢毁傷。這句話不通到了極點。你想想自古來多少英雄豪傑。爲國作犧牲的。難道這般人都是不孝嗎。譬如我做了一個海軍的將官。遇到開仗的事情。總是要拚命的。若是像那樣講孝字。那就可以不打仗了。倘若世界上的人。都一個一個像那樣講孝道。我恐怕世界上早就沒有世界了。老將軍說到這裡。便有些倦了的樣子。維廉濱便請道。爹爹身體倦了。請躺下睡睡罷。老將軍道我的話你都聽明白了沒有。維廉濱忙回道。都聽明白了。老將軍一面睡下。一面說道。你聽明白了就好。維廉濱服侍老將軍睡

下。只聽老將軍又說道。濱兒你到書房裏去看看書罷。維廉濱聞言不敢怠慢。連忙起身出房。走到書房裏面坐下。細想剛纔父親所說的話。寔是不錯。順手在書架上取了一本世界百傑傳。打開一看。就是一篇哥侖布的傳。仔仔細細從頭至尾看了一遍。歎道。哥侖布眞是英雄。一個人冒險尋出了一個偌大的美洲。眞是令人佩服。維廉濱自從聽了他父親一番議論。心裏常常把這番議論來想想。越想越有道理。維廉濱的雄心就勃勃起來了。這都是一徃從前的事情。話說維廉濱的父親病在床上。本來病就有八九分重。後來因爲國教的事情。心中生氣。病又加了幾分。兒子又被政府關在牢獄裏面。心裡又是難受。病勢更加重了。這日維廉濱一出獄門。也不歸家。一逕跑到平日所曉得一個有名的醫生家裡。跑了約有十來里路。剛到門首。便見前面來了一乘馬車。約有幾分鐘的時候。到了面前。維廉濱抬頭一看。不是別人。正是這個有名的醫生。剛纔從外面看病回來了。這個醫生在馬車上看見維廉濱。連忙叫馬夫停了車。跳下車來。拉着維廉濱的手道。你出獄了嗎。我聽見你這回的事。寔在服佩得很。維廉濱急說道。這些話都不要說。我今日出獄還沒有回家。特意來請你醫生。道有甚麼事。我

總遵你的命。維廉濱道。不是別的事。我在獄中聽見說我父親病重。特來請你同到我家去走一蹚。醫生道。可以。我們就同坐馬車到尊家去罷。兩個人上了馬車。維廉濱此時恨不能飛到家中。坐在車上。也無心同醫生說話。心裡只想到家。好容易走了兩點多鐘。纔到了自巳門首。連忙下車。把醫生邀進客廳坐下。自巳飛也似的跑到父親房中。走到床面前。只見老將軍閉着眼睡在床上。維廉濱輕輕問道。爹爹可好些兒嗎。老將軍睜眼一看。見是他的愛子回來了。答道。我本來沒有甚麼病。只因這幾天心裡有點兒難受。就把我的老病帶起來了。維廉濱說道。孩子請了一個醫生來了。現在在客廳等候。請進來診一回脈罷。老將軍道。我的病是不能好的。你要診脈。你就請他進來罷。維廉濱回身出房到客廳。把醫生請到老將軍的床面前坐下。維廉濱把老將軍的從被中扶出。請醫生診一回脈。診完了脈。醫生向維廉濱道。外面再說罷。維廉濱就同醫生來到客廳坐下。問道。我父親的病到底怎麼樣。醫生把眉一皺說道。令尊並沒有別的病。純是老境。只好盡我們的力罷了。說畢。開了一个藥單交與維廉濱。維廉濱就起身告辭。維廉濱送至門首回來。想道。聽他這樣說話。恐怕是難好的了。剛走到門首。忽聽裡面

叫道。濱兒吓。維廉濱聽到。連忙走到床面前問道。爹爹孩兒在這裡。老將軍拉着維廉濱的手道。我年紀老了。一點兒事也不能做了。我曉得我的病勢已經到了這個地位。是萬萬不能好的。只可恨現在說到這裡。喉嚨裡的痰上來了。未曾說出。維廉濱接着說道。爹爹心裡靜一靜罷。過了一會兒。老將軍又說道。一個花團錦簇好好的英國。恐怕要被這些小人們。不曉得弄到怎麼一個他位呢。你看這些做大官的人。那一個不是腐敗的。出來的時候。坐着馬車前呼後擁。好不威風。走到辦事的地方。就一個一個把手籠起來。一點兒事情也不會辦。講到為自已的私事。他就能幹起來了。甚麼事他都會辦。奪百姓的權利。剝百姓的皮。這些事更是他精明的了不得的。你看這些裁判官。賄賂風行。一點兒曲直也沒有。那些辦外交的官。更是不消說得。說到這裡。歎了幾口氣。眼睛裡滾滾的吊下眼淚來。維廉濱此時心裏又是氣。又是恨。又是憂。不由的也就吊下淚來。老將軍忽又對維廉濱道。濱兒吓。我的性命是不久的了。你是英國人。你總要替英國人造出一番世界來。纔好。我曉得你平時是很親愛英國人的。這都是你的好處。你總要從你這點愛英國人的好處。努力做去。把你的心要鍊得像生鐵似的。無

論有多少阻撓。總要把他排除個乾乾淨淨。世界上沒有容易事情。若是畏首畏尾。不敢向前做去。我恐怕一萬年也做不出一件事來。世界上又沒有難事情。只憑着這點熱心做去。沒有做不成功的道理。先前有一個英雄。名字叫做哥侖布。他悟了地圓的道理。他曉得西方一定還有世界。後來在海邊散步。又看見一個雀子從西方飛了過來。他越發信西方一定有土地了。就一個人弄了一個船。帶了些糧食。冒險向西方進發。後來卒竟尋出一個美洲來了。你看這個人到底是個英雄不是個英雄呢。我雖然是打了幾回仗。立了幾回功。那裏算得事業呢。想起一生的事情來。眞是慚愧的了不得。你現在的年紀。正是做事的時候。總要做一番大事業。我死在九泉。也是歡喜的。老將軍說到這裡。聲氣漸漸沒有了。喉嚨裡的痰。唧咕唧咕的響起來。眼睛直往上翻。維廉濱看見這個樣子。知道是不好了。連忙爬上床。對着老將軍喚道。爹爹還有甚麼話說沒有。忽見老將軍睜開眼睛。口裏叫着維廉濱的名字。說道。濱兒吓濱兒吓。我死之後。你把我的骸骨。葬在你祖母的墓傍邊。就是了。說畢。把眼一閉。就死去了。維廉濱見父親已死。放聲大哭。就有傍邊許多人前來解勸。總是勸他要遵老將軍的遺訓。不要哭壞

了身子。往後不好辦事情。維廉濱聞言。一面收了眼淚。一面料理葬事。過了兩三天。把老將軍安葬祖塋。維廉濱大事完了。一個人住在家裡。每日除了讀書。再沒有別的事情。有一天傍晚的時候。維廉濱一個人出去散步。走到他父親的墓上。徘徊了一頓。又不免有許多感觸。回來的時候。已是天黑了。一路上又想歸家。又想到別地方去散散悶。正在猶豫不定。忽然見前面來了一個人。手裡拿着一根棍子。直往前來。維廉濱定睛一看。不是別人。正是他一個好朋友。姓沙名德志。這人年紀二十二歲。有血性。膂力過人。一隻手能拿二百斤重的物件。這日也是出來散步。維廉濱看見是他。忙叫道。德志哥、德志哥、你到那裡去。沙德志聽見有人喚他。即住了脚。一看是維廉濱。忙上前躥了兩步。拉着維廉濱的手說道。你一個人在那裡來。維廉濱道。我坐在家裡。寔在是悶得很。我剛纔在我父親墓上走了一躺。沙德志道。你現在回去嗎。維廉濱道。我心裡悶得很。現在你來了。我們兩個人到那裡去談談罷。沙德志點頭道。很好。兩個人一面說。一面走。只見左手傍有一個酒館子。維廉濱停住了脚道。我們就在這裡坐一坐罷。沙德志答應了一聲。是兩人進內。到了三層樓上。四面一望。見人坐得滿滿的。維廉濱

指着南方道。那裏面有一間小房子。我們在那裡坐罷。兩人到了屋裏。問跑堂的要了兩瓶麥酒。要了幾樣菜。沙德志忽然對維廉濱道。我看你這幾天。很有心事的樣子。維廉濱手中拿酒杯向口裡一飲而盡。說道。咳。我這幾天看哥侖布的傳。越看越佩服。單身冒險。找出了一塊偌大的地方。這纔眞是英雄呢。哥侖布這件事。每日總要到我腦筋裏面來二三次。我不曉得怎麼樣纔好呢。沙德志道。我們也冒險去做事。學那哥侖布就是了。我昨日得了一個在美洲的朋友的信。他說該處眞是世界上面的樂土。自由的新天地呢。維廉濱急說道。那個地方。能彀自由。那眞是世界上面的樂土呢。說到這裏。沈吟了半晌。又說道。倘若我們帶些人到那邊去開墾。另外造一個新國。做起一番事業來。那纔有趣呢。沙德志道。眞是呢。這個國裏我住得不耐煩。我們另外造一個新國罷。我們帶着許多同種的英國人。另外造一個國。我們這種民族在世界上好不光榮呢。維廉濱拿表一看。已是八點四十分了。向沙德志道。天氣不早了。我們回去罷。叫跑堂的算了賬。跑堂的算了回道。四塊四角。維廉濱就在荷包裏取出一個錢袋來。拿來一張五元的鈔票。叫跑堂的找來。跑堂的就拿了六角錢交與維廉濱。兩人帶了帽

子。一同下樓。走至門首。沙德志對維廉濱道。你回家嗎。我也回家去。我是往東走。不能同路了。只見沙德志把帽子一摘。說了一聲少陪。竟自去了。維廉濱一個人循路歸家。到了自己門首。推門進去。走到書房裏面。往睡椅上一躺。就唱起詩來了。唱了半天。忽見家人名叫魏福的走進來道。今日有兩個客來了。維廉濱問道。是誰呢。魏福道。一個是陸軍將軍。一個是裁判官。都是先前老將軍的朋友。維廉濱聽了也不言語。半晌又說道。他兩個人說了甚麼話沒有。魏福道。說有一件甚麼事要對你說呢。維廉濱沈吟道。他有甚麼事要對我說呢。魏福道。今天適有兩個巡捕到這裏來了。維廉濱道。做甚麼呢。魏福道。我看他的神氣。是來窺探情形。他怕你又有甚麼舉動呢。我今天還聽見說。又有兩個人爲反抗國教的事情。被巡捕拿到獄裡去了。維廉濱聽到這裡。歎了一口氣。說道。這些事我都不管。我只曉得唱我的詩。說畢。又唱起詩來。唱到約有十一點多鐘。剛纔睡下。一宿無話。到了次日。維廉濱起來走下床來。見棹上擺了兩封信。一封是陸軍將軍狄伯魯的。一封是倫敦市裁判官業侃謨的。維廉濱看見沈吟道。他眞有甚麼事嗎。就把信拆開一看。見上面寫的是些恭維的話。背後又有一行小字。是請於

今日內駕臨敝舍一敘十一個字。兩封信都是一樣。維廉濱看了。猜不着是甚麼道理。想道。你說他眞有事。爲何信上面又不說呢。你說他沒有事。自我父親死後。他也沒有來過我家裏一回。爲何今日忽然找起我來了呢。父親在生的時候。也沒有談過這兩個人的好處。也沒有談過他的壞處。到底是怎麼樣一個人。我也不曉得。想到這裏。說道。他既來找我。我今日就到他家裡去走一躺。看他們到底怎麼樣。主意已定。一面出房洗臉。回來吃了早飯。歇了片時。就披起外套。帶着帽子。出去了。到底是些甚麼事情。且聽下回分解。

新羅馬傳奇

飲冰室主人

第六齣 鑄黨（一千八百二十五年）

（生扮瑪志尼上）

（戀芳春）慘霧黏天，穢塵滾地，憑高怕望中原。偏是睡獅無賴，沈睡千年。便把奇愁拋遣，奈江山耐人留戀。雄心遠，待翻起滄海桑田，添段因緣。

小生瑪志尼。自從前年隨母親海濱一游。遭逢志士。哀聆慈訓。根觸迴腸。便已以身許國。誓爲同胞有所盡力。去年投入燒炭黨中。欲圖共事。不料該黨一挫之後。精神沮喪。志氣銷沈。前輩既已彫零。後起不能爲繼。而且智識卑陋。道德衰頹。這樣看來。我意大利靠著這班人。是不中用了。再看那舉國中熙熙攘攘的人。卻大半在昏昏睡夢中。不知國恥爲何物。國仇爲何人。便有一二憂時之士。亦復離羣索處。消息不通。力薄勢分。何濟於事。（嘆介）小生每念物極必反。人定勝天。怯大敵者非丈夫。造時勢者爲俊傑。當仁不讓。舍我其誰。因想聯合同志。重新組織一個完全民黨。仗茲

團體共濟艱難。今日約定格里士比阿西尼兩位。齊集舍下。同議章程。敢待來也。(作翔步室內介)(末扮格里士比丑扮阿西尼同上)朝從屠沽游。夕拉騶卒飲。此意不可道。有若茹大鯁。傳聞智勇人。驚心自鞭影。蹉跎復蹉跎。黃金滿虛牝。匣中龍光劍。一鳴四壁靜。夜夜輒一鳴。負汝汝難忍。出門何茫茫。天心牖其逞。既鏡豫讓橋。復瞰軹深井。長跽奠一卮。風雲撲人冷。(末)俺格里士比。正從昔里島北來。游歷內地。訪尋同志。今承瑪君約商大事。須速前往。(丑)俺阿西尼。自從瑪先生游。久聞微言大義。今日函丈見招。不免隨格公早到。(同見生握手爲禮介)辱承見招。不知有何賜教。(生)非爲別事。小生痛念我國同胞前途。不勝憂慮。今日特請兩君同商拯救之法。並講明我等應行之責任。以後好一同努力進行。(末丑)先請領教。(生)

(六奏宮詞)風雲無色。關河帶怨。付與斜陽一片。聲聲啼鴂空教。沈損華年。俺淚盡了。獄三字。才枯了。策萬言。天醉也。怕問天。天民那得受人憐。我待約精禽馱石塡宼海。我便學師子談經吼舌蓮。天遙地遠。山河大千。風馳雲捲。國民少年。便泥犁也應有光明。線。莫遷延。優勝劣敗。猛要著先鞭。

兩君啊。今日正是民族主義競爭時代。非全國人萬衆一心結成一至大團體。不足以圖自立而抗外敵。但合羣之義。言之似易。行之實難。我想天下事。必須從大處著想。從小處落脈。但使一國中能有數人或數十人眞誠愛國結成一團。死生不渝。憂樂相共。確認責任。奮力向前。則涓滴可以成江河。跬步可以致千里。將來逐漸推廣。或者同志徧於全國。大局藉此挽回。亦未可定。我等雖屬人微言輕。然亦國民一分子。應盡義務。責無可辭。意欲與諸君共商組織一强固民黨。以爲同胞先導。未知兩君意下如何。（末丑）某等久有此心。恨才力綿薄。未能成就。今承指示。妙極妙極了。但這民黨的宗旨若何。手段若何。還要請教哩。（生）待我說來領教罷。

（北江梅令）你看這客星據座天容變。你看這濁流飲恨人權賤。你看這狐兎縱橫占盡了中原。你看這虎狼擇肉不住的把威權擅竊也。胡纏孽也胡纏。文明敵橫行徧地。專制毒燄憔悴千年。遮莫要危樓打碎。奮空拳遮莫要亂麻斬斷。起一度玄黃戰。天也無言。佛也無言。只怕待刼灰飛。靈光纔現。

兩君啊。我想國中積弊既深。斷非彌縫補苴可以救得轉來。破壞之事。無論遲早。終

不可免倒不如用些人力去做那有意識的破壞早一日還得一日之福哩（末）這議論是一點不錯但看我意大利人心腐敗到這般田地莫說平和的福分不能彀享受只怕連破壞的事業也不能做成這卻怎麼好（生）正是但古語說得好有志者事竟成今日操練一國人叫他成就一箇國民的資格正是我輩責任哩

（前調）偺要信靈魂不共身流轉偺要信英雄成敗尋常見偺要信國民義務是天然偺要信倚賴他人是一種奴才劣生拖斯連死拖斯連任把七尺頭軀散作灰也教一國同胞團成片今日啊便是杜宇啼枝血淚鮮他日啊應有神龍起蟄風雲變若問因緣此是因緣只怕待刼灰飛盡靈光纔現

（末丑）精理名言佩服佩服今日就請擬定章程兼起一個會名便好聯絡同志推廣宗旨罷（生）想我意大利自羅馬解紐以來直至今日都是奄奄無生氣被那強鄰大敵呼爲老大帝國今日要救衆生必須剗除暮氣就起个會名叫做少年意大利何如（末丑）妙極了（合）

（尾聲）望前途隱隱羣龍戰那許我同學偷閑學少年待要一髮千鈞把乾坤扭轉

（生下）（末丑隨下）

捫蝨談虎客批注

茲編闕如。經已兩月。海內詞壇。以監督之義務相責備者。書凡十數至。但著者既日罕暇晷。又此等鉤心鬥角之作。非咄嗟可成。乃公亦無如何也。今再三敦促。成此一齣。敬以謝讀者。

傳奇體例。第一折謂之正生家門。第二折謂之正旦家門。實爲全書頭角。但此編主人翁。不止一人。萬難偏重偏輕。故不能照依常例。作者本擬以此折令加富爾登場。鄙人嫌其三傑平排　未免板笨。且加富爾可表見之事跡。不妨稍後　故商略移置第八齣。

「少年意大利。」爲新羅馬成立最大根原。此折以韻文敍述其宗旨方法。實屬至難之事。前此曲本。未嘗有此境界也。讀者當觀其苦心遣辭處。

格里士比者。昔昔里島人　後此嗾起南意大利之革命。佐加里波的成功者也。建國後曾兩任首相。去年始卒。阿西尼者。後此行刺法帝拿破崙第三。以間接力成就意法同盟者也。二人皆「少年意大利」中緊要人物。有位置於本編者也。故先出之。

文苑

詩界潮音集

度遼將軍歌

人境廬主人

聞雞夜半投袂起檄告東人我來矣此行領取萬戶侯豈謂區區不余畀將軍慷慨來度遼飛鞭躍馬誇人豪平時蒐集得漢印今作將印懸在腰將軍鄉者曾乘傳高下句驪蹤迹徧銅柱銘功白馬盟鄰國傳聞猶聳顫自從弭節駐雞林所部精兵皆百鍊人言骨相應封侯恨不遇時逢一戰雄關巍峨高插天雪花如掌春風顛歲朝大會召諸將銅爐銀燭圍紅氍酒酣舉白再行酒拔刀親割生彘肩自言平生習鎗法鍊目鍊臂十五年目光紫電閃不動袒臂示客如鐵堅淮河將帥巾幗耳蕭娘李姥殊可憐看余上馬快殺賊左盤右辟誰當前鴨綠之江碧蹄館坐令萬里銷鋒烟坐中黃曾大手筆爲我勒碑銘燕然么麼鼠子乃敢爾是何雞狗何蟲豸會逢天幸遽貪功它它籍籍來赴死能降免死跪此牌敢抗顏行聊一試待彼三戰三北餘試我七縱七擒計兩軍相

接戰甫交紛紛鳥散空營逃棄冠脫劍無人惜只幸腰間印未失將軍終是察吏才湘中一官復歸來八千子弟半摧折白衣迎拜悲風哀幕僚部卒皆雲散將軍歸來猶善飯平章古玉圖鼎鐘搜篋價猶值千萬聞道銅山東向傾願以區區當芹獻藉充歲幣少補償毀家報國臣所願燕雲北望憂憤多時出漢印三摩挲忽憶遼東浿死歌印兮印兮奈汝何

長江

觀雲

出水艨艟萬斛來露英德法費疑猜我來旗問黃龍影寥闊江天颭幾回

密士失必與尼羅比較安流兩若何天賜黃民功德水神州失用悔蹉跎

莊嚴兩岸好青山滾黃日夜流其間一盩一厔皆都會戰伐千秋未肯閑

快蟹長龍舊有名魚雷水雷戰魂驚金甌大陸無纖缺人塹先湏十萬兵

一隊貔貅水上雄直控南北鎖西東黃民鬬敗白民入夢醒河山破碎中

長天一縷繞蒼煙初過前山汽笛船篷背櫓聲眞太古眼中風物幾千年

黃河虓猛江流靜南國風華北國粗兩戒文明相代謝瀰漫一水是醍醐

輪船一鐘三十里。飛度金焦赤壁秋。漫說瞿唐是天險。下游城郭動邊愁。

晚風西樂出兵輪。灰白船身水色混。自是兵鞣翻主客。不關兩岸有風塵。

航路牽連若網絲。覬覦碧眼賈胡兒。佛蘭金仙長酣臥。起舞張牙可有時。

壬寅八月往遊金陵書懷　觀雲

天塹兵輪萬國來。長江鎖鑰已全灰。蜀煤楚冶通新道。俄鷲英獅儼舞臺。戰伐遺民習奴性。衰殘大帥豈長才。東南我欲論形勢。腦部可能傍蔣畡。

秋感四律　烏目山僧

霜點頭顱鬢漸疏。衲雲歇浦慰窮居。懷入風雨三洲外。小病肝陽九月初。每對江山悲壞刧。長憐島國著新書。昨宵暗度文明海。元化悠悠夢裏舒。

安禪人世亦天堂。悲智無由遣熱腸。慘劇沈沈枯萬骨。大雄耿耿剜千瘡。人才終古遺麟鳳。民教於今鬬虎狼。太息倚天無利劍。剷平造化鑄蒼蒼。

潮喧大陸浪花騰。未許譚空演上乘。絕頂吳山誰立馬。秋高漢水且呼鷹。雲黃日落暝煙積。地赤人稠海氣蒸。解道滄桑身外劫。不應腦界有山僧。

瓊宇高寒問太清風潮廿紀陣雲橫盟鷗水冷心猶熱捫蝨山空氣未平四戰中原誰上將五洲鼙鼓孰弭兵劇憐瘦骨嶙峋況照眼黃花淚點盈

庚子圍城中雜感

鄒崖逋者

六甲玄符下紫清宣和北伐太無名蠻煙瘴雨臨江府（傷許袁也）落日青燐五國城（七月十七日議西狩徐桐董福祥伏青蒲死諫乃止幾陷君父以大難八月西安諭旨猶有死社稷語何擬旨廷臣之憒憒也不正其罪恐他日復沿其說以誤國船山通鑑論不可不讀）海外文章成黨錮（思戊戌黨禍也）淮南方伎好談兵玉津園外刀如雪碧血涔涔入敵營

譆譆祆潮委煨塵景教西行記大秦兩戒河山仍黑劫一朝忠義屬黃巾翠微遺句悲誅錯史墨名言憶降莘不爲旱荒寧有此燕雲赤地盡飢民（己亥八月不雨至今）

翠華閶闔出居庸河嶽風雲護六龍苜蓿萬家燕市馬觚稜一點薊門烽淒涼夜半滹沱粥寥落秋深景進鐘宰相新充祈請使都堂談笑酒千鐘

三輔纏妖氣焚香夜數驚（九門夜呼燒香滅鬼子陰氣森森畏人）早知銅狄淚況有杜鵑聲（四月十二上海白晝晦不見人西山四月初六大雪三日妙華山燒香凍死數十八）旐葛知它白茗華歎鮮生十齡黃口小寄食固安城（死吾分也不可使先人無後乃命舊僕寄兩子於固安）

十萬橫磨劍神鋒恨倒持竟成鸜鵒讖應誦鶺鴒詩帝子洲何許王孫哀已遲開元太

平日樂譜歸龜茲（諷某邸也）作事使人疑將軍乃死之（時詩聶士成爲漢奸）罪臣同馬謖朝論比劉豨但使心如水終當革裹屍健兒分水嶺拼壘颯秋颸武庫晨飛燼（津軍械局燬）南漕又斷糧（聯軍佔楊柳青）犒師三寸舌（袁許犒使館）籌國半間堂頗憶東瀛戰（五月）二十一廿三日詔六部九卿集議上曰甲午之役一國不能戰何況九國聯一人不足惜如宗社何如蒼生何頻煩北斗禳諫果仍不悟（哀袁許徐聯）六月苦飛霜。昔時樽俎地夜夜起風雷枉殺回圖使中興宿羽臺三河風鶴警八月斗槎迴止戰唯宸斷。文華鎖殿開。軍中鈔大學賊前誦孝經尊攘尙悻悻（徐桐云以此亡國猶榮）妖孽寧冥冥信盜事容有交鄰理無徵。五洲夸譏耳鄙衍無稽聽（徐崇之罪浮於剛啓）亦有棄官逃攔街禽二毛（時稱漢奸爲二毛）衣冠牛馬賤風雨鼠狐號焚戍南飛鵲回空下瀨濟。（翰林六部逃竄殆盡朝署幾空或由十八站或由運糟南下）笑儂阮囊盡一命等蠐螬落葉臙脂井秋心似轆轤風鈴驚露槖月影吠猧奴（聯軍封鎖乾清門約不得擅入然宮人惶恐自盡者不尠矣）噩夢猶

鸚鵡芳(志)訴，鷓鴣啼妝倭髻亂，心事託樗蒲。

螫子(蟊)莽蜂(蟊)，流言起懿(親)(浮言洶洶幾焚慶邸)。燒城唯赤舌，保國有金輪。白馬歸藩第(八月初七聯軍派兵迎慶邸入城)，青鸞問使臣。艾蒜芳可佩，未敢怨靈均。

變姓神仙尉(京朝官皆撤官銜門牌)，秋風犢鼻褌。鞭笞同皂隸，搜括到雞豚。花木荒裴墅，文章惜謝墪。(四)華珠玉盡，勳舊幾家存。

支頤疑夢幻，竹屋漏秋鐙。胆破新亡鬼，魔纏入定僧。朔風吹倦羽，落月曬枯籐。欲睡不成醉，銀瓶酒已冰。

三百年天下，安危(在)此行(聞合肥到滬)。有懷唯國難，未敢惜身名。倉卒開邊釁，艱虞屬老成。一生和戰事，功罪後人評。

歷歷圓明劫，滄桑四十年。黃楊逢厄閏(或言閏八月不利)，土木化雲煙。尚憶開皇寺，俄成主客筵(圓明之役三日而宴使臣于禮部)。西園今宿草。(思恭御)瞻望益潸然。

紹介新刊

新小說第一號

橫濱新小說社印行　每月一冊　定價全年四元　每冊四角

小說為文學之最上乘。近世學於域外者。多能言之。但我中國此風未盛。大雅君子猶吐棄不屑厝意。此編實可稱空前之作也。但此編結搆之難。有視尋常說部數倍者。蓋今日提倡小說之目的。務以振國民精神。開國民智識。非前此誨盜誨淫諸作可比。必須具一副熱腸。一副淨眼。然後其言有裨於用。名為小說。實則當以藏山之文經世之筆行之。其難一也。小說之作。以感人為主。若用著書演說窠臼。則雖有精理名言。使人厭厭欲睡。曾何足貴。故新小說之意境。與舊小說之體裁。往往不能相容。其難二也。一部小說數十回。其全體結搆。首尾相應。煞費苦心。故前此作者。往往幾經易稿。始得一稱意之作。今依報章體例。月出一回。無從顛倒損益。艱於出色。其難三也。尋常小說一部中。最為精采者。亦不過十數回。其餘雖稍閒以懈筆。讀者亦無暇苛責。此編既按月

續出雖一回不能苟簡。稍有弱點。即全書皆爲減色。其難四也。尋常小說。篇首數回。每用淡筆晦筆。爲下文作勢。此編若用此例。則令讀者彷徨於五里霧中。毫無趣味。故不得不於發端處。刻意求工。其難五也。此五難者。非親歷其中甘苦者。殆難共喩。此編自著本居十之七。譯本僅十之三。其自著本處處皆有寄託。全爲開導中國文明進步起見。至其風格筆調。卻又與水滸紅樓不相上下。其餘各小篇。亦趣味盎然。談言微中。茶前酒後。最助談興。卷末附愛國歌出軍歌諸章。大可爲學校樂奏之用。其廣告有云。務求不損祖國文學之名譽。誠哉其然也。惟中有文言俗語互雜處。是其所短。然中國各省語言不能一致。而著者又非出自一省之人。此亦無可如何耳。

游學譯編第一號

東京游學譯編社印　每月一冊　定價全年一元六角　每冊一角五分

此編爲湖南留學東京諸學生所輯。凡分十二門。曰學術。曰教育。曰軍事。曰實業。曰理財。曰內政。曰外交。曰歷史。曰地理。曰時論。曰新聞。曰小說。用五號字。洋裝九十葉。現時通行叢報字數之多。除「新小說」外。當以此編爲最。近日譯書出報者雖多。然書主陳言。

報主新事。欲求一兼二者之長者。戞戞其難。此編雜譯書報。新陳各備。又以外人理想。多爲我國國民腦中所無。若據全書直譯。則滿紙皆生澀之詞。譯者雖勞。而觀者欲睡。故於各書中摘譯其菁華。自爲貫串。以求合我國之程度。動閱者之感情。實可稱譯界中一進化也。計東京留學界自庚子年譯書彙編出版以來。玆編實爲繼起。頗有青勝於藍之觀。近譯書彙編亦擬從第九號以後。大加改良。或更駢轡競爽也。又本編之特色。不美裝潢。僅售廉價。尤足見輸入文明之本意。至其所譯述之文。不求精深。惟取平易。亦過渡時代之言論。當如是也。

速成師範講義叢錄

湘鄉顏可鑄朱杞龍紀官同編　東京湖南編譯局印　上海廣智書局發行

全二冊　定價二元

今日中國競言教育。然教育理法。曹無所知。盲人瞎馬。夜半深池。良爲可懼。今年春間。日本東京高等師範學長嘉納治五郎倡設教授速成師範之議。游說當道。各省紛紛派來受學者已百餘人。而湖南學生先至。故亦先卒業。此書即其講義也。以六箇月而

敎師範。其擧頗有類於兒戲。雖有天才。而謂以半年之力。遂可以徧學他人五六年之所學。可以擁臯比而無慚德。稍有識者。其必不敢信謂然也。雖然、以養成敎師資格則不足。以說明學校規模則有餘。此編凡分六種。(一)敎育與國家。(二)敎育學原理。(三)小學校要則。(四)中學校要則。(五)師範學校要則。(六)地理學。尙有法制經濟兩門。以筆記不備。故未最錄云。此講義乃摘取斯學中最精要之點。揭而出之。以爲我國嚮導有志講求敎育者。但讀一過。則於理法兩者。其庶幾矣。又篇中多言敎育與國家之關係。因及地方行政之大槪。讀之則政治思想亦油然生焉。誠宜各手一編者也。

輿論一班

上海新聞報

特別利益說

凡中國軍務商務界務各國均分而無所參差於其間者。謂之利益均霑。凡中國軍務商務界務界於一國而他國均向隅者。謂之特別利益。特別者異乎大衆而勝於大衆之謂也。各國通商中國以來。會盟征伐。勢均力敵。於是訂一利益均霑之策。凡甲國條約有利益者。乙國援以爲約而丙而丁踵行之。而戊而己又踵行之。行之旣久。甲乙復修約矣。自顧勢力圈不能獨展。殖民地不能獨闢。甲乃向中國曰。吾不能與乙分利益。當請畀吾國特別之利益。乙又向中國曰。吾不能與甲分利益。當請畀吾以特別之利益。甲乙各挾一特別利益之請。紛紛向中國要索。而又慮師出無名。於是借修約爲題矣。又慮修約爲公共之題。於是借教務爲題矣。今試設英爲甲。設德爲乙。甲曰中國應將揚子江爲甲國專制之地。乙與丙丁戊己皆不能與焉。於是攫權務於處常之時。屯重兵於處變之時。如是者有年。而專制之手段。卒未能一試。而乙從旁窺其微也。甲進一兵。乙亦進一兵。甲曰吾將退兵。乙亦曰吾將退兵。然而甲兵之不退如故。乙兵之不

退亦如故。甲無如乙何。乙知甲之窺伺於揚子江者久矣。今不退兵。其心路人皆知也。乃昌言曰、揚子江當爲各國洞闢之門戶。中國不得畀一國爲特別之利益。其曰不能畀一國者。指甲國而言也。甲知乙之言。乃妬甲忌甲之意。亦昌言曰。吾有揚子江之教務。非他國所得干預者。此吾國特別利益之問題。無與於他國也。甲乙互昌其說。而中國聞之。有以爲可慮者。有不以爲可慮者。以爲可慮者。謂甲乙必各得一特別利益而後已。不以爲可慮者。謂藉甲以牽制乙。藉乙以牽制甲。可各不予以特別之利益也。然而浸假而甲之兵艦駛入揚子江矣。乙曰此甲之詭也。吾惟不退吾上海之戍兵而已。又浸假而甲之教約各則又照會中國外部矣。乙曰中國如以揚子江之勢力圈界之甲國。則應以他處之利益界之乙國。中國聞之。乃大悟特別之利益。甲乙二國皆必有以畀之。不然者。揚子江之兵艦不能撤。上海之戍兵不能退。乃爲之輾轉籌畫。外部咨之疆吏。疆吏札之洋務局。冀夫有所磋磨。有所遷就。得以稍緩須臾也。然而彼甲與乙之求特別利益者。豈暇與中國商酌哉。是故辰州之教務日棘一日。而有所謂正法斬監候以及徒五年之條約也。蓋教務者特別利益之假借也。是故上海之退兵日緩一

日。而有所謂揚子江不得爲一國之專制。蓋不遏兵亦特別利益之假借也。嗟乎。向之利益均霑。一變而爲特別利益。凡此皆瓜分之註脚。而至變至幻。相處於無形。中國不得不受其牢籠者也。曾是二十三行省。臺灣已割據。而東三省去其半。新疆蒙古亦可危焉。設一旦甲得揚子江之特別利益。使不畀乙。以山東之特別利益。乙能恕中國乎。畀甲畀乙。而不畀丙。以東三省畀丁。以雲貴畀戊。以閩浙之各項特別利益。丙與丁戊能恕中國乎。則試爲中國大聲而疾呼。而中國不能輕許人以特別利益也。中國之力不能勝各國特別利益之請。假使一國請之。各國效之。則今日域中誰家天下。敢得而斷之曰。一言而喪邦者。即特別利益之謂也。

論朝廷奉行英國諭旨　　上海中外日報

吾讀本月初三日嚴懲湖南釀成教案員弁之諭旨。而慘然於心。蹙然於顏也。曰、嗟乎。嗟乎。是猗詩爲我大清之諭旨乎。夫厲色相加。强顏容受。在平民猶且不可。何况據有三百餘萬方里之大國乎。今也承奉外人之言。如響應聲。何以對祖宗。何以對天下。夫民教殘殺。此我國內事也。釀成巨案。至須懲辦。此我國應辦之內政也。乃至外人干預。

乃至外人要索。已極可恥。至此等平常敎案。竟輙明定辦法。廹令依從。則實自今日始。可恥孰甚。我外務部王大臣雖至不才。然固握重權。居要職。享榮名者也。乃於此等至恥至辱之事。輙躬爲之不以爲辱。豈不以聞英兵船入湘之說。不得不爲此婉曲順從之舉乎。夫因內地民敎偶然相閧。而即以兵船相廹。此實無理取鬧之尤。乃我大臣一聞此等虛聲恫嚇。而即弭首受命。然則將來請殺監司。亦將許之乎。又使再進而請殺督撫。請殺樞臣。亦許之乎。凡英人既如此。將來俄法德美設均援例以殺地方員弁殺監司殺督撫樞臣相請。我亦將一一殺以應之乎。又如萬一有天主耶穌兩敎仇殺之案。英人要我殺某人。法人要我勿殺。或法人要我殺某人。英人要我勿殺。我又將何以應之乎。推原其故。良由吾政府大臣於內政外交絕無識見。致此等巨案一觸即發。在他人未要索之前。應如何布置。及要索之後。應以何辭抗拒。均絕不籌及。尤可異者。外務部爲至要之職任。平時並不聞求一能辦外交之人與之商榷。至於受辱如此。猶若罔聞知。又由吾國諸大臣素具奴顏婢膝之性質。平時所最工者。莫如揣摩意旨。曲從上意。今則分其半以事外人。故事事有遵依而無抗拒。以此推之。行見燕丹之首函

送秦廷。侂胄之頭。函呈金國。亦意中事耳。嗚呼、吾何不幸而親見國爲辱國君爲辱君臣爲辱臣民爲辱民之日也。

論外國待中國之現情

舊金山文興日報

各國變法。由於外勢之相迫者半。由於內亂之相迫者半。其大較也。自列强變其瓜分之政策。而爲暗瓜分。專據亞洲大陸政權、財權、用人權、行政權、鐵路礦山權、教育權、警察權。而不事明用干戈以據土地。於是其勢日夜相迫。而自外面觀之。渾然不覺也。如水之伏流地中。其勢迅疾湍急。波濤洶湧。以表面察之。則波平浪靜。如無事然。如誤食化骨之藥。依然人形。而日益羸瘁。死期將至而不自知也。外國既無强暴之舉動以激怒全國中之人民。則人民無所藉口以爲奔走呼號。激動大衆之機路。而外國所竊於中國之權利。甚多甚厚甚濃深甚趣味甚樂甚自由。坐享而安之有年矣。一旦欲其忍情節欲。曰、舍旃舍旃。非畏吾勢力之大。苟不舍吾決有以奪回之。未有既垂涎而得之掌中之物。肯拱手而奉還原主者也。蓋中國若有改革之日。則改革之人必深以失去利權爲深恥大辱。以取回利權爲廟算民謨。既合通國之人。心思材力。早夜以求取

回利權。則外國前所得中國之利權。多者必日少。厚者必日薄。深者必日淺。趣味者必日淡泊。甚樂而自由者。必漸起焦慮而有阻礙。以外國之明。豈其不見及。若是乎何樂中國之有改革。以自墮其所得之權利也。彼既有不樂中國改革之心。而彼國所得中國權利之多且厚。濃深而有趣味。甚樂而自由者。皆賴西后榮祿之執掌政權。乃得以爲所欲爲。遂其要索。故雖以縱拳釀禍。明知其爲罪魁。指名索拿。無幾。即以議和了事。仍聽西后之尊榮。榮祿之復相。雖以四萬萬人心所歸向之維新變法之皇上。絕不一言助之復政。而任中國之行假維新。以欺其士庶。以深其怨毒。民之受虐不堪。起而相抗者。僞政府曰。此亂民也。外國亦從而和之曰。此亂民也。彼豈不知其情。而忘昔日彼國所由富强。原於自由獨立也哉。其意蓋曰。民能與政府相抗。不受羈絆者。必其智稍開。不樂受外人之圈套者也。我方利用其政府而盡網其利權。盡握其性命。欲爲吾所欲爲。而其民知吾之術而破之。起而抗其政府。搜利權而公諸國民。是不啻剔吾喉中之物而出之口也。於吾大不利。曷若利用其政府專制之威。以盡殲之。俾無爲我患。南直之亂。由抗捐而起。誰不知之。而各國告政府曰。必速平。不然。吾將調兵代勦。四川

之亂。美提督則調兵艦直溯長江而迫重慶。彼何所愛於中國。而欲其亂之速乎如是。無他。視中國爲彼私家之物。中國政府爲彼掌產業之家奴耳。政府盜國民之公產。以賣諸外國。不忌國民之執言。彼竊受國民之公產於僞政府。又忌國民之執言哉。斯時也。惟冀國民之團結力如何耳。然吾視夫今日腐敗無理野蠻衰頹之僞政府而利用專制者。猶謂吾民當守數千年屈伏專制之奴質。不可起而執言以徒流血。樂外國所謂自由獨立天賦人權之說。俱斥爲妄論謬說。惟坐待其自然徼倖自有不可思議之機會。噫。所謂有識者。既如此矣。其他更無望矣。此外國所由印度我。埃及我。利用其政府專制虐民之威。以殺其志士而滅其全國也。嗟乎、政府不肯變法。外國又不欲中國之變法。其害既不可勝言。乃若同爲國民。同言變法者亦復四分五裂。各不相和。外敵不足。內敵叢生。吾讀中國新民論合羣之篇。所爲繞室徬徨。欲歔欲絕而不能已也。

論中外言不能相安之勢　　上海同文滬報

不明強弱之勢。而欲妄釁覺端者。是謂之自取滅亡也。太明強弱之勢。希冀旦暮無事者。是亦非長久之計也。處列國爭雄之會。強者與強者可以相安。弱者與強者不能相

安。其勢使然也。中國自經庚子大創。懲前毖後。知外釁之不可再開也。於是亟圖與外人和好。而若唯恐得罪於外人者。以故廣鉅之亂。則迅速派兵痛勦之。潮陽之亂。則迅速派兵鎭撫之。凡此者皆所以防星火之燎原。而並以免外人之藉口。他若泌陽之亂。或嚴拿首要正法。以謝外人矣。或逕即派員議償恤欵矣。迅速結了。不至遷延時日。致生枝節。當事者可謂能矣。此外如外人或有所要求。苟不至過於難堪。中國從未嘗峻拒。即有要索所難堪之處。中國亦必曲爲設法。所謂通融辦理者是也。而時請外人聽戲。而時請外人遊園。而時請外人宴會。內而宮庭。外而疆吏。下至微員末秩。皆莫不以敬禮外人爲宗旨。一外人至境。但知其碧眼紅髯。爲强國中人。有不暇問其爲貴爲賤。皆莫不以優禮相待。故前者各國欽使覲見時。有某國洋行行東亦居然乘綠呢大轎隨同前往。中國之所以一體相待。不事苛求者。度亦愼重邦交起見。至若因某公使夫人之車輛爲兒童戲石所擊。某國備文移請外部查拿匪犯。外部雷厲風行。逕即奉命唯謹。而執無辜者正法。以塞責焉。凡此種種。皆已往之事。而保敎一節。尤爲華官之所重視。故朝廷之諭旨。大吏之公文。皆莫不殷殷於保敎。蓋皆所以欲博外人之歡心。而

二七七四

免目前之禍亂也。而果可以博外人之歡心乎。而果可以免目前之禍亂乎。辰州教案。磋磨爲日稍久。於是兵艦聯翩而至。使臣嘖有煩言。倐忽之間。幾至易玉帛爲干戈。勢甚洶洶。幸中國猶能當機立決。遽允一切照辦。不然。中國而堅持定見。則是否即因以遽開兵端。固尙在不可知之列。是中國亟圖與外人和好者。而獨如外人不屑與我言好何。過此以往。中國教案不能遽絕。一有教案。中國之官吏不必請由中國懲辦。在各該本國派人執而殺之可也。中國之人民。亦不必請由中國查拿匪犯。凡鬧教之各該地方之人民。無分良莠。均可徑由各該本國派兵勦滅無遺可也。蓋甲國之辦教案。既以全力制勝。乙國亦何不可援以爲例。中國固無如何也。而中國將來尙可問乎。而凡爲官吏者。尙何樂爲中國之官吏乎。凡爲人民。尙何樂爲中國之人民乎。或曰。忍字訣最妙。能忍斯能相安。外人奴隸我也聽之。外人犬馬我也聽之。外人割我土地。攘我利權也聽之。一切皆不之較。如木偶然。度外人可以不至乘間而與我爲難。然而屈蠖猶自求伸。萬一至不能忍之時。則拳匪之禍變又見。使或竟能堅忍不欲洩忿。則日復一日者。國亦遂亡於寂寞之中矣。在外人初亦何必樂於多事。而不樂於相安乎。蓋以利

之所在。人必趨之。披輿圖而覽五洲。果孰爲至弱之國。如印度。如波蘭。果孰不先後而分隸人之版圖。浸淫而至中國。中國固譬之一至肥美之物也。列强視之。有如刀下之肉。或擬得其首領。或擬分其肢體。或擬剖其腹心。所謂利益均霑。各自求其一飽。倘欲其人以將欲下咽之食。而遽張口吐之者。蓋人情所不能也。然則外人之不欲與中國相安者勢也。徒責外人之不情者。不知時勢者也。曰聯絡。曰輯睦。形之公牘之間。見之言語之際。不一而足。而中外卒不能相安者。可思已。欲圖中外相安。中國亟圖自强可爾。否則日日言聯絡。日日言輯睦。亦屬無濟。用爲中外有不能相安之勢論以覺之。

中國近事

◎謀國者言　聞某王大臣與某相道及近日時事。殊多棘手。不變固無一成不易之規。變亦無萬全不弊之政。爲之奈何。某相曰中國迫于强敵。加之以寇盜。因之以飢饉。岌岌乎有不可終日之勢。守舊亡。維新亦亡。同一亡也。吾以爲維新首講學。學于東洋乎。東洋之羽翼也。學于西洋乎。西洋之羽翼也。推之十八行省。人人談自由。人人談平等。無一非維新之徒。即無一非與朝廷作對。維新之亡。恐其亡也速。守舊之亡。則其亡也緩。凡事去其重者。從其輕者而已。某王大臣起立曰。敬聞命矣。若是。謀國可謂深慮遠矣。

◎又識恩科　頃聞李總管以下之某總管云。皇太后干支逢甲不吉。而整壽適値甲年。如甲戌年皇太后四旬萬壽。則穆廟上賓。甲申年皇太后五旬萬壽。則法兵入越南。甲午年皇太后六旬萬壽。則日本兵入高麗。割臺灣。越明年歲甲辰。乃皇太后七旬萬壽之期。尤爲國家曠典。政府諸公。擬請提前一年舉行慶典。或將明年正科改至後年。

或恩正並行云。

◎奏設商務部　慶親王日前曾具摺奏請添設商務部衙門。并奬勵大員前赴歐美各國考察商情。爲振興商務之基礎。經政府諸公會議。均謂國家非設立商部以專責任。不足振興商務。惟擬請祗派商部大臣。不設尚書侍郎各名目。並聞有擬派瞿子玖尚書爲督辦。伍秩庸京堂爲會辦之說。

◎擬招新軍　聞榮中堂議於武衛軍之外。再招新軍三萬人訓練洋操。以爲保衛畿輔之備。擬在八旗中招募萬人。其餘二萬人則向各省募集。聞已請旨遵辦矣。

◎八旗練軍　聞軍機處日前傳諭凡八旗年幼精壯子弟十六歲以上二十二歲以下。無論馬甲護軍閑散急速報名造冊。咨送北洋。以備訓練成軍云云。

◎擬改敎習　大學堂總敎習吳摯甫京卿有辭退之說。于是薦擧湖南湘潭王鵬運者紛紛。聞王氏之學。原屬中國卓卓者。惟于西學則未知何如。

◎斟酌盡善　袁宮保自奉鐵路大臣之命。於鐵路一切利弊。燭照無遺。聞鐵路自交還以來所定章程。均由宮保自行手訂。會辦大臣所擬各規則。大半刪去。論者謂宮保

所定各節。於中國主權頗有裨益云。

◎擬招商辦路礦　兩宮求治路礦甚急。茲聞政府諸公擬專派大員前往各國有華商雲集之大埠。招集華商資本並招聘熟習工程之中國學生來京。商辦各省之路礦。惟苦於無熟習外洋華商情形之人可以派往。甚爲躊躇。于是有薦三品京堂黃公度京卿遵憲于某相者。又有薦前任新架坡總領事官左子興觀察秉隆于某邸者。又有薦現辦粵漢鐵路張弼士觀察于某者。政府皆未定議。

◎議派美國留學生監督　聞政府諸公以日本國留學生既派汪伯唐京卿爲監督。中國學生留學美國者亦不乏人。聞亦擬簡派監督一員。至簡派何人。尚未議及。

◎紀關外鐵路防兵　政府諸公以關外鐵路既已交還。自應派兵嚴加防守。已議定由北京派兵二千五百名。袁宮保部下二千五百名。奉天將軍增留守派兵五千名。共成一萬之數。以資保衛。

◎擬訂韓使覲見儀節　朝鮮簡派駐北京公使朴齊純君到京既久。尚未呈遞國書。茲聞政府瞿鹿二公云。不必宣布。又某某云。朝鮮本係我藩屬。雖經日本要我認爲自

主之國。其覲見儀節。未能與各國一體。自應另定云云。其如何定法。則尙無所聞。

◎粵西軍事　粵西函云。近日匪徒已蔓延至邊境。如泗城池州柳州一帶。多遭蹂躪。王芍棠中丞日前已督帶大兵溯江而上。親赴南寧駐節。以便相度勦撫機宜。聞左右兩營。業已與匪交綏。且疊獲勝仗。匪首周治廷等多名。均已擒獲正法。

又云。潯州匪類近益猖獗。日前某縣已被匪攻陷。其融縣近日亦有大股土匪欲圖舉事。現在時出搶掠。橫行異常。商民均紛紛避徙梧州。聞王芍棠中丞已與梧州官紳會議。擬商諸西官。調派洋兵數營。同赴梧州。以資防勦云。

又月前軍機處得西撫電稱。日前某道員被匪擄去勒贖未遂。竟將該道戕斃。蘇軍得信進勦。亦爲所敗。且被奪去軍裝不少。兵士陣亡者約有數百人云。

海外彙報

半月大事記（西曆十一月上半月）

▲一日路透電。有組蔭尼新帛地方已告退之杜將多人。及英官數人。現已決定調集英杜各兵千人前往素瑪勒。與瑪拉人決戰。

同日電。太平洋水線。現已將次竣工。十二月當可傳遞消息。

▲四日路透電。參將式安現已獎爲外部顧問官。參將敏寄目下尚在彼柏拉預備軍裝。以便六禮拜後再行前往素瑪勒應戰。屆時式安始可卸任回英。

▲五日路透電。英國學校第九第十兩條章程。現已議定。

同日電。英國理藩大臣張伯倫。擬于本月三十日啓程前往南非洲遊歷。

同日電。據彌理諸應勒官報云。彌國革命黨前往彌滔利亞附近某處與官軍交戰。大受挫敗。禍亂現已撲滅云。

▲六日路透電。英國學校章程第十一第十二兩欵。現已訂定。

同日電。張伯倫在上議院宣言曰。此番予奉命前往非洲巡察。實具和平之心。惟望杜民庇我英旗之下。將來結局。必有可觀。且我政府已籌銀二百萬磅賑濟日前因戰事失業貧民。彼杜人尙有不悅者乎。

▲七日路透電。杜將所請自願帶兵前往素瑪勒應戰一事。英國外部拒不之允。

同日電。德皇已由克洛地方乘坐輪船前往英國。

同日電。英政府擬在預算度支內提銀八百萬賑濟杜屬芝靖江各屬貧民一事。已在上議院宣告一次。

▲八日路透電。英國首相巴科業已出示。擬于下禮拜二日在下議院宣告機宜。俾學校各章程在本年耶穌誕以前可以議妥。

同日電。本年十月間。英國進口貨計値增至二百五十萬磅。出口各貨計値增至一百一十二萬五千磅。

▲九日路透電。德皇昨日已抵英國彌滔利亞碼頭。隨即乘坐火車前往赤蕃克理復地方。閱視英國第一營馬兵。閱畢大加獎勵。賛其在南非洲戰勝之功。旋復往聖屯利

恒地方。當承英皇設宴欵接。面謝前日賑濟南非洲戰士家屬之誼。德皇荅云。日前所費之資。頗有裨益。欣幸異常等語。後各戰士家屬復蒙賞賚有加。

▲十日路透電。英皇昨日駕幸聖屯利恒大禮拜堂時。曾向理藩大臣張伯倫垂詢良久。嗣德皇亦與張君交談許久。

同日電。英相巴科已在克托麥創設書院。

同日電。前月初旬俄人在哈爾賓西南屬賓丹地方。拏獲華人刼盜七百人。俄人復于廿四日入村搜獲各盜。盡行殺戮。并在該處設兵防守。

▲十一日路透電。英相巴科赴孟大臣之宴。席間言及南非洲情形。謂此後非洲大有所望。蓋以駐札南非洲英總督講求治術。不憚煩勞。益以理藩大臣張君此次赴非遊歷。自必助成厥功。又深贊商務大臣以此次中英商約以及英日聯盟一事。克獲成功云云。

▲十二日路透電。法政府所斷礦工爭鬥之案。工人均不遵諭。因其所斷。徒于礦東有利。故各工人現復紛爭如故。

同日電。法國海軍大臣斐利汀。以海軍經費不足。將擬造戰艦三艘停製。惟地中海各兵輪須稍爲整頓。

同日電。巴科所擬增訂學校章程一事。已在議院宣示。議員中贊成者二百二十二人。反對者一百零三人。想此事月內當可定議。

同日電。英國畢古拉輪船管帶意力阿己由漠伯士啓程前往勘驗克士麥旭以北意大利各海口航路。以便運兵前往素瑪勒備戰。

文學博士重野安繹河田羆兩先生同輯

訂正增補 支那疆域沿革圖

支那疆域沿革圖向無善本讀史家不無遺憾本圖據最精最確之本復參以正史及秘書數十部精心結搆而成自都會州郡之變更位置以及名山大川等著名之地無不詳細畢載旁及塞外諸國之沿革于歷代諸國之興亡伸縮兼可瞭然外附略說一本誠讀史家所當人手一編也

河田羆吉田東伍高橋健自三先生同輯

富山房編輯部編輯

圖面縱一尺七寸、橫一尺二寸、石版着色略說共全二冊

小包料目方四百匁內

五版

沿革考證 日本讀史地圖

略說共全一冊石版着色圖大判五拾二葉

四版

陸軍教授依田雄甫先生編

世界讀史地圖

略說共全一冊大小圖數百十五面

小包料四百匁內

最新刊

最新日本地圖

ふざんぼう

縱七寸、橫一尺一寸圖數二十六面石版彩色、定價上製、並製、郵稅金上製八分並製六分、

此日本地圖最新之本自地理為上以至物產交通無不詳細備載鮮明細密實一最精最良之圖也

東京市神田裏神保町九番地合資會社

發兌元 富山房

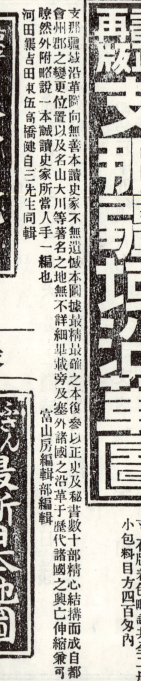

本支店所在地

東京(本店)　大坂　京都　横濱　神戸
名古屋　廣島　下關　函館　大津
和歌山　四日市　長崎　小樽　足利
横須賀　三池　門司　深川(東京)

資本金五百萬圓

橫濱市本町二丁目二十一番地

合名會社　三井銀行橫濱支店

電話　五五番、八九〇番、九八六番

公積金五百廿五萬圓

存金利息

一定期存金六月以上　週息六分　一隨時存金毎百圓毎日壹錢
一特別隨時存金毎百圓毎日壹錢三厘　一通知存金利息隨時面議

明治三十五年十月七日　支店長　矢田績

啓者。本店開設日本東京經已三十有餘年。專製造機器字粒及各種花邊電版一切印刷物件。其精緻秀美久已四海馳名。迥非別家之可比。至字粒之式樣。大小高低。全仿歐美所製。而且字體玲瓏堅固。雖日久用之。永無殘破模糊之弊。凡印刷書籍地圖繪畫等。皆極鮮明精巧。版面用墨不多。額外着色。本店不惜工本。專心製造。近更日加改良。精益求精。一切印刷物件。實較歐美有過之無不及。倘蒙 諸尊光顧。請移 玉步。貨眞價實。童叟無欺。

又本店之機器字粒及各種花邊電版一切印刷物件。皆印有圖形。如遠地 諸君欲購何種。而欲先行取閱式樣者。可列明函告本店。當按照寄上。

登錄商標

日本東京市京橋區築地二丁目十七番地

株式會社 東京築地活版製造所

上海廣智書局

日本維新三十年史	全六冊	定價一元六角
政治學上卷國家編	洋裝全一冊	定價四角
政治學中卷憲法編	全一冊	定價三角五分
十九世紀末世界之政治	全一冊	定價四角五分
再版現今世界大勢論	洋裝全一冊	定價二角五分
法學通論	全一冊	定價三角
歐洲財政史	全一冊	定價三角
增補族制進化論	全一冊	定價三角
再版憲法精理	全一冊	定價五角五分
再版萬國憲法志	全一冊	減價五角
政治原論	洋裝全一冊	定價七角五分
支那史要	全四冊	定價八角
飲氷室自由書	全一冊	定價五角

中國魂	全一冊	定價四角
國家學綱領	全一冊	定價一角二分
胎內教育	全一冊	定價三角
國際公法志	全一冊	定價五角
實驗小學校管理法	全一冊	定價二角五分
中國商務志	全一冊	定價四角
東亞將來大勢論	全一冊	定價二角
中國文明小史	全一冊	定價四角
中國財政紀略	全一冊	定價二角五分
修學篇	全一冊	定價二角五分
再版楊子江流域現勢論	全一冊	減價二角
新撰日本歷史問答	全二冊	定價三角五分
再版埃及近世史	全一冊	減價二角五分

出版圖書廣告

東亞各港志	全一册 定價三角
明治政黨小史	全一册 定價一角
外國地理問答	全一册 定價二角
理學鈎玄	全二册 定價五角五分
近世歐洲四大家政治學說	洋裝精本 定價二角
日本維新慷慨史	全二册 定價五角
英國憲法論	洋裝全一册 定價六角
羣學	洋裝全二册 定價六角
歐洲十九世紀史	全一册 定價八角
中等教育倫理學	洋裝全一册 定價五角
精神之教育	全二册 定價五角五分
地球之過去及未來	全一册 定價三角
滿洲旅行記	全二册 定價五角
泰西政治學者列傳	全一册 定價一角
愛國精神談	全一册 定價三角
史學小叢書第一種 俄國蠶食亞洲史略	全一册 定價一角五分
史學小叢書第二種 十九世紀大勢略論	全一册 定價一角五分
史學小叢書第三種 日本現勢論	全一册 定價一角五分
十九世紀大勢變遷通論	全一册 定價四角
二十世紀之怪物 帝國主義	全一册 定價四角
國憲汎論	近刊
英國憲法史	近刊
萬國官制志	近刊
萬國選舉志	近刊
萬國商務志	近刊
歷史哲學	近刊

啓者本店專製造各種活版器物發客美麗鮮明價甚相宜久爲海內外所推許近更大加改良從廉發售以廣招徠諸尊光顧請移玉步貨眞價實格外克已玆將各種活字器物列下

一電氣銅版　一大小活字模
一厚鉛片　一薄鉛片
一黃銅厚片　一黃銅薄片
一黃銅活字（釘裝用）
其餘各種活版器物

大日本東京市京橋區入舟町六丁目一番地
電氣銅版活版附屬品製造所　松藤善勝
電話新橋三千三百八十一番

弊店專辦各種紙料發客貨眞價實格外克己如欲採買者不拘多少均可應命又有各種紙辦欲看者可隨時送上此啓

◎歐美製各種洋紙
◎日本製各種洋紙
◎蠶絲用各種靑紙
◎蠶絲用各種包紙
◎各種印信存底紙
◎各種印信存底紙部
◎各種曲具帖紙
◎各種紋曲具帖紙
◎各種荷造紙
◎各種書翰紙信封
◎各種單雙紅簽信封

日本橫濱市太田町四丁目五十七番地
市川紙店
（電話九十三番）

書籍低價出售廣告

各種選擇圖書目錄

此目錄備載著者名氏及冊數定價郵稅等詳細分明凡載錄者皆近時有名之書閱者自知無俟贅述如要者請寄郵劵貳錢當速寄呈

法律經濟政治教育理化學數學醫學其他學校用自修用字書類皆極齊備并價低發售伏祈賜顧

其他石印銅版活版印刷製版等價均相宜以應貴需

東京 神田區小川町 東亞書院

謹告

敝社向業各種出版圖書發售現今更擴張業務特新設一販賣部凡日本各處之出版圖書皆有出售價格低廉寄送快捷如蒙賜顧請移玉步外埠函購原班回件

再敝店之圖書目錄如要者祈寄函付知當照寄上

書肆 東京神田裏神保町 合資會社 富山房 特電一〇三六番

世界兩半球圖

定價三角

今日大地既通地輿之學尚矣本局有鑒于此故于中外各種圖皆精工製成廉價出售其有益于士林固不俟贅述本圖係據最新地理製成摹繪精緻字畫明晰而于各國及屬地皆別以顏色則若列眉而又圖幅不大尤便于出入攜帶之用有志斯學者盍速購取

發行所　上海廣智書局

兒島獻吉郎漢文典及浮田和民帝國主義與教育現已開譯年內决可出書敬告海內同志希勿再譯爲幸

胡景伊
陳紹祖　謹白

日本吉川潤二郎著

鐵血宰相傳

近刊

著者熟精德國歷史尤喜搜尋俾士麥故事此書以英人查路士所著俾公傳爲底本而旁參以歐洲近世史共分十九章自俾公劝稚時代以至終末原原本本殫見洽聞信爲俾公傳之大觀也至其議論之慷慨激昂文章之堅卓銳達令讀者慨然想見英雄之能造時勢感發而興起也

發行所　上海廣智書局

東京教育書院編輯教育科自修資料一書共兩冊茲譯過半幸勿再譯　世五白

本報各代派處如有欲閱本報者請向下開各處所定購或逕寄函本社購取亦得但必須將報費郵資先行付下本社自然按寄無悞

上海總代發行所廣智書局
又四馬路同文滬報館
又四馬路惠福里選報館
又四馬路惠福里采風報館
又四馬路廣學會邱禮清先生
又四馬路望平街中外日報館
又五馬路寶善街普通學報館
又大東門內育材書塾王培孫先生
又梵王渡約翰書院晋尙先生
又棋盆街學海書局
長崎新地宏昌號
朝鮮仁川怡泰號
天津日日新聞社
又大公報館
烟台順泰號
又鄉祠南售報處李茂林先生
北京琉璃廠日日新聞分社
又琉璃廠西門內有正書局
又燈市口廣學會
山西晋報館
南京花牌樓中西書局
又鐵湯池益智書局
安慶拐角頭皖省藏書樓
蘇州蕭家巷姚公館方康安先生
又知新書局

又同里鎮任閣學第陳佩忍先生
吳中圖書會社
無錫北門內道長巷梁溪務實學堂
常州城內青雲里楊第
又打索巷許芝年先生
杭州浙西書林
又東文學社
又梅花碑方言學社
又白話報館韓靜涵先生
又回回堂史學齋
又三跐橋總派報處董青心先生
揚州新勝街東文學社
又政法學會
紹興東湖通藝學堂孫翼中先生
南昌百花洲廣智書莊
又馬王廟背賦梅山房
又馬王廟背陶君節先生
如皋東門朱獻侯先生
漢口黃陂街江左漢記
成都學道街算學書局
又東門內南紗帽街少年學社
又桂王橋北成都齋書局
溫州正和信局
福州省城塔道前福林書局
又南臺閩報館

汕頭今學書局
又育善街嶺東日報館
香港上環海傍和昌隆
又荷李活道聚文閣
又中環水車館後街錦福書坊
廣東省城雙門底開明書局
又聖教書樓
又黃文裕公祠內萃盧
又大馬站口林裕和堂
又天平街華洋書局
海防同昇昌陳堯羹先生
石叻大葛街謙和號
巴城大港唇聯興號
庇能檳城新報館
吉隆王澤民先生
檀香山新中國報館
域多利埠廣萬豐號
域多利二埠英泰號
溫哥華埠永生號
砵侖李美近先生
舊金山文興報館
又中西報館
雪梨方澤生先生
美利畔黃世彥先生
紐西侖呂傑先生

●新小說社廣告

同人爲思想普及起見故特創爲此册凡欲閱者請先掛號當將第一號寄上惟必須將報費郵資寄下乃續寄第二號如已掛號而不閱者其第一號照零售價收取凡各代派處掛號若干份亦務請即行收齊寄下切勿有延至盼

鄒崖逋者鑒 賜書已讀六年來相思良苦得此不啻醴泉也望 告尊寓俾得通訊 飲冰 啓

第三種郵便物認可
新民叢報第二十號 明治三十五年十一月十四日發行

第貳拾壹號

光緒二十八年十一月一日
明治三十五年十一月卅日

◉本號要目

吉田松陰像
藤田東湖像
新民議
亞里士多德之政治學說
論專制政體有百害於君主而無一利
論中國學術思想變遷之大勢（第六章佛學時代）
加藤博士天則百話
論南洋公學學生退學事件
十五小豪傑
飲冰室詩話
南洋公學學生出學始末彙記

每月二回朔望發行

啓者本社定章原係先收報費惟間有代派處仍未清結者本社以係向來交易誠實可靠故仍將報章陸續寄發但今將滿全年所有欠欵理應一律清楚望代派諸君其有欠數未清者于接到本期報後即行寄下本社當俟收到後乃將第廿二號續寄特此聲明祈爲鑒之

本社謹啓

心理教育學

（現已印成即日出書）

教育者非他不過因人類心靈之所固有者而濬鍊之啓發之而已故欲從事教育者不可不講明心理之作用而求所以牖導之之法故**教育學之範圍以心理學占其一大部分焉**今日中國競言教育而於此事之原理公例率皆茫然以此爲教則教育之前途必難成就矣此書**採集東西大家之學說講明人心之現象及教育家所以因勢利導之法**條理詳盡解釋顯明誠中國今日不可缺之要籍故本局急譯之以資國民進化之一助云爾

發行所　上海廣智書局

新民叢報第貳拾壹號目錄

光緒二十八年十一月一日

二

售報價目表

全年廿四冊	半年十二冊	每冊
五元	二元六毫	二毫五仙

美洲澳洲南洋海參威各埠全年六元半年三元二毫零售每冊三毫正郵稅每冊壹仙外埠六仙

廣告價目表 刊資先惠論前加倍

一頁	半頁	一行四號十七字起碼
十元	六元	五角

凡欲惠登告白者須于本報定期發刊之前五日交到價須先惠欲登長年半年者價當面議從減

編輯兼發行者 馮紫珊
印刷者 西脇末吉
橫濱山下町百五十二番館
發行所 新民叢報社
信箱二百五十五番
橫濱山下町百五十二番館
印刷所 新民叢報社活版部

新製 世界八傑牋

每盒定價二角五分

讀史者讀英雄傳者觀其言論行事未嘗不想望其風采欲買絲以繡之鑄金以事之此崇拜英雄之熱心實使人自進其人格之一法門也吾中國尋常函牘喜用雅牋盖文學美術高尙之風習使然也然通行箋紙寫風景描花鳥或集古句集碑文雖各有寄託然皆非關大體本社欲利用此高尙風習徐導起國民崇拜英雄之思想特搜集近世最著名豪傑每國一人寫其遺像并請飲氷室主人各系以畫像賛製爲世界八傑牋海內志士雅人想有同好故印數萬紙以公於世

八傑姓名列下

西班牙　哥侖布　英吉利　克林威爾

俄羅斯　大彼得　德意志　俾斯麥

美利堅　華盛頓　意大利　加富爾

法蘭西　拿破侖　日本　西鄉隆盛

發行所　横濱新民叢報社代售所　上海廣智書局　北京有正書局　粤城開明書局

新民叢報第二十五號

癸卯元旦本報發行第二十五號實爲本報創刊一周歲之紀念日特援東西各報館之例增刊大附錄較原報**加增百餘葉**并徵海內外大雅高文以光卷帙茲擬懸賞徵文格如下

一論題

㈠問中國國民道德頽落之原因及其救治之法

㈡問全國小學教育普及之策及其籌款方略

㈢管子傳　述其事業及其學說

一應徵例(一)每卷以一題爲及格

(二)每題以五千字以上爲及格

新年大附錄懸賞徵文

一懸賞
甲等賞　一名　敬酬金三十圓癸夘年本報一份
乙等賞　二名　敬酬金各十五圓癸卯年本報各一份
丙等賞　五名　敬酬癸卯年本報各一份癸卯年新小說各一份

一截卷　壬寅年十二月二十日止截

一披露　癸卯年正月初一日本報第二十五號登列玉稿及名次若該號不能全錄下次補錄其不在三等賞內者恕不具登

附章
一惠稿者請書明尊銜尊寓
一尊稿無論選錄不選錄概不奉還
一郵費由投稿者自給

橫濱山下町百五十二番
新民叢報社

二八〇四

新小說社廣告

本報第一號經已于十月十五日出版因機器忙迫不能多印未及半月銷售殆罄玆特加工急速再版尅日告成凡欲閱者請陸續挂號定購惟請先惠報資其空函挂號者恕不奉復

玆將第一號全目再布如下

◎圖畫

俄國大小說家托爾斯泰像　法國著名女優阿底路像

日本西京通天楓樹之景　日本奈良春日神社之景

◎論說

論小說與羣治之關係

◎歷史小說

洪水禍　第一回　揭俚言隱括全文　第二回　時勢推移人亡政熄

第二回　驚惡夢逆知巨禍　名聲日鉅晉用楚材

第三回　國財支絀司農仰屋

意見難容名士辭官

東歐女豪傑　第一回　雪三尺夜讀自由書　第二回　裴莪彌挺身歸露國

電一通陰傳專制令　蘇菲亞垢面入天牢

◎政治小說

新中國未來記　序例　第一回　楔子　第二回　孔覺民演說近世史

黃毅伯組織立憲會

上海總發行所廣智書局 北京總發行所有正書局
廣東總發行所開明書局 其餘各代售處一依新民叢報

新小說第二號內容摘要豫告

論說

題爲論文學上小說之位置言小說文體有五種特色一曰簡與繁對待二曰古與今對待三曰蕃與洩對待四曰雅與俚對待五曰實與虛對待而小說一種獨居其後五其餘諸種文合居其前五小說實中分文學之天下云云透闢盡致娓娓動人

東歐女豪傑　第二回　裴莪彌挺身歸露國　蘇菲亞垢面入天牢

蘇菲亞女傑爲本書主人翁至是始出現敍其以貴族千金之身提倡民黨微服往各村落演說內中言近日「社會問題」之學理而歸結於政治上關係語語皆含精理言言皆屬妙文

新中國未來記　第三回　求新學三大洲環游　論時局兩名士舌戰

黃毅伯爲本書前半部主人翁此回始出現前半部敍其游學歐洲數年以至歸國後半部則取現在志士所最苦心研究之問題所謂**革命論**與**非革命論**者設爲兩

人對壘駁論舌鋒針對凡彼此辨駁三十餘次詞旨銜結而下凡萬餘言

此兩種論客所據之學理所懷之方略盡揭之而無餘蘊著者以爲生平最得意之文字云有志時局者亟宜一讀

海底旅行

此次登錄三回海底鐵艦之來歷及艦主之爲何等人物此回漸已揭出趣味津津令人目駭魂蕩

此外短篇小說有俄皇宮中之人鬼一篇係法國著名小說家所作詳言俄皇外以尊榮內實窮蹙其苦有過於尋常人萬萬者至其結構之奇實非思議所及今未便先說出黃蕭養回頭亦做到戲肉有幾齣海靑笛二簧又有許多趣致好笑十七字詩等傳奇有冥閙一齣言女子纏足之苦痛以示勸戒雜歌謠有辛壬之間新樂府先錄兩章一爲一毛子一爲洋大人言婉而多諷雖香山西涯不是過也自餘各篇滋味豐富比諸第一號更爲出色恕不具告

傳記小叢書第二種

俾斯麥傳

現已印成即日出書

十九世紀播弄世界之政權者俾斯麥也其一言一動世皆注目視之雖謂近今大勢皆俾斯麥所造成不爲過讀其傳記于彼求時勢思過半矣

傳記小叢書第三種

加里波的傳

現已印成即日出書

意大利興國三傑卓卓在人耳目間其言論行事多可取法欲知加里波的之人物之價值此傳記不可不亟讀也

社會改良論

現已印成即日出書

人類進化以社會改良爲尤亟世未有社會腐敗而其國能興盛者此書詳論社會改良之理推原窮流洵能增世界社會發達之力也

世界十二女傑

現已印成即日出書

英雄豪傑不分男女中國數千年來廢女子不用而女子之傑出者益寥寥罕聞矣讀此書載世界女傑皆可歌可泣可敬可慕餉我中國吾知女子中必有聞而興起者矣女子猶如此男子更可以興矣

男女生殖器病秘書

現已印成即日出書

自人種問題出世益致力於生理衛生諸事以爲傳種改良之具中國學士以生理學未明多闇於身體構造之理茲書言簡意賅讀之於男女衛生其受益爲不淺也

發行所　上海廣智書局

泰西事物起原

現已印成即日出書

凡事必有起點而後逐漸發達逐漸完成故考各種事物之起原非徒趣味濃深亦實治學問必要之具也中國昔有「壹是紀始」等書言各種事物最初之來歷大便學者惟是泰西今日文明日進事物日繁世人徒艷羨其新學新藝而罕知其由來此書爲日本第一書林博文館所編分類數十門上自政治學問下及一名一物莫不推原其所自始以最簡之筆述其梗概實足供考鑒之資備應對之用博物君子盍一讀之

處女衛生論

現已印成即日出書

天下最名貴之人格莫過於處女處女者一切人類所同敬愛而尤宜矜持自愛者也自愛之道不一而衛生其一端婦女之衛生既與男子異處女之衛生又與尋常婦女異本書以最新穎之名理寫最切實之體段其滋味之濃富學理之精確實有非俗子所能夢見者吾願天下之處女皆讀之吾願天下之敬愛處女者皆讀之

發行所　上海廣智書局

三版
憲法精理

全一冊 定價五角五分

是書凡分八章一憲法總義二主權論三國民之權利義務四元首五議院六上議院七行政大臣八司法院于憲法之精神及其作用皆一一詳述之實一切政治學之本原而我中國人爲尤適用也

三版
日本維新三十年史

全一冊 定價一元六角

第一編學術思想史 第二編政治史
第三編軍政史 第四編外交史
第五編財政史 第六編司法史
第七編宗教史 第八編教育史
第九編文學史 第十編交通史
第十一編產業史 第十二編風俗史

飲冰室主人著

三版
現今世界大勢論

全一冊 定價三角

今日舉國志士紛紛談時務然或徒見歐美列國之强而不知其所以强徒痛中國外侮之急而不知其以所急此書發明近數十年來列强競爭之趨勢及其所以對中國之策字字劌心怵目足爲我國民當頭一棒語曰知己知彼百戰百勝今中國雖未敢語戰勝亦當速求自保一讀斯編則于彼已之情形可以概見矣

發行所 上海廣智書局

實驗小學校管理法

定價二角五分

言教育者必以小學為基礎今日中國初興教育而紛紛言大學識者皆知其謬也雖然辦小學校則管理之方法殆比諸教授之方法為尤重蓋所以養成一國之人格者皆以此為起點也近者舉國中從事教育之人亦漸知小學之急至所以開辦小學之法猶茫無頭緒以此而求進步亦難矣此書著者久從事於小學教育事事皆經實驗復採東西各國應用之方法羅列周備而論其長短得失苟讀一過則於辦學校確有把握不至見笑方家貽誤後生矣本局特譯出以供今日當務之急無論官私教育家皆不可不亟亟研究也

經濟教科書

日本大學教授法學博士和田垣謙三著

現已印成即日出書

經濟一科即近人所譯生計學是也此科今在世界諸學中為第一重要之學科但其學理深賾其問題繁雜非專門名家者不能領會日本自三年前始將此科列入中學普通科學其初步簡要之理使尋常學生皆解其義誠智識普及之一方法也此書著者為東邦斯學名家特撮述精要之理用至簡明之筆編為教科書使適於中學之用至今彼都以為最佳本焉我國新學萌芽譯事驟盛而經濟學之書至今尚無一本蓋皆憚於其學理之精深不敢率爾操觚也此書簡淺最適於中國學者之用故今本局特譯之以為研究茲學之嚆矢云爾

發行所　上海廣智書局

美國法學博士札遜原著○順德麥仲華重譯

歐洲十九世紀史

出書廣告

全一冊　定價八角

十九世紀者歷史上**空前之名譽時代也**欲識人類之價值不可不讀十九世紀史欲觀天演之作用不可不讀十九世紀史欲養國家之思想不可不讀十九世紀史雖然著十九世紀史者不多而善本尤少今所最著名者則菲佛氏苗拉氏馬懇西氏之三家馬氏之書坊間有譯本題爲泰西新史攬要者譯筆太劣讀者不慊焉札遜博士之書**最晚出兼諸家所長而有之**故一殺青後重版十數各國繙譯之者亦踵相接其書敘事簡而不漏論斷卓而不偏趣味濃深如讀說部無怪爲學界所大歡迎也此編爲日本專門學校譯本重譯者麥君曼蓀久留學東京文學夙著譯本價値自無待言

發行所　上海英界同樂里　廣智書局

日本維新前愛國兩大俠遺像

(其一)

吉田松陰

吉田松陰者日本長州人維新之主動力也前此日本各藩並立不許交通松陰獨亡命徧歷全國交結志士又嘗欲赴歐美探其情實時日本海禁綦嚴不得行事洩下獄既而圈禁於家開松下村塾專從事精神教育明治維新人物多出其門若前宰相伊藤博文現宰相桂太郎皆彼弟子也生平專主破壞主義所事未嘗一成然其精神遂動全國年三十二爲幕府所逮捕斬於市

日本維新前愛國兩大俠遺像

（其二）

藤田東湖

藤田東湖者日本水戶人亦維新主動力也先是水戶儒教最盛而尊王愛國之精神即於是起時水戶號稱尊攘派之中心點而東湖實爲之魁西鄉隆盛入東京師事焉時志士奔走國中而東湖爲京師之東道主執牛耳云幕府嫉之滋甚或幽或刺瀕於死者二十一次矣後卒被逮瘐死獄中時距明治維新前十八年也

希臘雅典今城之全景

Modern Athens, Greece

倫敦梯晤士河岸之景

Thames Embankment An l Obelisk ,London

論說

新民議(一)

中國之新民

敘論

天下必先有理論然後有實事理論者實事之母也凡理論皆所以造實事雖高尙如宗教家之理論淵遠如哲學家之理論其目的之結果要在改良人格增上人道無一非爲實事計者而自餘政治家言法律家言羣學家言生計家言更無論矣故理論而無益於實事者不得謂之眞理論

雖然理論亦有二種曰理論之理論曰實事之理論理論之理論者又實事之理論之母也二者之範圍不能劃然比較而論之則宗教哲學等可謂之理論之理論政治學法律學羣學生計學等可謂之實事之理論雖然其中又有等差焉即以生計學一部論之有所謂生計學原理者有所謂應用生計學者有所謂生計政策者以第一類與第二類比較則前者爲理論之理論後者爲實事之理論以第一第二類與第三類比

較。則前二皆理論之理論。後一爲實事之理論。推之他學。莫不皆然。

理論之理論與實事之理論。兩者亦有先後乎。曰、兩者互爲先後。民智程度尚低之時。其人無歸納綜合之識。想惟取目前最近之各問題研究其利害得失。故實事之理論。先而理論之理論後。雖然、此等理論其謬誤者恒十而八九。及民智稍進。乃事事而求其公例。學學而探其原理。公例原理之既得。乃推而按之於羣治種種之現象。以破其弊而求其是。故理論之理論先而實事之理論反在後。此各國學界所同經之階級也。吾中國自今以前。皆爲最狹隘最混雜最謬誤的種種「實事理論」之時代。至於今日。而所謂理論之理論者。始萌芽焉。若正確的實事之理論。猶瞠乎遠也。

兩者亦有優劣乎。曰無也。理論之理論。其範圍廣遠。其目的高尚。然非有實事之理論。則無以施諸用。實事之理論。其範圍繁密。其目的切實。然非有理論之理論。則無以衡其眞。二者相依以成。缺一不可。欲以理論易天下者。不可不於此兩者焉並進之。

余爲新民說。欲以探求我國民腐敗墮落之根原。而以他國所以發達進步者比較之。使國民知受病所在。以自警厲自策進。實理論之理論中最粗淺最空衍者也。抑以我

國民今日未足以語於實事界也雖然爲理論者終不可不求其果於實事而無實事之理論則實事終不可得見今徒痛恨於我國之腐敗墮落而所以救而治之者其道何由徒艷羨他國之發達進步而所以躡而齊之者其道何由此正吾國民今日最切要之問題也以鄙人之末學寡識於中外各大哲高尙閎博之理論未窺萬一加以中國地大物博國民性質之複雜歷史遺傳之繁遠外界感受之日日變異而國中復無統計無比例今乃欲取一羣中種種問題而研究之論定之談何容易談何容易雖然國民之責任不可以不自勉報館之天職不可以不自認不揣檮昧欲更爲實事之理論以與愛羣愛國之志士相商榷相策厲此新民議所由作也

吾思之吾重思之今日中國羣治之現象殆無一不當從根柢處摧陷廓淸除舊而布新者也天演物競之理民族之不適應於時勢者則不能自存我國數千年來以鎖國主義立於大地其相與競者惟在本羣優劣之數大畧相等雖其中甲勝乙敗乙勝甲敗而受其敝者不過本羣中一部分而其他之部分亦常有所偏進而足以相償故合一羣而統計之覺其仍循進化之公例日征月邁而有以稍譽於曩昔國人因相以安

焉。謂此種羣治之組織不足爲病也一旦與他民族之優者相遇形見勢絀著著失敗在在困衡國人乃眙駭相視知其然而不知其所以然其稍有識者謂是皆出政府之腐敗官吏之桎梏使然也夫政府官吏之無狀爲一國退化之重要根原亦何待言而謂舍此一端以外餘者皆盡美盡善可以無事改革而能存立於五大洲競爭之場吾見其太早計矣我國以開化最古聞於天下當三千年前歐西狉狉獉獉之頃而我之聲明文物已足與彼中之中世史相埒坐此自滿自惰墨守舊習至今閱三千餘年而所謂家族之組織國家之組織村落之組織社會之組織乃至風俗禮節學術思想道德法律宗教一切現象仍巋然與三千年前無以異夫此等舊組織舊現象在前此進化初級時代何嘗不爲羣治之大效而烏知夫順應於昔日者不能順應於今時順應於本羣者不能順應於世界馴至今日千瘡百孔爲天行大圈所淘汰無所往而不敗矣其所以致衰弱者原因複雜而非一途故所以爲救治者亦方藥繁重而非一術嗚呼此豈可以專責諸一二人事求諸一二事云爾吾故今就種種方面普事觀察將其病根所在爬羅剔潔而參取今日文明國通行之事實按諸我國歷史之遺傳與現今

之、情、狀。求、其、可、行。蘄、其、漸、進。作新民議。
今將全書之內容略列如下。
第一編　家族上之改革
第二編　地方團體上之改革
第三編　國家上之改革
第四編　羣俗上之改革
第五編　學問上之改革
第六編　道德宗教上之改革
本議非全書已成始公於世今隨時屬稿有觸即書不能悉依先後次第待
卒業後乃結集整理之讀者諒焉
著者識

學說

亞里士多德之政治學說（續第二十號）

中國之新民

亞氏又論政體腐敗之由及其革命循環之狀以為凡一國之始立也其最初之政體必為君主政體所謂武人為於大君也以其强有力故能統率羣落掌握主權整齊團結之以成一國之形此為第一級（即君主政體）及後此傳國於子孫子孫漸忘開創之艱不復率由祖法以謀國家人民之公益專制恣行民不堪命此為第二級（即霸主政體）專制之弊既極於是其臣下有起與為難者叛亂滋生其結果也倡亂之諸首領代起以掌握政權市筐篋之恩結人民之歡以自固其位此為第三級（即貴族政體）及貴族政體既確立漸無藉人民之助於是益恣肆以徇私利其黨與多其團體大故其害人民之自由壞羣治之秩序比於一人之君主其禍尤烈此為第四級（即豪族政體）及其極也民不聊生於是多數者相率蹶起致成劇烈之革命革命以後除公害與公益國乃大治是為第五級（即民主政體）及其末流民主之治漸老日衰國民漸失其敬重法律之念濟其平和體

讓之風馴至於無政府之慘狀此爲第六級（即暴民政體）於斯時也有一二梟雄桀黠者起焉煽惑愚民自植權力羽翼已就遂覬天位至是復廻轉於第一級而君主專制政體再興而革命循環之圈一周君主政復興之後其第二次循環亦復如是善惡相續治亂相尋如是遞嬗以至無窮

按亞氏此論與孟子所謂天下之生久矣一治一亂者其理想正同雖然此未足以爲政治之眞相也此蓋亞氏據其有生以前所經之歷史而推測將來耳實則後此地球上諸國從未有依此定例以爲循環者夫創業者多善政繼體者多弊舉此在君主貴族兩政體或有然至於民主之治其現象適與此相反草創伊始民未習於自治法律未備風俗未醇往往罅漏百出爲行之數十年百年經驗日多逐漸改良遂能成爲完全眞民主之治此近世歐洲諸國之明效大驗也亞氏所謂由第五級變爲第六級者在古代希臘羅馬雖嘗有之然彼非眞行民政耳苟眞行民政則進矣斷未有能退者也吾請更以佛理譬之學佛者以成佛爲究竟當其未成佛也則輪廻循環於天人六道中或受天身或受龍身或受人身或受餓鬼畜生身於彼於

此其變相不可究詰亦無一定升降之次第而惟視其所造業以獲報果苟一旦成佛矣則斷未有復能墮落者也苟猶墮落則必其所到者仍非佛地也政治亦然政體以民主爲究竟當其未至民主也則沈噎循環於民賊之下或遇仁君而爲君主政或遇暴君而爲霸主政或遇共和而爲貴族政或遇橫强而爲豪族政或遇亂賊而爲暴民政於彼於此其變相不可究詰亦無一定進退之例而惟應其時勢以生波瀾苟一旦成民主矣則斷未有能復墮落者也苟猶墮落則必其所行者仍非民主也不觀夫美法二國之比較乎美國自獨立以來所行者眞民主也吾敢信其自今以往更歷千萬年斷未有轉爲君主政體或貴族政體者也法國大革命之時所行者非眞民主也故自一七八九年至一八七〇年凡八十年中復戴君主者三度改易憲法者二十一次大亂棼棼幾無寧歲無他未至其究竟則然耳故孟子一治一亂之言非吾所敢從也吾以爲不治則已苟治未有復能亂者也（雖美國今日之治。猶未可謂之郅治。再以佛語譬之。則美國殆已到辟支獨覺位。猶未能到佛菩薩位也。）使治而復亂則所謂治者必非眞治也今日進化之學理大明知一切有機體之物莫不循進化公例國家一有機體也夫焉能獨戾

此例乎進化與循環正兩反對之現象也知此則亞氏政體循環之說不攻自破矣至其前此之有循環則亦不過循環於進化之中特其圈太大易被眩惑故誤此爲彼耳（參觀本報第三號新史學第三葉）

又案亞氏所謂由民主而復變爲君主者在泰西往往有之希臘列國既數見不鮮矣後此如羅馬之該撒法蘭西之拿破崙第一拿破崙第三皆其最著者也民智民德之程度未至於可以爲民主之域而貿然行之此最險事言政治者所不可不熟鑑也至其言君主貴族民主遞嬗之理在疇昔泰西諸國亦屢見焉但其論斷不可通於今日今後之貴族政體殆如死灰之不可復燃矣如彼俄羅斯者今世界上第一專制國也使其將來果有破壞今制之一日試問能如亞氏之例復移於貴族之一階級乎必不然矣

然則亞氏於諸種政體之中以何者爲最良乎亞氏之說道德也最尊中庸其言曰『眞勇在亂暴與卑怯之間眞仁在吝嗇與奢侈之間』故彼亦據此意以論政治亞氏乃言曰無論何國之民大率可區爲三級一曰富而貴者假名曰上等社會二曰貧

賤者假名曰下等社會。三曰在富與貧貴與賤之間者假名曰中等社會、一國之中上等社會常最少數下等社會常最多數而中等社會亦常在其中苟一國政權而在彼最少數者彼等驕奢淫泆不事民事甚者朘括人民之脂膏以爲己肥其害國莫大焉反是而在彼最多數者彼等無學識無經驗不能事事甚則虜掠富者之財產陷於無政府之慘狀其害國亦莫大焉故莫如執兩端而用其中使國之政權常在次多數之中等社會則常能調和彼兩階級而國本以固矣。

按亞氏此言至當不易之言也今日歐美諸立憲國皆遵此道也其所以能破壞專制確立自由其始亦未有不賴中等社會之功者也「最大多數最大幸福」一語誠可爲政治界之金科玉律然今猶未至其時也今世各國之社會黨挾持此義以號召於天下然其弊往往陷於無政府主義此固不可以立即立矣而亦不可以久也雖然亞氏之言在歐西則甚易領會自中國人讀之則苦難索解矣何也中國數千年來只有「一人政體」而更無所謂「寡人政體」「多人政體」者不問其爲上等社會中等社會下等社會皆戢戢然同蜷伏於一尊之下而更何從於此三者之間而

下比較也。噫、（又案亞氏祗比較少數多數。而不論及君主者。當時希臘君主政體。殆全絕矣。）立法行政司法三權分析之論亦自亞氏始也。亞氏之言曰。一國之政治樞機有三。（第一）討議國事之權也。（第二）官吏之資格及其職權也。（第三）司法之權限也。其第一項所掌者。凡國中宣戰媾和締結同盟解散同盟諸大政以及制定法律監督會計審定死刑放逐沒收等諸大獄。（按此屬於司法範圍之事。當時希臘人皆以衆議決之。）此等權力當以歸諸全體之人民或人民中之一部分。其歸諸全體之人民者。民主制之特質也。至人民參與政治之方法亦不一。有爲一總團體合而議之者。有不能爲總團體故輪班而議之者。（案亞氏當時未有代議之制故有輪班之例以濟其窮實則此兩法皆不可行於今日也）然其權限惟在選舉官吏議准法律決定和戰稽查國計犖犖數大端足矣。其餘一切行政事務。當委託於當局官吏。若行政權盡吸集於議會之手。此實最惡濫之民主制。非國家之福也。

案英國長期國會之末路。及法國大革命時代。皆吸集行政權於議會。其弊有不可勝言者。亞氏早道破之矣。

其第二項。亞氏提出種種之問題。曰官吏之數當幾何乎。曰官吏所當管理者爲何等

事務乎。曰其在職之任期當若何。將終其身乎。抑有期限乎。其期限宜長乎。宜短乎。一人可得再任乎。將不得乎。曰任命官吏之法當若何。其任之之權當在何人乎。其可以被任者當屬何等人乎。一切人民。皆可以任用官吏。且被任用爲官吏乎。抑於人民中。立特別之等級特別之限制惟某種人得有任官權。惟某種人得有被任爲官之權而他皆不得乎。其任之之時當用選擧法乎。抑用抽籤法乎。亞氏乃參伍錯綜之而列爲十二種格式。各順應於其政體以爲適宜其論民主政體所當行者。則一切人民皆得選官吏。一切人民皆得爲官吏而其任用之法。或選擧。或抽籤。隨其所司之職爲區別是也。

按抽籤選官之法。頗駭聽聞。蓋當時希臘諸邦面積既小。而有公民權者其人數亦更有限且尋常官吏。酬俸至薄。人不樂爲。特以維持國家之義務。不得不强羅中若干人使從事耳。故當時亦兼採用此法。

其第三項亦提出三種問題曰當以何等人任法官乎。法官之職掌如何乎。其任命之方法如何乎。亦順應於三種政體而論之。玆不具引。

（未完）

政治

論專制政體有百害於君主而無一利

中國之新民

今民間稍有知識者。莫不痛心疾首於專制政體。其惡之也。殆以此爲吾害也。至如君主若君主之私人。則莫不殫其精竭其術。以維持迴護專制政體。其愛之也。殆以此爲吾利也。夫趨所利而去所害。人類之公性情然矣。使其果爲利也。則吾亦何敢拂戾此公性情。爲與虎謀皮之擧。以嘵瀆於炙手可熱者之側。雖然。其實際固非爾爾。吾思之吾重思之。竊以爲專制政體之毒。其害民者一。而害君主者常二。民之受害者有時而可避。君主之受害者無地而可逃。民受害而他人猶以相憐。君主受害而後世且以爲快。故吾敢斷言曰。專制政體之於君主。有百害而無一利。謂余不信。請詗諸史。

中國數千年君統所以屢經衰亂滅絕者。其厲階有十。而外夷搆釁。流賊揭竿。兩者不

與焉一曰貴族專政二曰女主擅權三曰嫡庶爭位四曰統絕擁立五曰宗藩移國六曰權臣篡弑七曰軍人跋扈（如唐藩鎮之類）八曰外戚橫恣九曰僉壬朘削（如李林甫盧杞之類）十曰宦寺盜柄此十者殆歷代所以亡國之根原凡叔季之朝廷未有不居一於是者也至求此十種惡現象所以發生之由莫不在專制政體專制政體者實數千年來破家亡國之總根原也

昔在周代統一之業始集於是廣封親藩以奬王室及其衰也諸侯力征天王守府迨於末葉政在大夫齊之田陳晉之三家羽翼既就主權亦移周室之亡實亡於貴族秦嬴鑒之夷天下爲郡縣支孼無尺寸之土功臣無湯沐之祚而一胡亥一趙高舉而傾之秦之亡亡於嫡庶亡於宦寺也秦代專制政體最行而其亡亦最速漢高一天下鑒秦之孤立與其爭統也於是上法周制廣置親藩而孝惠儲位不敢廢置及其崩御骨未寒而呂氏之禍作矣是爲女后專權之嚆矢（前此秦之太后穰侯已肇其端）呂氏既滅七國旋警宗藩之禍幾覆厥祚七國既平景武乃實行强幹弱枝之術翦其爪牙使無能爲役而巫蠱之變骨肉喋血上官氏霍氏踵起外戚之禍復燃弘恭石顯繼興宦官之禍萌蘖未幾

而王氏竟移漢鼎矣。西漢之亂、亡。則女主、宗藩、外戚、宦寺、諸原因、爲之、也。東漢光武明章一小康。及和帝以後。竇氏、鄧氏、閻氏、梁氏、諸后族。互起互屠。而母后、外戚之禍、達於極點。鄭衆、李閏、江京、孫程、單超、曹節、王甫等。狠狽相嬗。而宦官之禍。達於極點。海宇鼎沸。梟雄乘之。董卓曹操。遂屋漢社。東漢之亡、以母后、外戚始。以宦寺中、以權臣終也。及魏承漢。上鑒七國。下鑒羣牧。於是悉廢封建。而外戚宦寺之禍亦不烈。而司馬懿錮曹爽。若拉枯朽。而魏遂移於晉矣。蜀以昭烈之略。諸葛之明。崎嶇保障者若干年。諸葛云亡。而一黃皓遂覆漢祀。吳大帝藉父兄之業。以霸江東。及其末年而登、和、霸、亮、四子。已相攙奪。諸葛恪、孫峻、孫綝。横極凶暴。竟廢其君。弱其國。三國之亡。魏亡於權臣。蜀亡於宦寺。吳亡於嫡庶、及權臣也。晉復鑒魏孤立。大封宗室。而內之楊氏賈氏。外戚女主之亂踵起。外之八王相夷。骨肉剸刃。若屠犬羊。遂倚外寇爲聲援。寖成五胡之亂。西晉之亡。則后戚、宗藩之爲之也。東渡後。宗室之勢驟殺。而都督之權驟强。王敦、蘇峻、桓溫、桓玄。皆以方鎭搆亂。竭舉國之力。僅能平之。而劉裕即以此篡晉矣。東晉之亡。則軍人、之爲之也。其在南朝。劉宋則有太子劭、武陵王駿、晉安王子勛、等之相繼弑逆。蕭齊則

有蕭鸞、江祏、等之廢立。蕭梁則有侯景及諸王之爭亂。陳則有孔範、江總、等之專橫。其在北朝。拓跋魏以道武爲初祖。而及身已被弑於厥子。寖假而胡太后弑孝明。爾朱榮弑元釗。爾朱兆弑孝莊。高歡廢節愍。而魏遂分東西。高齊則常山王演弑廢帝。宇文周則宇文護弑孝愍孝明。凡南北朝二百餘年間。七姓之亂。亡莫不由前此所舉十種罪惡之爲之也。隋文亦及身被弑於厥子。隋煬旋買怨天下。被弑於近臣。隋之亡。則嫡庶爭立。僉壬用事之爲之也。唐號稱極盛矣。而天下甫定。即有玄武門之變。高祖殆以憂死。僅三葉而武后禍起。唐易而周。韋氏繼之。女主之禍。至是達於極點。天寶以後。其在宮中。則有楊貴妃張良娣之婪亂。其在朝廷。則有李林甫盧杞之橫恣。其在方鎭。則有安祿山史思明李希烈朱泚李懷光等十數藩帥之叛亂。及至末葉。宦官大盛。遂釀成甘露之變。連弑數帝。擁立之權。皆在其手。而唐社遂屋。唐之亂亡。起於家變。次以母后。次以僉壬。次以軍人。而終以宦寺也。五代十國之亂。更不足道矣。宋承唐後。懲藩鎭之禍。盡解功臣兵柄。而太宗已以繼嗣之爭。喋血於所親。其後蔡京、章惇、秦檜、韓侂胄、史彌遠。相繼用事。屠殺善類。而僉壬之禍。亦與宋相終始。其在胡元。鐵木迭兒、鐵失、燕帖

木兒等、更迭作亂。海宇鼎沸。亦遂不能安於中國。元之亡、由宗藩、權臣、諸爭之爲之也。及至前明。又懲歷朝禍亂之弊。遠師周漢。復建親藩。而燕王棣、漢王高煦、寧王宸濠、安化王寘鐇等。遂以亂國。王振、劉瑾、嚴嵩、魏忠賢等。相繼用事。及中葉以後。而宦寺之禍。遂與漢唐鼎足。演成二千年間不男不女之歷史。明之亡、則親藩、僉壬、宦寺之爲之也。由此觀之。二千年中所謂君權者安在乎。嗟乎論者以爲專制之毒。毒百姓也。使其毒百姓而百姓從而報復之。從而覆亡之。猶可言也。而彼專制者。亦可自諉爲專之未甚。制之未至。苟更精其術。爲終必可以絕後患而祈永命也。而豈知報復之覆亡之者。不在其所賤而在其所親。不在其所敵而在其所愛。彼二千年來歷姓崩折之禍。豈嘗有一焉。若歐洲十八九世紀間之民變者。起而犄之也。即有一二揭竿草澤者。亦不過乘其腐敗之既極。乃得一逞焉耳。至其滅亡之根原。則全不在是。然則彼其專制之敵。不足以爲患也既若此。而何以亡國破家。相隨屬也。又復若此。日本人常言曰。「支那一部歷史。實以膿血充塞之歷史也。吾恥其言。雖然。吾不得不忍受其言。嗟夫當一霸者之初起也。莫不汲汲焉思所以保我子孫。鞏我主權。帝王萬世。傳諸無窮。其所以

懲前代之失而救其弊者亦云瘁矣乃或防一弊而他弊即起於所備之外又或防之愈甚而其末流之爲毒愈烈若明太祖禁宦官不得讀書識字本朝聖祖世宗高宗煌煌訓諭極言毋后臨朝之弊宦豎預政之弊儲貳廢立之弊若此者豈不法嚴而意美乎哉試觀有明末葉及近今之朝局則前此所防者其爲效何如矣論者於是以爲無無弊之法無可久之治乃相與諉於一治一亂天數使然而政治家之理論以窮夫天下果眞不可以久安長治乎歷史果遂以相斫書而終古乎則今日歐美日本之治何以致焉雖然吾無怪論者之爲斯言也彼其求之於此焉而不得所以治之之術求之於彼焉而亦不得所以治之之術然則其迷信退化主義挾持厭世思想也亦宜新民子曰吾請與普天下讀史諸君一解決此問題儻願聞之

淘濁流而欲得清泉揚熱湯而欲止沸度此必不可得之數也不如澄其源焉止其薪焉此所謂治本之論也中國君統之亂本何在在彼十種惡業十種惡業之亂本何在在專制政體專制政體一去則彼十種者無所附以自存不必以人力坊之也而不然者坊於此而彼則蹈瑕以起坊於今而後則伺隙以來未有能免者也請言其理黃梨

洲曰「後之爲人君者以天下之利盡歸於巳以天下之害盡歸於人使天下之人不敢自私不敢自利以我之大私爲天下之公視天下爲莫大之產業傳諸子孫受享無窮夫既以產業視之人之欲得產業誰不如我攝緘縢固扃鐍一人之智力不能勝天下欲得之者之衆也」嗚呼至哉言乎數千年來嫡庶之爭統宗藩之倡亂權臣之篡弑軍人之窺伺皆坐此而已夫漢高之與韓彭相去一間也漢帝之與魏王魏帝之與晉王相去一間也長安之與盧龍魏博燕京之與雲南閩越（指康熙三藩）相去一間也隋煬之與太子勇唐太之與太子建成相去一間也吳楚七國之與漢文燕王棣之與明建文相去一間也而一則富有四海率土皆臣一則屈膝承顏僅保薄祿夫誰不從而生心也既懸一至可艷至可涎者以餌之於上而欲禁人曰爾其無艷是無涎是則雖日尸一人猶不足以爲戒也彼日本昔亦專制之國也而千年以來其專制之實權不在君主而在大將軍故日本之革命所革者在幕府而不在王朝何以故彼有可欲而此無可欲故然則吾中國禍亂之大原可知矣天下之大欲集於君主故天下之至危亦集於君主使其君主而爲英國今日之君主也夫誰得而覬之即使其君主而爲

日本昔日之君主也夫亦孰從而觀之而徒以君主專制之可欲故遂使數千年之歷史以此等爭亂之跡充牣其十八九吾不知數千年之君主其安危苦樂榮辱之率視今英國昔日本之君主何如也君主既專制矣其年長者英明雄武者自能乾綱獨斷擧自專自制之實而不然者或幼沖焉或倦勤焉或昏騃焉或狂暴焉或巽懦焉或有所偏好偏惡焉則其實權自不得不移於他人於是母后之禍外戚之禍僉壬之禍宦寺之禍乃起彼等非能自有其權以與現在主權者相亢相攙奪也而常依附現在主權者之權以自固始而依附繼而盜竊久假不歸而主權者反不得不伺其鼻息以爲存活於是君主非專制者而反爲被專制者矣由此觀之歷史上種種罪惡孰不有從專制政體而生者乎使非專制則如英國日本之華族給以爵號優異齊民其有功德有學識者則列之上議院使參國政而貴族專政之禍何從生焉使非專制則君位繼承之法一從憲法所規定某人宜嗣統皆與民共見一定而不可易雖或今帝無後而旁支血統循序入嗣亦有皇室典範以劃定之而嫡庶爭位定策擁立大禮爭辯等禍何從生焉攝政之權皆有一定元首權尚立限制況於攝者而母后擅權之禍何從生

爲天潢宗親各有食采所至國人莫不加敬其尊榮雖下君主一等而君位旣無可欲何苦貪此虛名傷彼實利則宗藩叛亂之禍何從生焉政府大臣皆有責任稍失輿望立即去位而權臣篡弑之禍何從生焉兵馬之權集於中央國防之責同諸國民而軍人跋扈之禍何從生焉一國會計皆由議院審定司農少府各異所司而僉壬朘削之禍何從生焉君之與國截然兩途宮中府中不同一體君主若有所親若有所愛則自以其私產豢養之不得及國事而外戚橫恣宦寺盜柄之禍何從生焉不寧惟是君主旣與國民共治此國則君位之安危與國同體苟有人焉欲破壞秩序侵主權以毒一國者則全國之民皆將起而抗之不瞬息而禍撲滅豈有若專制國之民視君國之難如秦越人之肥瘠也是則種種惡現象固無自生即生矣亦無自成也明矣若是乎苟非專制政體則此十種惡現象者自一掃而空若是乎吾中國數千年膿血之歷史果無一事焉而非專制政體貽之毒也

且專制政體之毒害君主猶不止此歷觀自秦以來歷史上之君主合所謂正統者僭竊者計之其數不下千餘大率不得其死者十而一焉被廢而幽者亦十而一焉暇當爲興

一表。今倥偬未能及也夫以尋常人數統計之苟非大亂離之頃則最少必千人以上乃有一二不得其死者而君主罹禍之卒則已爲百與一之比例矣不甯惟是凡一姓之代興則其勝朝子孫斬刈靡有子遺此前史數見不鮮之成例也其最甚者若晉之於魏宋之於晉齊之於宋。姚察梁書武帝紀論云。魏晉革易。皆抑前代宗支。以絕民望。及宋遂令司馬氏爲廢姓。齊之代宋。戚屬皆殲。南史宋順帝紀云。帝遜位後。宋之王侯。無少長皆盡矣。北齊之於北魏。齊文宣帝殺魏宗室七百餘人隋之於宇文周。隋文旣攘帝位。宇文氏子孫。以次誅殺。殆無遺種。今以周書考之。周文帝子趙王招、陳王純、越王盛、代王達、滕王逌、皆被殺。而幷殺招子員、貫、乾銑、乾鈴、乾鑑等。純子謙、讓、議、等。盛子忱、悰、恢、慣、忻、等。達子執、轉、等。逌子祐、裕、禮、禧、等。而震之子實。儉之子乾暉、通子絢、亦皆被殺。于是周文帝子孫盡矣。節閔帝一子康。先死。其子湜亦被殺。於是節閔子孫又盡矣。明帝子畢王賢、酆王貞皆被殺。幷殺賢子宏文、恭道、樹襄等。貞子德、文、等。于是明帝子孫亦盡矣。武帝子漢王贊、秦王贄、曹王允、道王充、蔡王兌、荊王元、皆被殺。于是武帝子孫盡矣。宣帝子靜帝。旣爲隋文所害。餘子鄴王衎、郢王術、皆幼而被殺。于是宣帝子孫又盡矣。其宗室亦以次斬刈。靡有子遺云。○按此等野蠻典故。本不値記載。今不避煩而徧述之者。使後人劌心怵目知所懼云爾。下仿此。皆百世後猶使人酸鼻寒心者矣然此猶云鼎革之後爲然也亦有鐘簴未改而喋血已聞宗子當陽而王孫先啄則有如齊王芳時魏故在也而曹爽以帝室懿親已夷三族諸曹殺戮過半八王之亂晉故在也而懿師子孫已草薙而禽獮。八王者。一汝南王亮。司馬懿之子。武帝叔父。二楚王瑋。武帝弟五子。三趙王倫。懿弟九子四齊王冏。齊王攸之子。武帝從弟。五河間王容。司馬孚之孫。武帝從弟。六成都王穎。武帝弟十六子。七長沙王乂。武帝弟六子。八東海王越。司馬泰之子。惠帝從叔祖。時復有淮南王允。吳王晏。皆武帝子。亦與於亂。經此紛擾。而司馬氏創業諸帝之子孫。已十亡八九。武后之時。

十

二八四四

唐固在也。而李氏之後。已不絕如縷。武后時。自越王貞、琅邪王冲起兵。謀復王室。事敗被誅。于是殺韓王元嘉、魯王靈夔、范陽王藹、黃公譔、東莞公融、霍王元軌、江都王緒、舒王元名、汝南王瑋、鄱陽公諲、廣漢公謐、汝山公蓁、廣都王壽、恒山王厥、江王知祥及其子皎、鄭王璬、豫章王亶、蔣王焯、安南郡王穎、鄅國公昭、滕王元嬰子六人。紀王愼之子。義陽王琮、楚國公璿、襄陽公秀、廣化公獻、建平公欽、曹王明。及諸宗室李直李敞李然李勳李策李越李黯李元李英李志業李知言李元貞鉅鹿公晃等。數十百人。除其屬籍。幼者流嶺表。又爲六道使所殺。又武后親生之子。太子宏、太子賢、賢子光、順中宗子邵王重潤、皆被殺。至是唐高祖太宗之胤。存者不及一二矣。**其尤慘酷者若宋之劉氏。**宋武帝七子。長義符。即位。爲徐羨之等所廢殺。次廬陵王義眞。亦被廢殺。次文帝義隆。爲其子劭所弒。次彭城王義康。爲文帝賜死。其子分文。爲劭所殺。次江夏王義恭。爲前廢帝所殺。有十六子。其十二爲劭所殺。其四爲前廢帝所殺。次南郡王義宣。以謀反故。并諸子皆爲朱修之所殺。次衡陽王義季。以飲酒致殞。僅得傳國。是武帝七子。除義季外。皆死于非命。且無後矣。文帝十九子。長元凶劭。次始興王濬。皆以弒逆被誅。劭四子、濬三子、皆梟首。次孝武帝。次南平王鑠。爲孝武酖死。其三子皆爲前廢帝所殺。次廬陵王紹。出繼義眞。以善終。其子又爲前廢帝所殺。次竟陵王誕、孝武使沈慶之攻殺之。無子。次建平王宏。善終。其子及孫皆爲後廢帝所殺。次廬陵王褘。明帝逼令自殺。次晉熙王昶。前廢帝欲討之。乃奔魏。二子皆於齊受禪後賜死。次武昌王渾。孝武逼令自殺。無子。次明帝。次始安王休仁。爲明帝所忌。賜死。其二子後廢帝時被殺。次晉平王休祐。爲明帝所殺。有十三子。順帝時蕭道成以朝命並賜死。次海陵王休茂。以反伏誅。次鄱陽王休業。臨慶王休倩。新野王夷父。皆早卒。次桂陽王休範。舉兵討蕭道成。敗死。四子皆被殺。次巴陵王休若。爲明帝賜死。是文帝十九子。除二子嗣位。三子早卒。一子出奔。兩子善終外。其餘皆不得其死。且無後也。孝武帝二十八子。夭殤者十。爲前廢帝所殺者二。爲明帝所殺者十六。當明帝時以孝武子孫誅殺已盡。轉以己子武陵王贊爲孝武後。則孝武子孫。已無一在者可知也。明帝不能人道。養假子十二人。夭者數四。其餘則後廢帝順帝及諸王。皆爲蕭道成所殺。然則宋武九子、四十餘孫、六七十曾孫。死于非命者十之七八。且無一焉有後於世者矣。**齊之蕭氏。**齊高帝武帝子孫皆被殺於明帝一人之手。高帝十九子早殤者四人 卒於明帝前者七人。餘則鄱陽王鏘、桂陽王鑠、江夏王

鋒、南平王鋭、宜都王鏗、晉熙王銶、河東王鉉、衡陽王鈞。皆明帝所殺。武帝二十三子。早殤者四人。詭卒者三人。其餘廬陵王子卿、安陸王子敬、晉陵王子懋、隨郡王子隆、建安王子眞、西陽王子明、南海王子罕、巴陵王子倫、邵陵王子貞、臨賀王子若、西陽王子文、衡陽王子峻、南康王子琳、湘東王子建、衡山王子珉、南郡王子夏。皆明帝所殺。史稱當時高武子孫。朝不保夕。每朝見鞠躬俯僂。不敢正行直視云。其後明帝之子。東昏侯寶卷、和帝寶融、皆被廢殺之禍。江夏王寶鉉、先爲東昏所殺、鄱陽王寶寅。逃入魏。後亦謀反誅。邵陵王寶攸。晉熙王寶嵩。桂陽王寶貞。皆中興二年賜死。是明帝諸子亦無一得免者。而蕭齊之祀遂斬。

隋之楊氏。隋文帝親爲子廣所弑。其五子。長太子勇。被廢賜死。次煬帝。爲宇文化及所弑。次秦王俊。先卒。次越王秀。廢死江都之難。次漢王諒。以反誅。計五子中。除俊以外。無一非不得其死者。勇之子十。一以酖死。餘皆貶嶺外杖死。俊二子。秀諒各一子。皆爲化及所害。煬帝三子。長太子昭。先卒。次齊王暕。次趙王杲。皆死江都之難。太子昭之子燕王倓。亦遇害江都。越王侗稱號東都。爲王世充所弑。於是煬帝子孫。亦無遺種矣。

金之完顏氏。金主亮窮凶極惡。弑君弑母。殺伯叔兄弟及宗室數百人。完顏子孫殆盡。其名太繁。今不備載。

若此者皆其結局之尤慘酸者也自餘各朝雖或其禍稍殺然試問二千年來霸天下者十數姓。其血胤子孫能傳於今日者曾有一人焉否也漢獻帝曰『朕亦不知命在何時』明建文帝曰『願世世子孫勿生帝王家』明毅宗之將殉國也先手刃其公主叱之曰。『若何爲生我家』至今讀其言猶將如聞其聲哀哀乎其有沈痛焉夫以鄙野一匹夫猶且能殖田園長子孫傳其種以及於後而所謂貴爲天子富有四海者其結局乃皆若此當其始也力征經營早作夜思殫精竭慮窮凶極暴豈有一焉非爲子孫帝王萬世

之業計者耶豈知曾不旋踵物換星移如風捲籜一掃而空矣所謂『腰下寶玦青珊瑚可憐王孫泣路隅問之不敢道姓名但道困苦乞爲奴』者其猶爲最天幸焉矣諺有之『天下無不散之筵席』歷觀自秦以來專制君主之子孫其有能三百年不經繫縛封割屠戮菹醢之慘者乎人之好專制也謂其爲吾利也而所謂利者乃若此此而爲利則何者而謂爲害耶嗚呼前此飲鴆而死者已不知百千萬人而踵其後者猶復沈沈然嗜之天下大愚豈有過此

夫徒以爭此區區專制權故而父子失其愛兄弟失其親母子夫婦失其睦伯叔甥舅失其和乃至素所與櫛風沐雨共患難之人或素所撫摩愛惜豢養之人一旦肝膽楚越倒戈相向恨不得互剚刃於腹而始爲快是天下壞倫常毀天性滅人道破秩序之毒物未有甚於專制政體焉者也苟非禽獸苟非木石其何忍以此之故有父而不孝有子而不慈有兄弟而不友有夫婦而不戀有朋友而不親甚者乃至有身而不自愛也嗚呼其亦不思而已

專制政體之爲害於君主既若此矣然使其別有所大利焉或足以與所害相償則冒

險以趨之。亦無足怪者。雖然。其所謂利者果安在乎。專制政體之利君主者有二。（其一）則意欲上之自由一人爲剛。萬夫爲柔。作威作福。頤指氣使。所謂予無樂乎爲君。惟其言而莫予違也。（其二）則軀殼上之自由玉食萬方。便嬖滿前。宮妾數千。窮奢極樂。所謂非以一人治天下。實以天下奉一人也。吾今請取兩者而細論之。

中國以專制最久聞。自秦以來。爲君主者不下千數。問其能實行完全圓滿之專制者。能有幾人乎。吾竊嘗區二千年來君主之權力爲四種。（第一）有全權親裁萬機。毫不被掣肘於他人者。凡得二十二人。曰秦始皇。曰漢高祖、武帝、光武、昭烈。曰吳大帝。曰秦符堅。曰宋武帝。曰齊高帝。曰北魏孝文帝。曰北周孝武帝。曰唐太宗。曰周世宗。曰宋太祖、神宗。曰西夏李元昊。曰元世祖。曰明太祖、成祖。曰本朝聖祖、世宗、高宗。（第二）其權力雖不如第一種之強盛。而承襲先業。繼體守文。亦不甚被掣肘於人者。凡得十二人。曰漢文帝、明帝、章帝。景帝不列者。以其常被制肘於竇太后也。宣帝不列者。以其嘗被制於霍氏也。曰魏文帝、明帝。曰陳宣帝。曰宋太宗、眞宗、仁宗。曰本朝仁宗、宣宗、文宗。世祖不列者。以其時睿親王秉政也。（第三）初時行其全權。或窮侈極欲。自奉一人。或窮凶極暴。震慄天下。後卒身危國削。身弑國亡者。凡得十一人。曰新

莽。曰吳孫皓。曰宋廢帝。曰齊明帝。曰梁武帝。曰陳後主。曰隋文帝、煬帝。曰唐元宗、憲宗。曰宋徽宗。（第四）則不能自有其全權或委政於母后或委政於外戚或委政於權臣僉壬宦寺雖其間安危異數榮辱殊途大抵危而辱者十之七八安而榮者十之一二要之其不能自有專制權則一也凡前所列諸帝以外之君主。皆屬此種。由此言之。君主千數而能眞行專政權者不過此三四十人其因此而釀弒亡之禍者尙三之一。焉。自餘則雖擁有普天率土之名。而實則唯諾守府祭則寡人其甚者則身處樊籠背懸芒刺其困阨苦難不自由有甚於吾儕小民十倍者專制云專制云卻笑年年壓針線爲他人作嫁衣裳吾不知於君主果何利也。

若夫欲藉此專制權以窮極耳目之欲者。則吾見夫爲君主者無此心則已苟有此心則其專制權終不能一朝居也夫不必其瘁心力以顧公益爲民事也。即使欲保其產業以長子孫焉。固已不可不劬勞於在原。咨嗟於在廟。宵衣旰食日昃不遑。昔人大寶之箴。帝範之鑑。迂儒腐生皆能言之矣。乾隆御製詩有云。『不及江南一富翁。日高三尺猶鋪被。』誠哉其閱歷心得親切有味之言也。黃梨洲原君篇又云。『夫以千萬倍之

勸勞而已又不享其利必非天下之人情所欲居也故古之人君量而不欲入者許由務光是也入而又去之者堯舜是也初不欲入而不得去者禹是也豈古之人有所異哉好逸惡勞亦猶夫人之情也」故吾以爲人而不欲求耳目之樂則已耳苟其欲之則他種地位皆可居而惟專制君主之地位萬不可居苟居之則樂未極而哀已來欲未滿而身爲僇矣專制云專制云地下若逢陳後主豈宜重問後庭花吾不知於君主果何利也

準此以談則吾所謂專制政體有百害於君主而無一利者雖蘇張之舌其無以爲難矣夫其利害之理既至分明而易識別也若彼利害之數又屢經驗而有成例也若此則誠宜如梨洲所云以俄頃之淫樂不易無窮之悲雖愚者亦明之矣而竟數千年覆轍折軫不絕於天壤者何也曰溺於所習知其一不知其二也邊沁倡樂利主義以爲道德之標準而世固有縱飲博之樂貪穿窬之利而自託於邊沁之徒者焉算學不精而因以自誤也夫世之君主及君主私人以擁護專制政體爲自樂自利之法門者亦猶是而已矣亦猶是而已矣

且君主及君主之私人所以必擁護專制政體者。吾知之矣。彼其心以爲專制政體與君主相依爲命。去其甲而乙亦不能立也。噫嘻其陋矣。專制政體爲一物。君主爲一物。兩者性質不同。範圍不同。夫烏得而混之。不觀歐洲乎。今世歐洲十餘國中。除法蘭西瑞士外。皆有君主。此讀史者所能知也。除俄羅斯土耳其外。皆無復專制政體。又讀史者所能知也。而最近之日本又其明證矣。百餘年前之歐洲日本。其貴族專政之禍。猶吾國也。其女主擅權之禍。猶吾國也。其嫡庶爭位之禍。猶吾國也。其宗藩移國之禍。猶吾國也。其權臣簒弑之禍。猶吾國也。其軍人跋扈之禍。猶吾國也。其外戚橫恣之禍。猶吾國也。其僉壬朘削之禍。猶吾國也。所謂亡國十原因者。而彼等備其九焉。所缺者。惟宦寺之人妖耳。而諸國歷代君統覆滅之遠因近因。亦恒在此。無一而不猶吾國也。每讀近世史。至屢次之日耳曼帝位繼承問題。波蘭王位繼承問題。西班牙太后馬渣連事件。俄羅斯太后蘇菲亞事件。（大彼得之母也）英王查利斯第一事件。法王路易第十六事件。乃至其餘種種糜爛紛擾慘酷困難之現象。未嘗不嘆古今東西政治上之罪惡。何以若出一轍。今則自俄羅斯以外。問諸國猶有以此等罪惡污點其國史者乎。無有矣。中

國館閣頌揚通語、動曰國家億萬年有道之長。若今者英德日諸國之君主。眞可謂億萬年有道之長也、而不然者則有若當世專制第一之俄羅斯。而亞歷山大第二被弑矣。亞歷山大第三以憂死矣。今皇尼古喇第二亦被刺於日本。幾不免矣。享萬乘之虛名。無一夕之安寢。以視英日德諸皇。何如矣。君主而不欲自愛則已耳。君主之私人。而不欲愛其君則已耳。苟其欲之。宜何擇哉。

然則爲國民者當視專制政體爲大衆之公敵。爲君主者當視專制政體爲一己之私仇。彼其毒種盤踞於我本羣者。雖已數千年。合上下而敵之。仇之則未有不能去者也。雖然。若君主及君主之私人而不肯仇彼焉。從而愛惜之。增長之。則他日受毒最烈者。不在國民而在君主及其私人也。按諸公理。凡兩種反比例之事物。不相容則必有爭。爭則舊者必敗而新者必勝。專制政體之不能生存於今世界。此理勢所必至也。以人力而欲與理勢爲禦。譬猶以卵投石。以螳當車。多見其不知量而已。故吾國民終必有脫離專制苦海之一日。吾敢信之。吾敢言之。而其中有一機關焉。君主及其私人而與民同敵也。則安富焉。尊榮焉。英國日本。實將來中國之倒影也。君主及其私人而認

賊作子也則國民仇專制政體而不得不並仇及專制政權之保護主法國美國實將來中國之前車也夫爲英日與爲法美在我國民則何擇焉所最難堪者自居於國民以外之人耳易曰井渫不食爲我心惻可以汲王明並受其福君子讀史記屈原列傳而不禁廢書而嘆也

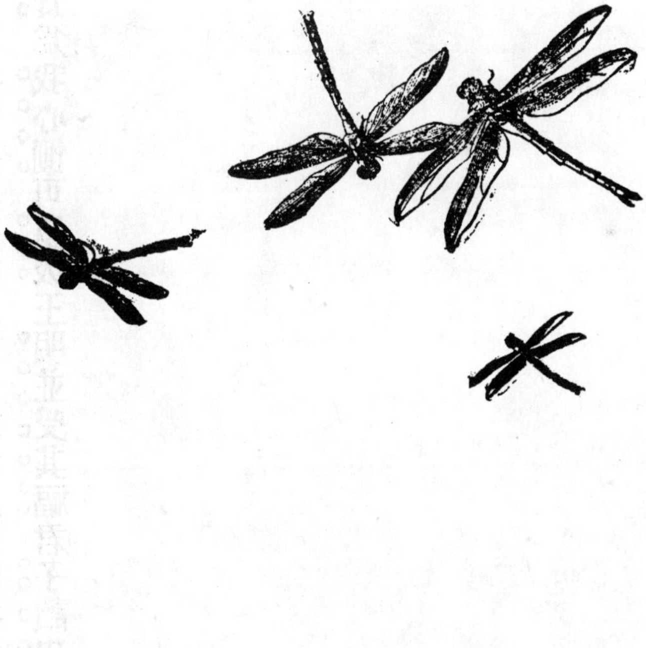

學術

論中國學術思想變遷之大勢

中國之新民

第六章　佛學時代

第一節　發端

吾昔嘗論六朝隋唐之間。爲中國學術思想最衰時代。雖然。此不過就儒家一方面言之耳。當時儒家者流。除文學外。（儒學與文學適成反比例。著中國儒學史。當以六朝唐爲最衰時代。著中國文學史。當以六朝唐爲全盛時代。）一無所事。其最錚錚於學界者。如王通陸德明孔穎達韓愈之流。其於學術史中。雖謂無一毫之價值焉可也。雖然。學固不可以儒敎爲限。當時於儒家之外。有放萬丈光燄於歷史上者焉。則佛敎是已。六朝三唐數百年中。志高行潔學淵識拔之士。悉相率而入於佛敎之範圍。此有所盈。則彼有所絀。物莫兩大。儒敎之衰亦宜。

或曰。佛學外學也。非吾國固有之學也。以入諸中國學術思想史。毋乃不可。答之曰。不然。凡學術苟能發揮之光大之實行之者。則此學即爲其人之所自有。如吾游學於他

鄉。而於所學者。既能貫通。既能領受。親切有味。食而俱化。而謂此學仍彼之學而非我之學焉。不得也。一人如是。一國亦然。如必以本國固有之學而始爲學也。則如北歐諸國。未嘗有固有之文明。惟取諸希臘羅馬取諸猶太者。則彼之學術史。其終不可成立矣。又如日本未嘗有固有之文明。惟取諸我國取諸歐西者。則彼之學術史。其更不可成立矣。故論學術者。惟當以其學之可以代表當時一國之思想者爲斷。而不必以其學之是否本出於我爲斷。

審如是也。則雖謂隋唐之交爲先秦以後學術思想最盛時代可也。前乎此者兩漢之經學。非所及也。而餘更無論也。後乎此者宋明之理學。非所及也。而餘更無論也。又不惟在中國爲然耳。以其並時舉世界之學術思想界校之。印度自大乘教諸鉅子入滅後。繼法無人。（其繼法者悉在中國）日以萎微。歐洲則中世史號稱黑闇時代。自羅馬滅亡以後。全歐爲北狄所蹂躪。幾陷於無歷史之域。當時所賴以延文明絕續於一線者。惟恃一頑舊專制之天主教而已。印度歐洲如此。而餘更無論也。故謂隋唐之學術思想爲並時學世界獨一無二之光榮可也。縱說之則如彼。橫說之則如此。故隋唐學者。其在本論中

二

占一重要之位置也不亦宜乎。

第二節　佛學漸次發達之歷史

中國之受外學也與日本異日本小國也且無其所固有之學故有自他界入之者則其趨如鶩其變如響不轉瞬而全國與之俱化矣雖然充其量不過能似人而已（實亦不能眞似）終不能於所受者之外而自有所增益自有所創造中國不然中國大國也而有數千年相傳固有之學壁壘嚴整故他界之思想入之不易雖入矣而閱數十年百年常不足以動其毫髮譬猶潑墨於水其水而爲徑尺之盂方丈之池也則黑痕倏忽而徧矣其在滔滔之江泱泱之海則甯易得而染之雖然、吾中國不受外學則已苟既受之則必能盡吸其所長以自營養而且變其質神其用別造成一種我國之新文明青青於藍冰寒於水於戲深山大澤實生蛟龍龍伯大人之腳趾遂終非僬僥國小丈夫之項背所能望也謂余不信請徵諸佛學。

佛法之入震旦也據別史所言或謂秦時與竇利防等交通西漢時從匈奴得金人實爲我國知有佛之嚆矢眞僞苐弗深考其見於正史信而有據者則東漢明帝永平十

年西印度之攝摩竺法蘭兩師應詔賫經典而至。於是佛之教義始東被。雖然我民族宗教迷信之念甚薄。莫之受也。至桓帝始自信之。興平間民間亦漸有信者。三國時代支纖支亮支謙。皆自印度來傳教。時號三支。魏嘉平二年。曇摩訶羅始以戒律來。象教漸備。雖然當時道家言極盛。全國爲所掩襲。莫能奪也。而亦有漸認佛教勢力之不可侮。起而與之爲難者。（魏明帝時有費叔牙褚善信二道士。著道佛優劣論。有牟子作理惑論。而吳主孫皓亦有廢佛教之議。必其既興。始有辨之有廢之者矣）及晉代魏。始漸成爲一科學之面目。時則有佛圖澄者。來自西域。專事譯經。東晉以還。偉人輩出。若道安若惠遠若竺道潛若法顯。其尤著也。道安與習鑿齒等游。專闡揚佛教於士大夫之間。惠遠開廬山。日夜說法。佛教講壇。實始於此。爲淨土宗之濫觴焉。法顯橫雪山以入天竺。賫佛典多種以歸。著佛國記。我國人之至印度者。此爲第一。法顯三藏者。不徒佛教界之功臣而已。抑亦我國之立溫斯敦也。（立温斯敦。英人之探險於非洲者。）而同時北方一大師起。爲佛教史中開一新紀元。曰鳩摩羅什。羅什龜茲國人。既精法理。且嫻漢語。以姚秦弘始三年始入長安。日夜從事繙譯。一切經論成於其手者。不知凡幾。門徒三千。達者七十。上足四人。道生道融僧肇僧叡。其最顯者也。羅什之功德不一。而其最大者。爲傳

大乘教。前此諸僧用力雖劬。然所討論僅在小乘耳。至羅什首傳三論宗宗義。譯法華經。又譯成實論。實爲成實宗入中國之始。自玆以往。佛馱跋陀羅譯華嚴。曇無讖譯涅槃。而甚深微妙之義。始逐漸輸入學界。壁壘一新矣。

南北朝之際。海宇鼎沸。羣雄四起。而佛教之進路亦多歧。宋少帝時譯五分律。文帝時譯觀普賢經觀無量壽經瓔珞經等。又迎求那跋摩於罽賓。築戒壇以聽法。中國之有戒壇自玆始。歷陳涉隋。以逮初唐。諸宗並起。菩提流支始倡地論宗。達摩始倡禪宗。眞諦三藏始倡攝論宗及俱舍宗。智者大師始倡天台法華宗。南山律師始倡律宗。善導大師始倡淨土宗。慈恩三藏始倡法相宗。賢首國師始倡華嚴宗。善無畏三藏始倡眞言宗。萬馬齊奔。百流洶匯。至是遂爲佛學全盛時代。

第三節 諸宗略紀

今請將六朝隋唐間有力之諸宗派。列爲一表。示其系統。

宗名	開祖	印度遠祖	初起時	中盛時	後衰時
成實宗	鳩摩羅什	訶梨跋摩	晉安帝時	六朝間	中唐以後

三論宗	嘉祥大師	龍樹、提婆、	同上	同上	同上
涅槃宗	曇無讖	世親	同上	宋齊	陳以後歸入天台
律宗	南山律師	曇無德	梁武帝時	唐太宗時	元以後
地論宗	光統律師	世親	同上	梁陳間	唐以後歸華嚴
淨土宗	善導大師	馬鳴、龍樹、世親、	同上	唐宋明時	明末以後
禪宗	達摩大師	馬鳴、龍樹、提婆、世親、	同上	同上	同上
俱舍宗	眞諦三藏	世親	陳文帝時	中唐	晚唐以後
攝論宗	同上	無著、世親	同上	陳隋間	唐以後歸法相
天台宗	智者大師	…………	陳隋間	隋唐間	晚唐以後
華嚴宗	杜順大師	馬鳴、堅慧、龍樹	陳	唐則天後	同上
法相宗	慈恩大師	無著、世親	唐太宗時	中唐	同上
眞言宗	不空三藏	龍樹、龍智	唐玄宗時	同上	同上

以上十三宗。除涅槃、地論、攝論、三家歸併他宗外。自餘十宗。皆經過極光大之時代。五

起角立。支配數百年間之思想界者也。今按其所屬教乘。再示一表。

- 教理
  - 小乘教
    - 俱舍宗
    - 成實宗
  - 權大乘教
    - 律宗
    - 法相宗
    - 三論宗
  - 大乘教
    - 華嚴宗
    - 天台宗
    - 眞言宗
    - 淨土宗
    - 禪宗

諸宗之教旨。若縷述之。雖數十萬言。猶不能殫。且亦非余之淺學所能及也。是以不論。論其歷史。（本論原以中國爲主。不能他及。但各宗起原。多與印度有關係。故不得不追論及之。）

（一）俱舍宗　佛滅後九百年。世親菩薩依四阿含經（增一阿含經五十一卷。中阿含經六十卷。長阿含經二十二卷。雜阿含經五十卷。皆小乘經也。）造俱舍論。（三十卷）實爲本宗之嚆矢。時印度自佛家乃至外道。莫不競學。大顯

勢力於西域。及陳文帝天嘉四年。印度高僧波羅末那（即眞諦三藏）携梵本以詣震旦。以五年之功譯成之。名曰「阿毘達磨俱舍論」。即所謂舊俱舍者是也。陳智愷、唐淨慧、皆爲作疏。及唐貞觀間。玄奘法師親赴天竺。從僧伽耶舍論師學俱舍之奧義。歸國後重譯原本。釐爲三十卷。其弟子神泰、普光、法寶、尊競爲疏記。遂以流通。但此宗本爲法相之初步。故亦名法相宗之附屬宗云。

(二)成實宗　本宗之祖師。即成實論之訶梨跋摩其人也。生於佛滅後九百年。嘗從「有宗」本師受迦旃延之論。（時印度佛派。有「有宗」「空宗」兩大派。）覺有所未慊。乃通覽大小乘。自創此論。然其宗義不盛於印度。至姚秦弘始十三年。鳩摩羅什始譯之以行於支那。其弟子曇影爲之筆述。僧叡爲之注釋。於是此義遂光。自晉末至唐初二百年間。浸淫一世。齊梁之間。江南尤盛云。但此論本與「三論」並譯。其傳法者率皆兩習。故亦名三論宗之附屬宗云。

(三)律宗　自佛入滅後。迦葉尊者與五百羅漢結集大藏。分爲經、律、論之三藏。律之在敎中。蔚爲大國矣。其入中國也。始於曹魏嘉平二年。曇摩訶羅始傳所謂「十八受」

者。劉宋元嘉十一年。始行「尼受」（謂比丘尼所受戒律）迨姚秦弘始六年。鳩摩羅什始譯十誦律。其後僧祇律等。相續出世。律敎漸入震旦矣。其卓然完成一宗者。則自南山律師道宣始。南山生隋開皇間。受戒於智首律師之門。後隱於終南。研精戒律。及奘師西游歸國。開譯壇於長安。南山親爲其書記。譯律數百卷。証明戒律爲圓頓一乘之旨。非小乘所得專有。其有功於佛敎。實非淺尠。其時與之並起者。復有兩派。一曰相部宗。法礪律師所創。二曰東塔宗。懷素律師所創。並南山宗統稱律家三宗云。然彼兩宗不光大。獨南山律。至元代。猶保持宗勢不衰。

（四）法相宗　法相、天台、華嚴三宗。亦稱敎下三家。皆大乘妙諦。而當時佛學中最光大者也。此宗一名唯識宗。以大意明唯識。故又名慈恩宗。以開祖爲慈恩。故本宗印度傳法。最爲分明。佛說大乘經中。華嚴、深密、楞伽經等。闡揚萬法唯識之義。實爲斯學所本。佛滅後九百年。彌勒慈尊應無着菩薩之請。說五部大論。所謂「瑜伽師地論」「分別瑜伽論」「大莊嚴論」「辨中邊論」「金剛般若論」是也。無著承彌勒之旨。復造「顯揚論」「對法論」等。同時有世親菩薩。（無著之弟）造「五蘊論」「百法明門論」「唯識三十頌」

等。大弘斯旨。復次佛滅後十一世紀。有難陀護法等十大論師。皆注世親「三十頌」。各有心得。而護法之弟子戒賢論師。所謂傳法大將。冠絕一時。深究瑜伽、唯識、聲明、因明等之蘊奧。在五印度中。號稱辯才第一。傳鉢奘師。以惠震旦。自茲以往。西域此學微矣。唐貞觀三年。玄奘三藏。求法西行。（坊間小說西游記。即演奘師事蹟也。）子身徧歷五印。得禮戒賢。盡受五大論（即彌勒所造）十支論（即無著以下所造）。博通因明聲明諸學。（印度當時有所謂五明者。佛徒外道並學之。其因明即名學。日本所謂論理學也。）歸國以後。弘暢斯旨。實爲法相宗入中國之嚆矢。玄奘高足窺基。號慈恩法師。悉受微言。玅達玄旨。於是述疏證義。確立宗規。本宗大成。實由於是。再傳爲淄州惠沼。著「唯識了義燈」。三傳爲樸揚智周。著「唯識演祕」。經此數師。宗義遂日以光大。

（五）三論宗　三論者。（一）中論。（二）十二門論。（三）百論也。前二爲龍樹菩薩造。後一爲提婆菩薩造。故本宗祖龍樹、提婆。（或加大智度論。亦名四論宗。）鳩摩羅什實提婆三傳弟子也。傳法東來。專弘此宗。四論翻譯。皆出其手。什師門下生（道生僧肇道融僧叡曇影慧觀道恒曇濟）之八傑。皆受大義。曇濟授道朗。道朗授道詮。道詮授法朗。法朗授嘉祥。至嘉祥大師（名吉藏）而此宗全盛。其後玄奘復從印度清辯智光兩大師。更受微言。復有地婆伽羅者東來。口

援宗義於慈恩。慈恩遠承什譯、近稟奘傳、旁參伽說、著「十二門宗致義記」、而此宗遂以大成。

（六）華嚴宗　我佛世尊、從菩提樹下起、即爲深位菩薩文殊普賢等說華嚴三十八品十萬偈、實佛乘中甚深微妙一乘最極之法門也。當時聲聞緣覺根器未熟者、聽之如聾如啞。佛滅五百年、馬鳴菩薩作「大乘起信論」、演說如緣起法門、即本此經。次七百年、龍樹菩薩出現、造「大不思議論」以解釋之。次九百年、天親菩薩造「華嚴十地論」。此三師者、稱本宗印度之列祖。其在支那、東晉義熙十四年、佛陀跋陀羅始譯華嚴六十卷。其後諸師講說流布、製疏撰章者雖不尠、然未能確然成一宗派。陳隋間、杜順禪師始提義綱、標立宗名、著「華嚴法界觀門」「五教止觀」「十玄章」等、大暢妙旨、是爲開宗初祖。二祖智儼作「搜玄記」「孔目章」等。三祖法藏、稱賢首國師、作「五教章」以明本宗之教相、作「探玄記」二十卷以解華嚴。其餘著述尚二十餘部、圓宗宗風至此大成。故賢首亦稱華嚴太祖。賢首沒後、有慧苑者、私逞臆見、刊落師說、宗統將墜。四祖澄觀、慨之、作「華嚴大疏鈔」、破斥異轍、恢復正宗。諸祖心傳、賴以不墜。所謂淸涼國師

是也。五祖宗密稱圭峯禪師紹述清凉盛弘華嚴。兼通諸宗。斯道益以光大。此五傑者所謂華嚴五祖也。

（七）天台宗　亦名法華宗以依法華經立宗故。此宗不上承印度創始之者實由我支那則智者大師其人也。師名智顗陳隋間人。以居天台山故此宗得名。時有南嶽慧思禪師德高一世。自證三昧。智者往謁之。則曰昔日靈山同聽法華宿緣所追。今復來矣。乃使修法華三昧。越十四日。智者大徹大悟。遂直接佛傳創立此派。荊溪尊者（智者第六代法孫也）「止觀義例」云『一家教門。所用義旨以法華爲宗骨。以智論（按指大智度論也）爲指南。以大經（按指涅槃經也）爲扶疏。以大品（按指大品般若經也）爲觀法。引諸經以增信。引諸論以助成。觀心爲經。諸法爲緯。織成部帙。不與他同』云云。本宗所立之眞相。實括於是。次有章安大師承天台後。廣傳宗風。天台惟散說。章安始結集以成一宗典籍。以作一家綱目。次有智威慧威玄朗妙樂。幷稱龍象。中唐以後荊溪尊者洮然最顯焉。

（八）眞言宗　佛教有顯密二教之別。此宗所謂密教也。密教者何。不恃言語以立教者也。據佛家言。佛有三身。（一）釋迦佛。（二）大日如來佛。（三）彌陀佛。實一佛之德所流出之

三體、也。槪略如耶教三位一體之說。大日者。釋迦之法身。釋迦者。大日之化身也。故後世學者綜別諸宗。亦分爲釋迦教大日教彌陀教三類。今所舉十宗。惟眞言宗屬大日教。淨土宗屬彌陀教。今婦孺通念南無阿彌陀佛。即宗彌陀教也。餘八宗皆屬釋迦教。相傳金剛薩埵親受法門於大日如來。如來滅後七百年。薩埵以授龍猛菩薩、龍猛授龍智。龍智授善無畏。善無畏始來唐。翻大日經。以授金剛智金剛智實支那傳法初祖也。其後不空和尚東來、承金剛智之後。復從事翻譯。爲玄宗肅宗代宗三代國師。眞言宗之確立。實自不空。始雖然、此宗不盛於我國、後經空海即創造日本字母之人傳諸日本。日本今特盛焉。西藏蒙古暹羅亦行之。

(九)淨土宗　此宗所依者三經。無量壽經。觀無量壽經。阿彌陀經。一論。往生淨土論。天親菩薩造。以念佛藉他力而求解脫。所謂彌陀教也。印度先師。推天親菩薩、天親入滅後五百年。菩提流支始傳淨土法門於震旦。先是後漢時安息國沙門安清高始譯無量壽經二卷。及晉慧遠法師結白蓮社於廬山。念佛修行。已爲此宗之嚆矢。然法門未備。菩提流支之入中國。實北魏永平元年也。流支以授曇鸞。鸞著「往生淨土論註」、大弘斯旨。其後隋大業間有道綽唐貞觀間有善導皆錚錚大師也。禪宗、天台、法相、華嚴等諸宗。雖極盛於當時。然其教

理甚深微妙。非鈍根淺學人所能領解。故信奉者僅在士大夫。獨淨土宗。以他力教義。感化愚夫愚婦。凡難解之教理。概置不論。故其勢力廣被披靡全國。善導禪師在世之時。屠肆殆無過問者云。其力量可見一斑矣。今世俗所謂佛教者大率猶汲此宗之末流也。

(十)禪宗 法相天台華嚴稱教下三家。禪宗稱教外別傳。此四宗者皆大乘上法。各有獨到。而中國佛學界之人才。亦悉在於是矣。禪宗以不著語言不立文字直指本心見性成佛為教義。一變佛教之質。自後此宋明間儒佛混合。皆自此始。此宗歷史相傳靈山會上釋尊拈花。迦葉微笑。正法眼藏。於茲授受。其後迦葉尊者以衣鉢授阿難。中間經歷馬鳴龍樹天親等二十七代。密密相傳。不著一字。直至達摩禪師自迦葉迄達摩。是為印度二十八祖。達摩承二十七祖之命。東渡震旦。當梁武帝普通七年始至廣東。後入嵩山。面壁十年。始得傳法之人。傳已遂入滅。故達摩亦稱震旦禪宗初祖。二祖慧可。三祖僧璨。四祖道信。皆依印度祖師之例。不說法不著書。惟求得傳鉢之人。即自圓寂。至五祖弘忍號黃梅大師。始開山授徒。門下千五百人。玉泉神秀為首座。竟不能

傳法。而六祖大鑑慧能以不識一字之賃舂人受衣鉢焉。後神秀復師六祖。悟大法於是禪宗有南北二派。南慧能北神秀也。六祖以後鉢止不傳。而敎外密傳遂極光大。爾後遂衍爲雲門法眼曹洞潙仰臨濟之五宗。宋明以來益滔滔披靡天下。今列禪門五宗表如下。

- 六祖
  - 青原行志
    - 石頭希遷
      - 天皇道悟
        - 龍潭崇信 — 德山宣鑑 — 雪峯義存
          - 雲門文偃 — 雲門宗
          - 玄沙師備 — 羅漢桂琛 — 法眼文益 — 法眼宗
      - 藥山惟儼 — 雲巖曇成 — 洞山良价 — 曹山本寂 — 曹洞宗
  - 南嶽懷讓
    - 馬祖道一 — 百丈懷海
      - 黃檗希運 — 臨濟義玄 — 臨濟宗
      - 潙山靈祐 — 仰山慧寂 — 潙仰宗

以上諸宗傳授之大略也。至各派之長短得失。固非淺學所能言。亦非本論所應及。故從闕如。若吾國佛學之特色。及諸哲學說之尤精要者。請於次節試論之。

鄙人雖好佛學。然實毫無心得。凡諸論述。皆貧子說金之類而已。此節所記歷史。據日本人所著「八

宗綱要」「十二宗綱要」「佛教各宗綱領」等書。糅祭而成。非能自記憶自考證也。但合彼十數萬言之書。撮爲數葉。亦頗劬耳。此等乾燥無味之考據。知爲新學界所不喜。但此亦是我國學術思想一大公案。學者所不可不知也。最而錄之。亦足以省繙檢之勞云爾。 著者識

（此章未完）

談叢

加藤博士天則百話（一）

日本文學博士加藤弘之德國學派之泰斗也專主進化論以愛己心爲道德法律之標準其言固多偏激有流弊然持之有故言之成理故其影響及於日本學界者甚大焉余夙愛讀其書顧不欲紹介其學說於中國蓋慮所益不足以償所損也雖然今日學術思想勃興之時代終非可以人力阻止某種學派不使輸入我國苟强阻止之是又與於頑固之甚者也況能成一家之言者必自有其根柢條理苟能理會其全體而不藉口其一端則無論何學派而皆有裨於羣治且天下之方術多矣擇而從焉淘而棄焉豈不在我故今取其天則百話擇譯以諗同學焉雖東鱗西爪而博士學術之大概亦在是矣　飲冰識

實學空理之辯（原話一）

論者或以直接有效用於實業之學科謂之實學反是者謂之空理空論如機器製造

礦學電學工程等應用科學。最有益於實業者。謂之實學。其他物理學化學者。雖純正科學。然以其爲應用學之根柢。故亦謂之實學。至如哲學心理學羣學等。專主理論。不依物質者。則動誚爲空理空論。此實謬見也。學科之虛實眞僞。不在其所研究之客體而在其能研究之主體。按主、客、能、所、等字。乃佛典通用語。日人亦常用之。此處原文不如此。特因其措詞複雜。故以此二語譯意代之 況哲學心學羣學者。幷所研究之客體而亦非空也。雖然此等無形之學科。其發明眞理固自不易。以故前此之治此業者。其所持論自往往類於空漠無朕。然其中含眞理者亦已不尠矣。況在今日思想勃興。治此等學科者。必非以空攡揣測而自滿足。往往依嚴格的科學法式。以求其是。然則論者之妄生分別。其陋亦甚矣。羣治之開化。決非徒恃有形之物質也。而更賴無形之精神。無形有形。相需爲用。而始得完全圓滿之眞文明。徵諸今日之歐洲。有彰明較著者矣。

自由研究　（原話十三）

人羣一切之事物。與天然界一切之事物同。皆緣物競天擇優勝劣敗之作用。逐漸進化。雖學問宗教。亦循此天則而不可逃避者也。故無論言學言教。皆宜一聽研究者之

自由。毫無他界以爲之束縛。然後教學乃可以發達。釋迦脫婆羅門之束縛而興佛教。耶穌脫猶太教之束縛而興景教。歐洲近世諸碩學脫景教之束縛而興新學問。皆其明效大驗矣。惟其研究之自由也。故能排其舊者以與其新者。一興一廢之間。皆天演學所謂自然淘汰之作用也。苟無此作用。則學問宗教。終不得進步。
乃或既用自由研究之力排他人。以自立矣。及其既立定之後。又怙自己之勢力轉以妨害他人之自由。是所不可解也。若耶穌教徒是也。耶氏之所以能立新教。豈不賴此自由力乎哉。迨勢既成。又用世俗的權力以侵來者之自由。何其不思也。雖然。耶教之迂腐虛妄。固終不可以抵抗新學問。至於今日。勢力漸墜。固已不得不豎降旛於新學界之轅門矣。夫彼迷信宗教之徒。固執法誠爲其教祖之忠僕。猶可言也。若乃教門以外之人。猶或設種種口實以壓制思想自由。其識見之陋劣。實可驚矣。如倫理道德一科。蓋最受其毒者也。俗論者流。動謂古昔相傳之倫理道德。必非容後人之擬議其得失。雌黃其是非者也。苟其有此。則害名教也。壞風俗也。設此等種種虛漠之口實而曾不能依學理以相辯難。嗚呼。持論不依於學理。而欲學問之進步。亦難矣。

我輩九百九十年前之祖宗（原話十四）

人莫不有父母。是曰雙親。父亦有其父母。母亦有其父母。是爲吾之祖父母者其數四人。祖父亦有其父母。祖母亦有其父母。是爲吾之曾祖父母者其數八人。曾祖父母又各有其父母。是爲吾之高祖父母者其數十六人。如是遞推之而三十二人、六十四人、百二十八人。祖先之數。逐漸增加。至不可思議。今試以三十年爲一代計之積三十三代九百九十年。則其祖宗之多。有令人失驚者。爲表如下。

父母	二	祖父母	四
曾祖父母	八	高祖父母	十六
第五祖	三十二	第六祖	六十四
第七祖	百二十八	第八祖	二百五十六
第九祖	五百十二	第十祖	千〇二十四

以上凡三百年

第十一祖	二千〇四十八	第十二祖	四千〇九十六

第十三祖　八千百九十二
第十五祖　三萬二千七百六十八
第十七祖　十三萬一千〇七十二
第十九祖　五十二萬四千二百八十八
以上凡六百年
第二十一祖　二百〇九萬七千百五十二
第二十三祖　八百三十萬八千六百〇八
第二十五祖　三千二百五十五萬四千四百卅二
第二十七祖　一億三千〇二十一萬七千七百二十八
第二十九祖　五億二千〇八十七萬〇九百一十二
以上凡九百年
第三十一祖　二十億八千三百四十八萬三千六百四十八
第三十三祖　八十億三千三百九十三萬四千五百九十二

第十四祖　一萬六千三百八十四
第十六祖　六萬五千五百三十六
第十八祖　二十六萬二千百四十四
第二十祖　百〇四萬八千五百七十六
第二十二祖　四百十九萬四千三百〇四
第二十四祖　千六百七十七萬七千二百十六
第二十六祖　六千五百十萬八千八百六十四
第二十八祖　二億六千〇四十三萬五千四百五十六
第三十祖　十億四千百七十四萬千八百二十四
第三十二祖　四十億六千六百九十六萬七千二百九十六

五

以上九百九十年

然則十代三百年間。祖先之數。應有千○二十四人。二十代六百年間。應有一百○四萬八千五百七十六人。三十代九百年間。應有十萬萬零四千一百七十四萬一千八百二十四人。再加三代共三十三代九百九十年間。應有八百三十萬萬三千三百九十三萬四千五百九十二人。表而出之。實有令人可驚可笑者。雖然。此就親族血統不相婚嫁者言耳。然古來親族間婚嫁實繁有徒。故其實數並不若是其夥也。

按此條無關學理。不過以其有趣。譯之以資談助耳

利己心之三種　（原話九十四）

自昔學者。皆謂人類有利己利他兩心同立並存。吾以爲爲此說者。皆由其眼光局促。未能及於人類以外也。自昔學者。皆以人爲一種特別之生物。本爲萬物之靈。故其研究種種性質。眼界全限於人類範圍之內。而不能及於其外。至於今日進化之學理大明。人類由動物進變之說。既已若鐵案之不可動。故研究人類身心之現象。皆不可不並下等動物而研究之。此近世學者所同認矣。故吾今者論利己利他兩心。亦不得不

推本於是。

試觀下等動物之心性則惟見其有利己心耳無更所謂利他心者存舍己之欲以爲他謀概乎未有聞也其漸進步而爲高等動物稍帶羣性則於自利之外亦微有利他之意但非能眞爲他謀也不過不妄害他而已蓋既相聚以爲生存則專謀自己之利者終不可以保自己之安全故不利他而亦不敢妄害他此即利他心之發端也及更進化以至人類則無論若何野蠻種族其合羣之性總比諸高等動物愈加確固故利他之行爲亦隨而進步及至大文明大開化之社會而利他心益更盛大矣此實天演大圜轉移變化之情狀也夫論一人身心之現象不可不徵其遺傳於父母然則論人羣身心之現象亦不可不徵其遺傳於遠祖之動物明矣而自昔學者未嘗能依此例以爲論據焉此所以誤認後起之利他心以爲與固有之利己心並生而俱來也

由此言之則利他心不過爲利己心之一變體明矣吾今得區利己心爲三種類（第一）無限純全之利己心（第二）有限純全之利己心（第三）變形之利己心所謂無限純全之利己心者即下等動物之利己心惟盡己力所及以謀自利毫不顧其他者

也。所謂有限純全之利已心者。即稍帶羣性之高等動物。雖謀自利。而稍有限制。不妄害其他者也。所謂變形之利已心者。即尋常人所稱爲利他心者也。此種利已心。高等動物雖稍有之。然至人類界而始進步。蓋其目的本非爲他人計。但欲自謀眞實之利（或利於身或利於心）則非先謀他人之利不可。其利他也。不過其利已之一手段也。故謂之變形之利已心。

此三種之利已心。自有高下之別。顯而易見者也。即第一種行於普通動物界。第二種行於高等動物界。第三種行于人類界也。雖然。人類者又兼此三種而有之者也。大抵第二種。其最通行。人人同具者也。至於第一第三兩種。則因各人特別之性質。而有所偏。而偏於第一種者蓋甚多。

第三種之利已心（即利他心）其別亦有二。一曰唯物的。二曰唯心的。謀他人之利。而我因得物質上實益之報償。所謂唯物的也。謀他人之利。而我之本心因以愉快。爲順適焉。所謂唯心的也。此二者。其利害竟歸於我。故名爲利他心。而實則爲利已心。無可疑也。

凡人於其所親愛之人。視之每如與已同體。若父子兄弟夫婦朋友之間。往往異形同

魂幾無復彼我之障故相互視其幸福而憂其菑害以尋常論之此等可謂之利他心全非由利己心而出者也雖然、實乃不然彼以其一體同情之故故見彼之幸福而我已不勝其快愉見彼之菑害而我已不堪其苦痛此其中殆有莫之爲而爲莫之致而至者焉故其利他也畢竟自爲心上之利益謀也然此等心在本人亦並不覺其利己計也者故以意識論可謂之利他以本源論實仍爲利己也夫利益之高等者不在軀殼之樂而在心魂之樂故此種心實利己心中之最高尚最優美者也（譯者案唯物的利己心。本文未有說明。博士別有所著「道德法律進化之理」一書。言之最詳。他日當擇譯之。參觀本報邊沁學說之案語。亦可見其概。）

宗教家言道德家言常教人以利他之爲務此實利用吾人心性上之快樂以使人勉爲善人爲君子爲孝子爲名婦者也吾人但從其教則可以得此美名而吾心亦以大快此實普度衆生之絕妙法門也而溯其本原乃不出於利己心之外苟無利己心則雖聖賢亦無從施其教也

然則利他心必非能離利已心而自發生也明矣雖然、此種高尚之利己心自吾人之意識自觀之則已爲利他而非利己也故此種意識漸遺傳於子孫而日以發達久而

久之則若與生俱來者然學者所以誤認利他心爲離利己心而能獨立者皆坐此焉耳由此言之則利己心非必可惡可賤者若其第三種第二種實人類生存所不可缺之具也惟第一種之利己心則害羣莫大焉苟僅有此一而無彼二者則是非人而禽獸也

譯者案此加藤博士學說之要點也其他種著述發明此義動累萬言反覆詳盡盛水不漏日人推尊之者以爲發泰西學者未發之蘊其反對之者則以爲正義之公敵人道之蟊賊盖日本學界諸先輩中其受毀譽最劇烈者未有若加藤氏之甚者也平心論之則所謂愛他心者實人羣所以成立之大原日培植而滋長之猶懼其不殖而何必抹而煞之使並爲利己心之附庸倡此說者是不啻恐人類之不知自私自利而復敎猱升木也故此等學理最不宜行於今日之中國雖然加藤氏之意則亦有在矣彼見夫今日之人類其於利他之事業終不能安而行之也故與其逆而節焉不如順而導焉大發明欲利己必不可不先利他之義以爲卿等之所謂利非眞利也苟其眞欲自利則請求之於自利之外此加藤氏所以雖蒙舉國之非難

而卒堅持其說不少變也。（吾於日本各報中。見他人攻難加藤。及加藤答客難之論。文已不下百數十通。）夫人苟能將其「唯心的變形愛已心」而擴充光大之則始爲視一家所親爲一體者浸假而視一鄉爲一體焉可矣浸假而視一國爲一體焉可矣浸假而視天下爲一體焉可矣浸假而視一切衆生爲一體焉可矣此特視其以太之感覺力何如耳（此其義瀏陽仁學發之最透）夫既視一鄉一國天下衆生皆爲一體則見其苦則吾無端而忽生大苦見其樂則吾無端而忽生大樂易所謂吉凶與民同患維摩經所謂衆生病是故我病審如是也則吾不欲利已則已苟欲利已則勢不可不爲一鄉一國天下衆生思所以去其苦而生其樂蓋不如是則吾將痛苦而無極也審如是也雖利已何病加藤氏立論之本意雖未必有得於是然吾輩讀其書者不可不作如是觀也大抵凡成一家之言者其中必含有眞理者存苟善讀之無不可以爲進德之助孔子不云乎三人行必有我師焉而何必惟加藤之言之爲病也若夫耳食其一二而因以自恣焉抱持彼第一種禽獸之利已心而自託於加藤之徒即加藤亦有不任受者矣

國聞短評

匈加利國父百年紀念祭

西歷九月十九日匈加利人舉行獨立「國父」誕生百年紀念祭於其布打彼斯得京城實匈加利獨立以來最大之祝典也。其日全都之國民上自官署及銀行各大公司、下至負販騶卒婦孺莫不歇業休沐共赴盛會。全國近都遠鄙之民扶老携幼以至者。不下十數萬到處旌旗飄揚照耀天日。全國新聞紙皆吮筆伸紙謳歌其國父之事業以爲獨立自由祝。即前此反對之報館至是亦竭誠贊歎靡有異詞於戲盛矣。國父爲誰則五十三年前亾命於突厥八年前卒於意大利之路易噶蘇士也。

其日上午九點鐘舉行祝典於波羅的士丹教會堂。噶公遺族二人及全國有名望諸人物、各團體之代表者、各府州縣之委員咸集。禮畢復同詣噶公遺墓舉行紀念碑開工之典。現任首相伯爵阿善尼爲先導其餘議院議員、市長及市會員、各團體之代表、各地方之委員等絡繹相繼。車馬凡亘數里。直達墓所先獻花環。誦讚美之歌。首相繼

起演說親置二巨石以爲碑礎乃復齊唱讚美歌懽聲雷動禮畢同見噶公老友狄埃兒將軍、及公之遺族爲國民深表感謝云。

其日全都街衢安靜無譁學生之自遠近來集者各執國旗及花環列成隊伍誦愛國之歌和以軍樂時有童顏鶴髮之父老扶杖來觀感極而掩泣者則曾目擊千八百四十八年往事之遺民也入夜市民復列炬火結樂隊游行市中以表祝意金吾不禁玉漏莫催全市皆醉人云於戲盛矣。

嗚呼、匈加利而僅爲今日之匈加利、殆非噶公之志也故奧匈合併後而公遯跡於外國不入政界者猶二十餘年夫以愛國熱誠若公者豈其忍恝然於故山猿鶴焉顧爾爾者毋亦猶有魯仲連蹈海之餘痛也雖然、匈加利雖不能爲千八百四十八年之匈加利而猶得爲千八百六十七年以後之匈加利公亦可以瞑矣彼國民之愛公念公也如是他日必有能繼公之志百尺竿頭更進一步者公亦可以瞑矣

南洋公學學生退學事件

十月十七日。上海南洋公學特班、政治班、頭班、二班、三班、四班、五班、六班、學生二百餘

人同時退學實中國國民前途關係第一重要事件也其始末及善後事宜略見本號餘錄門茲不具列本社記者聞此且憤且憂且喜且懼不嫌越俎略陳蠡見為國中辦學堂者告且為國中學生團體告

人羣之所以進步有二要素一曰秩序二曰自由斯二者相反而相成學校者最能代表此二要素之精神者也騷擾衝突最足以破壞秩序全國學校而屢有此等警報必非現象之良者也雖以鄙人之好動好競亦必非樂聞有此等事且不願國中今後屢有此等事雖然今茲之役吾不能不歎服南洋公學學生之志節氣魄而深為公學辦事諸人羞也凡一團體之有破壞舉動也必非一二人之所能為亦非一二事之所可致必有遠因總因伏之許久彼其所含破裂之種子既多且熟如滿屋爆藥待火星而陡發焉偶有一二至微至小之近因分因為之一點一撥而其末流遂橫決而不可制不知者以為是區區小節豈值小題大做無端而為此平地風波之舉以為是其人之囂張而桀驁也曾亦思美國所以獨立豈其因區區之印稅條例日本之所以討幕豈其因區區之攘夷違勅也雖微此事而其獨立討幕之變固始終不可免通覽古今萬

國破壞之歷史無論大而一國小而一初級之團體其革命風潮之進播者若是焉耳今玆之變以區區一墨水壺事件而波瀾乃至於是使除墨水壺事件外而無他原因也則吾不能不責備諸學生之無忍耐無秩序雖然吾信此區區事件必不足以動第五班全班生之公憤且動公學全學生之公憤也彼其辦學堂者之意若曰今日科舉之制漸廢矣學校之論漸昌矣吾此學堂爲干祿之階梯爲終南之捷徑吾安往而不得學生以此一念而其待學生也固已犬馬畜之倡優視之以爲彼輩皆搖尾乞憐於我而來也以此一念固已與國民教育主義不並容以此一念則其他萬種束縛馳驟令學生萬不能堪之事固已日積月進而不知所極使學生而終無半點國民思想也亦何難靦然而安焉而今日世界摩激之風潮固不許爾爾今日我國民進步之程度固不許爾爾以此相持其何一日之能安也嗚呼此風潮日烈一日此程度日進一日吾恐數年以後豈惟南洋公學舉國之學校亦將如是焉矣又豈惟舉國之學校凡國中一切團體亦皆如是焉矣

四

當道者毋以此爲不過二百餘少年之浮躁舉動也以吾所聞兩年以來若杭州若廣

州，若其他諸省。此等小小騷動既已屢見不一見。雖其間團體不堅。輒被挫折失敗。而其機固已大動矣。在辦學校者之意。豈不以學生不遵規則，萬方同慨。非我等之責任也。夫學校以規則秩序爲貴。使學生而事事與本校之主權爲敵。與本校之成規爲敵。則寗可謂學生之本分焉。雖然亦視其成規爲何如耳。歐美人待黑奴之規則亦不可不謂之規則。人類待牛馬之規則亦不可不謂之規則。以此而相梏焉。其誰能堪也。學生之智識程度。視總辦教習已高數級。總辦教習不自揣。覗然擁臯比以臨之。不寗惟是。反娼嫉焉。而思弄卑劣之手段以犄之。有所挾焉。而以呼爾蹴爾之聲色臨之。此而能受。其爲無人心者矣。故吾非欲盡爲學生迴護也。使辦學校者而能自省焉。改良焉。其規則悉根於公理。悉參酌於現今各文明國所通行之大例。其教習皆略通當世之務。有相當之學力。於此而其學生猶囂張焉。浮動焉。事事相與爲難焉。則雖移郊移遂。而豈爲過也。而無如今日之辦學堂者。殊不足以間執人口也。嗚呼。豈惟一校。即一國亦如是矣。同一無政府黨也。在美國則人皆厭之惡之。在俄國則人皆憐之慕之。以其所對待者不同也。嗚呼。履霜而惕堅氷。月暈而思颸颶。吾爲南洋公學悲。吾爲南洋公

學懼吾尤慮可悲可懼之事什伯於南洋公學者更在其後也任教育事業之人其念之任更重大於敎育事業之人其念之。

頃聞繼任之人。懲於前事。欲更張一二小小規則以籠絡學生。或且置規則於可有可無之列。貌爲癡聾。一任所至。以是爲善後之政策云。噫。誤矣。吾固言此次之風波。非由最近一二之小原因而起。苟不從精神上大加洗刷。雖東補西苴。日日取小節而改之。何益也。且團體者。必非以其規則而可存立者也。苟有規則而不行。則與無規則等。而學堂已非復學堂矣。立學之意。所以訓練國民。國民之要素不一。而守規則實爲其要點。如之何其可以置之若有若無也。彼持此政策者。豈不以爲學生囂張不靖。頑梗不化。終非可以規則圍範之。吾不如任之焉。無以身爲怨府也。顧吾信我中國之少年。必非有蔑規則好破壞之性質。苟規則而良焉。而適應於文明程度焉。則正宜以嚴厲行之。絲毫無所假借。吾知其未有不能受者也。苟如是而猶有不受者焉。則必其爲秩序之蟊賊者也。其力固斷不能動全體。而與辦事人爲敵。而又何足爲慮也。而不然者。初既以惡規則生出少年不平抗爭之心。繼乃以無規則而養成少年蔑視秩序

之習。則少年之墮落。眞不可救。而吾國之前途。更不可問矣。

抑吾更欲爲學生諸君進一言。西哲有言『惡規則固惡也。而猶勝於無規則。』今諸君、以不忍於壓制、犧牲其種種利益。以演此活劇。誠可欽慕。顧吾望諸君以此精神以此魄力必別造一新團體而使之由惡規則變爲良規則無使之由惡規則變爲無規則。頃見滬上各報。知諸君有共和學校之設置。其前途若何非局外所得揣測。要之勿爲同情者所痛而爲反對者所快。此則鄙人所以爲諸君勸。兼爲一國之青年勸者也。竊嘗論之。教育與政治。其性質大異。其在政治。則人人皆治人者。人人皆受治於人者。故治者與受治者同權而治者應受受治者之監督。其在教育。則教者爲一級。受教者爲一級。故教者與受教者不能同權。而受教者應服教者之監督。今諸君之以共和名新校也。不知共和其教育之主義歟。抑共和其教育之法式歟。共和其教育之結果歟。抑共和其教育之現象歟。由前之說。吾爲新校之前途賀。由後之說。吾爲新校之前途弔。且豈惟弔新校而已。吾中國教育之事業。且於此生頓挫。吾中國少年之性質。且於此生影響。嗚呼、諸君之責任。亦其重哉。諸君之地位。亦其艱哉。

又聞公學當局者。今頗以柔滑手段。欲籠絡諸君歸學。以解嘲於萬一。吾知諸君中必無有或受其愚者也。苟其有之。則是此一段民權萌芽之歷史。被點污於此輩之手。非直同學之罪人。又一國之罪人也。拿破侖言用兵之術曰。『兵之勝敗。全在最後之五分鐘而已』今諸君以最文明之舉動。以與文明之敵相抗。吾知諸君之初志。非爲一已計。實爲一國教育之前途計也。使諸君而堅忍焉持久焉。始以破壞。而終以建設焉則一國之學生團體。皆將有所瞻仰。有所踵繼。使學生之資格地位。進而益上。而彼所謂腐敗之教育家。亦將知所畏而稍有一二之自省。諸君今日之事。其必爲將來中國教育史上一最大之紀念。無可疑也。而不然者。彼文明之敵。將快然曰。此少年氣盛輩。有文明思想者。不過如是如是。任其跳擲少選。且將帖然矣。於是益無所憚以自恣。豈惟南洋公學不能改良。且恐他校之腐敗者。益更腐敗。而其影響。又不徒在教育事業而已。嗚呼。吾聞俄皇近者悉召回西伯利亞遣戍之青年矣。俄國大學中。昔由警察部監督者。今則改歸校中團體自監督矣。天下之可敬可愛可崇拜者。孰有過於俄羅斯學生者乎。吾意我黃族摯誠强毅之男兒。其必不讓後進之斯拉夫族以獨步矣。

海外志士之義舉

頃者廣東旱潦疾疫。饑饉厲行。民間生計界之現象。慘不忍覩。一月前由各善堂飛電海外告急。吾國民旅居北美洲者。不下十餘萬人。電至領事及所謂紳董者。遲回莫應。惟金山大埠保皇會中志士。即夕集議。立捐二千餘金。仍復由有力者先墊千餘。即日電匯返國。頃尙日日勸捐。心力俱瘁云。又美洲英屬加拿大域多利溫哥華咸水等埠。亦即日捐集三千餘金。立即電歸。復由各埠總理。徧傳各支會。使急祖國之難。聞現計美洲各保皇會已捐集萬餘。此後尙源源彙捐云。此可見有團體則事易集。而海外諸國民愛國之心。誠加人一等矣。

雜俎

新智識之雜貨店

▲德國今皇照相最多。約共有一千餘回。賣出民間者七百餘種。其所親贈別處及未出于民間者。三百餘種云。

▲英國先女皇域多利亞子孫共八十六人。其中現在生存者六十五人云。

▲美國現在有女醫六千人。

▲英倫現在五十五歲以上者有五萬二千人。

▲德國男女相較。女子多于男子九萬人。

▲美國人現有一百萬元（即中國二百萬元）以上之財產者現有三千五百四十六人。

▲瑞典挪威之兵。讀書識字者居多。俄國則百人中識字者不過三十人云。

▲歐洲各國現有之鐵路。以俄國爲第一。共有一萬五千一百四十二哩。其次爲德國。共有一萬四千哩云。

▲去年英國船廠所建造船艦。計輪船五百九十一隻。帆船四十八隻。兵船四十一隻云。

▲近來英國國民。每名每日增加一角二分之富云。

▲英國現時捐助樂善事業。每一萬元中約占四十元之譜。

▲各國賣酒家之多。以比利時爲第一。每有三十六人之處。必有一家。次爲德國。每百八十八人有一家。英國則每二百二十人有一家。俄國則每九百九十人有一家。最少者爲挪威。每五萬二千人有一家云。

▲現在世界馬匹總數有七千萬匹。其中美國有二千四百萬匹云。

▲蜘蛛之眼有八個。其中一種有六個。

▲食甘蔗之蟲。共有二十六種。

▲檀香山愛爾蘭兩島均無蛇云。

▲法國巴黎新設一例。圉人當執御時。在車上不准吸烟。近有犯此例者。判禁一天。另罰四司零。聞圉人不服。業行上控云。

▲法政府近擬有抽取鰥夫章程。凡二十至三十歲。是時正在覓配之際。徵收不可過重。每月例抽銀五元。三十至三十五歲。是時有不娶之意。徵收又要略重。每月例抽銀十元。三十五至五十歲。是時立定不娶之旨。徵收愈要加重。每月例抽銀廿元。五十至七十五歲。是時確有不娶之據。徵收不妨過重。每月例抽銀三十元。至于七十五歲以後無婦者。每年仍抽銀七角五分。蓋法國人每多不娶妻也。

▲俄國武弁最少二十三歲方許娶妻。法國則須有千磅之資方許娶妻。

▲人若于飲酒之前。先飲橄欖油一小杯。則油可護住肺眼。使酒不得入。雖多飲不醉云。

▲美國某工程家近有新製。凡火車不須停輪。搭客自能上下。其法製一套車。客之欲上下火車者。立套車上。火車在套車下經過。自能收放客人。即因此上下。蓋套車如馬鞍式。騎于火車背上。火車設鐵軌二。以就套車腹中之雙小濶輪。而套車之四足。亦各有輪。置在鐵道兩旁之附鐵軌上。如遇火車來時。人先稍爲推動助勢。以就火車。火車將套車帶住。客人即任意上下。至套車之離火車。則如蟬之脫殼云。

▲美國某商于某街之夾道貼有告白。共五萬二千八百尺。計每日閱八點鐘。最快須八日乃能盡覽。近日郵送與人者。夾五仙一枚。謂閱此需時。聊爲酧抵云。

▲英皇加冕時。賜宴貧民共五十萬人。其砲堂人七萬一千四百五十五人。是日所用食棹延長亘二百六十英里。牛肉三十五萬斤。羊肉十三萬斤。啤酒十六萬八千瓶。麵包七萬五千斤。黃瓜四萬三千個云。

小說

十五小豪傑

第十六回 燕子重來空疑喜報 狗兒一吠作合救星

披髮生

卻說童子們見紙鳶的繩索被風吹斷。把那武安不知流到那兒去。不禁齊聲大叫武安武安。叫了半日。還沒影響。嚇了各人面如土色。相對欷歔。約有二十分鐘工夫。忽聞湖邊有人大叫諸君。只見佐克叫了一聲哥哥。飛也似的跑去。衆人隨後趕着。忽聞暗裏有人喘聲道。倭東們尚在尚在。這就是武安見了各人所說第一句的話了。……原來紙鳶斷線之時。武安覺得自已身體漸向地下落去。可幸那紙鳶的作用和那輕氣球所用的大傘一樣。被風架住。不急墜下。搖搖曳曳。將到水面的時候。武安急忙縱身一躍。跳入水中。泅水登岸。這時那紙鳶離了武安。忽再輕颺空中。自向東北方舞去了。……武安把前後情形。詳述一番。各人悲喜交集。歸到洞來。已是十二點鐘時候。分頭睡去。因為是日疲勞太甚。直睡至翌早日高三丈。方纔起來。於是共集一處商

量後事……。卻說倭東等到了本島。已經半月。尚無去意。這定是他們沒有器具。修整破船。不然。或者船太破損。雖有器具。也修不來。只是他們雖尙未去。也不見他們踏勘全島。覓一安居的地方。可見他們無意築室。作久居計了。這樣看來。武安在空中所望見隔海的火光。定是離本島東方不遠的。就有陸地。倭東們知道了。所以沒有久留本島的意思。果然是本島非一孤島。乃距大陸、若羣島不遠的一個無人島了。這個問題。雖則重大。祇在目前卻非緊要。因爲目前的緊要問題。就是對那倭東們的法子。他們現在東方川口。倘或再一轉步。出到湖邊。就容易搜出法人洞來了。童子們大衆商量了一會。恐怕被倭東們看見了。因此立定計策。忙將那廐舍養禽場及洞前洞後的門口。所有礙眼的東西。盡行除去。自此終日蟄居洞裏。不敢出門一步。那湖畔廣塲。更不消說。自是無人敢去頑耍的了。可憐童子們這麼樣惶恐的時候。又偏遇那最年輕的胡太。害了一個大熱症。十分危重。俄敦把胥羅船拿來的藥箱。拿了出來。雖防有誤投之弊。也不得已把自己知道的細心選了幾種熬給他喫了。餘外各人都盡心服侍他。尤幸那筎稚蘭原是個婦人。又比各人年紀長些。日夕在他身邊親切撫視。恰似慈母

待愛子一樣。因此胡太的病。不日就減了好些。各人纔署安心。轉眼已交十一月。連日陰雨。至十七日新晴。初放暖氣。驟加林滴茂翠。百花亂開。南澤羽族。翩然歸來。一日沙毗網取小鳥數頭。見其中有一燕子。頭上繫着一函。各人且驚且喜。以爲定是別人送來的覆音了。誰知打開一看。仍是原書。不免大衆失望。是月二十一日下午兩點鐘。杜番獨在紐西崙川上那樹陰垂釣，忽聞湖畔好鳥成群。嘐嘐相喚。俄向東方翔去。飛至對岸。漸結成一黑圈。仍嘐嘐相喚。忽投落長草灌木那裏。就不見了。杜番看得親切。早知那裏定有甚麼動物的死體。忙跑回洞去。帶著莫科同撐了那小艇。渡川登岸。把鳥類逐去。細檢草叢。見有一小獵馬。死在地下。鮮血淋漓。一按其體。尚覺微溫。杜番道。這定是中鎗而斃的了。莫科答應道，這兒有憑據。說着用小刀割開傷口。取出一彈。兩人知是倭東們所打的。不敢怠慢。忙奔回洞中。告訴各人。各人道。我們不時傾耳靜聽洞外消息，曾不聞發鎗的聲音。那獵馬定非在死倒的地方被打的。但驗他的傷口太重了。料他被傷之後。斷不能再跑多路。然則他又不在很遠的地方被打的。也可明白。總是倭東們循著東方川。曾到南澤一帶。漸漸逼近這裏。是無可疑的了。童子自從那

三

日更爲放心不下。沒精打采的。呆呆度日。二十四日清早。俄敎武安。欲在紐西崙川對岸湖邊。至南澤之間。選一狹路。築一矮壁。令杜番們射手。伏在那裡。以防倭東們自東方侵來。兩人相携到了對岸。正欲進入茂林。武安前行。忽覺靴底觸著一件東西。估量是介殼之類。沒曾留意。俄敎繼至。停足拾起一看。道。等一等。武安。武安道。甚麼事情。俄敎道。你瞧這不是個磁器烟管嗎。我們沒有喫烟的。這定是倭東們遺失的了。武安道。或是坡陰的遺物。也未可知。俄敎道。不是。煙味還新呢。看來定是這兩日纔丢的。武安接來一驗。見果有煙味。兩人連忙跑回洞來。把方纔所見的事情。告訴各人。又吩咐各人。格外用看守。豫備開戰。日裏頭派一人在那石壁上頭四處張望。夜裏頭又派兩人守着洞前洞後。把大門緊緊閉著。又用許多笨重的東西塞住了。門內放著兩門大砲。又把所有的長鎗短鎗。分派各人。滿塡彈藥。以備臨時之用。童子們準備妥當。等至二十七日。清晨起來。只見密雲低壓。雷聲殷殷。看來便是鬧天氣的光景。到了晚上九点鐘。只見電光爍爍。從那窓兒閃將入來。那霹靂之聲。又不住的在頭上作響。幾乎把那石壁都震倒了。直至十二点鐘。雷電少息。忽然大風大雨。像似千軍萬馬洶湧而來。這

時胡太士耳伊播孫善均們。從被窩裏伸頭一張。俄教們各年長的。把既開出風雨來。便不足害怕的話。安慰了一番。正欲分頭就寢。忽見那獵犬符亨昂首怒目。走到門邊。爬個不住。又忽低頭喘吠。杜番見這個光景。忙向大衆道。看那符亨這麼樣作怪。外頭定有什麼影響了。衆人聞說。各年長的忙從架上拿了洋鎗。磨拳擦掌的。等着接戰。杜番在後門。莫科在前門。帖耳靜聽了一會。見外頭沒有什麼消息。只是見那符亨仍然咆哮狂躍。忽聞相隔百來丈遠的地方。轟然發了一聲。認來不是雷鳴。各人不禁面面相覷。一言莫發。杜番巴士他韋格格羅士四人。連忙伏在門後。把洋鎗的機關開了。等不上五分鐘工夫。忽聞門外有人大叫救命。直奔向本洞而來。這時笳稚蘭正在門邊站著。聞了那個聲音。忙道。這就是他。武安道。他是誰。笳稚蘭又道。開門罷。快開門讓他進來罷。童子們聞說。連忙開了門。只見有一個大漢滿身淋漓。闖將入來。一轉身忙把門關了。傾耳聽了一會。見外頭無甚消息。始進至洞裏中央。向各人瞧了一眼。道。果然都是妙齡童子。各人見笳稚蘭讓了那大漢進來。又見那大漢這樣光景。正是事出意外。茫然不知所爲。各人舉頭呆呆看著那大漢。只見他身材高大。肩横胸濶。兩眼若

電。態度毅然。一望而知爲聰明正直的相貌。年紀約有二十七八歲。可憐他沒有剃刀。那臉上的胡鬚蓬蓬然。幾乎把他的眞面目都遮住了。笳稚蘭連忙上前告訴各人道。他就是我常說的伊範。又忙向伊範握手。伊範見了笳稚蘭。喜容滿面道。笳稚蘭你尙生。笳稚蘭道。是我幸得無事投在這裡。這都是皇天有眼。既救了我。如今又救了你。又道。你今日得到這裡。眞是神推鬼使的一樣。這就是天公憐愛這些童子。叫你來打救他的了。伊範點頭又看了各人一會。不禁嘆口氣道。可恨這裡十五人之中。可以執兵自衛的、不過五六人。武安聞伊範說出這話。連忙問道。他們就要來掩襲我們嗎。伊範道。不然。目前還沒有這個事情。各人聽說。纔畧放心。因拿出一套衣服。替伊範換了。又叫莫科快弄了好些食物。再斟了幾滴拔蘭地給伊範喫了。伊範歇過了。童子們飲食畢。等元氣回復過來。便把自巳到了本島以後的經歷。從頭至尾。向着衆人說道。那日那傅馬船被風吹到岸邊。忽有一個大浪打來。把我們六個人。一齊捲到海心。可幸各人都熟水性。好容易鳧至海濱。走上岸來。卻不見了那船中那兩個人。各人以爲笳稚蘭是個婦人。無氣無力。一定是葬了魚腹。無可疑了。那時正是夜裏頭七八點

鐘時候。我們在濱邊徬徨一會。至十二點鐘。始見那傳馬船在沙灘上橫着。杜番聞說揷口道。那晚我們見有兩個人臥在船旁。像似死人一樣。等至天亮。再往一看。卻沒見了。伊範又道。等我說下去罷。我們當時以爲福倍和排克定是死了。不意後來在那船邊。見他兩個。正昏昏睡着。俟東們忙把他喚醒。因拿了船上所有的食物軍火等件。便跟着海邊而行。那時祿屈見不見了笳稚蘭。正和各人談論。俟東就說出笳稚蘭定是溺死。不足憐憫。卻是我們的幸事的話。我當時從旁聽着。心中十分納悶。知道他們待我。原和笳稚蘭無異。既到這裡。他們用我不着。定是計較要把我除去的。又向着笳稚蘭道。那時候你在那裡呢。笳稚蘭應道。我倒在船底。他們看不出來。所以我把他們問答的話。都聽得淸楚。後來等他們去得遠了。我纔起來向着這邊便走。可幸得遇各位救了。帶到這法人洞來。伊範道。法人洞是什麼。沙毗道。那是我們起給這洞子的名兒。此外還有家族湖南澤紐西崙川等種種名目呢。伊範道。很好很好。這麼事情。請各位明天說給我聽罷。忽棹頭道。門外沒有什麼脚步聲嗎。你守着門口的莫科忙答應道。沒有。伊範又道。我們跟着海邊行了一點多鐘。纔找出一林大樹。就在那處過了一夜。

清早再到傳馬船查驗一番。自此日日以修整那號破船爲事。可恨沒有器具。不能成功。因此衆人商量。先覓一個棲身地方。暫時住下。再作道理。於是沿着濱邊。向南進發。行了十二邁許。便見有一條川口。沙毗道。我們叫他作東方川。那川水所注的地方。便是欺騙灣。伊範又道。我們就在那裡住下。再把那傳馬船牽來。繫在那川口的小港。武安道。那叫巨熊港。伊範又道。我們所欠的。就是那木匠的傢伙。若然有了。我們就容易把那船修好。不必再往這裡。杜番道。我們正有那副傢伙呢。伊範道。倭東也猜中你們定是有的。俄敦道。他怎麼知道我們在這裡呢。伊範道。前十日時候。他們和我自從到了這個島。他們把我提防得利害。沒曾單叫我一個人獨在一處。跟着川岸經過一座茂林。出到湖邊。忽見那蘆荻花上。掛着一個大油布造成的東西。杜番道。那是我們放的大紙鳶。伊範道。那時我們見了。不免驚怪起來。卻猜不着他是什麼東西。只認得他不是天生的物件。我也因此知道本島定有居民。屢次想着脫了他們的虎口。向那居民投去。因我料得那居民。縱是蠻人。也斷不及那班殺人賊那麼兇惡。後來倭東們見我形迹可疑。越發看守得嚴密了。他們卻日日沿着湖東。搜索那個東西的主人。

一連數日。絕不見有一個人影。又不聞有一發鎗聲。各人聽說點頭。又聞伊範說。直至二十二晚、他們內中有一人走到這裡洞邊。適遇各位開放門戶。他瞥見有了燈光。便知這裡有人。忙跑回去。告訴了倭東。倭東等至明天。獨自一人到那川邊的茂林裏頭。隱身窺探。武安道。你說的對了。因爲我們在那裡拾得一個煙管。茄稚蘭正說是倭東的東西。伊範道。倭東歸去。也恨失了那個煙管呢。又道。他在那裡窺伺了半日。知道各位都是童子。因和各人商量方法。都說要强行搶奪。我暗中把他們商量的說話。都聽得清楚。茄稚蘭道。惡人惡魔。他們見這班童子到了這麼田地。還沒有一點惻隱之心嗎。伊範道。他們那裡還有仁心。你不見他們殺那船長和那搭客嗎。茄稚蘭道。你究竟弄了什麼法子。逃走出來的呢。伊範道。今朝倭東們把我交付了福倍祿屈那兩人看守。他們就出外去了。我心中喜的得了好机會。後來見那兩人偶然跑去了。我就乘間逃脫。直奔向茂林裏頭。不一會。見那兩人隨後追來。三人在那茂林裏頭。像似走馬燈一樣、東奔西跑、沒有十四五點鐘工夫。跑了三十來邁路。這是我生平第一次的捷足了。我因聞了倭東說的話。知道各位的所在。於是轉身望着這裡走來。可恨那兩

人仍舊跟着趕來。屢次發鎗擊我。那彈丸都從耳朶邊掠過。險些兒就嗚呼一命了。再跑了半天。天色晚了。我正喜四邊黑暗。或可迷了他們的望眼。不料他們仍是緊緊趕將上來。又湊巧電光閃閃。不容我隱身躱避。不一會到了川之南岸。我忽然心生一計。正欲扒下堤去。忽有一道電光。把我全身現了出來。又忽聞有一發鎗聲。在我背後而起。杜番道。我們在這裡。也曾聽見。伊範又道。可幸那彈丸在我肩上飛過。我就不敢怠慢。連忙翻身躍入水中。忙把兩手拍了幾拍。早已鳧到這邊岸來。上了岸在那雜木叢中潛身蹲伏。探頭一望。見那兩人也追到對岸。一人道。你其已命中了嗎。一人答應道。可不是嗎。前者道。他一定沈下水裏去了。後者道。正是呢。這回竟送他再投生去了。前者又道。好結果。好造化。我把那兩人說的話。都聽得親切。後來見他尋着來路歸去了。纔敢現身出來。忽聞那邊有狗吠的聲音。因此跟着尋來。卻幸遇了各位。這都算我伊範還有福分呢。各位哥兒。自此之後。我們總要團聚一處。同心協力。誓把那些惡漢除去纔好。童子們見伊範說至這幾句話。意氣凜然。聲情悲壯。不禁肅然起立。連忙稱是。俄敦也把自己漂流始末。大略告訴伊範一番。伊範道。各位自到這裡。已上了二十

個月。還沒見有一隻船從這裡經過嗎。武安道。可不是嗎。伊範道各位竪了信號旗沒有。衆人答應道。本來是有的。一個月前恐怕被倭東們看見。纔除了去。伊範贊嘆道。各位眞是用心周密。可恨他們已經知道各位的事情。如今只有日夜戒嚴防禦他們罷了。衆人道。他們那麼兇惡。眞眞沒有法子了。若使他們是個善人。我們量來自己可以盡力的。也樂得帮助他們呢。又道。我們人數雖多。卻都是乳臭小兒不中用的。總是我們都已拿定主義。偏要和他們鬧了一塲大苦戰。斷不肯忍氣吞聲。受他魚肉的。只不知鹿死誰手罷了。茄稚蘭道。各位各位。從前經歷許多艱難險阻。也幸得天公眷佑。到了今日。又得這位英武絕倫的伊範投來。這不是天公派來帮助各位的救星嗎。衆人聞說。不禁拍手連呼伊範萬歲。正是

山窮水盡疑無路　柳暗花明又一村

要知後事如何且聽下回分解

文苑

飲冰室詩話

平子孝高後訪余於箱根。月夜相與登塔峯絕頂。高歌南海先生舊作。『天龍作騎萬靈從。獨立飛來縹緲峯。懷抱芳馨蘭一握。縱橫宙合霧千重。眼中戰國成爭鹿。海內人才孰臥龍。倚劍長號歸去也。千山雲雨嘯青鋒』一詩。覺胸次浩然。大有舞雩三三兩兩之意。歸環翠樓。平子寫其近作雜詩十二絕見示。詩云。晚風初定曉雲生。忍把浮名與世爭。忽憶身前身後事。星球幾處現光明。其一 意根有著成圓缺。眼識無端說暗明。最是良宵人去後。高樓望月更何人。其二 日之方中夜未央。是誰念念續微茫。公情私愛元黃媾。寸寸靈臺總戰場。其三 忽然思想遍諸天。摘取奇情歷歷傳。吾舌猶存何所用。有權斯世創公言。其四 人間天上原無別。何處相思可渡河。星月紛紛惟見影。那邊相望又如何。其五 搆成世界原兒女。俠骨柔腸一例才。莫渡如來寂滅海。不妨齊向愛河來。其六 器世微塵作麼生。山馳水湧尚難平。繁星如豆人如蟻。獨倚危樓看月明。其七 魂魂

色色現靈臺。一例人天大會開。我亦天公一分子。更何心事問天來。其八 流水柴門盡日關。鳥聲如夢落花閑。詩情畫意都忘卻。余欲無言對此山。其九 都思田里與妻兒。咫尺長安悵別離。四萬萬人皆地主。爲誰爭說客京師。其十 千家好夢初成候。我獨高歌也枉然。樓外繁星光悄寂。奇聲應隔萬重天。其十一 落照依微月上遲。共誰終古話相思。剎那悟了前生事。恰似今宵夢醒時。其十二 余讀竟洒然若有所得。茫然若有所失。昔與平子及兩瀏陽鐵樵同學佛。日輒以「爲一大事出世」之義相棒喝。比年以來。同學少年死亡流落。余且飽經世態。汨沒外學。吾喪眞吾久矣。平子相見。叩以近所得。且勗以毋忘舊業。不覺冷水澆背。如南泉聞雁聲過去時也。

平子不以詩名。偶有所作。溫柔敦厚。芳馨悱惻。蓋平子性情中人也。余記其庚子秋東渡日本舟中作四絕云。急雨渡春江。狂風入秋海。辛苦總爲君。可憐君不解。一解 山被白雲封。水把青山繞。一樣是多情。郎心道誰好。二解 宵坐紉春衣。晨興刈秋草。十指豈辭勞。寸心終悄悄。三解 三更滿窗風。五更一樓雨。野渡斷人行。夢魂不知處。四解 吾酷愛之。謂其爲離騷之音也。平子又爲覺頓書篋錄舊作一章云。不相非薄。不相羨。入世皇皇出世

二九一〇

間獨立中流暄日夜萬山無語看焦山盖純乎學道有得之言余昔記曾重伯詩有「萬朶紅蓮禮白蓮」之語余驚嘆以爲妙想妙語得未曾有平子萬山無語看焦山一句警策相類而意境猶似過之可謂無獨有偶

王紫詮之翻譯事業無精神無條理毫無足稱道者我國學界中亦久忘其人矣雖然其所譯普法戰紀中有德國法國國歌各一篇皆彼中名家之作於兩國立國精神大有關係者王氏譯筆亦尙能傳其神韻是不可以人廢也德國祖國歌一長篇已見本報第十一號軍國民篇今復錄其法國國歌四章如下……法國榮光自民著爰舉義旗宏建樹母號妻啼家不完淚盡詞窮何處訴吁王虐政猛於虎烏合爪牙廣招募豈能復覩太平年四出搜羅困奸蠹奮勇興師一世豪報仇寶劍已離鞘進兵須結同心誓不勝捐軀義並高一解維今暴風已四播孱王相繼民悲咤荒郊犬吠戰聲哀田野蒼涼城闕破惡物安能著眼中募兵來往同相佐禍流遠近惡貫盈罪參在上何從赦奮勇興師一世豪報仇寶劍已離鞘進兵須結同心誓不勝捐軀義並高二解維王泰侈弗可說貪婪不足爲殘賊攬權怙勢谿壑張如納象軀入鼠穴驅使我民若馬牛瞻仰我

王逾日月。維人含靈。齒髮儔。詎可鞭笞日擢鈌。奮勇興師。一世豪。報仇寶劍已離鞘。進兵須結同心。誓不勝。捐軀義並高。解三我民秉政貴自主。相聯肢體結心膂。脫身束縛在斯時。奮發英靈振威武。天下久已厭亂離。詐僞相承徒自苦。自主刀鋒正犀利。安得智驪而術取。奮勇興師。一世豪。報仇寶劍已離鞘。進兵須結同心。誓不勝。捐軀義並高。解四

問答

（問）、貴報第十三號斯巴達小志末段云。吾昨夜無寐而夢。何夢。夢啜黑羹。啜黑羹三字何義。乞教。（潮州李溶）

（答）、來喀瓦士之制。導民以節儉。導民以刻苦。故其飲食極粗惡。每飯供黑羹一皿。以爲最上品。老人特嗜之。其他食品。以委諸少壯者。有某國王聞此羹之名。特召一斯巴達庖人。使製而供之。則味怪不能入口。王駭然。庖人曰。君欲知此味乎。非曾浴於歐羅打士EUROTUS河者。不知其美也。蓋斯巴達人初生。必浴於此河。故庖人云然。（本社）

附答不倚庵主

盧孟斯諸君書。日本雖多譯本。然率皆明治初年出版。今覓購頗不易。易此復。（飲冰）

附答順天時報記者

讀大論所規。感佩無量。佛說法有實有權。凡以普度衆生而已。今日中國積弊之深。必非以一法門而可救者。我同業各因其地位。隨時現身。同歸殊途。一致百慮。終必有同達此大目的之一日。願共勉之。至尊論所云云。鄙人固當服膺也。(飲冰)

輿論一班

論外交之禍

上海新聞報

辦外交者時以懼開外衅爲宗旨。而外衅之禍可以息。亦惟時以懼開外衅爲宗旨。而外交之禍於以烈。夫所爲懼開外衅者懼禍耳。息乎此而烈於彼。其於懼禍之宗旨大刺謬矣。而且各國知中國今日之所懼者在於外衅。故時時以調兵徵艦爲恫喝。一恫喝而如願以償。則至再至三可也。一國恫喝而如願以償。則各國可也。時時以開衅懼我。國國以開釁懼我。而我將疲於奔命。則外釁之禍在一時。外交之禍在時時。惟命是從。而外交之禍。尤烈於外釁。豈合於懼禍之宗旨哉。中國於對外政策。每以外釁外交爲循環。而要皆失當。計自中日之釁。喪師失地。遂以外釁爲大戒。而戰戰兢兢於外交之間。俄索旅順大連灣則許之。德索膠州則許之。法索廣州灣則許之。英索威海衛則許之。若路礦之分贈於人。猶其小焉者也。繼而以被逼被辱不能堪。一試其堅拒手段於意之索三門灣，竟無如何。而驕妄者遂以外交爲大病。躍躍然有一開外釁之意。庚

子之變於以起矣。庚子之後又變外交爲外交。計自辛丑訂約以來。失權失利失體之事不可縷指計而辰州之案猶其小焉者也。雖然其他之失權失利失體皆自庚子一案而來。而辰州一案不能與之並論也。何怪乎輿情之悲恨也。夫悲恨者初非有愛於辰州之武員也。苟其武員死而大禍可以息。則雖死百武員可也。觀於庚子之死王公大臣而無人惋惜之者可以知也。亦非有憾於教士也。固知教士之意。非必欲死武員也。然則悲恨者何。曰中國辦外交者不明是非不辨輕重。不識利害。而惟以外釁外交爲循環之政策。外釁畢則額手稱慶。怡然以嬉也。一外交案件結則額手稱慶。怡然以嬉也。又一外交案件結。則又額手稱慶。怡然以嬉也。及當外交案件愈遷就而愈艱鉅。則又以一時之忿而啓外釁。絕不問此釁之爲禍若何。此案之爲禍若何。而外釁外交。循環無已時。亦即循環之禍無已時矣。聞之長於外交者之言曰。英人之垂涎長江歸之勢力圈者十年於茲矣。辰州之案。調兵徵艦。意在聞釁而實行其勢力。其志本不在保教。中國之遷就之者。所以保長江耳。然則洵如斯言。辰案一結。長江遂可以永保乎。沿江數千里無處無教士。即無處不可有教案。無國無教士。即無國不可藉口於教

案。一國以開釁懼我。國國可以懼我。我可遷就一國。我安可不遷就各國。是則辰案結而長江正多事。中國正多事也。而何以辰案既結。頷手稱慶。怡然以嬉者。外務部又如故。朝廷又如故也。夫使朝廷以今日之外交爲悲慟迫切之政策。則國勢如此。朝廷不得已之所爲。豈不爲斯民所共諒。世固有迫之至辱而奮興愈速者。上下一心。引爲大恥。未必無雪恥之一日。今若此。不知其禍之極矣。

科舉宜速廢論

星架坡天南新報

科舉之不足以得人才。且爲學堂之一大阻力。其宜於廢也。稍明新學程度者。莫不知之。蓋以科舉不廢。則舊種人才。猶思倖進。而不肯甘就學堂之範圍。甚或恃其進身有階。而於創建學堂之事。反羣焉肆其攻擊。藉口於異端邪說。以阻他人之進步。而望之廢於有成。倘論者所以有科舉不終廢。卽學堂不終興之言也。而國家以科舉爲掄才大典。有其舉也。莫敢廢之。且以八股既廢。易爲策論。開新人士。自可入彀。而不防與學堂並行。卽素主和平變法之輩。亦以科名兩字。爲數百年人心所重。國家無事。固不可靳此紙上之功名。以維繫人心。縱謂學堂已開。而一切半老之舉貢監員。亦苦無安置

出身之地。不如仍以此無補之科舉。羈縻而姑俟之。況闈中定題。先論策而後經義。將來所得人才。亦必於古今中外大勢。略有見聞。其視昔之專攻帖括高頭講章。而一事不知者。必有天淵之別。國家之廢八股而不廢科舉。或亦有和平變法之意。以隱寓其間。吾昔昔於廢科舉之說。嘗一再言之。而尚不無和平待變之意。蓋亦有如上所云云也。今而尚知廢之眞不容已矣。其所以廢之必須從速者。以各省學堂主其事者。皆爲科舉中人。不去其進身之途。則彼猶挾其進身之學問。以爲師範驕人之地。而督撫延聘教習。亦各有前輩資格之見。斷不肯降格以求眞學之儒。則書院與學堂相去復有幾許。試問堂中學生。勉習數年。而所得者仍是老輩翰林進士之學問。將來卒業時。於學生有何奇。於國家有何益。匪爲無奇無益。更恐羣以學堂爲詬病。而父戒其子。兄勉其弟。相率以學堂爲畏途矣。不但此也。科舉不廢。則三年一科之翰林進士舉人。轉眼又復斗量而車載。以是年各省闈題觀之。卽使其人能讀遍十三經。喃盡廿四史及通閱各國已經繙譯之書。恐題解尚有恍惚不記之時。主試者以此命題。誠自居於淹博。獨不知矮屋風簷下。抒論對策言之歷歷者。果有幾人。而轉盼榜發時。每省中式。亦居

然滿備百數十名之額。其文中之笑話。當必有比各報所傳。如以泰西之路得爲秦中之路德。及謂澳門與星加坡相近等等奇說。而更形不可思議者。觀於現傳某省有考生二名犯貼。竟至首場誤作六題。則將來備額之舉子。其詭謬亦可想而得其一二矣。吾嘗戲謂本年新試策論之考官考生。笑林中有聾啞交諱一事。頗極類之。請爲之述其概。以互爲比例。猶記其略云。有一聾者。見人每自諱其聾。日者與啞子相遇。因欲以不聾自鳴也。謂啞子曰。聞君雅善歌曲。盍爲我一唱三歎。俾得一聽高山流水之調乎。啞子能聽而不能言。知其欺已之啞也。而素知其聾。因點首以應之。旋卽搖唇擺舌。僞作揚聲發歌之狀。聾者見其唇開舌動。以爲其果唱也。亦側耳以僞聽之。未幾啞者戛然不動。聾者卽拍手讚歎曰。妙哉此聲也。眞不愧白雪陽春之音哉。由此觀之。彼是年考官之發題。與聾子之命啞子唱曲何異。考生之交卷。與啞子之欺聾子以口何異。考官將來之取中考生。與聾子讚賞啞子之善唱何異。比例參觀。殊足令人發噱矣。而彼此相騙。聾啞交諱。比比者不儼然策論之舉人哉。且盈廷皆聾。又烏知乎啞者之不再遇賞音。而更作翰林貢士之選哉。以若輩而掇高科。稱時彥。更必以新學自鳴。而又以

其科名自高。當必視各省學堂教習之席。爲其應得之劵。而不知其獲售科擧之文字。若以之應考學堂。必爲學堂所不收也。嗚呼、以今日學堂所不收之人。而他日將爲學生之師範。非學問爲之。直科擧爲之也。此更足以短學生之氣。而灰志士之心矣。故科擧一日不能廢。卽學堂一日不能興。吾所以曰科擧宜速廢也。

論條奏留中發抄之關係　北京順天時報

今之議新政者。莫不曰第一要義在求通而已。在去塞而已。而求通去塞之要義。莫不曰多閱報而已。斯固然也。而抑知能多閱報之人。非極通達之人。卽半開化之人也。其求通去塞。早已虛懷若谷。又何待爲之代籌哉。天下事須爲中下人說法。須從切近處入手。斯爲得之。中國之人。有不閱新設各報者。未有不閱京報者。有中國之農夫下走不閱京報者。未有中國之學士大夫不閱京報者。有中國之窮鄉僻壤深山邃谷不閱京報者。未有中國之通都大邑名城巨鎭不閱京報者。蓋京報之關係。已非細矣。而京報除　上諭而外。其所載之摺片。大都報解餞糧也。經徵關稅也。到任謝恩也。考試完竣也。擬補也。輪委也。期滿也。留省也。請旌也。連篇累牘。而窾要寥寥。而其首載之宮門

抄。亦惟曰召見某人而已。某人覆命而已。某人請訓而已。覲見某國公使而已。大書特書。而奏對闕如。聖訓闕如。奏議非無要件。廷對非無要言。而所以不報者。非曰留中。即曰不發抄。坐此二弊。則是終年閱京報之人。一如終年看縉紳錄而已矣。欲其增長見識。廢達學問。胡可得耶。夫以中國之內政外交。其繁賾也如彼。而中國士夫之聞見。其固陋也如此。斯亦大可懼矣。推其留中與不發抄之故。大要不外曰機密。烏乎機密之說。即愚民兩字之轉注也。今則不但愚民。抑且愚士。不但愚士。抑且愚官。無惑乎每有一大問題。五洲已揚曉。而老成則以爲造謠。每有一大舉動。沿海沿江已閧傳。而輦下則以爲妄語。即如中俄密約。除中俄立約諸人外。雖兩政府亦不能周知。而某報亟載全文。一字無遺。而閱京報者不知也。庚子和議甫開。所有往來電商面議各條款。已早登英之藍皮書。其間我　大皇帝如何爲難。如何忍受。李全權如何婉商。如何力爭。是書纖毫畢具。而閱京報者不知也。辛丑新政之　詔下。一時奔赴　行在。伏闕上書。與彊吏之馳奏者。前後以數百計。豈無切中時弊。有補大局之言。其見諸施行者無幾。而一交部議。即強半湮沒。如沈海底。雖陶子方王芍棠許筠菴李勉林諸公之新政奏

議。固已採登各報。而閱京報者至今猶不之知也。然則留中與不發抄之流弊其所失亦非細矣。將謂防洩漏耶。然我則重門洞開。人則包探如雲。樞密動靜。環球宣播矣。將謂避忌諱耶。然臺膠屢割。拳禍瀕亡。亘古羞辱無過於是矣。然則留中不發抄者適以閉塞華人之耳目而已矣。別無他長也。方今文明之國。類如議院建一策。學堂窮一理。彊場決一戰。事無鉅細。人無大小。凡關係政治者。或得或失。或行或否。無不家諭戶曉。婦孺皆知。無他、報之力也。中國京報獨非報也與哉。今茲銳意自強。力圖進化。凡京外條奏。無論可行不行。可似宜俾衆咸知。萬勿以留中了之。至直省一切奏案。或應查辦。或應交議。或早或遲。亦須一律發抄。庶幾遐邇臣民。咸曉然於公是公非。與夫政治目的之所在。此中觸類引伸。磨礪人才。亦正不可限量。蓋閱京報者之多。固什百倍於閱各報者也。戊戌言路宏開。今上　大皇帝嘗語王大臣曰。士民上書各該衙門只管代奏。可行與否。朕自有權衡。大哉王言。壞流効命。誠能仰體　聖意。則京報之關係可以類推矣。特爲此說。以告中國之秉政者。

中國近事

◎謠言駭聞　北京函述京城曾有某邸將入承嗣統之駭聞。因事關重大。不敢遽信。近得消息。有皇太后頗屬意固山貝子溥倫之說。按倫貝子乃道光帝之嫡長皇曾孫。榮相之姪女壻也。外間傳說如此。此事之確否不可知。

◎擬出游歷　肅親王力求維新。素爲中外所欽佩。近聞擬於明年躬親出洋循遊歐美諸邦。藉資閱歷。以輔成新政。

◎京函錄要　榮相近擬招募新兵三萬人。爲護衛京畿之用。三萬人中撥出三千改練洋操。定常年經費每年五十萬兩云。

◎改練新軍　神機營曾有改練新軍之議。以未籌得的欵。故至今未辦。近因　太后問及此事。刻已籌議餉章。擬即早日成軍。其營制操法。聞悉照袁軍一律辦理。現已與前聘之武備學堂各員商議辦法云。聞此軍成後。有命醇邸統帶之意。

◎升補湘撫風聞　皇上以辰州教案。殊失自主之權。大不滿意於兪廉三。有調直隸

護撫吳方伯重熹升補湖南巡撫之說。

◎議設巡撫續聞　直隷添設巡撫。經軍機大臣政務處公同會議。頗有以增置爲非者。嗣經某相以國初時直隷舊設巡撫。康熙朝時始經裁去。今北洋大臣事繁責重。於地方一切事宜。未遑兼顧。添設巡撫實屬因時制宜。無碍祖制。而後其議遂定。並聞俟奏請俞允後。巡撫則久駐保陽云。按國初直隷督撫併設。又另有順天巡撫。自鰲拜正法後。始將保定順天兩撫議裁也。

◎王相責言　日前王相在外務部散班之時。忽有某司官呈遞東三省與俄人交涉之某案。王相覽之。不覺作色。痛斥奉天將軍昏瞶不置。

◎報效鐵路　頤和園擬開一長路。直達西華門。以便游幸之行。議章尙未定准而已有謀充此項報效者。華人則有某疆臣。洋人則有某敎士。現在兩人各施手段。以逞異能。

◎奏請開缺　傳聞奉天將軍增祺以近者東三省交涉日繁。自問不能勝任。且徵收賠欵事事棘手。故已具疏入奏。自請開缺。兩宮亦俯察其情。已允所請云。

◎撤差之由　盛宮保丁憂開去侍郞實缺則可。開去商務大臣差。則令人滋疑。聞實由某督有無數電奏請乘其丁艱盡撤其要差。收其利權云云而政府中不滿意於盛者近頗多。故有此舉。

◎俄法抗議　聞新訂進口稅則。業於本年七月二十六日。由各國專員或領事在滬簽押。一面電奏本國政府批准再行知照中國。玆悉此項簽押除英美和比意大利諸國各駐京使臣均奉有各本國批准明文照會中國查照外。其中有俄法兩國以新訂稅則須再與商約大臣酌加增删平允方可作爲實據云。

◎電報軍情　軍機處二十一日得廣西巡撫王之春電云。桂省除梧州桂林平樂三府之外。幾無乾淨之土。推原其故。皆因本年荒歉殊甚。民不聊生。希圖蠢動。目下惟有竭力設法輯撫而已云云。

◎商部設官續聞　商務部設官前已詳誌。玆又聞瞿鴻禨氏辭商部尙書之命。外間相傳有將改呂尙書盛宮保二氏升任之說。至朝廷則尙屬意瞿氏云。又聞侍郞則以張翼實授。此已有定見者。當萬不至改移。

又聞外務部堂屬云。商部設官。悉照外務部舊例。殊不成事。只許該部設一尚書一侍郎。其餘司員數人而已。

又聞連日各國公使處已有人夤緣求商部司員者。各公使以商務任重。不宜專在京官調充。應在外省遴選各熟悉商務人員以充之。政府答言敝國京外懸絕。不能混融云。

◎晉撫暫緩赴任之故　頃聞山西巡撫丁振鐸行將赴任。法國駐北京公使賈斯氏挽留俟山西教案賠欵辦妥。指有的欵之後。再行啓程。丁氏當答以某年老本不欲做官。因奉朝命巡撫山西。不敢不去。若貴公使不欲某去。某即不去亦可。賈公聞使之笑而不言。近日外務部邸相因此事頗覺爲難云。

◎圖報躊躇　王之春之出撫廣西也。係法公使幹旋之力。王曾密許到粤之後。必以特別利益酬報。近傳聞王擬將廣西省城至雲南邊界之鐵路給予法人開築。又恐政府不允。故心中甚爲躊躇云。

◎奉天近事　官場傳聞北京政府曾向俄使詰問退還奉天之期。俄使答以奉天增

軍帥原與旅順水師提督阿君訂有密約。此事本大臣不得越俎干預云云。故政府即咨問增軍帥。而增支吾以對。聞日前已請阿君赴省。即為商議退還遼東灣一帶之事。

◎續訂金礦條約　吉林將軍長順。五月間曾與俄國訂立吉林金礦條約。簽押之後。始將約稿咨呈外務部。外部大臣以所訂之約。利權旁落。欲奏請勒令長順將約作廢。長聞之大懼。即遣私人携款十萬入京賄營幹旋。始得不予深究。惟飭令續訂數款以圖補救耳。續訂之約。近者亦已訂定。

◎閩漢鐵路　北京某員創辦閩漢鐵路。清英日本三國合資。聞由日本某富商到倫敦組織而成。其資本擬集三十兆。清商十兆。英商十兆。如清商資本不敷十兆之數。則由英商補足。再如清商無人出資。則歸英商二十兆。日本十兆。此事乃英日聯盟之後。商務中之第一交際。聞英與日本兩國事在必成。清國商人能湊足十兆之數。乃可利益均沾。否則徒日言利。為外人所奪。何益哉。

◎俄擾西藏　外務部頃據西藏辦事大臣禀稱。俄人近在該處屢行種種陰險手段。如牢籠土人。侵佔要地等事。聞慶親王已照會俄公使。力拒俄人移住西藏矣。

◎鐵路借欵　據英國某報所載中國鐵路公司已向道勝銀行籌借四千萬佛郎。爲建造蘆漢由北京至漢口支路以及眞定太原鐵道經費其契約與千八百九十八年該路向巴黎借欵相同聞此番借欵係出朝廷之意即以該路爲質該欵約明千九百零九年還淸議定後此欵應向法京巴黎幷北京博拉士支取云。

◎紀請欵修陵事　據上海字林西報所言滿洲處俄羅斯勢力圈界線之內後來之結局如何此固有心時局者所太息而不能自安也乃滿人在沉舟破釜之中依然談笑自若獨不計及俄人陰毒之手段似此舉動不至爲俄之奴隸牛馬不已噫中國至今日脂膏竭矣籌欵萬難尙以有用之欵作無益之圖如修理皇陵一事需費至數百萬兩不知是何居心也按皇陵即在琿春附近爲淸朝發祥之地玆接琿春來信謂琿春某都統曾於二年前奏請撥欵三百萬爲修理皇陵經費現又奏稱存欵已罄所修理者不過三分之一懇再籌欵以竟要工蓋因滿洲各屬利權已入俄人掌握如非朝廷撥欵當地斷難籌集云云由此觀之恐滿洲發源之地將爲俄人鯨呑蠶食無遺稍知國恥者當必幡然變計以修陵之資爲練兵之費藉以固我彊圉以自立於世界也。

餘錄

南洋公學學生出學始末彙記

退學詳記

十月十七日。南洋公學學生二百餘人。同時出學。此中國學生社會一大劈頭之大記念也。先是五班教習郭某。禁學生閱一切新書及新民叢報等。每痛斥之。學生積不平。一日郭之几上有墨水瓶。郭問是何人所置。無應者。陰以詢一小學生楊某。楊故不理於同學。舉尤所不善者伍正鈞對。郭信之。白總辦逐伍。其實非伍所爲。郭又以他學生匿不告。皆記大過。於是五班大憤。且以伍無故被逐。相約至總辦處力辨護之。語侵郭。先是五班常於休暇集同班演說。郭至是揚言學生集會將釀非常。必悉逐五班。事未發。爲五班所聞。議悉告退。他班教習知之。出而調停。五班要求三事。一去教習郭某。二去學生楊某。三留伍正鈞。總辦不允。責令請過於郭前。學生益不平。是晚集各班演說。定次日悉行。即以爲別。此十月十五事也。各班以五班之去。關係於全體甚大。共議所以留之。次早方擬詣總辦。而開除五班之令已下。於是各班學生二百餘人。同詣總

辦所。總辦拒不納。屢請。僅許見數人。每班乃各舉代表者一人入見。陳五班生無可盡逐之道。若輙以小故逐之。可爲寒心。非國家所以建設學校之意。總辦曰。學生私自聚衆演說。大干例禁。不可不以此示儆。學生反覆辨論。至數小時。云當以全班去留爭之。總辦怒甚。言五班已經開除。非諸生所得干預。願去者聽。於是諸生忿然辭出。相謂曰。學生者國家所以生存之要素。今教習悍然以奴隷待學生。爲種種之束縛。總辦復頑鈍。欲抑制學生言論之自由。是等奴隷教育。凡爲國民。誰能堪之。我輩居此。何爲者。將共往督辦處。言所以去之故而行。不得見。遂共返收拾行李。而特班教習蔡鶴卿先生適至。告學生姑待後命。學生不可。蔡君申諭至再。學生曰。明晨十鐘前總辦去則某等留。否則某等行。已決。至十七日十鐘不獲命。學生遂行。相戒不得囂張。各以班次爲出學之先後。於是六班先行。五班四班繼之。諸班又繼之。此合學二百餘人同時出學之始末也。夫我國學校專制之軛。實我學生社會之公敵。曾無有起反動之抵抗者。大陸專制國。惟我國與露西亞。近世露國酷待學生之事。實爲一部慘澹之歷史。而學生至于流無限之鮮血以爭之。將斷斷造成他日共和之新露國。嗚呼我同學之擠

負。豈不重哉。今日之事。爲我學生脫離專制學校之新紀元。我同學之前途之奮勉當如何也。謹次第其事。公布於本邦一般之國民代表人貝壽同殷崇亮等公啓。

退學生名單

○特班 程志姚 王世謙 貝壽同 錢詩楨 張承樾 陸夢熊 穆湘瑤 吳寶地 鍾　枚 林祖同 魏斯炅 薩君陸 田　康 殷崇堯 ○政治班 胡炳生 ○頭班 楊德森 王壽祺 胡壯猷 杜永清 金頌庚 王明煦 厲尉曾 李昌祚 任　榆 張在清 林仰緯 王孝綱 張保熙 ○二班 夏元瑮 裘維鍔 徐　侗 郁德基 稽岑孫 趙景簡 王世淦 王開源 張大椿 秦岱源 陶　連 陳同壽 吳繼杲 王譜曾 石襄善 陳元勳 范承祐 裘岱齡 邵長光 謝學濬 錢秉鑽 汪祖燕 吳　銘 程良楷 ○三班 陳修瑜 王汝宇 劉寶鍔 林汝耀 鄧益光 徐經郛 張　鑄 夏仙鵬 徐恩光 周善同 朱文鵬 楊嘉濬 何鏊珪 楊曾誼 楊曾詢 楊曾謙 ○四班 吳蓮生 陳昌驥 朱鋌祺 蔡遠澤 楊景森 熊觀頤

張百生　王劍石　陳修璟　葉昌叙　楊蔭樾　胡寅生　胡鴻猷　楊承舜
馮元升　鄒文炳　張汝熊　張汝塏　陳吉庭　雷祖煥　○五班　王增久
曹大櫺　張德環　陶樹榮　史久彬　俞乃來　李德晉　陳鑒澤　孫翼舜
曹　鈞　葛敬猷　伍正均　胡賓律　陳承修　施傳盛　沈　聯　唐在賢
張述賢　貝致祥　葉　濤　張傳本　陶　贊　貝　均　○六班　項大受
徐銘鼎　徐興鷺　馮中鑫　胡濬濟　劉崇倫　羅鴻年　丁錫齡　嚴錫阜
沙曾藩　郁　申　孫　彬　蔣曾煥　曾學藩　俞根福　呂本璋　劉世傑
瞿慶普　秦　淦　郭　鵬　戴棣齡　周端伊　曾宗魯　鈕長慶　曾　棟
張　諤　謝行端　金保熙　王孝縝　陳永欽　汪之椿　范崇望　沈慕曾
汪振鵬

南洋公學腐敗之歷史

南洋公學者。一老大帝國之小影也。積垢叢黴。非一朝一夕之故。迨今日而猝發耳。及今以後。果能改革一新乎。抑將小小補苴以重其黴垢乎。往者不諫。來者可追。請述其

腐敗歷史之大畧以爲鑒。公學經費。出於招商電報兩局。固公立學校也。而依傍官辦各局之例。以官爲督辦。由督辦扎派總理。如上司下屬。其往來言事。皆用官文書。故就者類非志節之士。其創始時爲某甲。以理學詞章自負者也。若教員。若辦事人。盛布其私人。管支應者爲其孫婿之兄。掌採辦者爲其親友之子。兩人皆傲狠齷齪。然至今猶蟠踞公學。以荼毒學生爲某甲辦事之記念碑。某甲去。某乙代之。其人厚貌深情。老於世故。所定章程第一條曰。總理手寫章程一分。懸於衆人共見之地。凡章程所無。非總理手筆注添者。不得依事理擅增。凡章程所有。非總理手筆刪去者。不得依事理擅廢。悍然有秦始皇帝專制天下之槩。迄今主持他學校者。常襲用其語焉。然某乙固非知教育學者。乃一倚監院某教士。某教士固不學而深染我國官場習氣者也。所定英文普通學課程。甚不完備。而事事侵總理之權。某乙以媚督辦之故。不得不媚外人。乃暗抹其章程第一條之所云而含忍之。其某乙自定華課課程。分文學兩科。學者歷史文者文辭也。其課率敷衍無聊賴。然所聘教習頗有通人。某學監其最也。類能於課程以外。輸新思想於學生。而某乙亦能優容之。且時賴此諸教習以通學生之情。且時時延

見學生。加以禮貌。故是時開演說會。派日本遊學生。頗有蓬蓬勃勃氣象。然最頑固鄙陋之某敎習。則亦於是時到學矣。故其時敎員已互相水火。而不肖之監起居及司事。皆專以迎合監院爲事。日侵侮學生。凡學生遊息時。由監起居約束。購書器。遣僕役。則皆與司事交涉。故受侮最多。華課敎習之明理者。既以放任學生。爲某敎習輩所攻訐。而又以時時爲學生申理。尤爲監起居司事所讐。其衝突之狀。已深印於學生腦中矣。無何某乙死。某丙代之。某丙自命爲新黨者也。其約束司事。監視規則。勤幹無比。且太息痛恨於監院之攬權。而時時圖所以恢復之。且深惡某敎習。然其人酷好專制。雖時時延見敎習學生。而訑訑之聲音顏色。距人千里之外。以是監起居益肆其矇鄙。敎習學生議去監起居。而推源以及於監院。欲幷去之。以要某丙。某丙終以畏督辦之故。不得不畏監院。不許。要之以告退。仍不許。於是敎習之主議者稍稍引去。學生亦間有去者。其時團體未固。去者無幾。事遂寢。而某丙終以爲監院所醜詆。不肯即去。某丁代之。某丁者素以記誦爲學。以高官厚祿爲目的。喜難自由平等之說。以四書集注爲人人應熟讀之書。爲敎習中稍稍明理者所非薄。某丁以是讎之。又其人深染紅司官

習氣。又兼他差。日僕僕道路、殆尠與教習學生見面。惟某教習輩及監起居司事有意逢迎之者。時時見之。以媒孽教習學生之明理者。謂其壞規則。唱平權。殆圖叛逆。於是某學生以閱新學書斥退。其時學生與監起居司事屢有衝突。某丁惟監起居司事之言是聽。每衝突一次。則學生受壓制高一度。及去年冬。已如引滿之弓。躍躍欲發矣。某丁去。某戊代之。是時某教士已去。無掣肘者。然某戊素無教育思想。以是爲候補道府之例差。然故改總理之名爲總辦。而一用放任主義。不問教科。總教習兩名皆某丁所訂者也。改學課之內容爲經學。改文課之內容爲文史兩種。其課程表羅列諸經。惟去公穀春秋傳及爾雅、史部則九通通鑑東華錄等皆入之。曰不如是。人將笑吾陋也。今年教科至用聖武記等書。支離滅裂。令人腹痛。某戊固不問也。其於學生殆如路人。惟有一主義。曰學生對教習非可論是非者。又有一主義。曰斥退一二學生。即非其罪。亦足示懲。於是某教習輩益逞其志。至以几上墨壺一小事。請斥退五班學生三人。於是五班生議全行告退。而又有一教習請於某戊。謂非全斥五班生不可。近日學堂與科舉同價。招生甚易。何足顧惜。乃至發五班生盡斥退之條。而他班生動公憤。願以全學

學生之去留爭之矣。某戊既護前不讓。而其他調停者又不得法。遂有十七日二百人全數退學之事。彼學生中年有長幼性有驁馴、且其事自五班生以外。皆所謂事不干已者。而一致如此。是豈某教習一人之力。其所由來者漸矣。聞其事自始發至決裂。殆歷十日。而學生並無野蠻橫暴舉動。其中拳碎總辦玻璃窗之某。捽破督辦慰留書之某。均爲同輩所斥議。屏之社會之外。其退學也。少者先行長者殿後。相友相助。各有機體。此實學生社會公法漸明之證據。吾方疑某戊輩將昌言之。而貪以爲己力。不意某日報素號主持淸議者。乃曰此當爲公學諱。此當爲某大臣諱。嗚呼彼其意欲令學生日受奴隸犬馬之辱。忍垢含羞。以馴達其他日富貴之目的與。然則亡吾國之材料耳。彼宦海中滔滔皆是矣。以設學堂以培植之爲。今日聞某戊已辭總辦職。將以某已代之。方百計設法勸回學生。以冀掩前事之跡。學生中未必無一二頑鈍無恥輕率無志之人。爲所籠絡。某已其將以是自滿。仍出其製造黴垢之手段以繼之。是以此次衝突爲未足。而又重之焉。是以爲述此次衝突之多因。以促其改革云。　按某甲張煥綸某乙何梅生某丙張元濟某丁沈曾植某戊汪芝房監院福開森也。

籌同學善後策

吾輩日日言團體。言公德。殆未見有實行之者。以游學日本諸生之程度。而吳孫之事。竟未能一致回國。其他又何責焉。而不意今者乃見之於吾同學諸君。吾同學殆二百人。年齒不等。學級不等。徒以第五級生不平之感。而一睹公啓。一聆演說。如響斯應。豫約退學。不爽晷刻。團結之力。信必之概。實爲我國學生社會之特色。夫南洋公學與吾輩理想之學校。其相去誠不可以道里計。然其干涉之度。於我國各學校中爲最低。而卒業英文普通學者。上之可以遊學歐美。修專門之業。下之亦可以咨送京師大學。爲干祿之梯。其利益箇人之效果。亦非我國其他各學校所可比例者也。今一旦以公憤而犧牲之。是舍已爲羣之主義之托始也。是尤爲吾國學生社會之特色。雖然。一致退學者。消極的而非積極的也。破壞主義而非建設主義也。脫專制之扼而未由共和之途也。且夫宗教社會所以不見扼于政府者。彼因能離政府而建設也。勞工同盟所以終見散于雇主者。彼尙不能離雇主而建設也。吾學生而無所建設。與亦不能不入於他學校。吾前者固謂我國學校。其程度。其效果。殆未有以愈於公學者。是下喬木而入

幽谷也。將星散而不學興。是猶之個人自殺。而無裨于社會者也。是亦爲社會之罪人。是故吾同學諸君。不可以不有所建設也。某等爲創辦譯社事。先時告假出學于此舉未興圖始。然不敢置身事外。茲不揣狂瞽。爲吾同學諸君陳建設之策。擬名之以苦學界。而分之爲共和學校共和營業之兩部。

共和學校

一定章程。立學課。延教員。皆公議以多數決之。

一立自治制以全共和學校學生之資格。

一揭公學退學始末記。及張園影相公啓告白等種種有關係之稿於會堂。以防他日漸趨專制之弊。

共和營業

一共有資本　有財者出財。無財者延長勞働若干時以當之。

一協同勞働　若干歲以上每人每日皆勞働若干時。能著作者。能譯述者。能編輯者。能詞章者。能書畫者。爲書爲報爲美術品。設肆售之。

一旁求贊助　(甲)于學生社會外請。助資本。請助書助報助器。(乙)與書肆報館

敎品室聯約減普通價値之若干分。以販其所有。

二公配利潤　以若干分爲學校費。若干分爲保險。費其有贏均分于。各人以爲贊

澤若儲蓄之需。

其他細節須公議定之。其大主義已具矣。嗚呼我同學生諸君果能以此主義貫澈始終。吾同學諸君者。實學生社會之中心。而社會主義之現象也。否則一鼓作氣。再而衰三而竭。鮮克有終矣。前者乎。後者乎。此非我同學諸君前途之關係。而實我社會前途之關係也。吾以諸君退學之歷史推之。而料諸君之必取前者之主義也。故爲芻議以進。幸諸君擇焉。同學林洲鐙謝無項熸臣敬陳。

廣智書局告白

啓者頃見上海各報有湖南留學生告白言速成師範講義稿本未嘗流布於外本局發行之本當係受人所愚云云惟此書之印刷買賣一切關係皆由東京湖南編譯局經手本非出自本局特應湖南友人之託以本局爲發行所耳觀原書卷末所載印刷處聲明「湖南編譯局」字樣可以知其來歷此稿本之從何處得來本局概不與聞惟據原書有顏龍朱三君編輯等字樣三君皆由湘派來學速成師範之人則其稿本之必爲原本亦可推知至此中轇轕情形則由顏龍朱三君與湖南編譯局交涉又由其餘學師範諸君與顏龍朱三君交涉本局一切不能負其責任也此佈

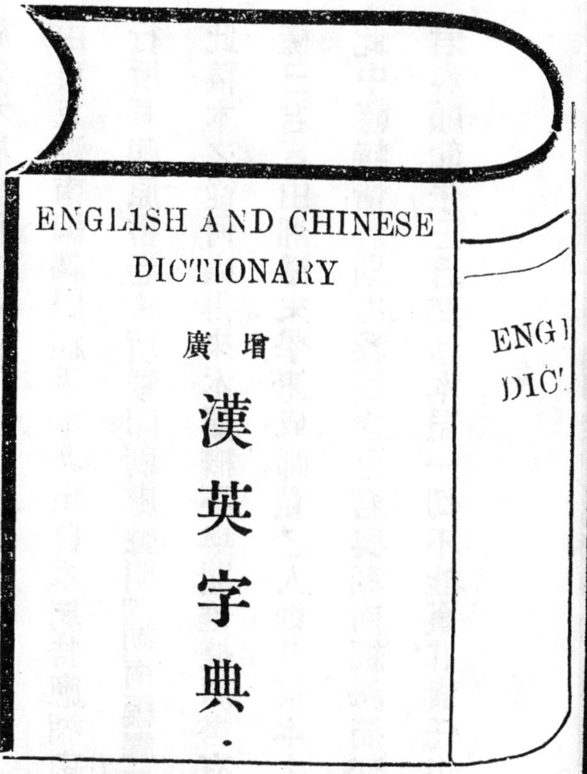

定價大洋貳元

欲講求新學非廣習西文不可誠以泰西爲新學之祖文字爲講學之階也我國於英文一道尚無美備字典本社憂之特集留學東京帝國大學校高等學校各專門學校諸同志於課餘之暇編輯是書都千三百餘頁搜羅宏富譯解精確點音清晰處實形容等字悉用英語畧字標識至各種專門文字倶用(電)(光)(化)等類記號以醒眉目他如語尾變化英文成語尤所加意遇蟲魚鳥獸草木等名以銅板精圖插入不同紙上空談末附中國地名譯字人名表各國貨幣表度量權衡表英語畧字表引用他國語解等凡十餘種洵學界中之大觀也用布面洋裝袖珍小本以便携帶來春出書用志新學者幸留意焉

東京神田駿河臺鈴木町十八番地清國留學生會館

教科書譯輯社白

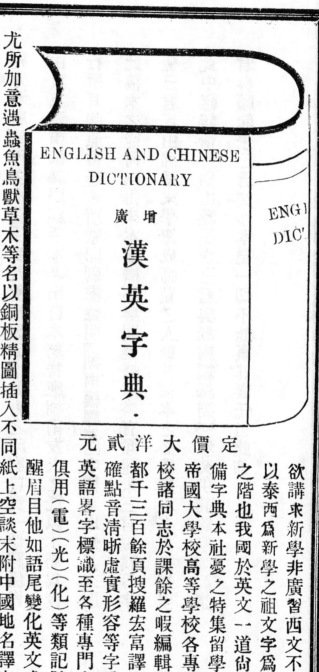

本支店所在地

東京（本店）　大坂　京都　横濱　神戸
名古屋　廣島　下關　函館　大津
和歌山　四日市　長崎　小樽　足利
横須賀　三池　門司　深川（東京）

資本金　五百萬圓

横濱市本町二丁目二十一番地

合名會社　三井銀行横濱支店

電話　五五番、八九〇番、九八六番

公積金五百廿五萬圓

存金利息

一定期存金六月以上　週息六分
一隨時存金每百圓每日壹錢
一特別隨時存金每百圓每日壹錢三厘
一通知存金利息隨時面議

明治三十五年十月七日　支店長　矢田績

上海廣智書局

日本維新三十年史	全六冊	定價一元六角
政治學上卷國家編	洋裝全一冊	定價四角
政治學中卷憲法編	全一冊	定價三角五分
十九世紀末世界之政治	全一冊	定價四角五分
再版現今世界大勢論	洋裝全一冊	定價二角五分
法學通論	全一冊	定價三角
歐洲財政史	全一冊	定價三角
增補族制進化論	全一冊	定價三角
再版憲法精理	全一冊	定價五角五分
再版萬國憲法志	全一冊	減價五角
政治原論	洋裝全一冊	定價七角五分
支那史要	全四冊	定價八角
飲氷室自由書	全一冊	定價五角
中國魂	全一冊	定價四角
國家學綱領	全一冊	定價一角二分
胎内教育	全一冊	定價三角
國際公法志	全一冊	定價五角
實驗小學校管理法	全一冊	定價二角五分
中國商務志	全一冊	定價四角
東亞將來大勢論	全一冊	定價二角
中國文明小史	全一冊	定價四角
中國財政紀略	全一冊	定價二角五分
修學篇	全一冊	定價二角五分
再版楊子江流域現勢論	全一冊	減價二角
新撰日本歷史問答	全二冊	定價三角五分
再版埃及近世史	全一冊	減價二角五分

出版圖書廣告

東亞各港志	全一册	定價三角
明治政黨小史	全一册	定價一角
外國地理問答	全一册	定價二角
理學鈎玄	全二册	定價五角五分
近世歐洲四大家政治學説	洋裝精本	定價三角
日本維新慷慨史	全二册	定價五角
英國憲法論	洋裝全一册	定價六角
羣學	洋裝全二册	定價六角
歐洲十九世紀史	全一册	定價八角
中等教育倫理學	洋裝全一册	定價五角
精神之教育	全二册	定價五角五分
地球之過去及未來	全一册	定價三角

滿洲旅行記	全二册	定價五角
泰西政治學者列傳	全一册	定價一角
愛國精神談	全一册	定價三角
史學小叢書第一種 俄國蠶食亞洲史略	全一册	定價一角五分
史學小叢書第二種 十九世紀大勢略論	全一册	定價一角五分
史學小叢書第三種 日本現勢論	全一册	定價一角五分
十九世紀大勢變遷通論	全一册	定價四角
二十世紀之怪物帝國主義	全一册	定價四角
國憲汎論		近刊
英國憲法史		近刊
萬國官制志		近刊
萬國選擧志		近刊
萬國商務志		近刊
歷史哲學		近刊

啓者。本店開設日本東京經已三十有餘年。專製造機器字粒及各種花邊電版一切印刷物件。其精緻秀美。久已四海馳名。迥非別家之可比。至字粒之式樣。大小高低。全仿歐美所製。而且字體玲瓏堅固。雖日久用之。永無殘破糢糊之弊。凡印刷書籍地圖繪畫等。皆極鮮明精巧。版面用墨不多。額外着色。本店不惜工本。專心製造。近更日加改良。精益求精。一切印刷物件。實較歐美有過之無不及。倘蒙　諸尊光顧。請移　玉步。貨眞價實。童叟無欺。

又本店之機器字粒及各種花邊電版一切印刷物件。皆印有圖形。如遠地　諸君欲購何種。而欲先行取閱式樣者。可列明函告本店。當按照寄上。

登錄商標

日本東京市京橋區築地二丁目十七番地

株式會社 東京築地活版製造所

物理易解

全壹冊
定價大洋壹圓

是書爲留學日本帝國大學校陳榥所撰旁搜各書博攷學說插圖百八十餘幅說理透闢措詞明達於數學公式尤所詳備洵初學者之津梁也足與本社前出之中學物理教科書相輔而行先覩爲快者請就近向上海四馬路開明書莊英界南京路廣智書局橫濱新民叢報社如向本社躉買格外從廉

東京神田駿河臺鈴本町清國留學生會館

教科書譯輯社白

謹告

敝社向業各種出版圖書發售現今更擴張業務特新設一販賣部凡日本各處之出版圖書皆有出售價格低廉寄送快捷如蒙賜顧請移玉步外埠函購原班回件

再敝店之圖書目錄如要者祈寄函付知當照寄上

書肆 東京神田裏神保町 合資會社 富山房 特電一〇三六番

啓者本店專製造各種活版器物發客
美麗鮮明價甚相宜久爲海內外所推
許近更大加改良從廉發售以廣招徠
諸尊光顧請移玉步貨眞價實格外克
已兹將各種活字器物列下

一電氣銅版　一大小活字模
一厚鉛片　一薄鉛片
一黃銅厚片　一黃銅薄片
一黃銅活字（釘裝用）
其餘各種活版器物

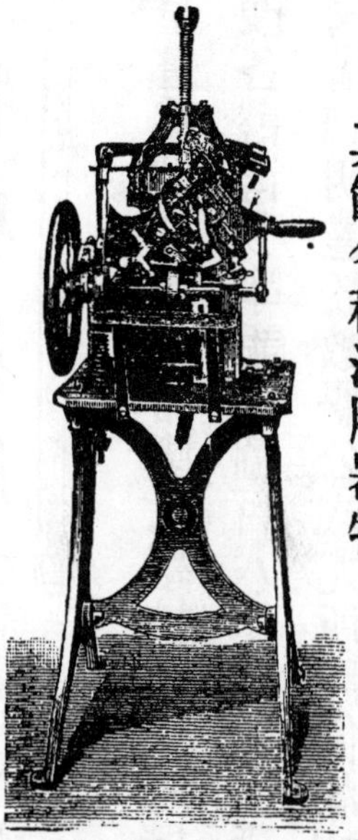

大日本東京市京橋區入舟町六丁目一番地
電氣銅版活版附屬品　製造所　松藤善勝
電話新橋三千三百八十一番

弊店專辦各種紙料發客貨眞價實
格外克己如欲採買者不拘多少均
可應命又有各種紙辦欲看者可隨
時送上此啓

◎歐美製各種洋紙
◎日本製各種洋紙
◎蠶絲用各種青紙
◎蠶絲用各種包紙
◎各種印信存底紙
◎各種印信存底紙部
◎各種曲具帖紙
◎各種紋曲具帖紙
◎各種荷造紙
◎各種書翰紙信封
◎各種單雙紅簽信封

日本横濱市太田町四丁目五十七番地
市川紙店
（電話九十三番）

倫理學者人格之模範而國家之基礎也凡各國學校無不以此列於第一科內地迂儒動以爲惟中國有倫理而西人無之實最妄見也泰西之言倫理有視吾中國尤精尤備者也此書著者爲日本哲學大家特爲中學校教授之用著此書凡分兩編前書言倫理之實用區爲自己倫理家族倫理國家倫理社會倫理等

中等教育倫理學

洋裝全一冊

定價五角

日本文學博士

中島力造著

順德麥鼎華譯

後編言倫理之學說所謂直覺說功利說快樂說進化說等擇精而語詳文簡而意備東邦學校以爲此學教授之最善本譯者慁吾國德育之不興特覃精以譯是編實中國前此未有之本也近者學校之議漸興凡教師生徒皆宜各手一編採泰西新道德以與中國固有之道德相調和則既可以存國粹亦可以應時變矣

發行所上海廣智書局

地方自治制論

（現已印成即日出書）

世競言民權然非有地方自治之制則民權即無基礎條頓民族之民權所以獨盛者由其自治之有素也今世界列國中雖以俄羅斯之專制然亦已有地方議會蓋此基一立則於政治之實力思過半矣中國數千年來爲治者不甚行干涉保護之政策故民間自治力亦頗發達惟無完備之條理無一定之法律故雖有此美質而其力不足以關係於一國識者慨焉今本局特譯此書詳言各國地方自治制度之精神及其權限職務與夫團結進步之方法此誠政治之第一級而最適於今日之用者也愛國之士其亟手一編

上海廣智書局

第三種郵便物認可
新民叢報第廿一號　明治三十五年十一月三十日發行

北京師範大學圖書館

第貳拾貳號

光緒二十八年十一月十五日
明治三十五年十二月十四日

◉本號要目

每月二回朔望發行

飲氷室主人著

少年讀本世界人豪傳第一種

意大利建國三傑

（近刊）

此書向分載新民叢報各號頃已完結惟隨時屬稿隨時發刊內中事實尚有漏略之處今由著者自行改訂增補一次並附瑪志尼學說數十條及『少年意大利』綱領章程卷首印刷三傑及英瑪努埃王遺像卷末挿入意大利地圖及建國年表以供參考由本局校印約明春二月初旬發行此等愛國名人傳記最足發揚精神著者才筆縱橫感人尤切欲教少年子弟以文學者最宜以此等書爲讀本勝於尋常教科書萬萬也

上海廣智書局

新民叢報第貳拾貳號目錄

光緒二十八年十一月十五日

二

售報價目表

全年廿四冊	半年十二冊	每冊
五元	二元六毫	二毫五仙

美洲澳洲南洋海參威各埠全年六元半年三元二毫零售每冊三毫正
郵稅每冊壹仙外埠六仙

廣告價目表 刊資先惠 論前加倍

一頁	半頁	一行 四號十七字起碼
十元	六元	五角

凡欲惠登告白者須于本報定期發刊之前五日交到價值先惠欲登長期半年者價當面議從減

編輯兼發行者 馮紫珊
印刷者 西脇末吉
橫濱山下町百五十二番館
發行所 新民叢報社
信箱二百五十五番
印刷所 新民叢報社活版部
橫濱山下町百五十二番館

上海本報社支店廣告

本社報章之銷流于內地者向皆托廣智書局經理發售今以該書局事務繁冗未暇兼顧故特分設支店以爲專售之所凡發行報章及一切帳目嗣後皆歸本支店自行經理原日本報各地之分派諸君及欲定閱本報者以後請逕到本支店交易可也

本支店并代理横濱**新小説**及發售廣智書局書籍

上海四馬路老巡捕房對面

日本新民叢報支店謹啓

廣智書局廣告

本局一切書籍今改歸四馬路新民叢報支店内爲總發行所原日本局則爲印刷處自後凡向本局購買書籍者請向上開住址可也

上海南京路同樂里

廣智書局謹啓

新民叢報第二十五

本報開辦未及一年承海內外大雅不棄謬加奬厲發行總數遞增至九千份誠非本社同人所克荷承至二十四號即滿一年之期本社辱承　厚愛且感且奮自維初辦伊始百事草創體例漏略缺點殊多今特悉心研究務求進步改良以期副讀者諸君之盛意焉茲將改良條件列下

一增加葉數字數 本報原定百二十葉皆用四號字今擬隨時增加葉數 八葉至二十葉 其時評、記事、雜俎、餘錄、等門皆 改用五號字 報中內容約比今年 增加四分之一

一多聘撰述 今年報中文字大率成於一人之手議論思想未免簡單今得 海內碩學能文之士數人 相助為理 各任專門 議論更歸實際 思想益求繁賾 惟本社 總撰述 之文字仍 有增無減

一分設時評 叢報之體本以評論為天職今年之報偏於論說而缺於實際就中惟有國聞短評一門稍具時評之體殊為缺憾今擬 增置政治時評 教育時評 學藝時評 風俗時評 等門 就中國 現在利病 一一指陳以求國民之自省

號以後改良告白

一增加圖畫各國風景及名人造像每號增加數葉

一改鑄鉛字本館鉛字印刷既多未免時有模糊之患今一律淘汰挑去舊字補鑄新字以求娛目

一改良紙張改用上等潔白厚韌之紙以求美觀

一印送附錄元旦所出之第二十五號爲本報一年紀念增加附錄百數十葉來年有閏月別出臨時增刊一厚冊比本報葉數約增加一倍有餘由本社總撰述自行編著凡定閱全年報者一律奉送不取分文

一本報爲開廣風氣裨補國民起見故取價極廉比諸上海各書局譯印之書價値較賤倍蓰此意當爲識者所同認惟年來內地銀價下落殊甚日本工價紙墨事事昂貴所虧不貲不得不酌爲彌補今定例自二十五號至四十八號凡內地定閱全年者實收報費銀六元定閱半年者三元四角零售每冊三角郵費照加其海外各埠亦照收通用銀六元惟日本各地不加分文

新民叢報社謹啓

新小說第二號之內容

十一月十五日出版

東歐女豪傑 第二回 裴莪彌挺身歸露國 蘇菲亞垢面入天牢

蘇菲亞女傑爲本書主人翁至是始出現敘其以貴族千金之身提倡民黨微服往各村落演說內中言近日社會問題之學理而歸結于政治上關係

語語皆合精理

言言皆屬妙文

新中國未來記 第三回 求新學三大洲環游 論時局兩名士舌戰

黃毅伯爲本書前半部主人翁此回始出現前半回敘其游學歐洲數年以至歸國後半回則取現在志士最苦心研究之問題所謂革命論與非革命論者設爲兩人對壘駁論舌鋒針對觀平等閣主人所批便知其妙茲將批語全列于下

拿著一箇問題引著一條直線駁來駁去彼此往復到四十四次合成一萬六千餘言文章能事至是而極中國前此惟鹽鐵論一書稍有此種體段但彼書往往不跟著本題動輒支橫到別處此篇却是始終跟定一個主腦絕無枝蔓之詞彼書主客所據都不是真正的學理全屬意氣用事以辯服人此篇却無一句陳言一字強詞壁壘精嚴筆墨酣舞生平讀作者之文多矣此篇不獨空前之作只恐初寫蘭亭此後亦是可一不可再了

此篇辨論四十餘段每讀一段輙覺其議論已圓滿精確顚撲不破萬無可以再駁之理及看下一段忽又覺得別有天地看至段末又是顚撲不破萬難再駁了段段皆是如此便似游奇山水一般所謂山窮水盡疑無路柳暗花明又一村猶不足以喩其萬一也非才大如海安能有此筆力然僅恃文才亦斷不能得此蓋由字字根于學理据于時局胸中萬千海嶽磅礴鬱積奔赴筆下故也文至此觀止矣雖有他篇吾不敢請矣

此篇論題雖僅在革命論非革命論兩大端但所徵引皆屬政治上生計上歷史上最新最確之學理若潛心理會得透又豈徒有益于政論而已吾願愛國志士書萬本讀萬徧也

海底旅行

第五回 操奇語解人難索 攪飢腸勇士生嗔　第六回 主賓情重同慰天涯 海國界寬初驚福地　第七回 游窟室佳客駭壯觀 講電學畸人施絕技

◎二勇少年　第三回愛國者　◎離魂病

◎俄皇宮中之人鬼　◎冥閙傳奇

◎黃蕭養回頭　◎結昏奇談

◎東事拾遺　◎射覆叢錄

◎辛壬之間新樂府

◎各篇材料豐富滋味濃深比諸第一號更爲出色

橫濱山下町百五十二番　新小說社

地方自治制論

（現已印成即日出書）

世競言民權然非有地方自治之制則民權即無基礎條頓民族之民權所以獨盛者由其自治之有素也今世界列國中雖以俄羅斯之專制然亦己有地方議會蓋此基一立則於政治之實力思過半矣中國數千年來爲治者不甚行干涉保護之政策故民間自治力亦頗發達惟無完備之條理無一定之法律故雖有此美質而其力不足以關係於一國識者慨焉今本局特譯此書詳言各國地方自治制度之精神及其權限職務與夫團結進步之方法此誠政治之第一級而最適於今日之用者也愛國之士其亟手一編

上海廣智書局

心理教育論

（現已印成即日出書）

教育者非他不過因人類心靈之所固有者而濬鍊之啓發之而已故欲從事教育者不可不講明心理之作用而求所以牖導之之法故**教育學之範圍以心理學占其一大部分焉**今日中國競言教育而於此事之原理公例率皆茫然以此爲教則教育之前途必難成就矣此書**採集東西大家之學說講明人心之現象及教育家所以因勢利導之法**條理詳盡解釋顯明誠中國今日不可缺之要籍故本局急譯之以資國民進化之一助云爾

發行所　上海廣智書局

日本民友社著

十九世紀歐洲文明進化論

（附二十年來生計界劇變論）

●全一冊 ●定價三角五分

歐洲爲今日世界之重心而其所以能致然者實在于十九世紀本書舉其百年間之學藝政俗窮其變通而敘其得失詞旨蘊藉論斷公平眞一篇好十九世紀史論也原作文筆淋漓超超拔俗譯筆復能肖之欲識歐洲之眞相者允宜急手一編也

日本大學教授法學博士和田垣謙三著

經濟教科書

現已印成即日出書

經濟一科即近人所譯生計學是也此科今在世界諸學中爲第一重要之學科但其學理深賾其間題繁雜非專門名家者不能領會日本自三年前始將此科列入中學普通科舉其初步簡要之理使尋常學生皆解其義誠智識普及之一方法也此書著者爲東邦斯學名家特撮述精要之理用至簡明之筆編爲教科書使適於中學之用至今彼都以爲最佳本焉我國新學萌芽譯事驟盛而經濟學之書至今尚無一本蓋皆憚於其學理之精深不敢率爾操觚也此書簡淺最適於中國學者之用故今本局特譯之以爲研究茲學之嚆矢云爾

發行所 上海廣智書局

專制政界兩魔王
（其一）
奧國前宰相梅特涅

Metternich.

專制政界兩魔王

（其二）

俄國現任宗敎總監坡鼉那士德夫

Mr. Pobyedonostsiff, General Procurator.

德國柏靈大博物院

The Royal Museum, Berlin.

美國馬沙周撒士省英美戰役戰功紀念碑

Bunker Hill Monument, Near Boston, Mass.

論說

釋革

中國之新民

「革」也者含有英語之 Reform 與 Revolution 之二義。Reform 者因其所固有而損益之以遷於善如英國國會一千八百三十二年之 Revolution 是也日本人譯之曰改革曰革新。Revolution 者若轉輪然從根柢處掀翻之而別造一新世界如法國一千七百八十九年之 Revolution 是也日本人譯之曰革命。革命二字非確譯也。

「革命」之名詞。始見於中國者其在易曰湯武革命順乎天而應乎人其在書曰革殷受命皆指王朝易姓而言是不足以當 Revo.（省文下仿此）之意也。凡羣中一切有形無形之事物無不有其 Ref. 亦無不有其 Revo. 不獨政治上為然也。即以政治論則有不必易姓而不得不謂之 Revo. 者亦有屢經易姓而仍不得謂之 Revo. 者。今以革命譯 Revo. 遂使天下士君子拘墟於字面以為談及此義則必與現在王朝一人一姓為敵。因避之若將浼己而彼憑權藉勢者亦將曰是不利於我也相與窒遏之摧鋤

之使一國不能順應於世界大勢以自存若是者皆名不正言不順之爲害也故吾今欲與海內識者縱論革義。

Ref. 主漸 Revo. 主頓 Ref. 主部分 Revo 主全體 Ref. 爲累進之比例 Revo 爲反對之比例其事物本善而體未完法未備或行之久而失其本眞或經驗少而未甚發達若此者利用 Ref. 其事物本不善有害於羣有窒於化非芟夷蘊崇之則不足以絕其患非改絃更張之則不足以致其理若是者利用 Revo 此二者皆大易所謂革之時義也其前者吾欲字之曰改革其後者吾欲字之曰變革

中國數年以前仁人志士之所奔走所呼號則曰改革而已比年外患日益劇內腐日益甚民智程度亦漸增進浸潤於達哲之理想逼迫於世界之大勢於是咸知非變革不足以救中國其所謂變革云者即英語 Revolution 之義也而倡此論者多習於日本以日人之譯此語爲革命也因相沿而順呼之曰革命革命又見乎千七百八十九年法國之大變革嘗馘其王刈其貴族流血徧國內也益以爲所謂 Revo 者必當如是於是近今泰西文明思想上所謂以仁易暴之 Revolution 與中國前古野蠻爭鬩界所謂

以暴易暴之革命遂變爲同一之名詞深入人人之腦中而不可拔然則朝貴之忌之流俗之駭之仁人君子之憂之也亦宜

新民子曰革也者天演界中不可逃避之公例也凡物適於外境界者存不適於外境界者滅一存一滅之間學者謂之淘汰淘汰復有二種曰「天然淘汰」曰「人事淘汰」天然淘汰者以始終不適之故爲外風潮所旋擊自澌自斃而莫能救者也人事淘汰者深察我之有不適焉者從而易之使底於適而因以自存者也人事淘汰即革之義也外境界無時而不變故人事淘汰無時而可停其能早窺破於此風潮者今日淘汰一部分焉明日淘汰一部分焉其進步能隨時與外境界相應如是則不必變革但改革焉可矣而不然者蟄處於一小天地之中不與大局相關係時勢既奔軼絕塵而我猶瞠乎其後於此而甘自澌滅則亦已耳若不甘者則誠不可不急起直追務使一化今日之地位而求可以與他人之適於天演者並立夫我既受數千年之積痼一切事物無大無小無上無下而無不與時勢相反於此而欲易其不適者以底於適非從根柢處掀而翻之廓清而辭闢之烏乎可哉烏乎可哉此所以 Revolution 之事業（即日人所謂革

命今我所謂變革為今日救中國獨一無二之法門。不由此道而欲以圖存欲以圖強。是磨甎作鏡炊沙為飯之類也。

夫淘汰也。變革也。豈惟政治上為然耳。凡群治中一切萬事萬物莫不有焉。以日人之譯名言之。則宗教有宗教之革命。道德有道德之革命。學術有學術之革命。文學有文學之革命。風俗有風俗之革命。產業有產業之革命。即今日中國新學小生之恒言。固有所謂經學革命、史學革命、文界革命、詩界革命、曲界革命、小說界革命、音樂界革命、文字革命等種種名詞矣。若此者豈嘗與朝廷政府有豪髮之關係。而皆不得不謂之革命。聞革命二字則駭。而不知其本義實變革而已。革命可駭。則變革其亦可駭耶。嗚呼。其亦不思而已。

朝貴之忌革也。流俗之駭革也。仁人君子之憂革也。以為是蓋放巢流彘懸首太白係組東門之謂也。不知此何足以當革義。革之云者。必一變其群治之情狀。而使幡然有以異於昔日。今如彼而可謂之革也。則中國數千年來。革者不啻百數十姓。而問兩漢羣治。有以異於秦。六朝羣治。有以異於漢。三唐羣治。有以異於六朝。宋明羣治。有以異

於唐本朝羣治有以異於宋明否也若此者只能謂之數十盜賊之爭奪不能謂之一國國民之變革昭昭然矣故泰西數千年來各國王統變易者以百數而史家未嘗一予之以 Revolution 之名其得此名者實自千六百八十八年英國之役始千七百七十五年美國之役次之千七百八十九年法國之役又次之而十九世紀則史家乃稱之爲 Revolution 時代蓋今日立於世界上之各國其經過此時代者皆僅各一次而已而豈如吾中國前此所謂革命者一二豎子授受於上百十狐兎衝突於下而遂足以冒此文明崇貴高尙之美名也故妄以革命譯此義而使天下讀者認仁爲暴認羣爲獨認公爲私則其言非徒誤中國而汚辱此名詞亦甚矣

易姓者固不足爲 Revolution 而 Revolution 又不必易姓若十九世紀者史家通稱爲 Revo. 時代者也而除法國主權屢變外自餘歐洲諸國王統依然自皮相者觀之豈不以爲是改革非變革乎而詢之稍明時務者其誰謂然也何也變革云者一國之民擧其前此之現象而盡變盡革之所謂『從前種種譬猶昨日死從後種種譬猶今日生』（曾文正語）其所關係者非在一事一物一姓一人若僅以此爲舊君與新君之交涉

而已則彼君主者何物其在一國中所占之位置不過億萬分中之一其榮也於國何與其枯也於國何與一堯去而一桀來一紂廢而一武興皆所謂『此朕家事卿勿與知』上下古今以觀之不過四大海水中之一微生物耳其誰有此閑日月以挂諸齒牙餘論也故近百年來世界所謂變革者其事業實與君主渺不相屬不過君主有順此風潮者則優而容之有逆此風潮者則鋤而去之云爾夫順焉而優容逆焉而鋤去者豈惟君主凡一國之人皆以此道遇之焉矣若是乎國民變革與王朝革命其事固各不相蒙較較然也

聞者猶疑吾言乎請更徵諸日本日本以皇統綿綿萬世一系自夸耀稍讀東史者之所能知也其天皇今安富尊榮神聖不可侵犯又曾游東土者之所共聞也曾亦知其所以有今日者實食一度 Revolution 之賜乎日人今語及慶應明治之交無不指爲革命時代語及尊王討幕廢藩置縣諸舉動無不指爲革命事業語及藤田東湖吉田松陰西鄉南洲諸先輩無不指爲革命人物此非吾之讕言也旅其邦讀其書接其人者所皆能徵也如必以中國之湯武泰西之克林威爾華盛頓者而始謂之革命則日本

何以稱焉而烏知其明治以前爲一天地明治以後爲一天地彼其現象之前後相反與十七世紀末之英十八世紀末之法無以異此乃眞能舉 Revolution 之實者而豈視乎萬夫以上之一人也

由此言之彼忌革駭革憂革者其亦可以釋然矣今日之中國必非補苴掇拾一二小節模擬歐美日本現時所謂改革者而遂可以善其後也彼等皆曾經一度之大變革舉其前此最腐敗之一大部分忍苦痛而拔除之其大體固已完善矣而因以精益求精備益求備我則何有焉以云改革也如廢八股爲策論可謂改革矣而策論與八股何擇焉更進爲他日或廢科舉爲學堂益可謂改革矣而學堂與科舉又何擇焉一事如此他事可知改革云改革云更閱十年更閱百年亦若是則已耳毒蛇在手而憚斷腕豺狼當道而問狐狸彼尸居餘氣者又何責焉所最難堪者我國民將被天然淘汰之禍永沈淪於天演大圈之下而萬劫不復耳夫國民沈淪則於君主與當道官吏又何利焉國民尊榮則於君主與當道官吏又何損焉吾故曰國民如欲自存必自力倡大變革實行大變革君主官吏而欲附於國民以自存必自勿畏大變革且贊成大

變革始。

嗚呼、中國之當大變革者豈惟政治然政治上尚不得變不得革又遑論其餘哉、嗚呼、

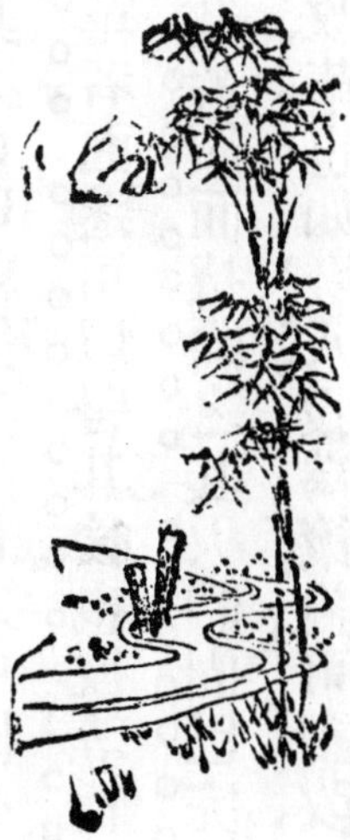

傳記

意大利建國三傑傳（完）

中國之新民

第二十四節　加里波的之下獄及游英國

此時之意大利實不可無一加富爾。而加富爾遂逝。舉國失望。罔知所措。幸也拿破侖第三。猶表同情。以六月下旬。遂公認意大利獨立。派公使駐剳意京。而繼加富爾之後者。爲男爵利卡梭里。蕭規曹隨。無特別之手段。足以饜人望者。其年（一八六一年）七月。意大利政府草一與羅馬教皇交涉之法案。託法國轉達於皮阿士第九。許以教皇若放棄政權。則以巨萬之資相酬。且其教權仍得無限自由。政府絕不干涉。乃皮阿士固執不動。宣言千年以來。歷代教皇與其執政所領屬之土地。雖尺寸不得割讓。政府應付之策殆窮。於是意大利人民大激昂。革命黨又蠭起。所在出沒。加里波的乃擲長鑱手長劍。復蹶起於卡菩列拉。率義勇兵千五百。由昔昔里登岸。僅一月。遂涉眉西奴海峽。進入教皇境。意大利政府懼招物議。惹列强之干涉。爲社稷危也。急發兵堵之。八月二十九

日。兩軍相遇於亞士菩羅門。互衝突。加將軍被傷。遂爲王軍所禽。此時之加里波的。上自王下至屠賈負販兒童走卒。莫不崇拜之若偶像然。徒以外交上之嫌疑。不得不幽之於巴力拿羅。而歐洲列國之輿論。益傾倒至不可思議。將軍之在巴力拿羅也。嘗偶語侍者曰。英人之聲。余所最樂聞。此語一出。各報館競播述之。英國之名媛名士。有欲一親其謦欬以爲名譽者。有欲以一語慰其岑寂而自以爲功德無量者。無貴無賤。無老無少。無村無俏。咸奔走趨集。若恐後。巴力拿羅之旅館。忽爲英客所占殆盡。就中有一老嫗。率其所愛之少女。亦自本國萬里渡海。抵加將軍獄地。乞爲看護婦。使將軍日聞其聲以爲娛樂。將軍固遜謝不肯納。而彼母女者於他國語言。一無所解。旅費既盡。煢煢無歸。以意國政府之救助。僅得返故土。而猶必欲達其目的而後已。此意達於將軍。卒許以一刻之頃入囚室。乞將軍手書之字一枚。斑白之髮一莖。狂喜以歸云。嗚呼。此雖小事。而加將軍之熱誠。吸攝一世。與夫西方民俗崇拜英雄迷信英雄之氣象。皆可想見矣。

未幾遂出獄。加將軍乃漫游於瑪志尼所謂第二故鄉之英國。將以喚起英人對於羅

馬問題之熱情。英人素以好客聞天下。至其歡待之切。誠刺激之劇烈。殆未有甚於此時者也。將軍舟抵梭僧普頓。甫登陸。英人蟻集於江干者。忽以萬數。相握者手復一手。相接者吻復一吻。積半日猶不能行寸步。將軍試劍活潑之手。已攣腫而不能動。將軍風塵蒼古之面。已涎積其如欲滴。將軍數十年來出入必偕之深赤外套。為熱狂崇拜者所摸竊。所橫奪。撕裂為百數十襲。各寶其一寸一縷以相炫燿。英國全國之社會。無朝無野。無老無幼。皆如失其腦力。失其心力。其心中腦中。不復知有職業。不復知有學問。不復知有娛樂。不復知有煩惱。而惟知有一加里波的將軍。嗚呼大丈夫眞男子。不當如是耶。不當如是耶。

拿破侖第三素不喜加將軍之為人也。聞其受歡迎於英國如是其劇且烈。恐為歐洲全局之影響也。於是私於英相巴彌斯頓。使勸上客之返國。未幾而加將軍遂歸。

第二十五節　加里波的再入羅馬及再敗再被逮

千八百六十四年。王英瑪努埃復以羅馬問題與拿破侖有所協議。其年九月。兩國締約。法人撤其戍羅馬之兵。而意王仍不侵犯其政權。此實外交漸進之政策。不得不然

也。而熱誠如裂之加將軍。至此益欲忍不可復忍。彼其少壯以來所挾持之共和主義。遂復出現。以爲在此因循帝政之下。終不足以奏統一大業。乃宣言於衆曰

今日我輩終不可不以共和國國旗。豎之於巴的幹宮殿之上。咄、！共和主義一日。不可緩。咄！共和主義一日不可緩。

時意王既失沈鍊敏達之宰相。而在此有共和黨之急激運動。在彼有山嶽黨之絕對反對。（山嶽黨者主張敎皇之政權者也）在外復有法帝拿破侖之睥睨猜忌。意王立於四面楚歌之中。焦苦殆不可思議。千八百六十七年秋。復以政府之命。突然逮捕將軍。使蟄居於卡菩列拉。交地方官管束。未幾將軍之子名美那治者。忽在外自招義勇隊。復侵敎皇境。老將軍聞之。勃勃不能自禁。遂以十月十四日逃出卡菩拉列。所至響應蝟附。以風馳雨驟之勢。忽達羅馬。拿與其子遇。老將軍小將軍。駢轡以入羅馬。與敵劇戰於門的耶大捷。羅馬殆再落於加將軍之手。而佛羅靈政府。（意大利自千八百六十五年由焦靈遷都於佛羅靈）懼執釁僨事。已制機先。急派兵於羅馬。法蘭西軍亦踵至。於是加將軍三面受敵。進退維谷。乃集麾下而申警之曰。

我輩以貴重之血購得此羅馬於意大利公敵之手今佛羅靈政府以兵力侵入之我輩深願以無上之愛情歡迎我同胞（按此指王及政府軍）相與戮力驅逐殘虐之傭兵（按此指法軍）於境外此區區十年以來所懷之素志諸君所共聞也雖然若彼卑劣巽弱之政治家仍挾其模棱兩可之政策欲維持繼續其所謂九月條約者（案此指一八六四年意王與拿破侖所定之約）而强逼我輩使擲兵器以屈服於妖狐猾魔（按此指拿破侖及教皇）之下則當此之時余惟自認「以已之劍保護已所有屬地」（按此泰西通語也）之權利而已他非所聞也羅馬之政府不可不以羅馬人民之公意投票而選之諸君乎諸君乎其有念我千年來祖宗所宅之首都欲建設自由統一之意大利於其上者乎如其有之則非待我新意大利去模棱主義之廢墟達良心自由之天國以後非待千年來公敵暴軍絕其跡於我國土以後我輩決不得釋兵而嬉也

由此觀之加里波的當時之地位可以見矣即王師如與我同宗旨同手段也則以正當之方法相戮力以取羅馬而不然者王師若旁觀焉甚乃反對焉亦必以獨力而使羅馬終爲羅馬人之羅馬盖加將軍之事業實以羅馬始以羅馬終者也不幸拿破

侖第三以護法爲名。早已派遣大軍。壓境以進。曾無所顧惜。無所猶豫。彼已衆寡之數既已相懸。而加將軍麾下。又皆無訓練無兵械。空拳白戰之軍士。徒以大將之威名。驚力奔走。羣集雖曰義勇。究豈足以爲百戰法軍之敵。於是於綿達尼一小村落之旁。兩軍相遇。加將軍大敗。士卒死亡逾半。王英瑪努埃聞之。肝腸寸裂。痛哭不食者三日。語近臣曰。『嗚呼痛哉。彼螺旋後膛之烈鎗。毒我愛子。斷我驕兒。我之苦痛。視彈丸薄擊於我肢體爲尤甚也。嗚呼痛哉。百身莫贖。萬冤誰諭。吾無暇哀感。吾惟沈痛。吾無暇憤恨。吾惟懺悔』云云。雖然英瑪努埃。固久受加富爾之薰陶。沈穩歷鍊之人也。彼雖哀痛煎迫。腸斷九迴。然其外之對於法蘭西。內之對於本邦倡亂之義民。皆保其適當之威嚴。徐乃告拿破侖曰。『君爲德不卒。從前盛意。盡付東流。今意大利全國國民中。其念君舊德者。已無復一人。兩國同盟之誼。恐非復政府之力所能及矣。嗚呼奈何其以螺旋彈丸。濫擲於同盟國國民之頭上也』雖然英努瑪埃。仍自懲其首事之民。無所假借。於是加里波的復被逮。再命蟄居於卡菩拉列島。加將軍之事業遂終。

第二十六節　意大利定鼎羅馬大一統成

意大利之建國。以得羅馬爲究竟。而其得羅馬之時。彼三傑者皆未嘗直接有所効力。彼其時瑪志尼既廢。加富爾既死。加里波的既錮。前此絞腦髓擲頸血以易之而經數十年不能得者。今乃若安然唾手以收其成。淺見者或謂是有天焉。非人力所能爲也。而烏知乎人事之盡。既達極點。如畫龍壁上。不飛去者只爭一睛。睛之點固有時而畫師之心力蓋益不可思議矣。自加將軍擧事以後。意政府常以左證以表明本國國民意嚮之所在。以布告於列國。列國亦憚意民之勇敢而憐其熱誠也。表同情者日以益多。此驚天動地之大活劇。浸近團圓時節。千八百七十年。普法戰起。疾風暴雨。不旋踵而局遂定。歐洲形勢爲之大變。吞聲飲恨爲城下盟之法蘭西。已無復餘勇爲教皇之保護主。至是意大利王再以滿腔之誠意說教皇。使之讓步。皮阿士第九仍頑然不動。不得已。乃以千八百七十九年九月二十日。王軍遂入羅馬。建三色旗於最高之神殿。翌日下令府中。使其民各以己意。欲從王者。欲從教皇者。自由投票。票集積起。則從王之數。四萬七百八十八。從教皇之數。僅四十六。翌千八百七十一年六月二日。撒的尼亞王英瑪努埃遂爲意大利皇帝。開國會於羅馬。勅告國民所擧之代議士曰。

於戲我同胞。我輩數十年來萬死不顧一生所經營之事業今既成就閱無量數之艱難辛苦危險挫折卒乃使意大利返於意大利羅馬返於羅馬我數百年來蕩析離居肝胆秦越之父子兄弟今乃得以代議士之名譽集玆一堂拭一掬感喜之淚以認識吾輩所思所夢之故鄉於戲此等經歷實告我輩以莊嚴神聖且以義務之觀念銘刻於我輩之腦中而使莫能諼也（中略）我輩以愛自由故有今日自今以往我輩不可不生息於自由與秩序之中以「力」與「平和」二德爲保持生命之要具（中略）我輩之前途其幸福似海其希望如潮立於世界大國民之間而有代表意大利名譽羅馬名譽之責任我輩負此責任不可不養成其適應於此責任之實力於戲欽哉。意大利萬歲!!! 意大利國民萬歲!!!

至是新意大利統一之大業既已告成時去加富爾之卒既十年其翌年實爲一千八百七十二年二月瑪志尼卒年六十七更閱十年實爲一千八百八十二年六月加里波的卒年七十五。

結論

新史氏曰吾儕讀史何爲乎察往以知來鑒彼以誨我而已吾讀泰西列國近世史觀其事業及其人物無不使吾氣王而神往而於意大利建國史尤若養養然有所搔抓於余心趯趯然有所刺激於余腦使余笑使余嚎使余醉使余舞余求其故而不得余爲三傑傳乃始若化吾身以入於三傑所立之舞臺而爲加富爾幕中一鈔胥手而爲加里波的帳下一騶從卒而爲瑪志尼黨中一運動員彼憤焉吾憤彼喜焉吾喜彼憂焉吾憂彼病焉吾病吾於是一擲筆西向望祖國乃沈沈焉唱唱焉曰嘻、彼數十年前之意大利何以與我祖國相類之甚其爲世界上最古最名譽之國也相類其中衰也相類其散漫而無所統一也相類其主權屬於外族也相類其專制之慘酷也相類其主權者之外復有他强國之勢力範圍也相類勢力範圍不止一國國民舉動動遭干涉也相類嗚呼、同病相憐豈不然哉而彼其不如我者更有數事曰土地之小不如我曰人民之寡不如我曰無中央政府不如我曰有政教之爭不如我吾昔論中國時局持之與十七世紀末之英國比持之與十八世紀末之美國法國比持之與十九世紀末之日本比皆覺吾之困難有甚於彼等數倍者輒以爲彼中豪傑之所以成就大業殆天時

人事之相適而非我輩之所能企也及讀意大利建國史而觀其千回百折停辛貯苦。吞酸茹險之狀自設身以當此境度未有不索然氣沮力竭聲嘶一蹶再蹶而吾喪我者而今日之意大利何以能巍然立於世界上儼然厠於歐洲六大强國之列而一舉一動繫天下之重輕也嗚呼、吾案意大利建國成蹟而乃始知天下果無易事而乃始知天下果無難事吾欲速之謬見一破吾厭世之妄念一破。

意大利建國自發軔以至告成中間凡五十餘年大波折者六次小波折者十餘次其間危機往往在一髮使其氣一餒焉而即敗使其機一誤焉而即敗乃其敗也一而再而三以至於十數而餒焉者無一焉此或失機而常能有不失焉者與之相救合天下古今之壯劇活劇慘劇悲劇險劇巧劇以迭演於一堂嘻何其驚心動魄不可思議至於此甚也豈有他哉人人心目中有「祖國」二字羣走集旋舞於其下舉天下之樂不以易祖國之苦舉天下之苦不以易祖國之樂人人心目中有祖國而祖國遂不得不突出不湧現佛說三界唯心所造孔子曰我欲仁斯仁至矣西哲曰人皆立於所欲立之地豈不然哉豈不然哉

吾今欲祝中國之爲新中國吾不得不虔禱彼造物者乞誕若三傑其人於我中國雖然、吾又疑三傑其人者非彼蒼之生是使獨而有以靳我我國民也皆以三傑爲不可幾及而三傑遂不可幾及又其上焉者或以三傑之性行之事業之志節望諸他人責諸他人而三傑遂不可幾及故吾以爲欲造新中國必有人人自欲爲三傑之一之心始人人欲爲三傑之一未必即能爲三傑之一而千百人欲之則一二之眞似者必出焉矣即不能而合十人而得似其一焉合百人而得似其一焉則我有三十傑三百傑而必可任彼三傑所任之事業而何國之不能救也雖然我輩非徒曰慕之曰學之而已慕其貌而失其眞不有其所長而藉口於其所短以自固則褊急任氣者何不可自言學瑪志尼輕舉妄動無忍耐性者何不可自言學加里波的持祿保位陰鷙取巧者何不可自言學加富爾以此學三傑三傑不任受也善哉善哉善男子彼三傑者有如焚如裂之血誠故是故當學彼其心目中無利害無毀譽無苦樂無成敗而惟認定其目的之所在以身殉之人人不愛此國也而我愛之如故人人愛此國也而我愛之如故記不云乎所謂誠其意者毋自欺也而今日中國之少年子弟或滿腔利慾滿腹

機械而猶敢靦然以愛國二字爲口頭禪此又與於亡國之罪魁者也故不欲學三傑則已耳苟欲學之則第一宜下愼獨工夫日必自省吾愛國血誠之程度與彼相去奚若吾之言愛國也得毋爲名乎得毋爲利乎得毋爲事勢之迫不得已乎苟其若是則是與三傑之人格成反比例而北轍而南其轅也夫三傑之血誠生而具焉不知其然而然者也我即不能若是而日日而省焉昔昔而養焉固未有不能幾者矣況夫知與行合一者也吾既知國之可愛而所以實行其愛者不力焉苟非知之未灼則必其自欺者也故吾以毋自欺爲學三傑之第一義

善哉善哉善男子彼三傑者專一故是故當學彼等之愛國也舉天下之人之事之物無足以易其愛撓其愛者其例多不可具引吾於其所以待其王者徵之瑪志尼非有憎於其王也以是多不足以達愛國之目的故始終敵之加富爾非有私於其王也以是爲可以達愛國之目的故始終奉之加里波的亦非有憎有私於其王也當其見爲可以達此目的也則奉之當其見爲不可以達此目的也則敵之彼等之視其王皆若無物也非輕王薄王以爲以王與國比較其相去不可以道里計不能以此分其愛也

有攫金於齊市者吏鞫之則曰只見金不見人彼三傑之只見國不見王亦若是而已王與國之關係如此其密切而猶不足以分其愛他更何論矣詩曰其儀一兮其儀一兮心如結兮故精一爲學三傑之第二義

善哉善哉善男子彼三傑者有廉靜淡泊高尚之性質故是故當學彼等無富貴心無功名心加里波的之脫屣爵祿兎起鶻落於卡普列拉之一孤島其高風亮節爲史家所津津樂道固無論矣即如加富爾者終身立朝與王室相左右及肥拉甫耶卡之約成則若忘其在臣位也唾罵雜遝於兩君之側不得請則悍然挂冠而去彼立於此位非自爲也爲意大利也苟不能行其志則一朝不願居也瑪志尼當千八百四十八年歸國先王阿爾拔虛首相之位以待之且許授彼全權使制定憲法（此事傳中失載他日付印時當補入）而瑪志尼自以爲非行共和主義則新意大利終不可立毅然辭之不以相位易所信也凡此諸端皆尋常人所萬萬不能而三傑若行所無事焉蓋其性質之高潔其道力之堅定實一切事業之總根原也吾儕雖不能安而行焉亦當勉强而行焉毋曰我有所貢獻於社會則雖厚受社會之酬償而不爲泰也酬償非必不可受而崇貴逸樂最足移

人與之相習浸假有喪其志者而義務之觀念將日薄矣浸假而有保持之之心焉則任事冒險勇敢之精神且日銷蝕矣久而久之將失其本來面目以自伍於流俗彼其初志未必非也牽於外而人格與之俱降也吾見夫今日志士往往自恣於聲色狗馬而以爲不拘小節者有焉矣干謁於公卿王侯而以爲借途辦事者有焉矣吾豈敢遽謂此中之必無人才顧其不墮落者幸而已故寡欲爲學三傑之第三義。

善哉善哉善男子。彼三傑者沈毅堅忍百折不回故是故當學綜觀歷史上建設之事業其挫折之多未有若意大利此時若者也瑪志尼終身未嘗成一事然其革命暴動之舉自二十歲以至六十歲凡四十年間無一日不口講指畫伺隙而實行也加里波的敗於始成於中而敗於終其目的之極點一日未得達則一日不肯休前後被逮十數次無所於悔無所於懼而一惟貫徹其所志之爲務加富爾足智而持重事必求可功必求成然其失敗之役亦屢見不一見愈摧而愈堅愈拂而愈勇至死之日猶耿耿以未竟之志爲念忍辱負重爲成功不二法門於三傑見之矣天下事順與逆相倚難與易相乘一事之始末其順焉易焉者只有此數其逆焉難焉者亦只有此數卑屈怯

懦之徒一遇逆難而遂退轉焉則事無論小大而無一可成而豈知過此逆而難之一關頭則必有順而易者之在其後苟一退轉則並其前途之順者易者而失之也故堅忍精進爲學三傑之第四義

善哉善哉善男子彼三傑者閱歷甚深學養有素故是故當學瑪志尼之事業由於其哲學之深邃理想之高尚其主義言論所以能動天下皆賴是也加富爾之事業自彼漫游英國時所察驗臥隴黎里時所經歷後此內治外交皆舉而措之也加里波的之事業由彼在南美時經百戰歷萬難有以習於行軍之術鍊其膽而神其用也凡欲救國者不可無其具農夫出疆猶不能舍耒耜市儈營業猶不能無資本學問閱歷者實吾輩之耒耜之資本也日言愛國而不汲汲於此措意惟摭拾一二空論高談雄辨以爲快者非欺人即自欺也故做預備工夫爲學三傑之第五義

要而論之彼三傑之人格自頂至踵無一指一髮而無可以崇拜之價值此五端者不過對吾儕之缺點而舉之以相勸勉相警厲云爾嗚呼我輩勿妄菲薄我祖國勿妄非薄我眇躬苟吾國如有三傑其人者則雖時局艱難十倍於今日吾不必爲祖國憂彼

意大利之衰象困象險象。夫豈在吾下也。苟吾躬而願學三傑其人者。則雖才力聰明遠下於彼等。吾不必爲眇躬怯。舜何人。予何人。有爲者亦若是也。抑意大利有名之傑三。而無名之傑。倘不啻百千萬。使非有彼無名之傑。則三傑者又豈能以獨力造此世界也。吾學三傑不至。猶不失爲無名之傑。無名之傑徧國中。而中國遂爲中國人之中國焉矣。

（完）

學術

論中國學術思想變遷之大勢

中國之新民

第六章 佛學時代（續第二十一號）

第四節 中國佛學之特色及其偉人

美哉我中國不受外學則已苟受矣則必能發揮光大而自現一種特色吾於算學見之吾於佛學見之中國之佛學乃中國之佛學非純然印度之佛學也不觀日本乎日本受佛學於我而其學至今無一毫能出我範圍者雖有眞宗日蓮宗爲彼所自創然眞宗不過淨土之支流日蓮不過天台之餘裔非能有甚深微妙得不傳之學於遺經者也。（眞宗許在家修行。許食肉帶妻。是其特色。但此亦印度所謂優婆塞。中國所謂居士之類耳。若以此爲佛徒也。何如禪宗直指本心。並佛徒之名亦不必有之爲高乎。）未嘗能自譯一經未嘗能自造一論未嘗能自創一派以視中國瞠乎後矣此甯非我泱泱大國民可以自豪於世界者乎吾每念及此吾竊信數十年以後之中國必有合泰西各國學術思想於一爐而冶之以造成我國特別之新文明以照耀天壤之一日吾頂禮以

祝吾跂踵以俟高山仰止景行行止吾請謳歌隋唐間諸古德之大業爲我青年勸焉」

中國之佛學其特色有四

（第一）自唐以後印度無佛學其傳皆在中國　基督生於猶太而猶太二千年來無景教景教乃盛於歐西諸國釋尊生於印度而印度千餘年來無佛教佛教乃盛於亞東諸國豈不悲哉豈不異哉佛滅度後數百年間五印所傳但有小乘小乘之中復生分裂上座大衆各鳴異見別爲二十部至五世紀（凡世紀皆以佛滅後計下仿此）外道繁興大法不絕如縷至六世紀末而有馬鳴七世紀而有龍樹提婆九世紀而有無著世親十一世紀而有清辨護法十二三世紀而有戒賢智光其可稱眞佛教者不過此五百年間耳自玄奘西游徧禮戒智諸論師受法而歸於是千餘年之心傳盡歸於中國自此以往印度教徒徒事論戰怠於布教而婆羅門諸外道復有有力者起日相攻掊佛徒不支乃思調和浸假採用婆羅門教規念密咒行加持開教元氣銷滅以盡至十五世紀而此毋國已無復一佛跡此後再蹂躪於回教三侵蝕於景教而佛學遂長已矣轉視中國則自唐以來數百年間大師踵起新宗屢建禪宗既行舉國碩學皆參圓理其餘波復

披靡以開日本佛教之不滅皆中國諸賢之功也中間雖衰息者二三百年而至今又駸駸有復興之勢（近世南海瀏陽皆提倡佛學吾意將來必有結果）他日合先秦希臘印度及近世歐美之四種文明而統一之光大之者其必在我中國人矣此其特色一也

（第二）諸國所傳佛學皆小乘惟中國獨傳大乘　佛教之行西訖波斯北盡鮮卑（即西伯利亞）南至暹羅東極日本凡亞洲中大小百數十國無不徧被（吾深疑耶教為剽竊印度婆羅門及佛教而成者其言天主即韋陀論所謂梵天大自在天其言永生即教佛所謂涅槃自除天堂地獄之論禮拜祈禱之式無一不與小乘法相類古代希臘埃及猶太印度既有交通如希臘大哲德黎史家亦謂其嘗至印度然則印度宗教參合流入猶太亦非奇事但未得確據不敢斷言耳）雖然彼其所傳皆小乘耳（日本佛學以中國為母不在此論）蓋當馬鳴初興時而印度本教中人固已紛紛集矢謂大乘非佛說大乘之行於印實幾希耳故其派衍於外國者無不貪樂偏義謗毀圓乘即如今日西藏蒙古號稱佛法最盛之地問其於華嚴法華之旨有一領受者乎無有也獨我中國雖魏晉以前象法萌芽未達精蘊迨羅什以後流風一播全國慴從三家齊興別傳崛起隋唐之交小乘影跡幾全絕矣竊嘗論之宗教者亦循進化之公例以行者也其在野蠻時代人羣智識卑下不得不歆之以福樂慴之以禍災故惟權法得行焉及文明稍進人漸識自立之本性斷依賴之劣

根故由恐怖主義而變爲解脫主義由利己主義而變爲愛他主義此實法之所以能施也中國人之獨受大乘實中國國民文明程度高於彼等數級之明證也此其特色二也

（第三）中國之諸宗派多由中國自創非襲印度之唾餘者　試以第三節所列十宗論之俱舍宗惟世親造一論印度學者競習之耳未嘗確然立一宗名也其宗派之成實自中國成實宗則自訶梨跋摩以後竺國敎書雜記無一道及其流獨盛於中國三論宗在印其傳雖稍廣然亦不如中國至於華嚴其本經之在印度已沈沒於若明若昧之域（據言佛滅後七百年龍樹菩薩始以神力攝取華嚴經於海龍宮是爲本經流通之始此等神秘之說雖不足深信然華嚴不顯於印度可想見矣）而宗門更何有焉在彼惟有「大不思議」「十地」兩論推闡斯義餘無所聞故依華嚴以立敎實自杜順賢首淸涼圭峯之徒始也雖謂華嚴宗爲中國首創焉可也又如禪宗雖云西土有二十八祖但密之又密舍前祖與後祖相印接之一刹那頃無能知其淵源其眞僞固不易辨即云眞矣而印度千餘年間舍此二十八人外更無一禪宗可斷然也不甯惟是後祖受鉢前祖隨即入滅然則千餘年間不許同時有兩人解禪宗正法者又斷然也

若是則雖謂印度無禪宗焉可也然則佛教有六祖而始有禪宗其猶耶教有路德而始有布羅的士丹也若夫天台三昧止觀法門特創於智者大師一人前無所承旁無所受此又其彰明較著者矣由此言之十宗之中惟律宗法相宗眞言宗淨土宗嘗盛於印度而其餘則皆中國所產物也試更爲一表示之

一	俱舍宗	印度有而不盛	中國極盛
二	成實宗	印度創之而未行	中國極盛
三	律　宗	印度極盛	中國次盛
四	法相宗	印度極盛	中國亦極盛
五	三論宗	印度有而不盛	中國極盛
六	華嚴宗	印度無	中國特創極盛
七	天台宗	印度無	中國特創極盛
八	眞言宗	印度極盛	中國甚微
九	淨土宗	印度極盛	中國次盛
十	禪　宗	印度無	中國特創極盛

夫我國之最有功德有勢力於佛學界者莫如教下三家之天台法相華嚴與教外別傳之禪宗自餘則皆支孳附庸而已而此四派者惟其一曾盛於天竺其三皆創自支

那我支那人在佛教史上之位置其視印度古德何如哉竊嘗考之印度惟小乘時代有派別（佛滅後小乘派分爲二十部初分爲大衆部上座部佛滅一世紀時所分也次分爲一說部說出世部雞胤部二世紀初葉所分也次爲多聞部次爲說假部皆二世紀中葉所分也次爲制多山部西山住部北山住部二世紀末葉所分也此八派皆從大衆部分出次爲說一切有部三世紀初葉所分也次爲犢子部復由犢子部分爲法上部賢胄部正量部密林山部次爲化地部復由化地部分爲法藏部皆三世紀中葉所分也次爲飮光部三世紀末葉所分也次爲經量部四世紀初葉所分也此十派皆由上座部分出也四世紀以後小乘衰熄大乘未與佛敎幾絕）而大乘時代無派別大乘之興凡爲三期第一期則馬鳴也（六世紀末）第二期則龍樹提婆也（七世紀）第三期則無著世親也（九世紀）皆本師相傳毫無異論畧似漢初伏生申公后蒼等之經學及其末流護法清辨諍空有於依他之上戒賢智光論相性於脣舌之間壁壘稍新門戶胎立而法輪已轉而東矣蓋大乘敎義萌芽於印度而大成於支那故求大法者當不於彼而於我此非吾之夸言也殆亦古德之所同許也此其特色三也

（第四）中國之佛學以宗教而兼有哲學之長　中國人迷信宗教之心素稱薄弱論語曰未能事人焉能事鬼未知生焉知死子墨子謂程子曰儒以天爲不明以鬼爲不神（見墨子公孟篇）蓋孔學之大義浸入人心久矣佛耶兩宗並以外教入中國而佛氏大盛耶氏不能大盛者何也耶敎惟以迷信爲主其哲理淺薄不足以饜中國士君子之心也

佛說本有宗教與哲學之兩方面其證道之究竟也在覺悟（覺悟者正迷信之反對也）其入道之法門也在智慧（耶教以爲人之智力極有限不能與全知全能之造化主比）其修道之得力也在自力（耶教日事祈禱所謂借他力也）佛教者實不能與尋常宗教同視者也中國人惟不蔽於迷信也故所受者多在其哲學之方面而不在其宗教之方面而佛教之哲學又最足與中國原有之哲學相補佐者也中國之哲學多屬於人事上國家上而於天地萬物原理之學窮究之者蓋少焉英儒斯賓塞嘗分哲學爲可思議不可思議之二科若中國先秦之哲學則毗於其可思議者而乏於其不可思議者也自佛學入震旦與之相備然後中國哲學乃放一異彩宋明後學問復興實食隋唐間諸古德之賜也此其特色四也。

（此節未完）

軍事

軍國民之教育

百里

本編爲東京軍學生蔣君舊譯稿本社以其關係於國民精神重且大爲我同胞所宜日三復也請於譯者以登報焉　本社識

軍務者國民之負債也國防者國民之義務也今日之戰爭國民全體之戰爭而非一人一姓之戰爭也其勝也國民享其利其敗也國民受其禍非於國民以外別有物焉以擔任其死生禍福也夫已受其利已受其禍而曰茲事也非吾之責也茲言也可通乎不可通乎吾願與諸君一思之

誰好殺戮誰惡平和然而彼寧盡財寧竭力而惟日日以擴張軍備爲事者則何以故噫吾知之矣凡爭之起由不平也不平之起由强弱也有弱者則思侵之矣侵之何以則以力苟其强也無所侵無所用其力則平矣是故畏戰者乃受戰禍畏死者人乃以死脅之夫戰之結果則死而已矣然則請問之不戰可以不死乎今有二人共食於此

得此食則生。弗得則死。其一人謂其他曰。汝若欲爭我之食。則我將置汝於死。然則彼遂可以勿爭耶。勿爭則亦死而已矣。夫地不加闢。而人口日繁。自非侵人。安能保我。此則世界之公例。不可逃者也。優勝劣敗。强者生存。觀人之强而畏之。而不望己之强。其愚者乎。其智者乎。

抑吾聞之。治天下者定所尙。今世界各國之國是何如乎。過去百年間之以農業立國者。今悉變爲商業國矣。然則立於商業競爭之時代。而人前我後。則不崇朝而爲所噬者。可斷言也。夫農業可以保守。而商業必俟進取。進取之資格何在乎。威嚴與實力而已矣。威嚴與實力。與國之第一步。而亦護國之最終器也。要而言之。則軍備之勢力猛大而已矣。是故苟不行全國皆兵主義於吾國。則終不得出而談天下事。

軍國民教育者。昔行之於斯巴達。今則全世界爲斯巴達矣。我國立於此競爭之中。已不侵人。人將侵我。夫兄弟鬩於垣。則父母得而審判之。國人相爭。則國法得而審判之。若國與國爭。則世界中無一最高權足以裁正之。則强權而已矣。

此就形勢而言之也。自精神上言之。則凡社會上一切之組織。皆當以軍事的法律布

置之凡國防上一切之機關皆當以軍事的眼光建設之社會之精神之風俗之習慣皆當以軍人之精神貫注之。軍人形質之在於外者國家賴之以安寧軍人精神之在於內者即國之所由立也民之所由生也就令無强鄰。就令無內亂。則若軍人無用矣。而抑知苟無其精神。則國本不能立。而國終不能成。軍人耶國民耶則一而已矣則一而已矣。

然則請言軍人之敎育。昔拿破侖謂作戰有有形與無形二要素。然哉然哉。有形之要素器械是也。然而城非不高。池非不深。兵革非不堅利。而無所用。則無形之要素尚焉矣。無形者何精神是也。玆論軍人精神敎育之大綱如左。

(其一)則愛國是也。

「惟太陽之所照兮惟明星之所輝惟迅雷之所震畏爾兮惟疾風之所吹玆惟爾之所愛兮爾祖國其在玆。　睊稚兒之明眸兮灼灼其所顧盻。惟慈母育汝於玆兮惟嚴父聖訓之所在玆惟爾之所愛兮爾祖國其在玆」嗚呼此非日耳曼祖國歌耶。彼當十八世紀之末。羣邦無所統一。羣侮雜至。乃睊同種。乃以鐵血主義。成世界

上莫强之國。豈惟日耳曼。花則櫻。人則武士。大和一肉團。自我祖我父。以及於今。武育國男子之思想。非護國之精神而何耶。而奈之何不以死守之。

譯者曰。吾聞之國家也者。有機體也。官體備骨格立而無魂則何取也。國魂者。國之所恃以爲國。葢由國民愛國之精神之熱血。所醞釀胚胎以成此一種不可思議之妙物。其爲用也。乃能舉一切上下社會而鎔鑄之。無大無小。使成一忘死捨身之烈士。故無國魂乎。何以有軍人。無軍人乎。何以有國魂。然則乃曰。軍人。當有此。而國民可以無之也。有此理乎。國也者。誰守之。守之則軍人也。國也者。誰有之。有之則國民也。國民乎。軍人乎。而謂可以分之乎。孰則肯捨死而爲人守家產也。人必知此物之爲我有也。而後愛之。而後肯捨死以爭之。嗚呼。我國民。其念之哉。中國之興亡。其禍福與他人無與也。

且夫吾中國。則亦無責焉耳。彼自近千年來。伈伈俔俔。低首下心於外人而勿知恥。其視國爲他人之物也。固已久矣。其神經已喪。其氣已失。其體已頹敗。故割其手足。不知痛也。繫其元首。勿之知也。而彼之爲狐鼠者。其計日以工。恐其或一旦

知之也。乃舉其猛鷙者而改之一變而吸其精血焉一變而呼之骨髓焉其病夫乃可以沈沈酣睡永夜長睡矣嗚呼果何由而至此耶曰無魂故吾欲竭我腦血爲吾國鑄一魂吾欲攜吾國民以登於崑崙之巔眴眴而東視見夫二萬萬里美如錦繡燦如荼火之江山則大呼曰是我祖之所有也吾欲攜吾國民以立於千年以前歷歷而上數見夫四千年來龍鬬虎爭風雷變色之歷史則大呼曰是我祖之所讀也嗚呼惟吾祖國之魂惟吾祖國之魂尙其歸來兮毋使吾心悲

（第二）則公德是也

軍隊者公共心之組織體也死則同死存則同存軍人之美德則犧牲一身以爲全體是也故軍隊以公德爲組織之原質而公德以軍隊爲教育之利器「以死助同胞乎」斯非國民的宗教耶蓋爲軍人而死生與共之感情以麗於實事迫於一身而愈顯故講公德乎則必自軍隊始言軍事乎則必自公德始不然則潰敗而已矣不然則空言而已矣

譯者曰公德者何物也曰一人對於團體所當應盡之義務也故吾嘗聞西人言

支那人腦中自古無公德思想吾思疑之以為己所不欲勿施於人是亦可以已夫而不知其非也蓋恕也者僅一人對一人言是可謂對於社會交際上之德行而未得公德之全體也公德者以一人對於群而言者也凡立於群之下食其利而庇其蔭則必思所以報之矣寧喪一人而全群茲群也蓋自我祖我父造之以貽後人而後人依之以生者也處今日人類競爭之世則群之點當以國為極而養之也必自實事始必自小者始嗚呼苟一遊歐人之小學校蓋亦可以見矣今之言德育者動曰公德固矣然公德而可以口說倡乎夫必有死生與共之精神而後群力乃固彼學生之無不以兵隊部勒之者豈惟體育亦德育之源泉也蓋國家之興廢盛衰直接於個人之安危休戚茲理之觸接於腦也惟軍人為尤易而顯然則社會而以軍人之精神組織之乎奚患其不愛國也奚患其無公德也

（其三）則名譽心是也

須賓華曰「以防禦祖國為己之任務率其勇氣豪膽守之以一死一旦宣誓於軍旂之下縱令地落天崩山裂海倒不肯退一寸立處即死所也即墳墓也是之為軍

人之名譽」法物伯侖尊曰「名譽者樹偉業之機軸也之動機也軍人生活之精神也無恐怖無怨嗟無僞無驕與職分與斃之精神也」嗚呼負護國之大任得干城之盛譽矣吳子所謂有死之榮無生之辱誰不欲負此光榮橫戰骨於敵地灑碧血於國境哉故名譽心者無形之軍紀也可以戒惡可以獎善惟軍人有名譽心而國乃有威軍人之名譽也國威也則一而已矣

譯者曰名譽者社會之刑賞也政府之刑賞或出於一人之私意其不公也則猶可以責之也社會之刑賞出於一般之公意而不公也斯則國民之自致於亡無所用其言也耳矣今日之中國使各人尊重其名譽心易而爲社會上一般之改革難夫名者人之樂處也自非下愚慓悍者則必不敢并名棄之然名譽心則誠有之矣而吾觀日人之於軍人也則尊之敬之其購物也爲之賤其值其行軍也則爲之潔其膳而其進隊也則送之曰祈戰死其死於軍事也則爲之恤其孤爲之銘之石鑄之像其死者之衣則藏之於博物院其茍有逃者抑或僨軍乎則父不子之妻不夫之親族遠之朋友恥之蓋實無以立於天壤間也嗚呼雖欲國之

不强可得歟。若中國則開章第一義曰「好鐵不打釘。好人不做兵。」其業則賤之。其死則忘之。其敗軍生歸也。則妻子親族走相賀。然則雖欲其捨身爲國。又烏可得耶。雖然要而言之。則仍是無名譽心耳。蓋社會之習俗。非有人倡始以敗壞之。則淸議終猶在也。有一無名譽心者出。靦顏以處世。始而一。繼而二三。繼而十百。矣。於是同俗乃頹。雖有善者。則或笑之爲迂。或以之爲蠢。恬然習俗不爲怪。是則不僅刑賞之誤。且併刑賞而失之矣。於是乎紀律壞。風俗敗。人心腐。嗚呼。以斯之社會處今之世界。亡矣亡矣。其又何說。

（其四）則質素與忍耐力是也。

質素者。强毅之源泉也。布衣草帽。芒鞋竹杖。吾知其能踏破萬山矣。其貌雍容華其身。貴其飾。如玉樹臨風乎。美則美矣。其如不禁風雨何。夫軍人者。拔山倒海而不移其志者也。故必有百折不回之氣概。而後百勝之機乃決。我困之時。人亦困之時也。我疲之時。人亦疲之時也。際人之困疲。而我鼓一段之勇氣。以繼之。勝利固不得不歸我矣。雖然。當破釜沈舟灑淚以出之時。在旁觀者固曰「鼓勇乎。鼓勇乎。」而在當

局者方力盡神疲有雖欲前而不能者矣故所謂忍耐力者在平日之口說易在臨時之實際難在思想之所及於虛者易在氣魄之直任於事者難是貴養之也而養之自質素始

譯者曰嗚呼東方病夫國二支那與土耳其是也然土耳其猶能力戰强俄以存其國而支那則何如也藤田東湖之言曰寧爲武愚勿爲文弱雖然今日者愚則愚矣武則未也支那實腐國也夫彼之愚而弱者勿足責吾竊怪夫知者也彼亦曰吾欲文明也彼未知求文明之苦痛而先欲享文明之幸福故文明則未也而先流爲文弱嗚呼以蹂躪半天下之羅馬而卒爲獨逸森林中一蠻族所阨以漢族之文物而卒爲北方之遊牧水草者所侵是眞文明矣猶以流於文弱而亡而况徒襲其貌者乎吾聞之文明者流血之結晶體也今試觀歐族固也其文明也其健鬭之氣象奚若其野營之生活奚若其冒險之膽力又奚若是文明之活力之所在也故文明者非雍容華貴之謂也活潑勇壯或稍得其眞相矣

拿破侖曰勝敗之決在最後之十五分間至哉言乎蓋觀乎競馬當最後之數秒

時實决勝之大關鍵也愼始愼終固矣雖然必視其根氣之厚薄根氣之厚薄不可以一時言也氣既雄厚精力豪健其養之也如身然有精神的食糧焉經驗也工夫也涵養也皆是矣而體魄亦其要素焉嗚呼世固有「疲不經銷弱還易斷」之英雄乎有志於事者盍亦求所從事矣

嗚呼茲數者軍人之教育歟國之所恃以爲本社會之所恃以爲組織軍國民哉吾今言其所施之方策有二其一在學校其一在社會與家庭

戰爭者隨社會之進化而變移者也昔日之戰爭以人力今日之戰爭以人智拿破侖曰無十年不變之戰術豈惟戰術兵制亦如之故今日言軍事非若昔時之可以草廬經畧之口說導達之也其精神上無論矣即學識上技藝上其演習之心得其內務之布置必也徵之於實事數年乃后得其爲級也必自兵卒起漸進以至於將斷未有茅廬一出而即可以指揮六軍者也其養之久其習之熟其智識之備也豫夫而後可以言也蓋軍事者必與其國之文明科學技術財政成有形上之關係與其國之精神習慣風俗歷史成無形上之關係且必與世界之大勢相表裏而出入嗚呼而顧可以

等閑視之乎。

請先言學校。學校者。國民之製造所也。國風之淵源也。而國民職業之豫備校也。苟欲組織全體以軍人乎。則當先自學校始。欲使將來國民有如何之起業心。如何之鍛鍊力。如何之軍人氣質精神。則當先知學校教育之方針奚若。而後可。夫教育之大本當與國運併進者也。言教育者動曰德、智、體。固也。然今日者則三者偏於智。則如鼎之喪其二足。而全體殆不能自立矣。不觀夫德育乎。其師而少年。則高入於哲理。其師而老者乎。則腐流於漢學。前者伶俐而無威嚴。故不心服。後者迂回而少眞理。故不敬服。要之。殺其精神而尊其形體。則一而已矣。若夫體育則尤難言矣。夫事而可以形式論也。蒙馬以虎皮。以欺人則可。苟至於實力競爭。則敗焉而已。今日之體育。其時間不可謂不長。其種數不可謂不備。其器械銃器不可謂不整齊。其兵式教師不可謂不習熟。然而氣。柔而不振。神。渙而不肅。勇不足以開先。毅不足以任重者。則何由而然也。曰世固未有大本未立。而枝枝節節爲之。而可有益者也。是所謂國是未定。而汲汲於行政之善也。不其謬歟。

請言其策。其一曰擴充。其一曰聯絡。

所謂擴充者。謂擴充軍人敎育於學校也。請言其種、數、及程度。

（第一）體操（自徒手體操各個教練及小中隊之教練）

體操宜由簡以入繁。由易以入難。而尤當視生徒年齡之高下。智識之程度以爲準。不取躁急而取漸進。凡一舉一動。必使熟達及確實而後止。小學校以小隊敎練爲終。中學校以中隊運動爲終。

（第二）體操外之活動游戲。（行軍　野外演習　射的　擊劍　旅行　競舟　登山等）

活動游戲。少年之所樂爲也。因其勢而利導之。然法律要矣。因地制宜。而必以振起尚武之精神爲目的。校而近山地。則登山狩獵野外演習等。當大獎勵之。近海岸則游泳舟競等。當獎勵之。而海防上之要務。及水雷艇軍艦等之勤務與焉。若相撲、綱引、擊劍、軍歌等。到處皆宜。

（第三）軍事上智識之普及是也。

軍事上智識軍國民之最要件也。夫固言之矣。今日之軍事。非若昔時之可以草廬經略之口說導達之也。雖然教之必有其素也。兵役上之議務首矣。次則本國之軍備。海陸防之要務。戰史上之智識。名將勇士之傳記。外國之軍備戰史等。皆當隨學校之程度適宜以講演之。是貴乎教者之精神焉。必時時鼓動之。終始而勿轍。然後再證之於實地則庶乎可矣。

要而言之。一學校即一軍隊也。一國家即一軍隊也。故對於國而言。則無論私立官立。必一統而聯絡之。夫牽一髮而全身動。故未有大本不立而可以有爲也。事必踐實而知其難。事亦必踐實而後知其樂。夫苟使全國國民皆知軍事之樂。則亦何患彼之乘風破濤而來也。國民乎。國民乎。競爭之舞臺開。而軍事知識之普及。蓋迫不及已。然必自學校始。

所謂聯絡者。謂軍隊與學校聯。變學校爲軍隊也。請言其辦法。

第一　小學校以小隊教練爲極度。期五年。其教授爲學校正教員及下士。

第二　中學校師範學校以中隊教練爲極度。其教授以休職將校及下士任之。

第三　高等學校高等師範學校。以演習至大隊爲止。且教兵制軍制戰術戰畧等之一部。及國防上各要務。

要之所最重者則在第一第二策。使其完全成一軍國民之資格。而爲入軍隊之豫備校。是有數利焉。現役期之可短一。軍事費之可減二。軍事智識之普及三。學精技熟四。若夫振全國之學風。立國家之大本。國之大源所在矣。夫軍國之急。與其養兵而多固不若其精而少。雖然。今日之勢。其迫我之不得不增也至矣。不觀夫德意志乎。彼採用軍事教育普及之方略。而兵役之期亦因以減。其爲期短。而其普及也廣。誠哉其斷然爲之也。今以小學校卒業之年齡。自十二乃至十四歲爲假定。則以彼敏銳之記臆力。習最快樂之軍事。苟有以善導之。則彼之不忘軍隊者勢矣。於是八年或六年之後。再入軍隊。則其學有根。而其業之進。不待言矣。當局者盍深思之哉。

請言社會與家庭。家庭者學校之始。社會者學校之終。昔者斯巴達之健兒。有賢母以教之。而近德皇於女學校。亦大奬勵體操。有旨哉。英軍之大捷於瓦得路也。基之於寒村一小學校。惠靈頓嘆之。夫一國之存亡興亡隆頹。社會家庭。其源之所在。其本之所

植也。今我國乘新勝之餘。社會之志氣爲之振蕩。然使其狃於一戰。而社會民心。一入於驕惰優柔。則元氣衰頹。將永敗而不可收拾。嗚呼可不愼哉。

嗚呼。我國民其自思之。甲午以來。彼勝而懼。我敗而不奮。雖或一二仁人奔於前。號於後。而和議一成。酣歌自若。以京師爲元首。則且有元首既喪。而海上猶笙歌。如昨者矣。嗚呼。其尙得謂有人心也耶。雖欲不亡。其可得乎。

請言社會上其策三。一曰定社會之組織。一曰振社會之風紀。一曰新社會之耳目。所謂定社會上之組織何也。曰以軍隊之組織組織社會也。夫改造人心。四圍之力莫大。國民者。由社會之大鎔爐中所鑄造以出者也。社會如器。國民如水。水從器之方員。而國民從社會之模型者也。軍隊組織者。重職分。守紀律。尙俠武之精神之謂也。軍隊組織者。至誠質朴之謂也。重然諾。蹈高義也。其最終則共同之精神。而緩急相援之義。俠心是也。以此心爲社會活動之動機之中樞。市町村之各機關。以律隊組織之精神運轉之。郡縣政之機關。行政立法司法之機關。以軍隊組織之精神運轉之。其氣嚴肅。而厚重。其機靈敏。而紀律社會之組織變。而新國民出焉已。

所謂振社會之風紀者何也其一曰使社會之風紀一趨於勤苦也奢而惰則斯文弱矣欲爲强毅之國民乎則先自勤苦始立今日之世界其死生存亡一視根氣之厚薄以爲斷而勤苦則實養根氣之一大藥料也必使一國之人能各人爲獨立之生活其志向堅其體魄强而後精神乃可用故曰勤苦者軍國民之要質也其二曰使社會之風紀一趨於尙武也參世界之大勢定一國之方針翻過去之歷史按將來之政策國家一軍隊也雖然固非驟曰軍隊之而即能得也尙武者軍國民之本分也自其淺者言之則奬勵體育之發達凡公衆處如公園遊息地等則以振起習俗或建立勇士之銅像或彫刻激戰之繪畫奬勵擊劍柔術相撲山獵競舟等而學生與軍人則特與之便利上下一致以謀養徤全之國民而發揚我歷史的國粹嗚呼不亦要哉

所謂新社會之耳目者何也曰凡新聞演劇文學美術等皆足以左右國民之性情激昂而感化之者也無形之精神必俟有形之感化而始入之深昔斯巴達敗於麥塞納求援於雅典雅典以一善笛者名特耳豆司者應軍情爲之鼓舞卒以破敵嗚呼吾知其動人之感情深矣請言其概

(一)新聞者全國民精神流通之所在也故欲謀軍事智識之普及則新聞其首矣且勿徵遠例而即以今日京地之敏捷新聞言之彼之軍事教育門中一類非吾輩所歡欣也耶以新聞之勢力出一人而入數萬人苟其有心而鼓吹之則亦何怪荏弱者之不聞風而起耶夫軍國民之急之理則亦其國民所當從事者矣吾願新聞記者之不恥師人而一爲鼓其廣長舌也

(一)凡精神之麗於虛者不如見之實事之深切著明者勢也雖然古事往矣其能追慕前烈動人感情誠哉其要器哉劇是矣劇者鼓吹社會風俗之一利器也吾人苟欲從事於社會上事則演劇改良其要務矣今日之劇俗而敗若之何其可以振精神也嗚呼苟發之以雄壯激烈之歌演之以慷慨淋漓之致鬚眉果見烈烈如眞其感格於精神者大矣有志者盍善謀之

(一)讀亡國之歌則悄然以悲讀壯士之傳則慨當以慷文辭之感人甚矣哉而小說其尤焉者矣陣中之實驗談也戰鬬之評論也將來之戰爭也組之以血淚織之以愛國心而摹其精神焉寫其勇氣焉夫孰有不躍躍以試者哉有支那之封神傳而義和

團日乃出。有英美之冒險譚。而殖民日以廣。我國民苟亦深思乎。不謂其小因。其結果維大。蓋其入人心之深。而動之於不自覺也。

（一）因國民之好美心而利導之。悅其耳目。即以激其感情。美術亦一鼓舞國民之利器也。油繪也。軍歌也。皆是矣。昔法覆於普。其國民圖其慘狀。懸之通衢。觀者慟焉。而精神遂以之一振。隄柳斜陽。直小學校生徒歸校之時。三三五五。雜唱軍歌。余聞之。實起無限之感慨。勿笑其歌之拙劣。勿笑其調之不齊。音樂之於人。其神妙至矣。德富氏聞美洲小學校之唱歌。遂以斷其國運之將勃興。誠哉其言之也。前述之斯巴達事。不其然歟。

若夫家庭。則何如也。曰夫固言之矣。家庭學校之始。而實一人教育之根本也。舉其例。則昔斯巴達之經世家來喀瓦士之施政是也。其國民教育之制度。蓋欲造骨格偉大體力絕倫躬行高潔之人種。其育兒也。健者留之。否則棄。七歲離家庭。入官立學校。與數千之健兒偕飲食同起居。其教之也。一偏重於體育。寒暑飢渴。鍛鍊之惟誠。女子亦於別所受武育之教育。故國中男兒無一不魁偉者。其結果也。乃能區區小地控制希臘。

狎主夏盟。今其歷史之繪傳於人人者。蹟蹟未嘗衰。賢母之訓。其著焉者也。嗚呼。安得來喀瓦士其人者。爲之一振我邦之風氣。是固予所深願也。

嗚呼。言至此其將終也已。大和魂歟櫻歟。歷史的國粹其守之歟。軍事者。國民之負債也。應盡之義務也。自今以後苟默察世界之大勢戰爭之不能已。亦可以興矣。故善戰者。與不畏戰者存。惟畏戰而不知戰者乃當戰禍。乃亡其種。軍國民乎。軍國民乎。其記臆之。

第一　生物種類之競爭自然之勢也。人類不能立於自然以外。吾不亡彼。彼將亡我。故戰爭者本於自然者也。

第二　犧牲一身以保全體。其保人乎。其保已乎。能使其民族後絕於人而獨存。蓋亦自保以保人而已矣。故戰爭者名譽高義公益之源泉也。

第三　對於外生敵愾心。對於內而見愛情矣。國其父母之國。而同胞爲一大家族。其興廢存亡。與一人之安危休戚相繫之實驗感情。戰而始見。故戰爭者激發愛國心者也。

嗚呼。挂帆。蒼海。風波。茫茫。或沈。無底。或達。仙鄉。軍國。民歟。盍歸。乎來。以揚。我祖。國耿。光。

十二

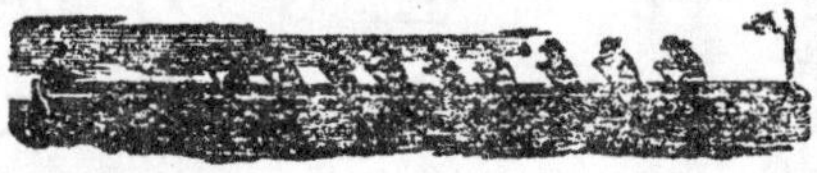

國聞短評

咄！袁世凱劾張之洞!!

頃日本朝日新聞電報記有袁世凱嚴劾張之洞事。雖未知確否。然殆可信。果爾則袁世凱眞好男兒袁世凱眞好男兒

據傳其所劾者有好大喜功志高才疏等語。此天下之公論人人同知者也。惟其所重在其濫借外債損傷國權一事。可謂特識。此事爲亡中國一大罪案。而前此政論家熟視無覩焉。不特政府未一慮及。言官未一言及。即報館亦未一論及也。吾昔深痛之深憂之。去年曾著滅國新法論一篇。直揭其罪。今節錄以供參考。

（前畧）中國厖然大物。精華未竭。西人固未遽肯以前此之待埃及者相待。而要之債主之權日重一日。則中央財政之事業。必至盡移於其手。然後快。是埃及覆轍之無可逃避者也。而庸腐奸險貌託維新之疆臣。如張之洞者。猶復以去年開督撫自借國債之例。借五十萬於英國。置兵備以殘同胞。又以鐵政局之名借外債於日本彼其意豈不以但求外人之我信。驟得此額外之巨款。以供目前之揮霍。及吾之死。

也或去官也則其責任非復在我云爾而豈知其貽禍於將來有不可收拾者耶使各省督撫皆效尤張之洞各濫用其現在之職權私稱貸於外國彼外國豈有所憚而不敢應之哉雖政府之官吏百變而民間之脂膏固在彼嗌我吭而搤我胸寗慮本息之不能歸趙此樂貸之彼樂予之一省五十萬二十行省不既千萬乎一年千萬十年以後不既萬萬乎此事今初起點論國事者皆熟視無覩焉而不知即此一端已足亡中國而有餘而作俑者之罪眞擢髮難數矣（後畧）

鄙人昔爲此論非有惡於其人而故爲尋瘢索垢之言也。誠以遺毒無窮爲中國前途計。不得不大聲疾呼也。聞張之洞自受事南洋以後。甫下車即又與上海某洋商議借巨款。其播毒種以便私圖之野心。方興未艾。此次袁能直揭之。其識卓矣。此實張氏千萬年不可磨滅之罪狀也。頃張氏忽有開去署缺之旨。論者謂袁之言與有力云。中國政界。或從此添一段活氣。

張之洞借款問題

張之洞開去兩江署缺而無飭回湖廣本任之明文。內幕中必有一段歷史矣。据日本

報言。以借款問題故。外務部告英公使以政府不負責任。其如何償還。皆責成張之洞云云。審如是也。雖化張之洞之爲千百身。一一身中千百毛孔。一一毛孔中千百銀錠。其亦無以爲贖也。以此苦張之洞而懲將來之效尤。未始不可。然此事顧可行乎。恐張氏不久必有借外國之力以復其位者矣。張氏何足輕重。而失國權者。其又一事也。又聞有電詢鄂撫端方。若能代張籌還。則實授以鄂督。不能則飭張回任。而別遣大員以監督之。端氏其將何以應此耶。張氏回任。被監督。大妙。彼最惡人言自由。請君入甕。嘗此不自由之風味。

咄！張之洞劾梁鼎芬!!

官吏社會之鬼蜮。實千種萬種不可思議。炙手可熱。咳唾珠玉之武昌知府梁鼎芬。盤踞湖北要津者十餘年。千辛萬苦。千迴萬折。乃始揭開假臉而貿得此一官。見將軍而長揖。對孌豎而足恭。一電而殺陶模。一語而慴劉坤一。豈非大丈夫得志於時者之所爲耶。天下崇拜之洞者。必並崇拜鼎芬。唾罵之洞者。必並唾罵鼎芬。洞與芬殆三生石上不可解之緣矣。何圖近日忽聞有之洞劾鼎芬事。其考語八字。則矜才恃己。舉動浮

躁也。噫異矣。吾欲語之洞曰。此八字者。公與鼎芬共之者也。鼎芬即小之洞。之洞即大鼎芬。公得毋欲作自傳耶。

古詩曰。雨落不上天。水覆難再收。君情與妾意。各自東西流。昔日芙蓉花。今成斷根草。以色事他人。能得幾時好。又曰。君恩不可保。中道長棄捐。鼎芬文人。得毋誦棄婦詞而惻惻耶。

又聞此事原因。蓋由之洞去鄂時。端方揚言先劾鼎芬。後劾之洞。之洞懼。乃先劾以自贖云。端方劾之洞以求代。已奇。之洞劾鼎芬以求免。尤奇。雖然。亦何奇。義和團之最大戎首。非劾剛毅載漪英年趙舒翹於外國政府。以自贖耶。是無以名之。名之曰不可思議而已。

陶方帥之死狀

陶方帥猶不失為大吏中之賢者也。徒以魄力不足。故不惟不能有所設施。而竟以速其死。耗矣。哀哉。

客有自粵來者。述方帥之死狀。蓋方帥而不辭職。則可以不死。方帥本無甚病也。其患

哮喘者已十年。近亦非有所增益也。而坐畏事之故、日日思退、請開缺之第三摺上。識者已知粤事益無可爲矣。開缺得許電報到之日。德壽自兩點鐘往拜會、九點鐘始退。德見陶向吶吶無多言。惟彼日則滔滔汩汩、若決江河。一片皆教訓方帥語也。歷數其到粤後所辦各事、如何不妥、如何無狀。陶惟垂頭以聽、默不一語。及德退、陶遂嘔血數口。其夜梁鼎芬罵姚文倬之一電到。（姚時充廣東大學堂總辦姚本一庸人也鼎芬以其毀廣雅書院濂溪祠故以一電罵之文曰妖言惑道亂我廣東全省士民思食汝肉）翌晨張之洞一電到、亦爲大學堂事。不知其語云何也。而方帥遂嘔血升許。時滿城官吏、滿署胥役、皆競趨走伺新督之顏色。陶以一人孤立於督署中、已如贅疣矣。而德壽復間日一至、以罵之。南洋某商捐八萬金以建武備學堂、陶所竭力運動而得者也。德壽以償欵支絀爲名、遂乾沒之。於是乎陶遂日日嘔肺、不得不死矣。嗚呼世態炎涼、一至於此。做官者其鑒之哉。

聞方帥思想甚發達、乃至語其幕府中人云、中國終不可以不革命。嗚呼、斯人也而有斯言也。世界風潮、略可覩矣。然知而不行、與不知等。舉國皆陶方帥、而中國遂不可救

嗚呼、

賭國

廣東自張之洞將闈姓歸入正餉。始多盜。李鴻章督粵。患盜。思治之。有軍無餉。乃抽賭。以賭之所入治盜。盜益盛。今者全粵皆賭。全粵皆苦盜矣。聯軍賠款無所出。各省步粵塵。官以賭率民。於是有江南彩票湖北彩票江西彩票浙江彩票者出。其風潮之驟盛。不啻歐洲中原各國聞法國革命。則風起水湧以相從也。至是粵東殆以賭風易天下。然其力猶未足以動中央政府。近者有政府大彩票之議矣。聞其價票百金。總額三千兆云。天下籌款之妙術。孰有過此耶。前者昭信股票自恭親王以下悉有報效。恐不久將有報效彩票之事。

昔人云。以國爲孤注。虛言耳。豈有若今日袞袞諸公之豪舉者耶。

吾今不忍復爲戲言。諸君亦知生計學學理乎。一國之民耗其日力精力財力於無用之地者。國未有不敝。在諸君之意殆以爲此賭焉者。其所擲之財仍歸本國人。未足爲損也。姑無論以此爲賠款財源。勢不得不外溢。即不外溢矣。而一國民皆狂醉於大賭小賭。生產力消盡。而國以亡矣。法國革命前其已事也。中國之貨力亦滿地矣。得其道

而用之。何求不得。其忍更以此阱民也。噫

商務可興乎

頃北京政府有設商務部之議。且飭美使伍廷芳向僑美華商招股云。伍之必無所得。吾敢斷言之。但政府設一商務部。遂可以興商務乎。商法不立。中國之商終無可見天日之望。然非悉定諸種法律。則商法何所附。非變更政體與民更始。則諸種法律何所行。吾故言今日中國言改革。無一事之能改革也。商務一端如是。他可推矣。故今日不爲新中國。則爲死中國。無中立之理也。

眞正奴隸學堂

今日舉國之學堂。皆奴隸學堂也。而奴隸程度最高者。當必以廣東大學堂首屈一指。廣東大學堂自梁鼎芬一電後。改聘半男半女之丁仁長爲總敎習。丁以堂中舊有體操一科也。不喜之。改爲習禮。猶可言也。所習之禮維何。曰朝覲之禮。升降拜跪。猶可言也。次者爲見官之禮。若何唱喏。若何請安。猶可言也。次者爲跟班之禮。若何疊衣服。若何裝水烟。學堂敎科。而至於裝水烟。豈不可以入天下古今萬國之無雙譜耶。聞在堂

中行步必須彎腰低頭頭稍昂輒記過嗚呼養奴隸不足責何苦更養肺病之奴隸耶南洋公學之壓制程度低於廣東大學堂萬倍而公學學生已演出此一段有名譽之大活劇廣東大學堂諸君遂以一秀才易跟班之樂耶丁某畸形豎子何足責而粵東士風眞羞天下矣嗚呼痛哉粵其先亡哉

委內瑞拉事件

近日風潮全起於歐洲以外此帝國主義自然之結果不足爲異也南非洲之事方告終南美洲之葛藤復大起

去年以來南美洲之伊阿脫、哥侖比亞、委內瑞拉三共和國其國民中有謀三國之合併者哥侖比亞政府反對之伊阿脫政府亦不願與聞惟委內瑞拉政府贊焉於是委國與彼二國有違言既而彼兩國民中有不慊於委政府之政策者遂互通氣脈舉叛旗英美德諸國政府乘機以各收漁人之利其關係頗甚複雜又外國人之僑寓其地者復多陰助之兩共和國之政府不得已乃逮其私助叛黨者而拘禁焉此委內瑞拉事件之發端也

近者英德兩國，責言於委內瑞拉政府曰。以汝之故，拘繫我民。其賠償其所損害焉。委政府不應。其民激昂殊甚。境內德國人所開之鐵道。禁其運行。市民至圍德使館。此事之曲不在委政府而在英德。盡人所同知也。而英國卒調兵艦。轟擊沈委國之微弱海軍。頃已不得不俯首帖耳。託美國政府爲公判。以解於二强。而二强猶主張强制政策云。嗚呼、天下惟有强者之權利耳。豈惟委內瑞拉。

問答

（問）、貴報十六號邊沁學說第十葉十行中要之邊氏著書雖數十種云云。究竟邊氏之書。日本譯出者共得若干種。乞示。（亞俠青年）

（答）、鄙人所知者祇四種。其餘尚有碎篇。不能記憶。此四種其精善者也。（飲氷）

一 立法論綱 田口卯吉譯

二 利學正宗 陸奥宗光譯

三 政治眞論 一名主權辨妄 藤田四郎譯

四 民法論綱 何禮之譯

（問）、貴報中國專制政體進化史論。泰西專制政治。已得聞矣。若日本明治以前亦有非人穢多等稱號。此外尚有專制政體乎。（同上）

（答）、凡國不經一次文明革命。則前此必爲專制政體。日本昔日之專制亦甚矣。上有大將軍。其下諸藩並立。各私其民。當時海禁綦嚴。民不得出海外。不寧惟是。乃至此

藩之民。與彼藩之民。不許相往來。吉田松陰即曾以此獲罪者也。即此一端。可以推見其他不能枚舉。（飲冰）

（問）、譚瀏陽先生所著仁學一書。有謂其仿美國某士書而作者。此語信乎。（同上）

（答）、所謂某士者。不知誰指。惟瀏陽先生未通西文。其讀西籍。皆據譯本。前此中國譯本之書。無一可以備瀏陽先生取仿之資格者。鄙人所敢斷言也。惟其中以太兩字之名詞。出於傅蘭雅所著治心免病法中。當時先生亦頗好此書。以譯本太寒儉。聞足音跫然而喜也。然此等書。何足以望先生之一指趾。稍有眼力者。當能辨之。先生當時宗教之思想極盛。欲會通孔佛耶而爲一。而所得力者。尤在佛學。智者慈恩圭峯以後一人而已。（先生不喜禪宗）先生又深於算。且好研究質化學。以當時一無憑藉。而能爲此等言。實大縱也。使今日先生猶在。其鼓鑄天下之力。更當何如耶。念此慨然。鄙人行將有「譚瀏陽」之著。當更揭先生之眞面目。以告天下。（飲冰）

（問）、英克林威爾振臂一呼。國會軍聲勢大振。卒以議院之議。斬查爾斯。此等人物。此等事業。誠國民所當膜拜。所當謳頌者。其後獨攬大權。解散議院。頗似蹈查爾斯覆

轍。然史稱英國强盛。人民安樂。果何故歟。克將軍之行爲。與查爾斯輩有異歟。願賞撰述有以教我。（無錫自由室主）

（答）克將軍乃英國淸教徒中之最志芳行潔者。其嗜自由如性命。非與拿破侖輩懷抱野心者可同日語也。將軍生平毀譽最雜。雖盖棺後二百餘年。而至今尚似未論定。盖由當時王黨及腐敗教士嫉之已甚。於其死後著書詆之者汗牛充棟。而將軍亦獨斷獨行。率其心之所安。旁若無人。往往授人以可議之迹。如征愛蘭之役。解散議院之役。其尤著者也。要之苟平心以讀英國史。則知當時之議院。萬不可以不解散。盖長期國會已歷五年。前此代表一國民意者。今一國民意已非彼等所能代表矣。而彼等欲藉此以行議院專制立法行政機關合而爲一。危國家莫甚焉。將軍之解散。豈爲己哉。爲國而已。鄙人生平最崇拜克將軍。見日本人所著歷史。率皆信狂吠之口。羅織以攻將軍者。蒙竊憤焉。行將廣徵諸書。草一將軍傳。以伸義憤於我國也。（飲冰）

紹介新著

社會學

日本岸本能武太著　餘杭章炳麟譯　上海廣智書局印　二册定價六角

社會學爲最晚出之科學。而亦最宏大最切實之科學也。近三十年來。其在歐美學界。漸有掩襲百流一爐同冶之勢。而吾中國人猶瞢然不知天地間有此種學。良可慨也。自侯官嚴氏述天演論。畧闡斯恉。學者漸知重焉。而赫胥黎既非此學專門。天演論又其東鱗西爪。故於此而欲窺完全新拔之學說。難矣。岸本氏之作。本爲日本專門學校講義錄。復幾經訂改。以成完書。雖非有所獨創。然其薈萃西哲最新之學說。薈萃而整齊之。亦既劬矣。譯者自序云。「社會學始萌芽。皆以物理證明。而排拒超自然說。斯賓塞爾始雜心理。援引浩穰。於玄秘淖微之地。未暇尋也。又其論議。多蹤迹成事。顧鮮爲後世計。蓋其藏往則優。而匱於知來者。美人葛通哥斯之言曰。社會所始。在同類意識。俶擾於差別覺。制勝於模效性。屬諸心理。不當以生理術語亂之。故葛氏自定其學。

宗主執意而賓旅夫物化。其於斯氏優矣。日本言斯學者。始有賀長雄。亦主斯氏。其後有岸本氏。卓而能約。實兼取斯葛二家。其說以社會擬有機。而曰非一切如有機。知人類樂羣。亦言有非社會性。相與偕動。卒其祈嚮。以庶事進化。人得分職。爲侯度。可謂發揮通情知微知章者矣」云云。其於此書之價值。可以概見矣。全書首緒論。次本論。本論分爲六章。(一)原人狀態。(二)社會與境遇。(三)社會之起原。(四)社會之發達。(五)社會之性質。(六)社會之目的。其條段之簡明。學理之精確。實初治此學者最善之本也。譯者於祖國學術。博而能通。其所定名詞。切實精確。其譯筆兼信達雅三長。誠譯壇中之最錚錚者也。近年以來。譯事驟盛。而所選之書。率皆普通之歷史地理等。而於高尙專門之學科。闕焉無聞。實譯事不發達之明證也。若此書者。其可稱譯界一明星乎。

權利競爭論

法國伊陵耶著　張肇桐譯　上海文明書局印　定價三角

此書著者。爲私法學專門名家。嘗被聘主講奧大利之維也納大學。慨奧人權利思想之薄弱。及去奧時。草此以爲臨別贈言者也。書一出。在本國重印者十餘回。他國翻譯

者二十一種。可以知其聲價矣。全書爲論凡六。一論權利之起原。二論權利即競爭。三論權利之競爭。爲對乎已之義務。四論固守一巳之權利。爲對乎社會之義務。五論權利之競爭。爲國民生存之要道。六論今之羅馬法。乘中論權利之競爭。本報論說門。有論權利思想一篇。即略撮此書之大意也。前年譯書彙編曾譯其一二兩章。綿隔兩年。迄未續成。讀者憾焉。此本譯筆雅贍。理解精確。視東譯之本有過之無不及。中國人權利思想之薄弱。視與人又下數倍焉。若玆編者。誠宜人人書萬本讀萬徧矣。

中等教育倫理學

日本元良勇次郎著　順德麥鼎華譯　上海廣智書局印　定價六角

此書原名倫理講話。其全書內容略見本報第九號東籍月旦中。玆不贅述。著者爲東邦此學大家。本編又爲其最得意之作。欲取倫理思想普及於全國青年腦識中。彼都近出倫理學書汗牛充棟。其簡而要切實而致用者。未有此書若也。譯者久留學東京。慨我國德育之不振。特譯此以爲之先河。譯筆之精審曉暢。並時殆罕見其比。卷端蔡序云。『是書隱以經驗派之功利主義爲幹。而時時以直覺派之言消息之。不惟此也。

社會主義與個人主義。國家主義與世界主義。東洋思想與西洋思想。凡其說至易衝突者。皆務有以調和之。而又時時引我國儒家之言以相證。又以父子祖孫之關係易宗教家之前身來世。尤合於我國祖先教之旨。故是書之適用於我教育界。並時殆無可抗顏行者。順德麥公立氏取而譯述之。又舉元良氏附緣彼國之言悉易之以國粹。惟國家倫理篇。以我國憲法未立。有無可憑藉者。則仍援彼國法制。以示王者取法之義。苦心孤詣。毫髮無憾。吾願我國言敎育者。亟取而應用之。無徒以四書五經種種參考書。擾我學子之思想也。』云云。其於著者譯者之價值。皆可謂毫無溢美焉矣。本書定價似覺過昂。然以較諸原本（原本實價一元四角）則謂之甚廉亦可也。

輿論一斑

國家文明野蠻之界說

上海蘇報

德之占據膠州灣也。其釁端僅與於數教士。野心虎狠之英。跳焉擲焉。頃又依樣葫蘆。實施其暴烈手段於長江勢力範圍中矣。夫長江爲英國認定已久。即不待此次之威逼恫喝。在中國必無異詞。乃辰州一案。始要以五事。繼在漢口續議。則索我賠欵。戮我軍官。褫我道員。若惟恐我之不依。而以如火如荼之四兵艦駛入漢口。昨已急電傳來。則該案中之劉都司。已於前月十六日就戮。漢口領事到塲監視云。然則彼之所索者。我固悉依之矣。嗚呼、吾不解今之所謂滅國新法者。動以教士爲傀儡也。德可施於膠州。英可施於長江。則俄之於遼東。法之於兩廣。其遂不免也。何地無教士。何地不已編入各國範圍。既以狡獪之政策認定之。復以暴烈之手段公佈之。是亦不可以已乎。論者有從旁詬英曰。是非文明國舉動。今之詬英。無異前年之詬德也。而德悍然爲之。英又悍然爲之。吾昔即悞解此問題。以爲世界之號稱文明者。必能保持世界之平和。乃

今而知不然也。蓋國家文明野蠻之公例。乃若點線之相引。而不能於名詞上號定之也。文明國與文明國交涉。則彼文明我亦文明。兩文明相交。而文明之祥雲出現。野蠻國與文明國交涉。則我野蠻。文明國更野蠻。兩野蠻相交。而野蠻之毒霧沛塞。故今日無論如君主立憲之英之日之普之意。共和立憲之法之美。甲國與乙國。乙國與丙國。丙國與甲國。無日不以此文日之花爲餽遺酬答之物。而吾中國獨不可也。吾中國所得上列國徽號者。祗曰野蠻耳。野蠻耳。吁吾非敎吾國人復伸其舊日之排外主義以召禍也。吾以爲吾國既獨立於野蠻之本位。則勢難望對待者之以文明作佈施也。危乎哉强權之說曰。世界無所謂天賦之權利。只有强者之權力而已。然權力亦分二種。有强暴之權力。有高尙之權力。强暴之權力。卽野蠻之權力也。高尙之權力。卽文明之權力也。强者對於弱者。必先施其强暴之權力。其弱者不克抵禦。則任受焉認許焉。而强暴之權力愈益膨脹矣。及乎弱者之進步增漲一級。則强暴之權力亦遂消縮一分。至於全進步。弱者轉而强者。則昔之强者旣不得不變其强暴之權力而進於高尙之域。今之强者積弱已久。驟執有權力。雖汲汲謀實行之。然以列强之不稍退讓。故亦

不得流爲强暴而同進於高尙。是以文明國與文明國之權力。在冷眼之相窺。祇見其高尙。不見其强暴。夫焉知所謂强暴者。雖他人之壓制本我認許之也。高尙者非他人之饋貽抑我競爭之也。

吁吾中國向有主聯俄之說者。其說爲一羣人所不韙。吾亦不暇論之矣。聯英之說。豈不視聯俄爲較勝哉。英之文明程度。豈不高尙於俄哉。拳匪之難。東南彊臣與立互保之約。私喜以爲收其效矣。試今日而反詰之。則結果何如也。曩者聞人之言曰。各國皆有心分中國。惟英國獨無。盖英之貿易資本分配於各地。甚不願其一旦遘會戰禍耗損利益也。而何以今之公然犯難毫不顧惜者。非他族則盎格魯撒遜之民耶。俄英均不可聯。而甲午乙未之間。謀保國之志士。亦有倡論聯美委銀行於美國求美保護。夫美而謂可聯也。殆當日夏威夷非律賓之慘劇。固未破吾國民之夢也耶。不知蘆杖竟欲倚之。誠危險矣。況乎美之民族帝國主義。其實行之則麥堅尼。而胚胎於南北戰爭時代。又灼灼然也。西儒海爾威之言曰。觀南北戰爭之合衆國所最重者權利之自由耳。南部愛自由。而北部不許以己之權力壓制之。是於自由之公理相背馳也。嗚呼、今

日之縣夏威夷而屋非律賓者。何以異是。論者每稱道麥堅尼之新主義。似未究其遠因也。世界所號稱自由之祖國。能擴張己之自由。而不計侵犯他人之自由。自由乎。抑强權耳。高尙之權力乎。抑强暴之權力耳。謬有之。寶劍贈之烈士。寶鏡贈之佳人。況文明二字。豈無所區别而施之乎。然則自立於野蠻本位者。勿庸以文明媚人。借曰有之。鮮不爲所呵斥也。

論僞改革之證據　香港維新日報

西哲有言。改革之事。如轉巨石於危崖。不達其目的地。則不止。諒哉斯言。吾恒誦而深佩之。乃反觀中國。則又似石之不可轉者。是何其進步之濡滯耶。蓋僞改革爲之也。夫朝廷屢下明詔。百度維新。雷厲風行。海內士庶。喁喁望治。毋子一心之諭。既屢降於廟堂。滿漢通婚之議。并破除乎畛域。而封彊大吏。望風承旨。亦汲汲於興學課吏通商惠工諸事端。似亦如梁惠王之於國。盡心焉已矣。而必焦唇敝舌以斥其僞。毋亦持論之太苛乎。不知小人作僞。心勞日拙。雖盈廷聚訟。變計多方。而百變不離其宗。其僞飾之證據。有予人昭然易見。而流露於不自知者。則莫如於某邸數事。爲灼然如見其肺

肝。而餘事之旁見側出者。猶其小焉者耳。某邸者。 皇上之胞弟。重以 皇上聖明天縱。則某邸當亦如左周右召。克收夾輔之勛勞。乃何以庚子變亂之前。不聞某邸展一籌畫。其閑散無權可知。其疏遠無寵亦可知。一旦聯軍入京。拳匪首領擁乘輿而西幸。使某邸果爲心腹之愛。豈不能挈同大叔公公輩奔走後先。而遺落亂城。反邀幸福。聯軍假寓。莫不推其欽敬 皇上之意。以曲意保全。由是聲譽隆隆。刺入權奸之耳。然其時尚非喜愛之也。於是藉謝罪外國之事。而命以出洋。使其以愛而命之。則何如命威權震主之某相。不尤足以代表 皇上乎。乃其時某相方慄慄危懼。恐不能洗除頑固名籍。而受各國之誅。故某邸之行。在他人不以爲危險。而權奸以爲危險。而特令嘗試也。及乎銜命不辱。航海歸來。名重友邦。風傾華旅。某相見中外人士愛戴 皇上之意固結而不可解也。而又以某邸之粥粥若無能也。因之欲利用彼以鞏固自己之祿位之權力之名譽之黨類。而僞改革之政策。遂一變其方針。未幾而有指婚之事矣。未幾而有統軍之說矣。未幾而有入軍機之信矣。不愛於 皇上之躬。何愛於 皇上之弟。豈其眞洗心革面。而順天下改革之思潮。以慰天下改革之希望乎。吾敢斷言之曰。若

是種種。皆僞改革之証據。昭昭乎其不可掩也。往者　皇上之立。以宮庭之親也。故立后亦因親及親。大阿哥之招物議。意以爲親稍遜之故。用是指婚某邸。實欲爲某相建不拔之基。蓋此舉爲前度立后之餘波。而即爲他日大阿哥之起點。其計亦甚狡矣。豈知　皇上之位。繫屬於人心者。在德不在親。如以親言。則　毅皇帝玉几顧命之餘。毅皇后梓宮慟哭之後。久不瞑於九原矣。孰料　皇上聰明天亶。雖權不行於閹寺。亦能廷杖以四。克紹前徽哉。至招軍使統之說。即前者某相統武衛五軍之政策。而又不敢再試。因以某邸爲其羽翼。無非攬權畏禍之深心也。若命入軍機之信。則以本朝政柄。全在軍機。名使之翊贊　皇上。實使之輔助某相。且將藉是以消釋中外疑議之端也。雖然、僞改革之証據。歷歷如睹。凡明眼者俱已辨之。而國民若不甚措意者。殆猶有望於某邸也。昔呂家產祿。幾移漢祚。而朱虛侯何以成功焉。武氏三思。幾覆唐宗。而臨淄王何以成功焉。某邸而有忠君愛國之志也。吾知其必出於此矣。某邸而無忠君愛國之志也。吾知其亦無能爲矣。何也。某邸原素有迂謹之名。而某相奸滑過人。必深知某邸性情而後信用也。然改革之風潮熾矣。某相雖技倆百出。以售其僞。其如國民之

倡自由倡獨立者。已日趨於眞改革何。

論中國維新之變局

星架坡天南新報

二十世紀之支那。欲易黑暗爲光明。渡苦海而登彼岸。其唯維新乎。爲是言者。婦孺同聲。數見不鮮矣。吾嘗有言。國家不患有眞守舊。而患有僞維新。蓋改革者如轉巨石於崕中。不達其目的。則非徒無益。而又害之。且以數千年守舊之中國。旣可苟延殘喘於當時。未必遂决裂亡命於一旦。而子孫帝王之業。雖積弱而不至瀕危。若假維新之虛名。以掩一時之耳目。無論其非維新也。即維新焉。又豈能以一二之效顰。遂足坐享泰西全盤之强盛哉。如內傷者焉。不診治不服劑。必可稍延歲月。倘遽投之以猛藥。則决生死於須臾。而安危固莫保也。況投以猛藥者。未必得療傷之目的者耶。揆之孱弱之中國。何以異是。乃回鑾以來。以列强之迫。疊詔維新。在朝廷是否實意舉行。吾不得而知。就其宗旨。則曰派游學也。建學堂也。築鐵路也。開礦務也。試策論也。此皆新法之皮毛。而非新法之精意。亦夫人知之矣。精意者何。民權是已。吾姑舍民權於不講。特就右數者而觀。則今日遣派日本之留學生。較昔日派美之留學生。其文明程度。固是後來

居上。而鐵中之爭爭者也。乃偏有腐敗之公使。竟從而阻抑之。而派游學之局一變。前陶督興學以來。業有頭緒。乃人亡政息。而接辦之舊物顛覆。其典型大學堂之章程。既肆更張。武備學堂之捐欵。復行侵沒。使全粵一點生机。奄然就地。而學堂之局一變。鐵路所以廣商務也。而必加以官督商辦之名。是商事而主之以官。并以官威制其商力。否則或以邱山經費之難籌。徒從事於國債。且以其營造委之總公司。而商股無纖芥之權。即粵漢鐵路而論。經營十餘年。許集美股。乃始有端倪。而他之支路可知。由昔日以驗將來。吾料鐵路之局未變。而必將一變也。而況善後者之大費躊躇也。礦務之舉。為生利一大根原。當菁華大洩之世。運地不愛寶。皆無終閟。苟能諭令國中之資本家。准其集股自由開辦。為之保護。以抽值焉。則財必不可勝用。乃歷久依樣葫蘆。終不能受天地自然之利。又益以外力要求。遂使坐擁膏腴之中國。不能自享。而徒以享人。而礦務之局又一變。朝廷廢八股興策論。以冀得人之效。然八股何以廢。以其拘於代言也。策論何以興。以其暢所欲言也。乃主試者皆墨守八股之迂儒。一切死亡傷亂流血民權之字樣。既擯置之。其束縛言論。實較八股為尤甚。甚至於三場經義之題。且有刪

去義字以爲八股中興之望者。而策論之局又一變矣。噫昔之殷殷講維新者。將以求富强之實效耶。抑以飾一時之觀聽耶。乃祇此數端小小新法之皮毛。竟如大海波瀾。變幻無定。今則和議旣成。有民可以抽剝。有地可以宴游。如冬過忘寒。夏過忘熱。不復知有維新之事矣。昔也由守舊而維新。次也由維新而僞維新。今也由僞維新而不言維新。而猶靦然號於衆曰。今中國維新之中國也。於是無知者走相告曰。游學衆矣。學堂辦矣。鐵路築矣。礦務興矣。策論行矣。曾亦知政府之腐敗。疆臣之泄沓固猶是耶。是故昔之維新。由於中東之戰也。葉志超衛汝貴丁汝昌龔照璵鼓之。日本助之。未幾而戊戌政變矣。後之維新。由於團民之役也。端徐剛趙董李鼓之。八國助之。今則風潮又減矣。苟葉衛丁龔端剛徐趙董李之徒。復出而鼓舞之。則朝廷復知有外强中弱之憂。庶維新二字。尚聽下回分解。不然則是永永沉淪也。然吾所謂維新者。其點猶有進焉。亦衆所共知之民權是已。蓋專制者必不維新者也。維新者必不專制者也。此理如日月臨天。江河行地。聖人復起。不易吾言矣。

文苑

詩界潮音集

番客篇

人境廬主人

山雞愛舞鏡，海燕貪棲梁。衆鳥各自飛，無處無鴛鴦。今日大富人，新賦新婚行。揷門桃柳枝，葉葉何相當。垂紅結綵毯，緋緋數尺長。上書大夫第，照曜門楣光。中庭壽星相，新粧供中央。隱囊班絲細，坐褥棋局方。兩旁螺鈿椅，有如兩翼張。丹楹綴錦聯，掩映蠣粉牆。某某再拜賀，其語多吉祥。中懸剌風板，動搖時低昂。徧地紅藤簟，潑眼先生涼。地隔襯莧白，水紋鋪流黃。淶淶竹絲簾，內藏合懽牀。鏤花福壽字，點畫皆銀鑲。蚊幬挂碧綃，犀毘堆紅箱。旁室銅澡盆，滿儲七香湯。四壁垂流蘇，碎鏡隨風颺。華燈千百枝，徧繞曲曲廊。庭下衆樂人，西樂尤鏗鏘。高張梵字譜，指揮抑復揚。弇口銅洞簫，蘆哨吹如簧。此乃故鄉音，過耳音難忘。蕃樂細腰鼓，手拍聲鏜鏜。喇叭與觱栗，驟聽似無腔。諸樂雜沓作，引客來登堂。白人挈婦來，手攜花盈筐。鼻端撑眼鏡，碧眼深汪汪。裹頭波斯胡，貪飲

如渴羌蚩蚩巫來由肉袒親牽羊餘皆閩越人到此均同鄉嬉嬉婦女笑入門道勝常蕃身與漢身均學時世妝塗身百花露影過壁亦香洗面去丹粉露足非白霜當胸黃亞姑作作騰光芒沓沓靸履聲偕來每雙雙紅男幷綠女个个明月璫卑衫纏白疊尖履拖紅草鞋垂垂赤靈符灑灑緋交襠一冠攢百寶論價難為償族新好裝束爭來看新郎頭上珊瑚頂碎片將玉瓖背後紅絲條交辮成文章新製紺綾綷衣補亦簪裝平頭鸞頂靴學步工蹌蹌今行親迎禮吉日復良辰前導靑羅繖後引絳節幢駕車四驪馬一色紫絲纏薄紗宮樣燈白晝照路旁海笛和雲鑼八鑾鳴瑲瑲帕首立候人白鷺遙相望到門爆竹聲群童喜欲狂兩三戴花媼捧出新嫁娘舉手露約指如棗眞金剛一環五百萬兩環千萬强腰懸同心鏡襯以紫荷囊盤金作緄帶旋繞九迴腸上下籠統衫强分名衣裳平生不著襪今段破天荒明珠編成屨千緋當絲鑲車輪曳踵行鬟婢相扶將丹書懸紅紙麒麟與鳳皇一雙龍紋燭華燄光煌煌第一拜天地第二禮尊嫜後復交互拜于飛燕頡頏其他學檢衽拿事容儀莊拍手齊懽呼相送入洞房此時簫鼓聲已闃歌鯆鱶點心嚼月餅飣座堆氷糖啖蔗過蔗尾剖瓜，餘瓜瓤流連輿波羅爭

以果爲糧赤足絡繹來大盤薦臚薌穿花串魚鮓薄紙批牛肪今日良宴會使我攢眉
嘗食物十八品强半和，椒薑引手各搏飯有秔有黃粱蒲桃百瓶酒破碎用斗量呼么
復喝六拇戰聲琅琅頗黎小海鷗舉白累十觴既醉又飽腹出看戲舞場影戲紛牽絲
幻人巧尋橦藍衫調絚老玉臚輝文康蹋鞠肩背飛迅若驚鳧翔白打唱廻波引杖相
擊撞金吾今弛禁賭錢亦無妨初投陞官圖意取富貴昌意錢十數人相聚捉迷藏到
手十貫索罔利各籌防名爲葉子戲均爲錢神忙醉呼解醒酒渴取冰齒漿飲酪擣灌
頂烹茶試頭綱吹烟出菸葉消食分檳榔[illegible]藏淡巴菰其味如詹唐傾壺挑鼻烟來自
大西洋一燈阿芙蓉吹氣何苾芳分光然石油次第輝銀釭入夜有火戲語客留徜徉
行坐紛聚散笑譚呼汝卬中一蒜髮叟就我深淺商指問座上客脚色能具詳上頭衣
白人海漁業打槳大風吹南來布帆幸無恙初操牛頭船傍岸走近港今有數十輪大
海淼來往銀多恐飛去龍圜束萬繦多年甲必丹早推蠻夷長左邊黑色兒乃翁久開
礦，寶山空手回失得不足償忽然見斗錫眞乃無盡藏有如窮秀才得意挂金榜沈沈
積青曾未知若干丈百萬一紫標多少聚錢鍩碣鼻土色人此乃吾鄉黨南方宜艸木

三

所種盡沃壤椰子樹千行丁香花四放豆蔻與胡椒歲歲收豐穰一畝值十鍾往往過
所望擔糞縱餘臭牛馬用谷量利市得三倍何異承天貺右坐團團面實具富者相初
來錐也無此地甫草創海旁占一席露處闢榛莽蜃氣噓樓臺漸次鏟疊嶂黃金准土
價今竟成閭巷有如千戶侯裂地稱霸王善知服食方百味作供養聞有小妻三輪流
搔背癢長頸獼猴面此物信巨駔自從縛馬足到處設魚網夥頤典衣庫值十不一當
一飲生訟獄誰敢傾家釀自煎罌粟膏載土從芒碭鷄泊竊更鶩顛倒多奇想搜索徧
筐篋推敲到盆盎龍斷乘雁鼎巧奪等刼掠積錢千百萬適足供送葬君看末座客揮
扇氣抗爽此人巧心計自負如葛亮千里封鮓羹絕域通枸醬積着與均輸洞悉萬物
狀錦繡離雲罽妙能揣時尚長袖善新舞胡蘆棄舊樣千帆復萬箱百貨來交廣遂與
西域賈逐利爭衰旺即今論家貲問富過中上凡我化外人從來奉正朔披衣襟在胸
剃髮辮垂索是皆滿洲裝何曾變服着初生設湯餅及死備棺槨祀神燭四照宴賓酒
三酌凡百喪祭禮高曾傳矩矱風水講龍砂卦卜用龜灼相法學麻衣推命本硌碌禮
俗概從同口述僅大略千金中人產咸欲得封爵今年燕晉饑捐輸頗踴躍溯從華海

四 三〇五四

來大抵出閩駱當我鼻祖初無異五丁鑿傳世六七葉略如華覆蕁富貴歸故鄉比騎揚州鶴豈不念家山無奈鄉人薄一聞番客歸探囊直啓鑰西鄰方責言東市又相詬親戚恣欺淩鬼神助咀嚼曾有和蘭客携歸百囊槖眈眈虎視者伸手不能攫誣以通番罪公然論首惡國初海禁嚴立意比驪鱷借端累無辜此事實大錯事隔百餘年聞之尚駭愕誰肯跨海歸走就烹人鑊言此袂掩面淚點己雨落滿堂雜悲懽環聽咸唯諾到此氣慘傷笳鼓歇不作槖槖拍板聲猶如痛呼譽道咸通商來雖有分明約流轉四方人何曾一字著堂堂天朝語祇以供戲謔譬彼猶太人無國足安託鼯鼠苦無能槖駝苦無角同族致異心頗奈國勢弱雖則有室家一家付飄泊倉頡鳥獸迹竟似畏海若一丁亦不識況復操筆削若論佉盧字此方實莊嶽能通左行文千人僅一鶚此外回回經等諸古渾噩西人習南音有譜比合樂孩童亦能識識則誇學博識字亦安用蕃漢兩棄郤愚公傳子孫癡絕誰能藥不如無目人引手善捫摸近來出洋衆更如水赴壑南洋數十島到處便插脚他人殖民地日見版圖廓華民三百萬反爲叢敺雀螟蛉不撫子犬羊且無鞹比聞歐澳美日將黃種虐向來寄生民注籍今各各周官說

保富蕃地應設學誰能招島民回來就城郭群携妻子歸共唱太平樂

六

小說

殖民偉績

第三回 見前輩飽聆醜議論 訪知已途次遇佳人

話說維廉濱清早起來。見了兩封信。含含糊糊。寔在猜不着是甚麼事情。只得吃了飯。就出門會他去了。但是他兩個人住的地方相隔很遠。一個在東。一個在西。先到那一處好呢。維廉濱想道。不錯。我先往西到葉倔謨家裡去。再往東會狄伯魯。就順便到沙德志家裡去談談。主意已定。就邁步一直往西走去。一路上維廉濱心裡七上八下。好不自在。一頭想一頭走。走有二點鐘的時候。遠遠望見前面一所極高大的房子。維廉濱認得是葉倔謨家裡。就一直的往前走去。走到門首。維廉濱在懷裡拿出表來一看。已是九點半鐘。維廉濱停住了脚。只見裡面出來了一個小使。維廉濱忙上前迎着小使道。你主人在家麼。小使道。在家。維廉濱就在懷裡拿了一个名刺。交着小使道。請

你通報一聲。說我要見他。小使拿着名刺一看。說道。哦。你來了嗎。我主人等你好久了。快隨我進來罷。說畢。轉身就走。維廉濱跟着小使走到一個客廳。小使道。請坐一坐。我去通報一聲。說畢去了。維廉濱一個人坐在客廳裡面。等候了許久。還不見出來。維廉濱本是少年性躁的人。那裡經得過這樣官場的習氣呢。就起身要回去。剛走至客廳門首。忽見葉侃謨挺着肚子慢慢的走來了。還未進門。口裡先嚷道。你來了好久了嗎。我正在吃早飯。沒有出來迎接你。多有得罪。忙用手讓道。請坐罷。話未說完。他自已就先坐下了。高聲叫道。來。拿珈琲來。拿自來火來。隨手就在衣服袋裡面拿出一根紙烟。銜在口裡。向維廉濱道。我昨日在你家裡頭來看你。適逢你不在家。維廉濱躬身道。失迎得很。我昨日往我父親墓上去了。葉侃謨道。難怪。我說你到甚麼地方去了。我這一向很想同你談談。所以特意叫你來。我看你近來的行爲很有些不對的樣子。你的天分是很好的。從此用功讀書。還怕得不到功名富貴嗎。說到這裡。小使拿了兩杯珈琲一盒自來火進來。向葉侃謨問道。珈琲拿來了。自來火也拿來了。葉侃謨隨手接了自來火。發話道。把珈琲放在客的面前就是咯。就一面吸烟。一面接說道。你已經是入了

一回獄了。我想入獄的事情。是很壞名譽的。你父親在生的時候。我就不便對你說這些話。現在你父親死了。也沒有人敢管你。我同你父親是好朋友。你就是我的兒子一樣。打也打得罵也罵得的。難道你還怪我嗎。我勸你趕緊讀書。不要做那些胡鬧的事情罷。維廉濱聽了他一番醜議論。心裡早就不舒服。本來要駁他幾句。後來想這種人不足與校。也就忍下去了。後來聽到胡鬧兩個字。不由得無名火起三千丈。實在忍不住了。就發話道。你老人家說我胡鬧。我何曾胡鬧呢。就是這回的事情。我也不過是要替英國人奪回自由罷了。你老人家少說幾句罷。葉侃謨聽了維廉濱的話。臉上猶如吃了酒一般。紅一塊。白一塊。積羞成怒。變起老臉來說道。你一個人就能彀做得出大事業來嗎。現在國王的勢力。你還不曉得嗎。你若再是胡亂做去。我怕你總有不得了的日子。你既不肯受我的教訓。從此以後。我也再不說你。你倘若鬧出事來了。你也不要來尋我。維廉濱躬身道。你老人家肯這個樣子。我就感激不盡了。說畢。就起身告辭。忽聽門上的鈴鐺鐺的響。見小使跑來報道。狄將軍來了。話剛說完。見狄伯魯穿着軍服。掛着雪似的長刀。左手提着刀柄。右手扭着八字鬚。搖搖擺擺。大踏步跨進來了。見了兩

三

人高聲嚷道。維廉濱你來了好久了嗎。維廉濱荅道。來了有一會兒。剛要到你老人家裡來。狄伯魯道。在這裡既會到了。就在這裡談談罷。三人歸坐。小使送上茶來。維廉濱向狄伯魯道。昨日你老人家到我家裡來。我不在家。失迎得很。狄伯魯扭着鬍鬚道。你的事情很忙罷。你到底忙些甚麼。維廉濱適纔受了葉侃謨一肚子的氣。實在是不舒服。看看狄伯魯又要發醜議論。不免又要受氣了。維廉濱暗想道。這班混帳東西。必要給他一個利害。他纔曉得。聽到狄伯魯問他忙些甚麼。便答道。沒有甚麼忙。也不過盡盡國民的責任罷了。狄伯魯見維廉濱出言激烈。便有些怒氣。坐在椅子上。也不發話，直把眼睛望着維廉濱。望了半天。高聲道。你坐牢的心思又發了嗎。前次坐牢。還沒有坐足嗎。年紀輕輕的。何必這樣狂呢。試問你到底有甚麼學問。到底有甚麼本領。你也彀得上說國民責任嗎。我勸你好好的安分守己。再不要說甚麼自由罷。維廉濱聽了狄伯魯的議論。氣得直說不出話來。半晌道。你老人家的話。大概同葉老伯的話一樣。尊意我都知道了。台教我也領受了。你們的宗旨無非是做一個查理斯的奴隸。還要把英國的人都邀去做查理斯的奴隸罷了。我維廉濱站在世界上。從不知道當奴隸

的。說到這裡。就跕起身來道。我想二位老人家叫我來。無非是這個事。現已領教。就此告辭了。說畢。把腰一躬。提起脚就往外走。葉侃謨狄伯魯兩人齊聲嚷道。這孩子了不得了不得。竟自目無長上了。維廉濱只裝做不聽見。也不回頭。一直的往外就跑。維廉濱本想找沙德志談談解悶。因爲太遠。只得暫且歸家。就在路上叫了一乘車。坐了歸家。回到家裡。走進書房的門。只見沙德志坐在那裡看書。一見維廉濱進來就叫道。你在那裡來。我在這裡等了你好久了。維廉濱就在躺睡椅上。連搖手道。不要說起。今日遇見了鬼。受了一肚子滿的瘟氣。沙德志見了這個樣子。不曉得是甚麼事情。即追問道。你到底在那裡來。爲甚麼氣得這樣很呢。維廉濱道。讓我停一停。講把你聽罷。沙德志是個性急的人。那裡等得呢。苦苦追問維廉濱。維廉濱歎了一口氣道。滿地都是混帳烏龜王巴蛋。這種地方叫人怎樣住得住呢。沙德志急得要死。央告道。我的哥哥。到底是甚麼事情。你告訴我罷、維廉濱道。就是昨日我們在酒樓分手以後。回到家來。家裡小使道有兩個客來會我。一個是倫敦裁判官葉侃謨。一個是陸軍將軍狄伯魯。都是我父親的朋友。我想他會我做甚麼呢。也就沒有理他。到了今天早晨。又來了兩封

信。是要我到他兩人家裡去談談。我也不管是甚麼事。就先到葉侃謨家裡去。還沒有說幾句話。葉侃謨詩個東西。就發起醜議論來了。沙德志聽了醜議論三個字。就笑道。甚麼醜議論我到要領教領教。維廉濱道。無非是些混帳的話。他還要教訓我呢。說些甚麼不要胡鬧。甚麼讀書做官。還有些不堪入耳的言語。我也不願再說他的意思。你也大概曉得了。沙德志道。這種混帳東西。你爲甚麼不打他呢。維廉濱道。我的拳頭很貴重的。打他豈不汚了我的拳頭嗎。又接下說道。我正在同葉侃謨翻臉的時候。忽然狄伯魯又來了。那裡曉得又是一個王巴蛋。所說的話。同葉侃謨一個樣子。我當時就變了臉。說了幾句話。就鬥氣回來了。你道可惡不可惡呢。滿地都是這樣的人。到底怎麼樣好呢。沙德志道。這種的人。殺也殺不乾淨。只好另造一個新國罷了。維廉濱問沙德志道。你近來得了美洲朋友的信沒有。沙德志道。近來沒有。先前有信來過。說那個地方自由得很。維廉濱低了頭。想了半晌。向沙德志道。我決計不住這個病國了。我頗想帶些人到美國去殖起民來。你道好不好。沙德志道。很好。我心裡也是這樣想。兩人正在說話。沙德志忽然想起一件事情來了道。我還約了一個朋友。十二點鐘到我家裡去。

看看壁上掛的鐘。已是十一點三刻了。沙德志道。我要回去了。改日再談罷。說畢。起身告辭去了。維濱廉此時到美國去的心思。越發不能遏了。一個人坐在書房。把他父親遺下來的財產簿。打開看看。仔細一算。約有十五萬元的家私。先前維廉濱的父親在生的時候。曾在美國立了一回戰功。朝廷因爲他的功大。就把美國西雅馬伊加地方酬他的功。維廉濱此時想起美國。又有自己的土地。何不就在那裡殖起民來呢。越想越覺得有理。一連想了幾日。覺得這件事直是有一無二的上策。話說維廉濱還有幾個知己的朋友。住在鄉下一個篠山。山裡面有個桑葉村。這個村離倫敦六十里路。維廉濱幾個朋友。因爲那個地方幽靜得好。就在那裡住下。維廉濱連日心裡有事。抑抑不樂。又受了葉侃謨狄伯魯一肚子的氣。更加不高興起來。想道。何不到桑葉村去住幾天。找他們談談。或者可以解解悶氣。隨時就檢點皮包。把應用的物件。都收拾妥貼。叫家人來說了幾句囑咐的話。就提着皮包出門。順着大路行去。走了半天。見前面有一片樹林。維廉濱見此地一片森林。甚是可愛。四面空濶。風景雖不十分絕妙。也却有一種留人的去處。維廉濱立住了腳。細語道。這個地方風景很好。何不逍遙片刻呢。隨

便就在地下坐了。遠遠的聽見倫敦的車聲嘈雜聲。猶如在天際一般。此時維廉濱心中天空地濶。一點心事都沒有了。維廉濱正痴坐在地下。忽遠遠的看見一個人慢慢走來。走到近邊。仔細一看是一個年輕絕妙的女子。走到維廉濱面前把腰一躬。就同維廉濱說起話來了。說些甚麽。這一回裡面還不曉得。要知詳細且聽下回再講。

第四回　蕭子龍游歷籐山　尤大虎飽烹鹿肉

話說離倫敦六十里有一個籐山。這山的名字也不知道是那一朝遺下來的。聞說二三百年前是一個極富的地方。到如今連人都沒有了。只剩得横直四五里大的一塊荒地。後來倫敦一個志士。姓蕭單名一個魯字。號子龍。遊歷至籐山裡面。話說這個志士。家裡先前本有四五百萬的家私。這志士又是一個喜歡做事的人。不上幾年工夫。就把一份家私。弄到乾乾淨淨了。近來蕭魯手頭又有幾個錢。又想做點事。一日欲下鄉走走。看看鄉下的風景。即刻就由倫敦動身。坐火車一直到贈書嶺地方下車。不上十里路。就是籐山。這日蕭魯手中提了一個千里鏡。一路遊山玩水。好不暢快。次日走到籐山。四面一望。覺得那個好景致。就是倫敦那些有名的畫家。恐怕也畫不出來。蕭魯

立住了脚。四面遊玩了一會。細語道。這麼樣一個好地方。怎麼樣沒有人來開墾呢。口中連說奇怪奇怪。又細思道。或者因爲有別的緣故。也未可知。待我尋個鄉人來問他一問。四面一望。連一個人影兒都沒有。等了半天。聽得對面山岡上有個人唱歌而來。因爲聲音遠聽不明白。蕭魯只得尋着歌聲走去。不上半里路。見遠遠來了一個獵夫。荷着一枝槍。槍上掛了一隻小鹿。一隻兎子。慢慢的一面唱一面走來了。只聽見他唱道。

天地生萬物。胡爲乃不平。人兮亦動物。獸兮亦生靈。可憐鹿與兎。胡爲爲我禽。君不聞弱者之肉强者食。世界萬物同此理。人兮人兮亦可危。優勝劣敗之理胡相憶。

蕭魯聽了這個歌。想道。這個獵夫。一定是個有學問的人。若是沒有學問。那裡會唱這個歌呢。一定是非凡人可比無疑了。這個人斷斷不可錯過。連忙迎了上去。脫帽爲禮。那獵夫見他如此恭敬。也就連忙還禮。道。請敎貴客尊姓。從何處來。蕭魯道。在下姓蕭單名一個魯字。從倫敦游玩到此。適纔聽見老兄所唱的歌。寔是佩服得很。獵夫道。何足掛齒。不過是信口胡唱罷了。蕭兄到此有何事故。蕭魯道。不過是游玩游玩。別的事也沒有。請問老兄。這麼樣一個好地方。爲甚麼沒有人來開墾呢。獵夫道。站在這裡不

好多談。請蕭兄到寒舍一敘如何。蕭魯道。甚好。說畢。兩人就走。此時天色將暮。那一幅晚景。不但是畫不出來。連說都說不出來了。二人慢慢的步行。過了一個山岡。有一道小河。二人循河而上。遠遠望見有一所茅屋。獵夫指着茅屋對蕭魯道。那就是寒舍了。只見環屋都是些樹木。二人一面走一面談。不知不覺就到門前了。獵夫就讓蕭魯先進門。獵夫隨把獵得的鹿兎放下。二人彼此重新見禮。獵夫讓坐。蕭魯看雖是幾間茅屋。却修飾得乾乾淨淨。另有一種幽雅氣象。蕭魯早知道獵夫不是個凡人。因爲匆促之間。還沒有問他的姓名。蕭魯坐下了。獵夫自去烹茶。又對蕭魯道。蕭兄。今晚就請在我家住下。待我烹了茶。我就出去沽些酒來。還請兩個人來替我宰鹿。我們今晚談談何如。蕭魯道。好極了。好極了。但是初見面就叨擾。於心不安。獵夫道。你這人不甚爽快。何必拘禮呢。蕭魯急道。我也不過是假說幾句拘禮的話罷了。其實我何曾不肯吃呢。獵夫拍手道。這纔痛快呢。獵夫又道。請你坐一坐。我去沽酒去了。用手指着右邊道。這間房裡有書。你自己去看罷。說畢。去了。此時已是六點多鐘。屋中還沒有點燈。蕭魯見上面棹上擺了一個燈盞。又沒有自來火。蕭魯在各處找了一遍。總找不出一根自來

火來就在烹茶的爐子裡取了一塊紅炭。用口一吹。把燈弄着了。蕭魯放下了炭。就把燈拿進右邊房裡。見房裡擺了兩張書架。滿架上都是書。中間擺了一張棹子。就順手把燈放在棹上。一抬頭見壁上掛了一个照相。蕭魯認得是獵夫自己的像。取下來一看。見上面題了一首七言絕句。蕭魯便吟道。

自題小像

現身斯土復斯時。魂魄相親乃爾奇。欲出世間仍戀戀。降衷深意有誰知。

念畢叫道。好詩好詩。這個人的抱負。已見一斑。斷非尋常可比了。蕭魯又轉向書架上。取了一本彌勒約翰的自由書。打開一看。見裡面濃圈密點。把一本書圈點得糊裏糊塗。又見他自己還加了許多批語。蕭魯正看得得意。忽聽見一個人高聲道。這裡還沒有點燈嗎。又有一個人道。我們先把燈點了。再動手罷。蕭魯在房裡聞言。忙放下書。把燈拿了出來。只見那兩個人都是身長大漢。有一個人手中拿了一把雪白的刀。見蕭魯拿燈出來。道。你姓蕭嗎。蕭魯答道。是的。話未說完。只見獵夫手中提了一大壜酒回來了。一走進門說道。我們就動手罷。獵夫同那兩個大漢。就在厨房裡動起手來。蕭魯

見他們動手。也過去帮助帮助。不上兩點鐘工夫。把鹿同兎子都弄好了。獵夫道。今日的鹿。弄得分外香。是甚麼道理。蕭魯道。想必是我的口福好的緣故。你們也應當謝謝我呢。大家笑了一回。獵夫道。我們就大烹起來罷。於是四人歸坐。獵夫又連忙在厨房裡拿了四個碗來道。我們今天應當大醉纔是。大家連連說是。獵夫就提起壜來倒了四大碗酒。每人面前放一碗。四個人就大嚼起來了。吃了半天。那一個大漢問獵夫道。令妹不在家麼。獵夫道。他到他一個先生家裡去了。今天大概不回來了罷。四人一面吃。一面說。蕭魯問獵夫道。我且問你。這個地方到底叫甚麼山。爲何沒有人開墾呢。獵夫道。這個山叫做籐山。你能彀來開墾。你就來罷。說畢。把酒碗向口裡一飲而盡道。我又是一碗了。大家也就一飲而盡。獵夫忽然問那一個大漢道。你昨天的事怎麼樣了。大漢道。昨天的事。你今天沒有見新聞紙麼。那個人已經死了。獵夫道。眞的嗎。大漢道。誰誑你呢。獵夫聽見拿起酒來。又是一碗。叫道。痛快痛快。大漢道。世界上有許多不可解的事情。就像查理斯他也是個橫眼直鼻的人。這班人爲甚麼要帮他做奴隸呢。蕭魯道。做奴隸的人。他那裡曉得他自己是奴隸呢。他有了奴隸的頭銜。還覺得很榮曜呢。獵

夫道。這些做奴隸的人。他的思想言論行為。沒有不是奴隸的。我也不去說他。我只說那個用奴隸的人。他自已以為得計。我說他也是一個蠢東西。為甚麼呢。凡是做奴隸的人。那裡有一定的呢。今天可以做我的奴隸。明天就可以做別人的奴隸的。這是一定的道理。倘若有人要做我的奴隸。我多謝他的盛情。一定不要他。大漢道。我一定要他。我叫他每天獵個鹿來給我吃。蕭魯道。他明日獵鹿給你吃。後日就可以獵鹿給我吃。到了再後日連你家裡的鹿。他都要偷來給我吃了。獵夫道。我們不要發議論。還有許多酒許多肉。為甚麼不吃呢。三人齊道。那個說不吃呢。說畢。吃酒的用大碗往口裡倒。吃肉的把大塊的肉往口裡送。大家正吃得高興。獵夫把身體微微提起。只聽見咕咕咚咚的響。放了一個連珠大屁。三人齊叫道。野蠻野蠻。放下碗就跑出門來。獵夫道。你們為甚麼不吃。三人道。多謝多謝。你知道今日的肉分外香。你就不知道你今日的屁分外臭嗎。獵夫道。那麼我就有偏三位了。一個人大飲大嚼。不上一刻兒工夫。把酒肉都吃了乾乾淨淨。也就跑出來道。你們今天上當了。我實告訴你們罷。我那個屁。實在是假的。見你三人都是吃得的。分到我名下。怕沒有好多。所以我用個屁攆了來

了。又連連說道。對不住。對不住。請到裡面吃茶去罷。四人進門。大家七手八脚。把食器修飾乾淨。泡上茶來。四人又談了一會。蕭魯道。我今日糊塗得很。還沒有請教三位貴姓呢。獵犬道。妙哉妙哉。我姓尤名大虎。就是本處人。這二位是兄弟兩個。姓黃。兄叫黃剛。弟叫黃毅。都是好朋友。四人又談了半天。黃氏兄弟起身告辭。二人送至門外。大虎道。我今日有些醉意。我們睡了罷。明天再談如何。蕭魯道。我今日睡在甚麼地方呢。大虎道。那書房是客房。你就睡在那裡罷。我先去睡了。說畢。推開左邊的房進去了。蕭魯也只得拿燈進房去睡。把燈放在桌上。又在書架上翻了一頓書。又想要到藤山這裡來開墾。在懷裡拿起表來一看。已是一點多鐘。蕭魯也就脫衣睡了。一宿無話。次日早晨。蕭魯起來。在井裡取水洗了臉。回到屋裡。說道。大虎今日好睡吓。這個時候還不起來呢。就用手把左邊房門推開。走進去跑到床上一看。那裡冇個人影兒呢。蕭魯叫道。好傢伙。好傢伙。他們瞞着我做甚麼去了。我今日一定要把他們尋來。罰他們一個大東道呢。要知蕭魯怎樣尋法。大虎到底到那裡去了。說書的現在不知道。要問那著書的怎樣著法。纔曉得呢。那麼。且聽下回分解。

中國近事

◎進士肄業　日前某御史專摺條陳請將明年新科進士及前科正殿試之進士。自此科爲始。均須發入大學堂肄業三年。再行考試。酌予出身。量材授職。此議動政府。旋于初二日奉上諭曰。儲才爲當今急務。迭經明降諭旨。創辦學堂。變通科舉。現在學堂初設。成材尚需時日。科舉改試策論。固異帖括空疏。惟以言取人。僅能得其大凡。莫由察其精詣。進士爲入官之始。尤應加意陶成。用資器使。著自明年會試爲始。凡一甲之授職修撰編修。二三甲之庶吉士。及部屬中書各員。令入京師大學堂分門肄業。其在堂肄業之一甲進士庶吉士。必須領有卒業文憑。始准送翰林院散館。並將堂課分數。于引見時排單內註明。以備酌量錄用。其未留館授職之主事分部並知縣銓選者。仍照向章辦理。如有因事告假及學未卒業者。留俟下屆考試。分部司員及內閣中書亦必須有卒業文憑。始准留歸本衙門補用。如因事告假。及學未及格。必俟補足年限課程。始准作爲學習期滿。其即用知縣籤分到省。亦必入各省課吏館學習。由該督撫按

時考核。擇其優者立予序補。其平常者仍留肄業。再行酌量補用。所有一切課程。著責成管學大臣張百熙悉心核議具奏。隨時認眞經理。期收實效云云。

◎廢科之漸　聞吏禮二部中人云。明年恩正兩科。均有改遲至丙午年舉行之說。因太后意欲竟廢科舉。則恐擾亂天下士心。不廢科舉。又恐學堂學生不肯向學。是以下一改遲之令。爲廢科舉之發端。未知確否。又有一說。本科舉人覆試。不知如何忽排在會試以後。未發會榜以前。故有人以爲不便。力請改前云。

◎賄行萬壽　探得內廷消息。謂甲辰年爲太后七十萬壽。太后念及庚子之變。及甲午年六旬萬壽之形狀。此次有不願舉行之說。而奉宸苑各員。及承辦萬壽各色人等。皆願舉行萬壽慶典。各以多金賄某內監。故內監力勸太后仍以舉行萬壽。俾天下臣民臚歡慶祝。太后已經首允。惟尙無明降懿旨云。

◎擬用金幣　聞政府諸公近議創設國家銀行。並用金幣。意見皆同。行將請旨施行云。

◎謠言有因　已亥立嗣之舉。原起因于一瞽侍郞豫師。與崇綺徐桐高賡恩王龍文

曾廉郭宗熙蕭榮爵等倡議。修葺南横街吳可讀故宅。豫師題額曰吳柳堂先生故宅。終日集議于宅中。無非陰謀。故革邸載漪乘機作亂。遂致中外失和。幾于宗社不保。豫師等實係庚子禍首。既不追究。則若輩應如何圖報爲是乃前月又有人聚議于吳氏故宅。甚爲秘密。是否豫之黨人。固不得而知。無端之謠。因而重起。故南方各報及西報皆紛紛登錄。聞十月十五日又有聚議于吳宅。不知所議何事也。

◎奏除錮毒　有某御史條奏整飭官方一摺。內一條云。方今庶務待興。在事人員。非有精神。不能有作爲。洋烟之銷耗精神。甚於女色。不但傷財已也。且使志隨心灰。永無發奮作强之氣。今欲變法自强。非首禁官員吸食洋烟不可。擬請明降諭旨。凡在官人員。上自王公軍機。下至未入流。凡夙吸食洋烟者。京城限三日內。各省按遠近遞加。一待赴該管衙門報明年歲。若年在七十歲以上者。限半年斷淨。五十歲至七十歲者限三個月斷淨。五十歲以下者限一個月斷淨。倘逾限仍吸者。查出革職。各防營之兵丁。及在官之書吏差役等。統限一個月斷淨。違則開革。候補候選人員。凡吸烟者。雖到班亦不得補缺。游幕人員及各局所委員。亦照上項日限斷淨。違則撤差。該管上司於屬

員逾限仍吸。贍徇不報者同科。失查者降三級調用等語。

◎張督狠狽　鄂督張之洞奉調署江督之命。便先創辦五省大學堂。興高采烈。號令勞繇。及聞魏光燾調補江督。且催行甚促。張又無回任及來京之下文。抑鬱成疾。其兄之淵氏之子名檢者。述及張公近日私電。行將引疾而退。張公之疾。卽鬱氣傷肝也。老年失意。亦殊可憐。噫張公亦太熱中矣。近日之無明文。必因魏公尙未到任。惟將來回任兩湖與否。尙未可知。其狠狽情形。自可想見耳。

◎推廣工藝　近聞政務處某公以工藝爲當今急務。京城所設工藝局。成效昭然。擬通飭各省府廳州縣一律舉辦。凡有中小學堂之處。均附設工藝學堂工藝局各一區。各就土宜。講求製造。以爲工藝改良馴致富强之起點。聞已妥議辦法。不日卽擬請旨施行云。

◎請設軍械廠　探聞近有某尙書奏請速在山陝四川等省。設立軍械廠。招募工人。厚給薪水。優加保奬。以興製造。凡南北各省所需軍械。皆向各該廠訂造。摺中並云卽使無庚子條約禁止軍裝入口。我國軍械。亦不可仰給於人云云。

◎英藏交涉　探聞前月駐藏辦事大臣有電致政府。畧謂英國駐藏領事承其印度總督之意。因藏印界務。與藏中糾葛事。緣舊定界牌中有一段爲藏人拔去。英人起而向藏人責難。藏人恃與俄密。大有蔑視英國之意。英人憤不能平。竊恐因此生釁。特電請代奏指示機宜等因。刻聞仍飭駐藏大臣開導藏人。并令在彼襄辦交涉之稅司某與英領事和平議結。并一面由外務部照會英使云。

◎商部定議　議設商部。已誌前報。年內爲日無多。將於明年議章開辦。政府之意注重理財。習聞外人以商富國之說。故決行此議。

◎招商合辦　中國招商輪船公司立有年所。近日傳聞有英人馬佐華氏擬借某國資本與中國合辦。均分其利。刻已與中國政府商議。聞政府尚無定見云。

◎密函摘發　聞八月間。某侍郎接到陝西樊臬司增祥密書。畧曰爲宋伯魯事。各報紙橫議。足見逆黨猶盛。此一時毀譽不足計較。欲正千載之名。仍應於大處落墨。惟兩上座自歸京以來。志得意滿。宗旨漸變。狃於目前。忘其毒矣。祥所慮豈爲一身前輩獨記雙桂西軒之談。謂外人必不干預我事。已不出祥所料。庚子之變。其咎不在吾謀。今

上座獲眷更隆。內外帖服。不於此時力爭上流。萬一事機轉變。吾輩身名俱敗。猶是小事。上座將何以對崇文忠乎。祥夏間兩稟上座。備陳危機。寓書賜答。皆未及此。乞前輩便中痛陳云云。侍郎以原函呈某相。某相畧閱微笑擲還不作一語。復以他言亂之。侍郎未敢再問。嗣其所親向人偶述如此。

海外彙報

半月大事記（西歷十一月下半月）

▲十三日路透電駐扎非洲中部各英軍。現已調赴索瑪勒應戰。

同日電倫敦中國會特設盛筵邀請中英官商共推英提督錫幕亞商約大臣馬凱兩君爲上座。席間中國會會長克士武宣言曰。此次馬君所訂商約中英兩國可共獲利益。實予所深信云云。

▲十四日路透電。智脫各屬亂事紛起。故西班牙某輪船現已駛赴該處。以便接載各歐人回國。英國某某等巡艦三艘。亦已開赴該處。蓋因克俾勒士各土酋現又起事。居留歐人實有可危也。

同日電俄國各官報因法國在地中海水師勢力稍減一事。大發議論。某俄報謂法國此舉。竟視水師如兒戲。亟宜從速整頓云云。

同日電。南非洲英政府已將非洲殖民章程略爲更改。

▲十五日路透電。俄國于經營阿富汗利權一事。俄京士民頗爲張皇。某俄報云。南非洲戰事既平。英國甚望阿富汗邊圉多事。盖阿富汗禍亂愈多。英人愈易獲利。然有損于俄良多也。

同日電。南非洲英政府前所議之事。現又暫停。

同日電。德政府所訂烏力測達商務章程。各商民均抱不平。屢有煩言。國會中人復將此事議有逾時之久。刻德政府已擬將所定章程稍爲更改矣。

同日電。英國學校各章程。已由代表人在下議院宣讀一次。

▲十六日路透電。比利時國王日前偕同王族中人前赴聖羅麥士地方。致祭故后。回時中途忽遇叛黨拉鼎洛開槍擊中第三車阿德漫面部。受傷甚重。拉鼎洛當被拘獲訊供。据稱冒死而來。實欲謀刺比王也。

同日電。德皇刻已由聖督利衡前往品羅地方。盖從耶士德洛伯爵之請也。

同日電。英國兵部大臣博都理。曾在的士柏利宣言。謂目下愛爾蘭各亂黨雖希圖起事。然我英國法之嚴。固足以制之。

▲十七日路透電。謀刺比王之犯拉鼎洛。係一著名叛黨。所有王族中人小影。彼皆有之。雖据供並無羽黨。想必係倫敦叛黨特使之來也。

同日倫敦電。俄兵部大臣。已諭令在哈爾賓地方設立一部。以便管理旅順哈爾賓。以及滿洲各處車棧一切事宜。

▲十八日路透電。北閔垣地方各官餞送英理藩大臣張伯倫時。張君曾宣言曰。予此行原爲國家大計。非敢藉以自娛云云。聞是日各處商民均懸燈結彩致送。殊形熱鬧云。

▲十九日路透電。英國派往委內瑞拉之兵。大爲該處土酋所挫。管帶第四部參將湯洛克受傷甚重。已稟請英政府發兵救援。

▲二十日路透電。英參將湯洛克現已因傷逝世。管帶護營印軍白君冒險率軍進攻該土酋之寨。旋亦陣亡。統計英將受傷者三人。土人受傷者八人。各部英軍現仍極力攻勦。該土酋亦抗拒如前。

同日電。德皇曾諭臣工曰。朕此次遊英。心殊愉快。蓋承英人接待甚優也。

▲二十一日路透電。德皇乘坐馬車至屈永斯弗地方。登輪時其馬因見黑軍操演驚躍。幸大將亞赤保將馬韁勒住。始免意外之虞。

同日倫敦電。葡萄牙北屬大局刻下甚危。大有不可終日之勢。其故實因農民工人被屈莫伸。以致迫而生變也。

▲二十二日路透電。張伯倫已于一二日前至克利阿遊歷。尙擬往埃登埠摩伯藹以及阿耿打鐵路遊覽。

▲二十三日路透電。英政府擬于禮拜一早宣告整頓製糖之法。想反對此舉者必不乏人也。

同日柏林電。天下著名之鐵廠主人。兼理德國克虜伯船島事務克虜伯君。已于昨日逝世。年四十八歲。

▲二十六日路透電。英國下議院現已宣布改良製糖之法。因係大臣哈屈所擬辦法。故人多非之。反對者二百十三人。贊成者僅一百二十六人。

同日電。頃爲英國每五年調查航海商民之期。查得航海商民。較之前五年減少七

千一百五十五人。較之前十年減少二千五百五十八人。較之前十五年減少四千五百四十七人。惟外國充當英艦各執事者自一千八百九十一年至今共增八千七百二十八人。充當水手者共增一萬二千二百十八人。一千八百九十一年時。計外國供英國營海商業之職者得百分之二十。今已增二十六分矣。

同日電。法國礦工前者滋事。現已工作如故。惟魯爾亞各屬現仍停工。

同日電。克虜伯君已安葬于爾森地方。出殯時德皇親行送葬。

▲廿七日路透電。英國戶部大臣武烈赤在屈魯瑠地方晉云。予擬明年四月將英國稅務大加整頓。

同日電。總理英國郵政大臣費彼廉在下議院宣言。謂一俟東方郵程議定後。即飭各郵輪時常往來英屬北堡尼塢海島。惟該處與英國來往郵件極少。且該處海道未熟。航行頗覺不便。故此事尚難籌辦也。

同日電。倫敦太晤士報論及日本政治以及水師房捐各事。謂日本係地球上英屬之人種。如伊藤侯有權在握。其所擬之海軍條議可行。則日本水師必能蒸蒸日上。

該報又稱本社極望日本水師‖興。房捐可以實行云云。

▲廿八日路透電。英德兩國現擬聯合同向委內瑞拉政府要求多欵。

同日電。德國兵艦三艘在開洛埠備足軍裝彈藥。以便開赴委內瑞拉想英軍亦必有舉動也。

▲廿九日路透電。英德兩國聯合向委內瑞拉政府要求一節。美政府已知其詳請。

同日電。法國礦工爭鬥如果不息則瑪巴勒士地方。及地中海法水師均屬可危。

同日電。英皇近遣派專使前往波屬德黑蘭地方奉贈波王官爵。此事當波王在英時已有成言也。

▲三十日路透電。本年十月間俄政府曾照會英國政府。畧謂英國果因俄國現在製糖之故。將俄國赴英糖稅加增。則是顯違英俄通商條約云云。並聞俄國已將此事請萬國公會公斷矣。

餘錄

萬國思想家年表（續第十九號）

丹士哥達士	Duns-scotus	一二六五	一三〇八	蘇格蘭人第二期煩瑣哲學之鉅子
但丁	Dante Alighieri	一二六五	一三二一	意大利之大詩聖中古神祕哲學派之鉅子
埃格哈達	Meister Eckhart	一二六〇	一三二九	德國人神祕派中之錚錚者
維廉惡喀謨	William Occam	⋮	一三四七	英國人之煩瑣學末期之鉅子提倡唯名論
吳萊		一二九七	一三四〇	元末儒者駁宋儒理氣爲二之說
比特拉加	Petrarca	一三四〇	一三七四	意大利大詩人與但丁齊名
博卡史阿	Boccacio	一三一三	一三七五	亦意大利詩人
宋濂		一三〇九	一三八〇	朱子派之學者著有宋學士文集見元史
伯里頓	Plethon	一三五五	一四五二	康士坦丁奴畢之大思想家欲連合希臘羅馬之思想者

二

方孝儒		一三三七	一四〇二	明之大儒以孟子自任
哥斯厤士	Niclas Cusamus	一四〇一	一四六四	德國之神秘派及自然派之泰斗
吳與弼		一三九一	一四六九	主寔行而不好著述
比沙利安	Bessarion	一三九五	一四七二	伯里頓之門人承其師之學術
陳白沙		一四二八	一五〇〇	主躬行寔踐者
胡居仁		一四三四	一四八四	明初大儒吳與弼之門人
非斯紐士	Marsilius	一四三三	一四九九	伯里頓之門人譯咸布拉的安及布羅的紐士
彼哥	GiovanniPico della	一四六三	一四九四	非斯紐士之友布拉的安神學說之鉅子而反對煩瑣哲學者
里蘇連	Johann Reuchlin	一四五五	一五二二	德國之比烏馬尼斯反對煩瑣哲學者
麥志埃威里	Nicolo Macchiarelli	一四六九	一五二七	政治學復興之泰斗意大利之大政治家
王陽明		一四七二	一五二九	唱良知學說開儒學之生面爲東大陸之大思想家大用兵家
羅欽順		一四六五	一五四七	反抗王陽明而九反對無善無惡心之體之說
摩亞	Thomas More	一四八〇	一五三五	英國人大反對麥志埃威里之學說曾著一Utopia

埃拉士麻士	Desiderius Erasmus	一四六六	一五三六	荷蘭之比烏馬尼斯嘗著一 Encmium
破模破尼斯	Pietro Pomponazzi	一四六二	一五二五	意大利人亞里士多德派復興之鉅子著有[illegible]魂不滅論運命及自由意志論等
伯魯那	Giordano Bruno	⋯⋯	一六〇〇	意大利之大思想家以反抗耶蘇教而主持[illegible]教遂遭焚死之刑闡明科學著作甚多
亞格臘巴	Agrippa	一四八六	一五三五	德國之自然科學家神學者占星家鍊金家
哥比尼加士	Copernicus	一四七三	一五四五	德國之大天文家以把持地動之說而遭[illegible]
盧打	Martin Luther	一四八三	一五四六	德國之教法改革家神秘的哲學者
王世貞		一五二六	一五九〇	明末之學者爲攷據學之祖
門的伊尼	Montaigne	一五三三	一五九二	法國著名之懷疑學者
泰哥伯里	Tycho-Brahe	一五四六	一六〇一	丹麥之大天文家
顧憲成		一五五〇	一六一二	明朝之大人物爲政治學問之俊傑東林[illegible]先聲
巴美	Jacob Bohme	一五七五	一六二四	德國神秘派之翹楚
倍根	Francis Bacon	一五六一	一六二六	英國經驗派哲學之鼻祖
加里利阿	Galileo	一五六四	一六四二	意大利之大天文家始創遠鏡

奇伯里亞	Kepler	一五七一	一六三〇	德國之數學家及天文家
格羅的烏士	HugoGrotius	……	一六四五	荷蘭之政治家爲國際法學之鼻祖
的加地士	ReneDescartes	一五九六	一六五〇	大陸新哲學之鼻祖
瑕威	Harvey	一五七八	一六五七	英國醫家創血液循環之說
霍布士	ThomasHobbes	一五八八	一六七九	英國之自由思想家闡明政法哲學
顧炎武		一六一三	一六八二	朱學派攷證家之翹楚
黃宗義		一六一〇	一六九五	明末之義士爲陽明學派著述數百種如宋元學案明儒學案等是也
焦連士	Geulinx	一六二五	一六六九	法國之哲學者
士比那阿		一六二二	一六七七	著名之神敎哲學者業眼鏡以終身
巴士加爾	Pascal	一六二二	一六六二	法國之神秘哲學者又自然科學者
烏路的爾	Voltaire	一六九四	一六七八	輸入英國感覺派哲學於法國爲法國之大思想家
洛奇	JohnLocke	一六三二	一七〇四	英國之哲學者
里伯尼士	Leibnitz	一六四〇	一七一六	德國之大學者法律家歷史家數學家及哲學者

四

牛敦	Jsaac Newton	一六四二—一七二七	英國之物理學者發明重學
斯非的士比里	Anthony Cooper-Shaftesbury	一六七一—一七一三	英國之思想家十八世紀之倫理學者洛奇之門人
馬利伯蘭斯	Malebranche	一六三八—一七一五	法國之哲學者
乞志遜	Hutcheson	一六三八—一七一五	愛爾蘭人乃倫理學者
卜尅利	GeorgeBerkeley	一六八四—一七五三	愛爾蘭之大思想家
孟的斯鳩	Montesquieu	一六八九—一七五五	法國之大思想家
拉密的里	La Mettrie	一七〇九—一七五一	法國唯物派之學者
希爾維打士	Helvetius	一六八五—一七七一	倫理學者之唯物派
士域丹波	Swedenborg	一六八八—一七七二	瑞典之大思想家
譃模	David Hume	一七一一—一七七六	蘇格蘭之大哲學者
佛蘭克林	Benjamin Franklin	一七〇六—一七九〇	美國之大思想家大政治家
林尼亞士	Linneaeus	一七〇七—一七七八	瑞典之植物學者
打廉巴	D. Alembert	一七一七—一七八三	法國之科學者曾編一著名之百科全書

斯密亞丹	Adam Sumith	一七二三	一七九〇	蘇格蘭之大思想家爲經濟學之鼻祖
亨打維廉	Hunter William	一七一八	一七八三	蘇格蘭之大解剖學者
亨打約翰	Hunter John	一七二八	一七九三	蘇格蘭之解剖學者
路斯阿	J.J.Rousseau	一七一二	一七七八	十八世紀之大思想家神源說之鉅子
利勝	Lessing	一七二九	一七八一	德國之啓蒙哲學者
康的力	Condillac	一七一五	一七八〇	法國感覺派之鉅子
緬的爾遜	Mendelssohn	一七二九	一七八六	德國之啓蒙哲學者德望隆於時
竇尼	Bonnet	一七二〇	一七九〇	法國感覺派之翹楚
里德	Reid	一七一〇	一七九六	蘇格蘭哲學之代表者
士跳活	Dugald Stewart	一七五三	一八二八	以雄辯發明道義風靡於一世
希打	Johann Goltfried Herder	一七四四	一八〇三	德國之啓蒙學者著作甚多
看特	Immanuel Kant	一七二四	一八〇四	德國近世之大哲學者
伯里士的黎	Priestley	一七三三	一八〇四	英國之大化學者發明酸質

捷賓 Edward Gebbon 一七三七——一七九四 大歷史家著羅馬衰亡史

加爾威尼 Galvani 一七三七——一七九八 意大利之醫家乃流電之發明者

希士渣 William Herschel 一七三八——一八二二 大天文家一七八一年發見天王星

段玉裁 一七三五——一八一五 通訓詁及制度之學

傳記小叢書第二種

俾斯麥傳

現已印成即日出書

十九世紀擺弄世界之政權者俾斯麥也其一言一動世皆注目視之雖謂近今大勢皆俾斯麥所造成不爲過讀其傳記于攷求時勢思過半矣

傳記小叢書第三種

加里波的傳

現已印成即日出書

意大利興國三傑卓卓在人耳目間其言論行事多可取法欲知加里波的之人物之價値此傳記不可不亟讀也

社會改良論

現已印成即日出書

人類進化以社會改良爲尤亟世未有社會腐敗而其國能興盛者此書詳論社會改良之理推原窮流洵能增世界社會發達之力也

世界十二女傑

現已印成即日出書

英雄豪傑不分男女中國數千年來廢女子不用而女子之傑出者益寥寥罕聞矣讀此書載世界女傑皆可歌可泣可敬可慕餉我中國吾知女子中必有聞而興起者矣女子猶如此男子更可以興矣

男女生殖器病秘書

現已印成即日出書

自人種問題出世益致力於生理衛生諸事以爲傳種改良之具中國學士以生理學未明多闇於身體構造之理茲書言簡意賅讀之於男女衛生其受益爲不淺也

發行所　上海廣智書局

泰西事物起原

現已印成
即日出書

凡事必有起點而後逐漸發達逐漸完成故考各種事物之起原非徒趣味濃深亦實治學問必要之具也中國昔有「壹是紀始」等書言各種事物最初之來歷大便學者惟是泰西今日文明日進事物日繁世人徒艷羨其新學新藝而罕知其由來此書爲日本第一書林博文館所編分類數十門上自政治學問下及一名一物莫不推原其所自始以最簡之筆述其梗概實足供考鑒之資備應對之用博物君子盍一讀之

處女衛生論

現已印成
即日出書

天下最名貴之人格莫過於處女處女者一切人類所同敬愛而尤宜矜持自愛者也自愛之道不一而衛生其一端婦女之衛生既與男子異處女之衛生又與尋常婦女異本書以最新穎之名理寫最切實之體段其滋味之濃富學理之精確實有非俗子所能夢見者吾願天下之處女皆讀之吾願天下之敬愛處女者皆讀之

發行所　上海廣智書局

石印直行殿本二十四史招股廣告

中國四千餘年來掌故備具於二十四史今科舉改章首重史學則此書宜家置一編奈惟價昂卷繁購攜非易本齋主人有鑒於此因出家藏殿本廣延名宿三復校閱用上白連史紙縮付石印分訂二百册盛以篆刻木箱工料精美獨出冠時茲先從廉出售股票每股洋三十元先付十五元塡給股票十一月底續付十五元取史漢等十七史明年二月底全書告竣股票繳銷股票售罄後定實洋四十元現印有樣本以便取閱即可知本齋之價廉物美非虛語也上海總經理處大馬路鴻文書局二馬路祥記書莊分售處南市元大亨錢莊陳豐記東號北市源豐潤票號承裕福康晉和錢莊新聞報館新太古黃綺翁播喊洋行賬房並各書坊箋扇莊北京博文鴻文書局天津同文仁記播喊洋行賬房牛庄協泰昌絲號烟臺豐裕絲號山東濰縣怡成恆號河南賒鎮久成恆號漢口景慶義江左六藝掃葉鴻文書局播喊洋行賬房湖北著易堂安慶藏書樓南京同發祥錢莊詞源樓明達書莊楊州裕豐隆錢莊鎮江永恆泰錢莊文成堂蘇州仁和鎰源錢莊開智文瑞樓錦潤堂無錫達源錢莊務實學堂杭州鼎泰開泰晉義錢莊甯波景豐恆和錢莊紹興景泰錢莊墨潤堂嘉興綴雲閣扇莊海甯恭昶緞號硤石通元錢莊廣東聚英開明書庄新堤岳州沙市宜昌長沙乙海春藥房并各處書坊均有寄售

上海北泥城橋竢實齋編譯書社謹啓

上海廣智書局

日本維新三十年史	全六册	定價一元六角
政治學上卷國家編	洋裝全一册	定價四角
政治學中卷憲法編	全一册	定價三角五分
十九世紀末世界之政治	全一册	定價四角五分
再版現今世界大勢論	洋裝全一册	定價二角五分
法學通論	全一册	定價三角
歐洲財政史	全一册	定價三角
增補族制進化論	全一册	定價三角
再版憲法精理	全一册	定價九角五分
再版萬國憲法志	全一册	減價五角
政治原論	洋裝全一册	定價七角五分
支那史要	全四册	定價八角
飲氷室自由書	全一册	定價五角
中國魂	全一册	定價四角
國家學綱領	全一册	定價一角二分
胎内教育	全一册	定價三角
國際公法志	全一册	定價五角
實驗小學校管理法	全一册	定價二角五分
中國商務志	全一册	定價四角
東亞將來大勢論	全一册	定價二角
中國文明小史	全一册	定價四角
中國財政紀略	全一册	定價二角五分
修學篇	全一册	定價二角五分
再版楊子江流域現勢論	全一册	減價二角
新撰日本歷史問答	全二册	定價三角五分
再版埃及近世史	全一册	減價二角五分

出版圖書廣告

東亞各港志	全一冊	定價三角
明治政黨小史	全一冊	定價一角
外國地理問答	全一冊	定價二角
理學鈎玄	全二冊	定價五角五分
近世歐洲四大家政治學說	洋裝精本	定價二角
日本維新慷慨史	全二冊	定價五角
英國憲法論	洋裝全一冊	定價六角
羣學	洋裝全二冊	定價六角
歐洲十九世紀史	全一冊	定價八角
中等教育倫理學	洋裝全一冊	定價五角
精神之教育	全二冊	定價五角五分
地球之過去及未來	全一冊	定價三角

滿洲旅行記	全二冊	定價五角
泰西政治學者列傳	全二冊	定價一角
愛國精神談	全一冊	定價三角
史學小叢書第一種 俄國蠶食亞洲史略	全一冊	定價一角五分
史學小叢書第二種 十九世紀大勢略論	全一冊	定價一角五分
史學小叢書第三種 日本現勢論	全一冊	定價一角五分
十九世紀大勢變遷通論	全一冊	定價四角
二十世紀之怪物 帝國主義	全一冊	定價四角
國憲汎論		近刊
英國憲法史		近刊
萬國官制志		近刊
萬國選舉志		近刊
萬國商務志		近刊
歷史哲學		近刊

本支店所在地

東京（本店）　大坂　京都　横濱　神戸
名古屋　廣島　下關　函館　大津
和歌山　四日市　長崎　小樽　足利
横須賀　三池　門司　深川（東京）

資本金　五百萬圓

橫濱市本町二丁目二十一番地

合名會社　三井銀行橫濱支店

電話　五五番、八九〇番、九八六番

公積金五百廿五萬圓

存金利息

一定期存金六月以上　週息六分
一隨時存金每百圓每日壹錢
一特別隨時存金每百圓每日壹錢三厘
一通知存金利息隨時面議

明治三十五年十月七日

支店長　矢田績

啓者。本店開設日本東京經已三十有餘年。專製造機器字粒及各種花邊電版一切印刷物件。其精緻秀美。久已四海馳名。迥非別家之可比。至字粒之式樣。大小高低。全仿歐美所製。而且字體玲瓏堅固。雖日久用之。永無殘破糢糊之弊。凡印刷書籍地圖繪畫等。皆極鮮明精巧。版面用墨不多。額外着色。本店不惜工本。專心製造。近更日加改良。精益求精。一切印刷物件。實較歐美有過之無不及。倘蒙　諸尊光顧。請移　玉步。貨眞價實。童叟無欺。

又本店之機器字粒及各種花邊電版一切印刷物件。皆印有圖形。如遠地　諸君欲購何種。而欲先行取閱式樣者。可列明函告本店。當按照寄上。

登錄商標 Ⓗ

日本東京市京橋區築地二丁目十七番地

株式會社 **東京築地活版製造所**

廣智書局已譯待印書目

獨立自營大國民　慶應義塾譯本

西力東侵史　齋藤與治著

六大強國　金港堂編

社會經濟學　金井延著

以上四書本局已譯成過半奉告海內諸君勿複譯爲盼

（梁溪務實學堂四書義）以最新之理想發明孔孟之眞諦識解出漢宋諸儒之上實經說最特色之作巾木板四角石印三角總發行所上海廣智書局無錫梁溪務實學堂

本齋譯美與盧歐洲新政史現已脫稿指日即可出書敬告海內諸君勿複譯爲幸

豫齋告白

啓者本店專製造各種活版器物發客美麗鮮明價甚相宜久爲海內外所推許近更大加改良從廉發售以廣招徠諸尊光顧請移玉步貨眞價實格外克己玆將各種活字器物列下

一電氣銅版　一大小活字模
一厚鉛片　一薄鉛片
一黃銅厚片　一黃銅薄片
一黃銅活字（釘裝用）
其餘各種活版器物

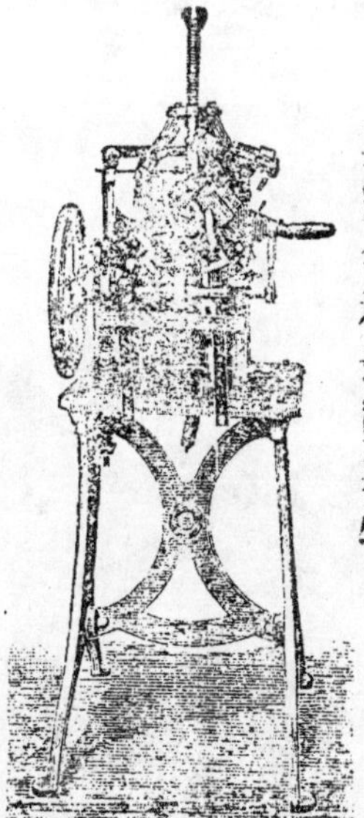

大日本東京市京橋區入舟町六丁目一番地

電氣銅版活版附屬品製造所　松藤善勝

電話新橋三千三百八十一番

本報各代派處

如有欲閱本報者請向下開各處所定購或逕寄函本社購取亦得但必須將報費郵資先行付下本社自然按寄無悞

上海總代發行所廣智書局
又四馬路同文滬報館
又四馬路惠福里選報館
又四馬路惠福里采風報館
又四馬路廣學會邱禮清先生
又四馬路望平街中外日報館
又五馬路寶善街普通學報館
又大東門內育材書塾王培孫先生
又獎王渡約翰書院晉倘先生
又棋盆街學海書局
長崎新地宏昌號
朝鮮仁川怡泰號
天津日日新聞社
又大公報館
烟台順泰號
又鄉祠南售報處李茂林先生
北京琉璃廠日日新聞分社
又琉璃廠西門內有正書局
又燈市口廣學會
山西晉報館
南京花牌樓中西書局
又鐵湯池益智書局
安慶拐角頭院省藏書樓
蘇州蕭家巷姚公館方康安先生
又知新書局

又同里鎮任閣學第陳佩忍先生
與中圖書會社
無錫北門內道長巷梁溪務實學堂
常州城內青雲里楊第
又打索巷許芝年先生
杭州浙西書林
又東文學社
又梅花碑方言學社
又白話報館韓靜涵先生
又回回堂史學齋
又三畝橋總派報處董青心先生
揚州新勝街東文學社
又政法學會
紹興東湖通藝學堂孫翼中先生
南昌百花洲廣智書莊
又馬王廟背賦梅山房
又馬王廟背陶君節先生
如臯東門朱獻侯先生
漢口黃陂街江左漢記
成都學道街算學書局
又東門內南紗帽街少年學社
又桂王橋北成都齋書局
溫州正和信局
福州省城塩道前福林書局
又南臺閩報館

汕頭今學書局
又育善街嶺東日報館
香港上環海傍和昌隆
又荷李活道聚文閣
又中環水車館後街錦福書坊
廣東省城雙門底開明書局
又聖教書樓
又黃文裕公祠內萃盧
又大馬站口林裕和堂
又天平街華洋書局
海防同昇昌陳堯龔先生
石叻大葛街謙和號
巴城大港居聯興號
庇能檳城新報館
吉隆王澤民先生
檀香山新中國報館
域多利埠廣萬豐號
域多利二埠英泰號
溫哥華埠永生號
砵侖李美近先生
舊金山文興報館
又中西報館
雪梨方澤生先生
美利畔黃世彥先生
紐西崙呂傑先生

飲冰室文集

出售股票

飲冰室主人爲我國文界革命軍之徤將其價値爲海內共知無待喋喋矣本集爲其高足弟子何君所輯搜括無遺皆著者由丙申至壬寅數年來經世宏著誠爲今日救中國之葯石不可徒以文章稱美已也後附韻文集現用上等潔白連史帋開印每部十六冊分裝兩布套每冊約五十餘葉統共百餘萬言准十二月中旬出書每部定價洋六元五角現以一千部先售股票每部收回工料洋五元凡購股票者先付洋三元其餘俟取書時找清如豫付全價者九五折經售處上海各書坊外埠廣州雙門底開明書局天平街華洋書局北京有正書局公愼書局南京明達書莊香港錦福書坊

發行所　上海英界南京路同樂里　廣智書局

第三種郵便物認可
新民叢報第廿二號
明治三十五年十二月十四日發行

第貳拾參號

光緒二十八年十二月一日

明治三十五年十二月卅日

◉本號要目

羅斯福像　巴科像

禁早婚議（新民議二）

斯密亞丹生計學學說（續）

歐美各國立憲史論

張博望班定遠合傳（完）

論佛教與羣治之關係

捫蝨談虎錄

論日本解散下議院

十五小豪傑

詩界潮音集

支那教育問題

每月二回朔望發行

飲氷室主人著

少年讀本世界人豪傳第一種

意大利建國三傑

（近刊）

此書向分載新民叢報各號頃已完結惟隨時屬稿隨時發刊內中事實尚有漏略之處今由著者自行改訂增補一次並附瑪志尼學說數十條及「少年意大利」綱領章程卷首印刷三傑及英瑪努埃王遺像卷末插入意大利地圖及建國年表以供參考由本局校印約明春二月初旬發行此等愛國名人傳記最足發揚精神著者才筆縱橫感人尤切欲教少年子弟以文學者最宜以此等書爲讀本勝於尋常教科書萬萬也

上海廣智書局

新民叢報第貳拾參號目錄

光緒二十八年十二月一日

售報價目表

全年廿四冊	半年十二冊	每冊
五元	二元六毫	二毫五仙

美洲澳洲南洋海參威各埠全年六元半年三元二毫零售每冊三毫正
郵稅每冊壹仙外埠六仙

廣告價目表　刊資先惠論前加倍

一頁	半頁	一行四號十七字起碼
十元	六元	五角

凡欲惠登告白者須于本報定期發刊之前五日交到價須先惠欲登長年半年者價當面議從減

編輯兼發行者　馮紫珊
印刷者　西脇末吉
横濱山下町百五十二番館
發行所　新民叢報社
信箱二百五十五番
横濱山下町百五十二番館
印刷所　新民叢報社活版部

上海本報社支店廣告

本社報章之銷流于內地者向皆托廣智書局經理發售今以該書局事務繁冗未暇兼顧故特分設支店以爲專售之所凡發行報章及一切帳目嗣後皆歸本支店自行經理原日本報各地之分派諸君及欲定閱本報者以後請逕到本支店交易可也

本支店并代理橫濱**新小說**及發售廣智書局書籍

上海四馬路老巡捕房對面

日本新民叢報支店謹啓

廣智書局廣告

本局一切書籍今改歸四馬路新民叢報支店內爲總發行所原日本局則爲印刷處自後凡向本局購買書籍者請向上開住址可也

上海南京路同樂里

廣智書局謹啓

新民叢報第二十五

本報開辦未及一年承海內外大雅不棄謬加獎厲發行總數遞增至九千份誠非本社同人所克荷承至二十四號即滿一年之期本社辱承 厚愛且感且奮自維初辦伊始百事草創體例漏略缺點殊多今特悉心研究務求進步改良以期副讀者諸君之盛意焉茲將改良條件列下

一增加葉數字數本報原定百二十葉皆用四號字今擬隨時增加葉數八葉至二十葉其時評、記事、雜俎、餘錄、等門皆改用五號字報中內容約比今年增加四分之一

一多聘撰述今年報中文字大率成於一人之手議論思想未免簡單今得海內碩學能文之士數人相助為理各任專門議論更歸實際思想益求繁賾惟本社總撰述之文字仍有增無減

一分設時評叢報之體本以評論為天職今年之報偏於論說而缺於實際就中惟有國聞短評一門稍具時評之體殊為缺憾今擬增置政治時評 教育時評 學藝時評 風俗時評 等門就中國現在利病一一指陳以求國民之自省

號以後改良告白

一增加圖畫各國風景及名人造像每號增加數葉

一改鑄鉛字本館鉛字印刷既多未免時有模糊之患今一律淘汰挑去舊字補鑄新字以求娛目

一改良紙張改用上等潔白厚韌之紙以求美觀

一印送附錄元旦所出之第二十五號爲本報一年紀念增加附錄百數十葉來年有閏月別出臨時增刊一厚冊比本報葉數約增加一倍有餘由本社總撰述自行編著凡定閱全年報者一律奉送不取分文

本報爲開廣風氣裨補國民起見故取價極廉比諸上海各書局譯印之書價値較賤倍蓰此意當爲識者所同認惟年來內地銀價下落殊甚日本工價紙墨事事昂貴所虧不貲不得不酌爲彌補今定例自二十五號至四十八號凡內地定閱全年者實收報費銀六元定閱半年者三元四角零售每冊二角郵費照加其海外各埠亦照收通用銀六元惟日本各地不加分文

新民叢報社謹啓

本社編輯部告白

一各處來書多勸將本年報中所載論文全行完結以便釘裝者惟編中未完之文或著者因事返國久未能續或篇幅太長斷非一年所能盡登者故此兩號中惟務取其稍易完者完其數篇餘則俟諸明年讀者諒之

一前號論說第二行「英國千八百三十二年國會」之 Revelution 字實 Reform 字之誤校對時偶失撿合并更正再者全編訛落之字尚多容俟來春爲一第一年總刊誤表

一頃得東京有題楚北少年者一書責以本報及新小說之宗旨卑劣相規之深感悚何言但所謂卑劣者未知何指伏乞明示以便遵改若指革命論非革命論之辯爭則此乃中國前途一大問題非僅關一人一姓之事似未可禁國民之自由研究也至責其以無謂陳言濫充篇幅實咎無可辭恨本社員學淺才短不能出一大雜誌依日本「太陽」報之葉數字數而一一自撰述之耳汚衊新民二字之名義某等知罪矣復此敬謝楚北少年

美國法學博士札遜原著〇順德麥仲華重譯

歐洲十九世紀史

出書廣告

全一冊 定價八角

十九世紀者歷史上**空前之名譽時代也**欲識人類之價値不可不讀十九世紀史欲觀天演之作用不可不讀十九世紀史欲養國家之思想不可不讀十九世紀史雖然著十九世紀史者不多而善本尤少今所最著名者則菲佛氏苗拉氏馬懇西氏之三家馬氏之書坊間有譯本題爲泰西新史攬要者譯筆太劣讀者不慊焉札遜博士之書**最晚出兼諸家所長而有之**故一殺青後重版十數各國繙譯之者亦踵相接其書敘事簡而不漏論斷卓而不偏趣味濃深如讀說部無怪爲學界所大歡迎也此編爲日本專門學校譯本重譯者麥君曼蓀久留學東京文學夙著譯本價値自無待言

發行所 上海英界同樂里 **廣智書局**

地方自治制論

（現已印成即日出書）

世競言民權然非有地方自治之制則民權即無基礎條頓民族之民權所以獨盛者由其自治之有素也今世界列國中雖以俄羅斯之專制然亦已有地方議會蓋此基一立則於政治之實力思過半矣中國數千年來爲治者不甚行干涉保護之政策故民間自治力亦頗發達惟無完備之條理無一定之法律故雖有此美質而其力不足以關係於一國識者慨焉今本局特譯此書詳言各國地方自治制度之精神及其權限職務與夫團結進步之方法此誠政治之第一級而最適於今日之用者也愛國之士其亟手一編

上海廣智書局

心理教育論

（現已印成即日出書）

教育者非他不過因人類心靈之所固有者而濬鍊之啓發之而已故欲從事教育者不可不講明心理之作用而求所以牖導之之法故**教育學之範圍以心理學占其一大部分焉**今日中國競言教育而於此事之原理公例率皆茫然以此爲教則教育之前途必難成就矣此書**採集東西大家之學說講明人心之現象及教育家所以因勢利導之法**條理詳盡解釋顯明誠中國今日不可缺之要籍故本局急譯之以資國民進化之一助云爾

發行所　上海廣智書局

日本民友社著

十九世紀 歐洲文明進化論

（附二十年來生計界劇變論）

●全一冊 ●定價三角五分

歐洲爲今日世界之重心而其所以能致然者實在于十九世紀本書舉其百年間之**學藝政俗**窮其**變通**而敘其**得失**詞旨蘊藉論斷公平眞一篇**好十九世紀史論**也原作文筆淋漓超超拔俗譯筆復能肖之欲識**歐洲之眞相**者尤宜急手一編也

日本大學教授法學博士和田垣謙三著

經濟教科書

現已印成即日出書

經濟一科即近人所譯生計學是也此科今在世界諸學中爲第一重要之學科但其學理深賾其問題繁雜非專門名家者不能領會日本自三年前始將此科列入中學普通科舉其初步簡要之理使尋常學生皆解其義誠智識普及之一方法也此書著者爲東邦斯學名家特撮述精要之理用至簡明之筆編爲教科書使適於中學之用至今彼都以爲最佳本焉我國新學萌芽譯事驟盛而經濟學之書至今尚無一本蓋皆憚於其學理之精深不敢率爾操觚也此書簡淺最適於中國學者之用故今本局特譯之以爲研究茲學之嚆矢云爾

發行所 上海廣智書局

美國現任大總統羅斯福

Mr. Theodre Roosevelt, President of U. S. A.

英國現任宰相巴科

Rt. Hon. A. J. Balfour, Prime Minister of the British Empire.

論說

新民議（二）　一名羣治改良論

中國之新民

禁早婚議

言羣者必託始於家族言家族者必託始於婚姻婚姻實羣治之第一位也中國婚姻之俗宜改良者不一端而最重要者厥爲早婚。凡愈野蠻之人其婚嫁愈早愈文明之人其婚嫁愈遲徵諸統計家言歷歷不可誣矣。婚嫁之遲早與身體成熟及衰老之遲早有密切關係互相爲因互相爲果。惟其早熟早老。故不得不早婚。則乙爲因而甲爲果。以早婚之故。所遺傳之種。愈益早熟早老。則甲爲因而乙爲果。社會學公理凡生物應於進化之度而成熟之期久暫各異進化者之達於成熟其所歷歲月必多以人與鳥獸較其遲速彰然矣雖同爲人類亦莫不然劣者速熟優者晚成而優劣之數常與婚媾之遲早成比例印度人結婚最早十五而生子者以爲常而其衰落亦特速焉歐洲人結婚最遲。就中條頓民族尤甚三十未娶者以爲常而其民族強健老而益壯中國日本人之結婚遲於印度而早於歐

委靡則是今日之我侵來日之我之自由也夫以一人殺一人以一人侵一人之自由就法律上猶必按其害羣之罪而痛懲之況於以今日之一我而殺來日之萬數千我而侵來日之萬數千我之自由其罪之重大豈復巧曆所能算也一羣之人互相殺焉互相侵自由焉則其羣必不能成立此盡人所同解也由此言之苟一羣中人人皆自殺焉人人皆自侵其自由焉則其羣效之結果更當何似也夫孰知早婚一事正自殺之利刃而自侵自由之專制政體也夫我中國民族無活潑之氣象無勇敢之精神無沈雄強毅之魄力其原因雖非一端而早婚亦實尸其咎矣一人如是則爲廢人積人成國則爲廢國中國之弱於天下皆此之由

(二)害於傳種也　中國人以善傳種聞於天下綜世界之民數而吾國居三之一焉蓋亦足以自豪矣雖然顧可恃乎據生物學家言天地間日日所産出之物其數實恒河沙無量數不可思議使生焉者而即成長焉則夫一雄一雌之所産（無論爲植物爲動物爲人類）不及千年而其子孫即充滿於全球而無復餘錐之地然則今日之茁焉泳焉飛焉走焉蠕焉步焉制作焉於此世界者不過其所卵所胎所産之同類億萬京垓中之一而已孵

二

洲。故其成熟衰老之期限。亦在兩者之間。故欲觀民族文野之程度。亦於其婚媾而已。即同一民族中。其居於山谷鄙野者。婚嫁之年。必視都邑之民較早。而其文明程度亦恒下於都邑一等。蓋因果相應之理。絲毫不容假借者也。吾今請極言早婚之害。

(一)害於養生也　少年男女身體皆未成熟。而使之居室。妄斲喪其元氣。害莫大焉。不特此也。年既長者。情欲稍殺。自治之力稍强。常能有所節制。而不至伐性。若年少者。其智力既稚。其經驗復淺。往往溺一時肉慾之樂。而忘終身痼疾之苦。以此而自戕。比比然矣。吾聞倫理學家言『凡人各對於己而有當盡之義務』蓋以人之生也。今日之利害。往往與明日之利害相背馳。縱一時之情慾。即爲後日墮落苦海之厲階。故夫人生中壽六十年。析而分之。凡得二萬一千九百十五日。日日之利害。既各相異。則是一日可當一人觀也。然則六十年中。恰如有各異利害之二萬人者。互相繼續。前後而列居。其現象與二萬餘人同時並居於一社會者同。不過彼橫數而此竪計云爾。此二萬餘人中。若有一人爲縱欲過度。爲軀幹傷。則列其後者。必身受其縱欲所生之禍。其甚焉者。則中道夭折焉。其次焉者。亦半生委廢焉。中道夭折。則是今日之我殺來日之我也。半生

者億而育者一。育者億而活者一。活者億而長成者一。其淘汰之酷禍若茲。其難避也。故夫人之所以貴於物。文明人之所以貴於野蠻者。不在其善解善育也。而在善有以活之善有以長成之。傳種之精義。如是而已。活之長成之之道不一端。而體魄之健壯。養教之得宜。其尤要也。故欲對於一國而盡傳種之義務者。（第一）必須其年齡有可以爲人父母之資格。（第二）必須其能力可以荷爲人父母之責任。如是者則能爲一國得佳種。不然者。徒耗其傳種力於無用之地。不甯惟是。且舉一國之種子而腐敗之。國未有不悴者也。吾中國以家族爲本位者也。（西人以一人爲本位。中國以一家族爲本位。此其理頗長。容別著論論之。）昔賢之言曰。不孝有三。無後爲大。舉國人皆於此兢兢焉。有子女者甫離襁褓。其長親輒孳孳然以代謀結婚爲一大事。甚至有年三十而抱孫者。則戚族視爲家慶。社會以爲人瑞。彼其意豈不曰。是將以昌吾後也。而烏知夫此秀而不實之種。其有之反不如其無之之爲愈也。據統計學家言。凡各國中人民之廢者疾者夭者弱者鈍者犯罪者。大率早婚之父母所產子女居其多數。（美國瑪樂斯密。日本吳文聰所著統計各書。列表甚詳。今避繁不具引。）蓋其父母之身體與神經兩未發達。其資格不足以育佳兒也。（論者或駁此論。而舉古今名人中亦有屬於早婚者之子以爲證。不知此特例外偶見之事耳。凡論事總不能槩例外。必當以多數

爲證。如彼主張女權者。舉婦女中一二優秀之人。以爲婦女腦力不劣於男子之證。又如中國迴護科舉者謂科舉中亦往往有人才。而以爲科舉無弊。皆非篤論也。加藤弘之天則百話。曾著論答客難　今不具引

故彼早婚者之子女當其初婚時代之所產既已以資格不足無以得佳種及其婚後十年或二十年男女既已成熟宜若所產者良矣而無如此十年二十年中已犯第一條害於養生之公例斲喪殆盡父母俱就尫弱而又因以傳其尫弱之種於晚產之子是始終皆尫弱也夫我既以早婚而產弱子則子既弱於我躬子復以早婚而產弱孫則孫又將弱於我子如是遞傳遞弱每下愈況雖我祖宗有雄健活潑虎視一世之概其何堪數傳之澌滅也抑尫弱之種豈惟無益於父母之前途而見累又甚焉一家之子弟尫弱則其家必落一國之子弟尫弱則其國必亡昔斯巴達人有產子者必經政府驗視苟認其體魄爲不合於斯巴達市民之資格則隘巷寒冰棄之不稍顧惜豈酷忍哉以爲非如是則其種族不足以競優勝於世界也而中國人惟以多產子爲人生第一大幸福而不復問其所產者爲何如執是宗旨則早婚寧非得策歟中國民數所以獨冠於世界者曰惟早婚之賜中國民力所以獨弱於世界者曰惟早婚之報夫民族所以能立於天地者惟其多乎惟其强耳諺曰鷙鳥纍百不如一鶚以數萬之英人

（現英國駐印度之常備兵僅八萬人）馭三萬萬之印度人而戢戢然矣我國民旅居外國者不下數百萬而爲人牛馬外國人旅居我國者不過一萬而握我主權種之繁固足恃耶疇昔立於無外競之地優劣勝敗一在本族何嘗不可以自存其奈膨脹而來者之日月肉薄於吾旁也故自今以往非淘汰弱種獨傳强種則無以復延我祖宗將絕之祀昔賢所謂不孝有三無後爲大正此之謂也一人一家無後猶將爲罪一國無後更若之何欲國之有後其必自禁早婚始

（三）害於養蒙也　國民教育之道多端而家庭之教與居一焉兒童當在抱時當繞膝時最富於模範之性爲父母者示之以可法之人格因其智識之萌芽而利導之則他日學校之教社會之教事半功倍此義也稍治教育學者皆能言之矣凡人必學業既成經驗既多然後其言論舉動可以爲後輩之模範故必二十五歲乃三十歲以上乃有可以爲人父母之能力彼早婚者藐躬固猶有童心也而已突如弁兮覥然代一國荷教育子弟之責任夫豈無一二早慧之流不辜其責者然以不嫻義方而誤其嬰兒者固十而八九矣自誤其兒何足惜而不知吾兒者非吾所能獨私也彼實國民一分

子。而爲一國將來之主人翁也。一國將來之主人翁。而悉被戕於今日憒憒者之手。國其尙有豸乎。故不禁早婚。則國民敎育將無所施也。

(四)害於修學也　早婚非徒爲將來敎育之害也。而又爲現在敎育之害。各國敎育通例。大率小學七八年。中學五六年。大學三四年。故欲受完全敎育者。其所歷必在十五六年以上。常人大抵七八歲始就傅。則其一專門學業之成就。不可不俟諸二十二三歲以外。其前乎此者。皆所謂修學年齡也。此修學年齡中。一生之升沈榮枯。皆於是定焉。苟有所曠有所廢。則其智德力三者。必有以劣於他人。而不足競勝於天擇之界。一人而曠焉廢焉。則其人在本羣中爲劣者。一羣之人而皆曠焉廢焉。則其羣在世界中爲劣者。早婚者舉其修學年齡中最重要之部分。忽投諸春花秋月。纏綿歌泣。綣戀牀第之域。銷磨其風雲進取之氣。耗損其寸陰尺璧之時。雖有慧質。亦無暇從事於高等事業。乃不得不改而就下等勞力以自贍。此輩之子孫日多。即一羣中下等民族所以日增也。國民資格。漸趨卑下。皆此之由。

(五)害於國計也　生計學公理。必生利者衆。分利者寡。而後國乃不蹶。故必使一國之

人皆獨立自營不倚賴於人不見累於人夫是以民各盡其力而享其所盡之力之報一國中常綽綽若有餘裕此國力之所由舒也準此公例故人必當自量其一歲所入於自贍之外猶足俯畜妻子然後可以結婚夫人當二十以前其治生之力未能充實勢使然矣故必俟修學年齡既畢確執一自營自活之職業不至累人不至自累夫乃可以語於婚姻之事今早婚者其本身方且仰食於父母一旦受室不及數年兒女成行於此而不養之乎則爲對於將來之羣而不盡責任於此而養之乎我躬治產之力尚且不贍勢不得不仍仰給於我之父母夫我之一身而直接仰給於我之父母其累先輩既已甚矣乃至並我之妻子而復間接以仰給於我之父母我父母生產力雖極大其安能以一人而荷十數口之責任也夫我中國民俗大率皆以一人而荷十數口之責任者也故所生之利不足以償所分而一國之總殖日微然其咎不在累於人者而在累人者無力養妻子而妄結婚是以累人爲業也一羣之蠹無恥之尤也不甯惟是諺有之『貧者恒多子』貧者之多子也非生理學上公例然也彼以其早婚之故男女居室之日太永他無所事而惟以製造小兒爲業故子愈多子愈多則愈益貧貧也

者非多子之因而多子之果也貧而多子勢必雖欲安貧而不可得悍者將爲盜賊黠者將爲棍騙弱者將爲乞丐其子女亦然產於此等之家其必無力以受教育豈待問哉既已生而受弱質矣又復無教育以啓其智而養其德更迫於飢寒而不得所以自活之道於是男爲流氓女爲倡役然則其影響豈惟在生計上而已一羣之道德法律且將掃地以盡夫孰知早婚之禍之如是其劇而烈也

据統計家所調查報告凡愈文明之國其民之結婚也愈遲愈野蠻之國其民之結婚也愈早故現代諸國中其結婚平均年齡最早者爲俄羅斯次爲日本吾中國無統計。無從考据。大約必更早於日本也。最遲者爲挪威次爲普魯士次爲英吉利据瑪樂斯密所報。則普魯士平均男之年二十九歲有奇。女之年二十六有奇。英國平均男之年二十八有奇。女之年二十六有奇。挪威平均男之年三十有奇。女之年二十七有奇。而各國遞遲之率日甚一日今恒有異於昔英國其尤著者也英國當一八八〇年。初婚之男。平均年二十五零八月。初婚之女。平均年二十四零四月。及一八九〇年。男平均年二十六零四月。女平均年二十四零八月。近十年來。其遲率益增。又英國人二十一歲以下而結婚者。其數日減一日。當一八七四年。計百人中。男子之未成年(廿一歲爲成年)結婚者。僅八人。女子僅廿二人。一八九〇年。男子僅五人有奇。女子僅十九人。而普魯士則早婚之風殆將盡絕一八九一年。普國統計。男子未成年而結婚者。不過百人中之一人零二分六厘。女子不過百人中之十六人零五分。由此言之斯事之關於國家盛衰豈淺鮮耶不寧惟是一國之中凡執業愈高尚之人則其結

婚也愈遲執業愈卑賤之人則其結婚也愈早大抵礦夫、印刷職工、製造職工、等、爲最早文學家技術家政治家教士軍人等爲最遲（據英國一八八四年統計。則礦夫職工等之結婚。男子平均二十四歲有奇。女子平均二十二三歲。其自由業獨立者。男子平均三十一歲有奇。女子平均二十六歲有奇。各國比例皆如此。）然則結婚遲早之率自一人論則可以判其人格之高下自一國論則可以覘其國運之枯榮嗚呼可不念耶可不悚耶

社會學家言早婚之弊固多而晚婚之弊亦不少（其一）則夫婦之間年齡相遠故其結婚不基於愛情而基於肉慾將有傷倫害俗之事也（其二）則男女居室之歲月益短縮所產子女愈少甚且行避妊之法使人口繁殖之道將絕近代之法國是其例也（其三）則單身獨居非常人之情所能久堪其間能自節制者少男女皆釀種種惡德因以傷害健康敗壞風俗也三弊之中其前二端非吾中國今日所宜慮及其第三端則亦視乎教育之道何如耳若德育不興則雖如今日之早婚斯弊亦安得免故吾以爲今日之中國欲改良羣治其必自戒早婚始

禮經曰男子三十而娶女子二十而嫁於戲先聖制作之精意倜乎遠哉

此等問題在今日憂國士夫或以爲不急之務雖然一國之盛衰其原因必非徒在

一二人一二事也必使一國國民皆各能立於此競爭世界而有優勝之資格故其爲道也必以改良羣俗爲之原日本政治上之形式以視歐美幾於具體而微而文明程度猶瞠乎其後者羣俗之未可以驟易也我國即使政治革新之目的既達而此後所以謀進步者固不可不殫精竭慮於此等問題況夫羣俗不進則並政治上之目的亦未見其能達也故吾國民不必有所待以爲吾先從事於彼而此暫置爲緩圖也見其爲善則遷之若不及見其爲弊則克之務必勝天下應盡之義務多矣吾輩豈有所擇焉況乎此等問題不必藉政府之力人人自認之而自行之久之亦足以動政府數年前禁纏足之論其明效矣故今爲新民議於此等事往往三致意焉憂時之士其或鑒之不然甯不見夫今日之日本始盛倡風俗改良社會改良而末流之滔滔猶未能變也斯事之難如此吾儕可以謀其豫矣　著者附識

學說

生計學學說沿革小史（續第十九號）

中國之新民

第九章之續　斯密亞丹學說　部乙一之一

原富第二編論資本積貯之事。斯密以爲一家之積貯。常可分爲二物。一曰支費。二曰母財。（即資本也今從嚴譯）支費者。即用即享所區之以給旦夕者也。母財者。食功發業。所斥之以規後利者也。母財又分二種。一曰常住母財。二曰循環母財。常住母財者。以宿留而得利。麗於主人者也。循環母財者。由財殖貨。由貨鬻財。財復成貨。用流無滯。然後利生。以繼施而得利。離夫主人者也。常住母財之重要者。（一）器械。（二）行店倉廥等建築物。（三）農業上改良諸事業。（四）人民本身之技能。循環母財之重要者。（一）貨幣。（二）農者牧者之廩食。（三）製造家之原料品。（四）製造已成之物品等皆是也。

斯密次論國民之歲入。有總殖實殖之異。論國財之進退。不得徒即地之所出。民之所登。凡一歲之總殖而計之。欲等國財。必計實殖。何謂實殖。國之歲進。以補苴通國常住循

環二毋之外而尚有餘得除之爲支費即用即享者夫是之謂實殖。按譬諸一鋪店然其年結通共進銀若干存銀若干然必除出其所存鋪店器物之常住母財除出其預備購貨運轉之循環母財其餘所贏乃爲實殖一人如是一國亦然 綜一國之實殖則常住泉幣二者皆不可闌入歲計蓋泉幣者通財之輪轂而大異於所通之財泉幣雖爲交易便事之大器。然始也營造之繼也保持之皆於國之實殖有損焉是不可以不察也斯密氏緣此思想乃倡論謂不如置三品之金而代之以鈔幣所代之數如其所欲名其視泉幣也嘗造之奢儉相遠而易挾過之通財輪轂得此而益便益輕因喻泉幣爲地上之道路鈔幣爲空中之飛輪後人以爲有名之設譬云。

斯密復進論人功有生利不生利之別生利云者致力於物而物值以增如彼製造之夫以其功力被於物材成器之後其值遂長已之生業以進主人之贏利以多是其類也不生利云者用力雖勤而無後效如彼便辟使令之人其勞亦至而功不被物去而無跡者是其類也斯密所謂生利與尋常所謂有用者其意義不同故執政官軍人教士法官皆屏之於不生利之列以爲是皆厲民而自養者也此其義後賢衆訟紛然謂其徒尚有形之利而不數無形之利知民力之生財而不察民德民智之有關於生

財者尤鉅誠哉其於論理有所未圓矣雖然亦可見當時蒙干涉之餘害武人教師穴羣爲蠹無狀滋甚仁人君子慨世憂時致爲矯枉過直之言亦如許行並耕之僻論爲在戰國時代應有之義也知人論世則斯密之言不勞詬病焉耳

斯密乃言曰總一國之民無論或勞力或不勞力勞力矣或生利或不生利其待養於地之所產民之所出則均顧一國歲殖只有此數惟其養徒食者數寡然後贍能生者數多贍能生者數多而後國之所殖乃歲進因縱論夫稽一國之富率在比較其歲殖之用爲母財用爲支費二者之孰多孰寡以爲斷焉

斯密又以爲節儉者增進國殖之泉源也惟儉有以獎勤蓋儉而後母增母增而後勸者有所藉手而致力以其有所致力而勤民乃以日多一國之產由生轉熟而產業日赴繁榮故節儉者之所積蓄雖亦常歲耗而無遺而與彼豪侈者之所歲耗其性質大有所異蓋彼之所耗或待賓客或養僮奴食焉而無所復此之所耗以蓄傭工匠師若將作耗盡之後復其母於所成而贏利附焉故節儉之家歲有所餘區以爲母以養勞力生利之功一養之後歲歲無窮母轉爲貨貨復轉母一國生利之民皆將賴之豪縱

之家。歲入不足。則蝕其母。蝕母則移生利之財以從其不生利者。蝕者其母。遂並其所生之子而亡之。於是歲產以微。而國財坐減。故一國之豪侈無節嗇之民。以與之相救。勢將奪勞民之力以贍無所出之惰民。其斂不止。自貧而已。浸假必貧其國。蓋此縱豪家所費物品。無論其出自本國出自外國。而其害一國之母財。使生利之民失養者一也。故曰奢也者國民之仇讎也。儉也者國民之父母也。

斯密又以爲一國之土地人民。既只有此數。於此而欲增加每年所出之國產。則不可不謀增生利者之人數。與夫生利者之生產力。（謂力之被於物而生產之者也）而增之之道。必務所以給養其工事。改良其器械。則多額之資本其最要矣。資本非能人人具足也。於是乎有貣貸。斯密之論貣貸也。以爲貣者之所取。貸者之所予。其實皆非在錢幣。不過在錢幣相當之價值而已。故以財貸人者。畀之以御物之權。取已所得役之物力以與人也。故假人以母財。其事與畫其歲殖之一分以借人者無以異。其爲此也。必有期。當期貣者歲有所納。是之謂息。及其期盡。貣者之復如所貸者。是謂還母。國之總歲殖必有一分以復母財。惟母財之待復者愈多。其國中之息率乃愈大。此其事亦與物之市價同。視乎

供求相劑之數以爲贏縮國富而所積多母財日廣則贏率日微有母財者求營業而用之難難故其勢競自不得不廉其息以徠生利之功夫如是故息日減而庸日增息減由於庸薄庸增由於母多此富國之工民所以日舒也

斯密又論疇昔各國有以貸財取息爲不義而設法律以禁之者此實非法也蓋得人財而用之者其勢必將有所生則其分利於主人亦物理人情所宜然也夫貸焉者固必急於得財而貸焉者亦常不甘於無息既設之禁則通財取息之家有懷刑之懼欲貸出而有所難於是乎急欲貸財者非加優其利息則所貸將不可得以生計學學理言之則常息之外又須加以保險矣故禁息之令實反爲重息之階也此斯密氏論利息之大略也

斯密又論用母財以生利者因其所投之地所擇之業之不同故其所以鼓舞興發之人功亦大有異而所生後利所以增進地產之價値者亦隨而異大抵母財爲用分爲四塗一曰登成生貨取之自然者若農業若礦業若漁業是也二曰製造攻修轉生爲熟者工業是也三曰轉運百產挹盈注虛者凡行商之以舟車漕輓大宗貨物者是也

四曰坡黎售零周給民用者市店之賈人是也四者假名之曰農工商賈其業雖不可偏廢然其用資本同而其所鼓之民功所增之物值遞有所異農利爲最工利次之商賈之利又次之農也者常利用天然力以副人力者也故其所生之後利常大過於其所前費者不徒資本家得其贏耳而又益以地主之租租也者復農所前費加贏率而尚有餘者也其業廣而所容生利之民多其事順而所增成物之値鉅故富國必以農爲第一義而工復優於商商復優於賈蓋工也者常能復農者與他工之所費而益以贏商者常能復農工之所費而益以贏賈也者則僅復商者之所費而益於物値希矣此役財治生而於羣利之廣狹各有不同之大槪也

以上所述皆原富第一第二編學說之要點斯密氏關於普通生計學之意見也後此所謂英國正宗派皆祖述之以爲玆學之淵源而近世諸國之學者所引申所論駁亦皆以此爲論理之中點故有志斯學者不可不尋繹而熟究之（此節未完）

歷史

歐美各國立憲史論

佩弦生

總論

中國人有恒言曰有治人無治法嗚呼、此闇於治體之瞽言知二五而不知一十者也北美瑪撒條薛之憲法曰吾人之政府法之政府而非人之政府斯固所謂法治國Reehtsstat也美國之政體然條頓民族之政體然歐美文明諸國之政體亦莫不然若我東洋之所謂人治國則總諸權而委於一人之手初無一定之法律晝其界而立之坊惟其然也上則擁專制無限之大權悍然如不羈之野馬下則無防護權利之憑藉藩焉如失律之敗軍雖或誼辟賢相未嘗不損己而益民然堯舜稷契累百數十世而曾不一見僥倖一二於千百亦已幾矣即或曠世一遇然繼體者未必能賢其善政不必能垂於身後也則人存政舉人亾政息雖有善者亦止成爲一治一亂之世夫法治國者亦豈謂徒法自行絕不賴誼主賢相推行之力哉然令典憲章勒之冊府舉一國

之君臣上下齊而納之規律之中雖有暴君汚吏亦皆縛於規條怵然不敢犯天下之不韙其或强暴梟桀悍然濫用其特權矣然受其害者猶得起而抵抗據憲法而力與之爭故匹夫窮民皆有所恃以自固法治國之與人治國其利害之懸絶如此此歐美諸國之民所以破百數十年之和平賭百數十萬之生命冒死喋血而必爭此區區百數十條之憲法者也

故夫立憲者限制强豪之專肆保護弱者之安全而近代之最良政體也十九世紀以來歐洲諸國莫不自專制而趨於立憲此誠世界文明之自然進步而不可抵抗者矣然徵之諸國固未有一安坐而倖致者也夫憲法之類別有二一曰國約憲法一曰欽定憲法國約憲法者合大衆而創定之經公認而遵守之其權力固全在國民矣至於欽定憲法則論者所謂君主有莫大之全權割一部分以分賜民庶者也然德儒伊耶陵 Ihering 之言曰權利者競爭之生產物也不經分娩偪拆之痛苦則權利必不能誕生故夫歐洲諸國之立憲也類皆都邑之士族市府之商人鄉鄙之農民一切中流人士不勝暴君貴族之陵轢奮然起而張護其人權於是智竭其才勇瘁其力呼號奔

走崎嶇生死務求立定大法以樹權利之堤防甚者訴以干戈決以鐵血前者仆後者繼沐浴於肉糜血海之中擲數十百千志士之頭顱而僅乃獲濟蓋强權者天演之公理强者私其權以自肆必有强者與之觝角而權乃可均然則欽定云者要不過在上者怵於在下者之勢力迫於勢之必不得已知其權之終不能私據然後分其權以普及大衆以成此君民相爭之約束而已要不過立法定制曾經君主之畫諾而已生計學之公例凡人所得之酬報必與其所費之勞力爲相當之比例農夫之耕猶必胼胝喘汗而乃得一飽況此保護國民自由之大憲而謂不費國民之勞力不待國民之要求而在上者乃能行此大讓哉不甯惟是人之於物也其獲取之也極艱其護持之也必力小人刻苦成家銖積寸累則其保守財產雖銖錙不肯與人若博徒浪子則視爲儻來而揮霍之矣慈母殷勤育子入死出生則其鞠育顧復雖毛髮亦所珍護若賣奴養子則視爲適然而膜置之矣是故愛情之淺深恒視其勞力之多寡爲漲縮英人之憲法經數十世之抗爭要索日積月累寸得尺進其費力之艱與耗時之久迥非他國所能擬議故其擁護憲法也恆如貪夫之殉財慈母之護子其用情致力之摯切亦

非他國所能擬議當夫中世季年固歐洲之黑闇時代也彼日耳曼森林之自由亦且根苗枯萎而列國之代議政體或幾乎息英人當滄海橫流之時獨能護持憲政爲歐陸存此碩果是非其明效大驗邪今吾人日欽羨英人之權利而不一用英人之勞力翹首企足日冀在上者之割權分賜彼其志弱才短骨脆力怯雖與以英人之憲法而亦不能朞月守者也。

然而憲法云者。固非勒一二之典章。布一二之條令。遂可輯和上下而文致太平也。彼大憲章。Nagua charta 權利法典。Bill of Right 固英人所寶爲金科玉律者也。有人於此。不審其國之內情。漫襲英國之所謂大憲章權利法典者。移而布之其國。遂諺諺然語人曰。吾國之憲法。已不下於英國。則其國果能享英國之安强。其民果能蒙英民之幸福乎。夫憲政之根原。無不植基於自治。其憲政之成否美惡。悉視其自治力之强弱大小以爲比例差。盎格魯撒遜人種。最豐於獨立不羈之精神。而其政治之才能。足以自善其羣。自理其事。遂漸擴張政力。由小羣而及大羣。故其憲政之發生也。猶導河於星宿之源。溥博淵泉。千里一折。而必無涸竭。彼希臘與斯拉夫民族。固亦有自治之

能力者矣然能力薄弱僅能及於區區市村之小團不能自握政權以謀政治之組織故不藉外人之力終不能成立完固之國家而希斯二族亦遂終古爲他人所隸轄事者不能廢而不舉者也自力不足以勝任則他力必越俎而代庖而義務既爲他人所代任則權利亦必爲他人所專擅彼長老之能令行禁止主人之能頤指意使則豈不以童孺奴隸騃愚無知故得專權而自肆哉故苟無獨立之根性而依賴他人無自治之才能而待治長上則固未具享有自由之人格者也人格未具則童稚而已奴隸而已長老雖專主人雖虐鳥見童稚奴隸之力之足以防制而裁抑之矣

創立憲之良制定上下之權限影響所及遂使數十年來歐人息君民之爭鬨者其爲憲法母國之英吉利乎英人以保守聞於天下其國民穩固持重必不肯令大不列顛之舞臺屢演革命之慘劇其改革務採和平之策其憲法潛生習慣之中不須流血不待破壞而國憲之闇長潛滋已臻完備之極軌故他國之憲法勒定於成文法典之上者英國之憲法獨植根於國民肺腑之中是固英人之政才抑亦英人之幸福矣然一千二百年以來實有不斷之競爭與其國憲相爲終始蓋和平者權利之代價其成功

也可寢百世之紛爭其作始也必不免累世之抗鬥天下無無價之物雖保守持重之英人固無術以靳此代價者也

北美聯邦之建國固民主政體之鼻祖亦聯邦國體之權輿也美國新造之國耳地方新闢荊榛初翦非有舊制美俗以爲之基礎也然十三州攘臂崛起創立完固之聯邦勒定成文之法典其憲法之美備政體之善良能使歐美諸邦忭舞歌泣以隨其後若是者何哉蓋美爲英國之殖民同爲盎格魯撒遜民族故保母國之所長而富於自治之精神且屬地新殖初無貴族僧侶之盤踞故去母國之所短而豐於平民之思想唯其豐於平民思想也故能滌貴族之餘腥而創立共和之新政唯其富於自治精神也故能脫母國之羈軛而搆成獨立之聯邦以後起之新邦其政治遂駕於先進之舊國彼其抗英血戰者八年聯合諸州者十稔豪傑之血肉糜矣志士之心血涸矣其今日憲法之美備政體之善良豈偶然也

法蘭西者革命之出產地也十八世紀末年以來變易國體者三更易憲法者十二第三共和制後二十年間內閣之更迭亦復十有三四輕剽好動天性然矣故夫十八世

紀之季法國政治之腐敗君主之壓制非必甚於他國也特法人之神經靈敏感覺穎銳遂獨苦其腐敗壓制蹙焉而不能一日安且剽疾性成躁動憙事憤怒蔚勃於中途不惜糜百萬人之頂踵擾數十年之和平悍然而首爲發難鼓民權自由之風潮盪而浸灌於歐陸十九世紀之半歐洲遂爲搏激之戰塲嗚呼、歐人食憲法之福者殆無非沾法人之餘潤拜法人之恩賜矣而跡法人之憲法較法人之民權則反無以絕異於他人或且缺焉而未盡完善讀法國革命之歷史觀恐怖時代之慘酷然後知法人購此憲法之價值如是其重且大而制立憲法者固若斯之難也

德意志之聯邦則世人所名爲聯合帝國 Fideral-Empire 者也諸邦之大小不均政體亦紛雜不一而普魯士獨以强盛之威力握重大之覇權糾合諸邦爲之盟主而所謂王國公國自由都府者莫不帖耳降心受成於其指揮之下故德意志帝國之憲法一强力之憲法也雖其未盡完善未遽能方駕於歐美諸邦然自十九世之始其國民皆熱心於日耳曼之再興數十年間奔走經畫卒以聯合族民搆成强固之聯邦確定國民之權利雖君權較盛爲立憲國之所未聞然民庶之權亦翹然足以自立矣

故言其政體。英德則以君主立憲者也。美法則以民主立憲者也。言其立國。美則離母國而立憲者也。德則合衆邦而立憲者也。言其政略。英則以溫和而立憲者也。法則以急激而立憲者也。其憲法之完缺精麤不一途。其成立之緩急難易不一致。悉視其國民之程度風俗之習慣以爲差。微特四國異。天下立憲之國罔不異。然深察其憲法之所自始。則皆積漸以成之。不能驟致之一旦。皆國民自求之。不能專望之君上。皆出生入死以謀之。不能倖獲之安坐徼獨。四國然。天下立憲之國罔不然。當夫十九世紀之初期。歐人民權之萌。殆如鳥之初轂。木之初芽。然奮其螳臂。悍然抗雷霆萬鈞之力。君民交閧者六七十年。屢挫而曾不少撓。屢敗而曾不少退。亟仆亟起。卒以戢暴主之淫威。定權利之界限。勒爲令典。載在盟府。於戲。何其盛也。乃者風潮東簸。咄咄逼人。雖君權無限之俄。人素自立於歐洲風氣之外。然觀去年學生之抗爭。俄皇之讓步。則其專制之政。亦殆岌岌而不能終朝。二十世紀之舞塲。殆無復專制政體立足之地。抑又事理之所必然者也。人情不甚相遠。我黃人之愛自由。寧必不如白種。二十世紀之亞東。又烏知不爲十九世紀之歐陸。語曰。前事不忘。後事之師。又曰。不習爲吏。視已成事。

有國家者鑒於四國之已事知專制之非可爲安民權之不可終壓立法自制公此政權則歐美革命之驚波或不橫流於亞陸而國家庶可永固若我邦人士庶則當知在上者之不可常恃知生存者之必由競爭務儲其政治之才能擴其權利之思想勿渙其心勿餒其氣汲汲焉靳至先進國民之所至則十年之後必有一收其效者孟子曰求則得之舍則失之我國民其有意於斯乎彼諸國之憲法寧必天降地出心誠求之仁遠乎哉

（未完）

傳記

張博望班定遠合傳（續第八號）

中國之新民

第七節　班定遠之出現及其時勢

班定遠名超。字仲升。扶風平陵人。生於後漢建武間。父彪。為徐令。兄固。以文學聞。超少有大志。輕細節。然居常執勤苦。不恥勞辱。有口辯而涉獵書傳。幼隨兄至洛陽。傭書於官以養母。久勞苦。嘗輟業投筆歎曰。大丈夫無他志略。猶當效傅介子張騫立功異域。以取封侯。安能久事筆研間乎。久之。被除為蘭臺令史。復坐事免官。永平十六年。奉車都尉竇固出擊匈奴。以超為假司馬。將兵別擊伊吾。（今哈密）戰於蒲類海。（今天山南路之巴爾庫勒）多斬首虜而還。超之投身於軍事界外交界。實自茲始。

初漢武既通西域。斷匈奴右臂。虜勢寖衰。元成間。遂以五單于爭立。南向稽顙於我。求為藩屬以自庇。中國國威。震於域外者。莫此為盛。既而新莽篡竊。輕侮遠夷。匈奴大怨。東連烏桓鮮卑。西誘西域諸國。頻犯北塞。光武既定天下。厭干戈不之討也。匈奴益驕。

往往侵山陝邊鄙。爲士民患苦。未幾其國內亂。分爲南北。南匈奴通款內附。如元成間故事。乃居之於黃河南。而北匈奴方極盛。反覆無常。漸臣服西域諸國。鈔以寇河西郡縣。邊警歲至。城門晝閉。於時漢與西域絕既六十五年矣。其形勢恰如武帝時。漢廷亦知西域不定。則匈奴之患終不可得弭。於是乎一世之人傑班定遠始得所藉手以輝祖國名譽於天壤。

第八節　班定遠所定西域諸國

古今東西之豪傑。其勳名烜赫。駭耀於歷史上者。不一其人。不一其途。若夫以冒險無畏之精神。百折不撓之魄力。孤身去祖國數萬里外。攖四面之敵而指揮若定。以建大功者。吾於英吉利滅印度之役得兩人焉。曰克雷飛。曰哈士丁斯。克雷飛初爲東印度公司之書記。後被舉爲將。統英兵九百。土兵千五百。乘敵不意。攻孟加拉。走其王。據其地。英之有力於印實自茲役始。克雷飛死。哈士丁斯襲其任。專以機謀捭闔。定大業。善撫納印人。善携離印人。嗾其相鬥。因躡其後以收其利。今英之有印度。皆此二傑之力爲之也。吾讀其傳記。愕焉眙焉。崇拜焉。歌舞焉。竊歎吾祖國安得有若如人者以爲國

史光也。吾讀後漢書。吾乃知我二千年前之先民。有以一身而兼克哈二傑之所長。且其地位更危。其憑藉更薄。而所成就竟與彼等相埒者。於戲。斯眞千古之快男兒。斯眞世界之大英雄。斯何人斯。則班侯是已。今請案侯一生所經歷。以地爲經。以年爲緯。而畧敍之。

(一)鄯善　超之立功。始於鄯善。時所部僅三十六人耳。初超既從竇固擊匈奴有功。遂命以假司馬使西域。至鄯善。王廣禮敬甚備。後忽更疏懈。超謂其官屬曰。寧覺廣禮意薄乎。此必有北虜使來。狐疑未知所從也。明者睹未萌。況已著耶。乃召侍胡詐之曰。匈奴使來數日。今安在。侍胡惶恐。具服其狀。超乃閉侍胡。悉會其所謂三十六人者。與共酣飲。因激怒之曰。卿曹與我俱在絕域。欲立大功以報國家。今虜使到裁數日。而王廣禮敬即廢。如令鄯善收吾屬送匈奴。骸骨長爲豺狼食矣。爲之奈何。官屬皆曰。死生從司馬。超曰。不入虎穴。不得虎子。於是乃約以初夜將吏士往襲虜營。順風縱火。前後鼓譟。虜衆驚亂。超手格殺三人。吏兵斬其使及從士三十餘級。餘衆百許人悉燒死。翌晨召王廣以虜使首示之。一國震怖。超曉告撫慰。遂納子爲質。鄯善定。

(二)于闐　鄯善者漢通西域第一孔道也既定則可以深入無狼顧憂超報捷至京師。朝廷嘉其功。遂以爲軍司馬。欲益其兵。超辭焉獨與本所從三十六人俱時于闐王廣德新攻破莎車。雄霸南道。而匈奴遣使監護其國。超既西先至于闐。廣德禮意甚疏。且其俗信巫。使巫請超所乘馬以祠神。超佯許之。巫至斬其首。以送廣德。因辭讓之。廣德素聞超在鄯善誅滅虜使。大惶恐。即攻殺匈奴使者而降。超重賜其王以下。因鎭撫焉。

(三)疏勒　班定遠之人格可以爲國民模範者。不徒在其活潑進取也。而尤在其堅忍沈毅。於疏勒一役見之矣。時疏勒王兜題。本龜茲人。龜茲倚匈奴威以凌疏勒。逐故王而王其地。超深察夫民族主義之關係。知疏勒人不甘爲龜茲役也。十七年(永平)春。從間道至疏勒。遣吏往降兜題。勅之曰。兜題本非疏勒種。國人必不用命。若不即降。便可執之。吏如命行事。超乃悉召疏勒將吏。說以龜茲無道之狀。因立其故王兄子忠爲王。國人大悅。皆請殺兜題。超不聽。欲示以威信。釋而遣之。疏勒由是與龜茲結怨。十八年。明帝崩。焉耆以中國大喪。攻沒都護陳睦。超孤立無援。而龜茲姑墨數發兵攻疏勒。超堅守孤城。士吏單少。賭萬死以爭國威。卒不少挫。章帝即位。恐超單危。不能自立。下詔徵

還超發疏勒舉國憂恐其都尉黎弇至自刎以乞留超至于闐王侯以下皆號泣抱馬脚不使東超亦欲遂本志乃更還疏勒疏勒兩城自超去後復降龜茲超至捕斬反者而疏勒始復安至是而超以三十六人用區區疏勒當數國之衝以嬰守者既五年矣

嗚呼自非天人安得有此

超之用疏勒也以其居內域之中立於四面大敵之衝不定之而不足以示威信也然疏勒初非欲爲漢用也慴於超之威與謀耳非能爲漢用而超必用之則其眼光之銳遠魄力之偉大非尋常人所能及也自茲役以後而疏勒之反叛尙三次其一則建初四年其都尉番辰結莎車以叛超與徐幹擊破之斬首千餘級也其二則元和元年疏勒王忠爲莎車所誘反超乃更立其府丞成大爲疏勒王攻忠積半歲不能下後定康居而忠始降也其三則章和元年忠復說康居王借兵謀復國詐降於超超僞許而密勒兵縛斬之也蓋自超始至疏勒以至大定中間凡十四年超經營內域其勢力之根據地皆在於是而心力抑已瘁矣日人詩所謂「每經一難一倍來」吾於定遠之在疏勒見之矣

(四)尉頭　超被徵還時。尉頭與疏勒連兵叛漢。超復至。擊破之。殺六百餘人。尉頭定。

(五)姑墨　姑墨亦龜茲屬國也。屢從龜兵攻疏勒。建初三年。超發疏勒康居于闐拘彌兵一萬餘攻姑墨石城。破之。斬首七百級。姑墨大衰。

自此役以前班定遠所從漢兵仍僅前此之三十六人耳而手定者已五國嚮從者已十國(蓋以拘彌莎車月氏烏孫康居也見建初三年超所上請兵疏中)超因此欲遂平諸戎爲國名譽乃上疏陳「以夷狄攻夷狄之法」以爲若平龜茲則西域未服者僅百之一耳則匈奴右臂可復斷而中國邊患可永弭。書奏帝知其功可成。五年(建初)以徐幹爲假司馬將義勇千人就超超由是益有所藉以行其志。

(六)烏孫　超欲進攻龜茲。以烏孫兵强。宜因其力。乃上言烏孫大國控弦十萬故武帝妻以公主至孝宣卒得其用。今可遣使招慰與共合力。帝納之。八年(建初)拜超爲將兵長史假鼓吹幢麾。遂定烏孫。

(七)莎車　元和元年。超發疏勒于闐兵擊莎車。莎車陰嗾疏勒王忠叛。未克。章和元年。超斬王忠。疏勒大定。二年。乃益發于闐諸國兵二萬五千人。復擊莎車。而龜茲王遣左

將軍發溫宿姑墨尉頭兵合五萬人救之。超以衆寡不敵。乃與于闐王佯遁。龜茲王以萬騎溫宿王以八千騎邀之。超知二虜已出。密召諸部勒兵。雞鳴。馳赴莎車營。胡大驚亂。追斬五千餘級。大獲其馬畜財物。莎車遂降。龜茲等因各退散。自是威震西域。

(八)月氏　初月氏嘗助漢擊車師有功。是歲貢奉珍寶符拔獅子。因求漢公主。超拒還其使。由是怨恨。永元二年。月氏遣其副王謝將兵七萬攻超。超衆少。皆大恐。超誓軍士曰。月氏兵雖多。然數千里踰葱嶺來。非有運輸。何足憂耶。但當收穀堅守。彼飢窮自降。不過數十日決矣。謝遂前攻超。不下。鈔掠無所得。超度其糧將盡。必從龜茲求救。乃遣兵數百於東界要之。謝果遣騎齎金銀珠玉以賂龜茲。超伏兵遮擊。盡殺之。持其使首以示謝。謝大驚。遣使請罪。願得生歸。超縱遣之。月氏由是大震。

(九)龜茲　當時西域諸國最倔強者爲龜茲。龜茲所以敢與漢爲難者。一由倚匈奴之聲援。二由恃諸小國之從屬也。超既定諸國。龜茲通匈奴之路已絕。復無爪牙以相營衛。永元三年。龜茲遂率姑墨溫宿以降。乃以超爲都護。徐幹爲長史。超脅龜茲廢其王尤利多。而立漢廷侍子白霸爲龜茲王。超自駐節龜茲它乾城。而使徐幹別屯疏勒。至

是西域諸國唯焉耆危須尉犂以前曾攻沒都尉陳睦（永元十八年事）懷二心其餘悉定。

(十)焉耆及危須尉犂　六年秋超遂發龜茲鄯善等八國兵合七萬人及吏士賈客千四百人討焉耆兵到尉犂界遣使曉譬之曰都護來者為鎭撫三國耳即欲改過向善宜遣大人來迎當賞賜王侯以下焉耆王廣遣其左將北鞬支奉牛酒迎超賜而遣之焉耆國有葦橋之險廣乃絕橋不欲令漢軍入國超更從他道厲渡七月晦至焉耆去城二十里正營大澤中廣出不意大恐乃欲悉驅其人共入山保焉耆左候元孟先嘗質京師密遣使以事告超超即斬之示不信用乃期大會諸國王因揚言當重加賞賜於是焉耆王廣尉犂王汎及北鞬支等三十人相率詣超而其國相及危須王等不至坐定超怒詰廣數其罪遂叱吏士收廣汎等於陳睦故城斬之傳首京師所以雪國恥伸士憤也更立元孟為焉耆王超留焉耆半歲慰撫之於是西域五十餘國悉皆納貢內屬

第九節　班定遠功業之結果

漢之通西域凡以弱匈奴也匈奴與漢不兩盛而皆以西域為重前漢有然後漢亦有

然自超既定西域。北匈奴之勢頓衰。諸國乘之。南匈奴伐其前。丁零寇其後。鮮卑擊其左。西域犄其右。北虜憊困。故和帝永元元年。漢遂率大軍北伐。降其二十餘萬人。至燕然山泐石而還。三年。遂復再擧大破之。單于率其餘衆。遠遁於今裏海之北岸。北匈奴之地遂空。其衆之留故土者。皆臣服鮮卑。自是以往。匈奴不復能爲吾患矣。（晉之劉淵劉曜不過受漢人卵育乘機竊發與民間起亂者相類耳非復能用其國以與吾抗也）故掃除周秦以來千餘年之劇患。一洒祖國之國恥。論者或以歸功於衛青霍去病竇憲諸人。而不知其皆賴張班之謀勇。以坐收其成者也。故黃族之威震於域外者。以漢爲最。而博望始之。定遠成之。二傑者。實我民族帝國主義絕好模範之人格也。

定遠功業之成。專在以夷狄攻夷狄。此實治野蠻國之不二法門也。英之滅印度也。政府未嘗動一旅之兵。議會未嘗籌一銖之餉。惟賦印度之財。以養印度之兵。用印度之兵以墟印度之國。定遠之定西域。其先例也。定遠建初三年上疏云。『臣見莎車疏勒。田地肥廣。草牧饒衍。不比敦煌鄯善間也。兵可不費中國而糧食自足。』至永元七年。封超爲定遠侯。詔書亦曰。『超安集于闐以西。踰葱嶺。迄縣度。出入二十二年。莫不賓

從改立其王而綏其人不動中國不煩戎士得遠夷之和同異俗之心而致天誅蠲宿恥以報將士之讐」信哉定遠之能踐其言而漢廷亦能審其功矣今日西國之東方政策即以班定遠前此之所以待西域者待我而惜乎我國中若定遠其人者竟曠千載而不復一遇也

是時羅馬方强用兵於西亞細亞屢破安息中國日擴而西羅馬日擴而東上古世界兩大文明幾相接觸後漢書西域傳所謂大秦即羅馬也超既定西域迨永元九年（西域全定後四年）又使部將甘英使大秦抵條支臨大海欲度而安息西界船人謂英曰海水廣大往來者逢善風三月乃得度若遇遲風亦有二歲者故入海人皆齎三歲糧海中善使人思土戀慕數有死亡者英聞之乃止（按泰西文明傳播廣速者。皆由海岸線多使然。此地理學者之公言也。古代希臘羅馬人。慣於航海。冒險活潑。中國人則探險於陸地之豪傑。雖屢有其人。而海上不少概見焉。此次甘英之不能通羅馬。實由不習海性使然耳。惜哉。）是時超年且七十矣其妹曹大家上書謂其「衰老被病頭髮無黑兩手不仁耳目不聰明扶杖乃能行」（語見本傳）蓋去卒前僅五年耳（超以永元十四年八月還洛陽九月卒年七十一凡在西域者三十一年）使假以歲年予以精力吾恐超之所成就當不止此或竟能躬赴大秦之役布我黃帝子孫之聲明文物於歐土爲全世界留一更大

之紀念未可知也嗚呼人傑矣哉。

第十節　結論

新史氏曰今日阿利安民族所以殖民徧於大地赫然爲全世界之主人翁者遵何道乎亦曰其人有冒險進取之精神而已若哥侖布若麥折倫若伋頓廓若立溫斯敦皆以匹夫而闢一洲之基開千古之利彼中人道其往事馨香之尸祝之千數百歲不衰一若今日之樂利半出於彼諸賢之賜者吁誠哉其然矣然吾竊嘗求此等人物於我祖國則如張博望班定遠者亦何多讓焉何多讓焉而後世崇拜之步趨之之人何其稀也抑吾爲張班傳而忽有一最大之問題橫湧於吾腦夫博望定遠諸先輩其遠識其毅力不讓於泰西諸賢彰彰明甚也卽秦漢唐清諸君主好邊功闢疆土其兵力所及威稜所播亦不讓於近世所謂帝國主義諸大邦又彰彰明甚也然而「全世界主人翁」之名譽顧在彼而不在我不甯惟是彼得一地而一地卽永爲其所有我得一地曾不足以保持之至於再世不甯惟是彼多得一地而母國日以繁榮我多得一地而宗邦反日加騷累若是者何也彼之主動力在國民我之主動力自君主

闢地同而所以闢地之目的不同。夫是以毫釐差而千里謬也。吾聞地學家言拉丁條頓兩族性質之相異也。曰『拉丁民族之殖民地好裝飾條頓民族之殖民地貴營業拉丁民族之殖民地由政府派軍隊以開之條頓民族之殖民地由人民集公司以拓之拉丁民族因得殖民地而勞費以爲國病條頓民族因得殖民地而豐富以爲國榮以故拉丁民族或放棄其殖民地而無所惜條頓民族常保持其殖民地而不憚勞』夫彼兩族者同爲阿利安族同事殖民之業而因其所向之鵠所用之方略互異其結果乃至大異若此。雖然拉丁人之所以弱於條頓人者彼則民之自殖而此則政府之殖其民耳而反諸爲民闢地之本意尙非有所大謬。若中國前事則正與彼等所執之主義成反比例者也。中國數千年來襲用之名詞只有所謂「屬國」者更無所謂「殖民地」者。夫闢地而以殖民則雖勞費矣而後此有倍蓰什伯之利益以爲之償故國不病而事可以久而不然者民未有不勞國未有不瘁者也。爾來歐美民族之各競於帝國主義也彼其內力充實而膨脹於外爲生存競爭之公例所迫有不得已者存也。中國不然。人主好大喜功快一時之意氣以爲名高耳。故往往不顧其民力之如何。動

繼之以從事於外。即如漢武者。豈非不世之雄主哉。彼其憤於匈奴之嫚辱侵暴。睹全力以雪之。此民族排外之思想。固亦嘗有不得已者存。及其末流。乃不啻絞內地民庶之脂膏以奉事小夷。利害之顛倒甚矣。漢書張騫傳云。「騫之使烏孫也。天子使齎牛羊萬數。金幣直數千鉅萬。而後此求宛馬者。相望於道。一輩大者數百人。小者百餘人。所齎操大倣博望侯時」云云。故漢武以開邊之故。舉文景數十年來官民之蓄積而盡空之。益以桑孔心計。猶且不足。卒至元元愁歎。海內騷然。嘻。何其悖乎。吾聞羣學家言曰。凡兩羣之相交通。相鬩奪也。未有不起於爭自存。蓋我勝彼而可以吸彼之利。爲我有故不惜一時之苦痛以易之云爾。未聞有自損而啗彼以利以爲快者也。戰敗固損。而戰勝亦損。是以自損爲相爭之究竟目的。如之何其可也。又漢武之通西域。其亦有類於是焉矣。然此猶可曰。以匈奴鉅患之故。今欲制彼。不可不以小損易大害也。而後此匈奴既衰之後。邊費且復不戢。則又何也。甘露以後。單于入朝。賞賜累巨萬。發車騎萬六千以送之。轉倉儲數萬斛以給之。每單于朝一次。則北方之民。失業失食。轉於溝壑者。不可勝數。永元間司徒袁安上疏云。漢故事「供給南單于費歲直一億九十

餘萬西域歲七千四百八十餘萬」（時北匈奴請款。論者或謂宜以待南單于之禮待之。故袁安引此統計。）嗚呼幾何其不胥中國而空之也不胥惟是東漢之初南單于內附乃居之於河南空吾民釣游耕鑿之地揖外族以使入其後部族數十萬孳乳寖多布滿畿輔桓帝時又從遷許及魏武始憂之以其旣在內地人衆猥多懼必爲寇乃分其衆爲五部居太原祁縣太陵諸地晉武時塞外匈奴歸化者踵至悉授土居之與吾民雜居於是平陽西河太原新興上黨樂平諸郡悉雜腥羶矣後此江統雖爲徙戎論終不見納卒至劉淵石勒起於肘腋戎狄迭有中夏者數百年爾後覇者始終蹈其覆轍而不悟雖以唐太宗之賢明猶劃神州以宅索虜寵異胡將卒召河朔之變蓋數千年來帝者對外之政略莫不皆然此誠古今萬國之所未聞千種萬種不可思議之現象也夫以古代亞歷山大該撒等之力征天下。雖非能如今日之民族帝國主義者專拓之以爲民藪也然要未嘗有疲國力以供奉外酋虜國土以容納異族者矣而中國胡乃若此無他霸者快一已自大之私意鶩一時皮相之虛榮耳以彼一念故而此最壯快最名譽之美舉反彼誤用之以毒天下不見夫乾隆間故事乎數次大舉攻緬甸不下乃不惜重賂其酋使貢象數匹以博十

全老人之一頭銜要而論之皆不惟其實惟其名耳惟然則雖屬國徧天下而於我國民曾無絲毫之益而反蒙莫大之累故歷朝好勤遠略之主所以得地而不能守開邊而輒致亂者皆此之由夫拉丁民族所闢之地固猶有殖民也徒以重虛榮輕實益之故其新地猶且爲母國累而況乎不殖一民於竟外而反自空其地徠敵國之民而殖之者耶然則迂儒鄙生之斷斷焉以遠征外競爲大戒者蓋亦有詞矣而此等議論既習於人心則如張博望班定遠其人者遂益不爲世所重而國民進取冒險之精神日日摧滅以至於盡吾甚惜以博望定遠之人格之事業可以爲我黃族男兒之好模範者乃竟爲一二霸者倒行逆施之政略所點汚也

雖然我國民亦有罪焉矣夫誰使汝不擇地以自殖而惟俯首帖耳一任霸者之振箠以驅縶之也吾聞數百年前英人之不堪虐政者相率渡航新世界遂開今日之美國夫彼豈必視其政府之方針而始進行也論者謂今日五大洲中無復可以容我民族膨脹之餘地其然豈其然耶勿徵諸遠即張班二傑所留紀念之一大地猶足以當歐洲一强國而有餘也抑吾又聞南洋新嘉坡檳榔嶼諸地其刈蓬蒿戰土蠻而奠定之

者。實惟我黃帝子孫。然則張班之芳躅。固未必遽絕於今日。而無自治之力以承其後雖自得之而終不免以餌條頑民族。而自爲其奴隸。若是乎則雖有一二博望定遠。其人者。又安足貴耶。又安足貴耶。

宗教

論佛教與羣治之關係

中國之新民

吾祖國前途有一大問題。曰「中國羣治當以無信仰而獲進乎抑當以有信仰而獲進乎」是也。信仰必根於宗教。宗教非文明之極則也。雖然今日之世界。其去完全文明。尚下數十級。於是乎宗教遂爲天地間不可少之一物。人亦有言教育可以代宗教。此語也吾未敢遽謂然也。即其果然。其在彼教育普及之國。人人皆漸漬熏染。以習慣而成第二之天性。其德力智力日趨於平等。如是則雖或缺信仰而猶不爲害。今我中國猶非其時也。於是乎信仰問題。終不可以不講。（參觀本報第十九號宗教家與哲學家之長短得失）因此一問題而復生出第二之問題。曰「中國而必需信仰也。則所信仰者當屬於何宗教乎」是也。吾提此問。聞者將疑焉、曰吾中國固自有孔教在。而何容復商榷爲也。雖然吾以爲孔教者教育之教也。非宗教之教也。其爲教也主於實行。不主於信仰。故在文明時代之效或稍多。而在野蠻時代之效或反少。亦有心醉西風者流。覩歐美人

之以信仰景教而致强也。欲舍而從之以自代。此尤不達體要之言也。無論景教與我民族之感情枘鑿已久。與因勢利導之義相反背也。又無論彼之有耽耽逐逐者楯於其後。數强國利用之以爲釣餌。稍不謹而末流之禍將不測也。抑其教義非有甚深微妙可以涵盖萬有鼓鑄羣生者。吾以疇昔無信仰之國而欲求一新信仰。則亦求之於最高尚者而已。而何必惟勢利之爲趨也。吾師友多治佛學。吾請言佛學。

一　佛教之信仰乃智信而非迷信

孔子曰。知之爲知之。不知爲不知。是知也。又曰。吾有知乎哉。無知也。又曰。及其至也雖聖人亦有所不知焉。又曰。未知生焉知死。盖孔教本有闕疑之一義。言論之間。三致意焉。此實力行教之不二法門也。至如各教者。則皆以起信爲第一義。夫知焉而信焉可也。不知焉而强信焉。是自欺也。吾嘗見迷信者流。叩以微妙最上之理。輒曰是造化主之所知。非吾儕所能及焉。是何異專制君主之法律。不可以與民共見也。佛教不然。佛教之最大綱領曰「悲智雙修」。自初發心以迄成佛。恒以轉迷成悟爲一大事業。其所謂悟者。又非徒知有佛焉而盲信之之謂也。故其教義云。「不知佛而自謂信佛。其

罪尙過於謗佛者」何以故謗佛者有懷疑心由疑入信其信乃眞故世尊說法四十九年其講義關於哲學學理者十而八九反覆辨難弗明弗措凡以使人積眞智求眞信而已淺見者或以彼微妙之論爲不切於羣治試問希臘及近世歐洲之哲學其於世界之文明爲有裨乎爲無裨乎彼哲學家論理之圓滿猶不及佛說十之一今歐美學者方且競採此以資研究矣而豈我輩所宜訢病也要之他敎之言信仰也以爲敎主之智慧萬非敎徒之所能及故以强信爲究竟佛敎之言信仰也必以爲敎徒之智慧必可與敎主相平等故以起信爲法門佛敎之所以信而不迷正坐是也近儒斯賓塞之言哲學也區爲「可知」與「不可知」之二大部蓋從孔子闕疑之訓救景敎徇物之弊而謀宗敎與哲學之調和也若佛敎則於不可知之中而終必求其可知者也斯氏之言學界之過渡義也佛說則學界之究竟義也

二　佛敎之信仰乃兼善而非獨善

凡立敎者必欲以其敎易天下故推敎主之意未有不以兼善爲歸者也至於以此爲信仰之一專條者則莫如佛敎佛說曰「有一衆生不成佛者我誓不成佛」此猶其自

言之也。至其教人也。則曰「惟行菩薩行者得成佛。其修獨覺禪者永不得成佛」獨覺者何。以自證自果爲滿足者也。學佛者有二途。其一則由凡夫而直行菩薩行。由菩薩而成佛者也。其他則由凡夫而證阿羅漢果而証阿那含果而証斯陀洹果而証辟支佛果者也。辟支佛果即獨覺位也。亦謂之聲聞。亦謂之二乘。辟支佛與佛相去一間耳。而修聲聞二乘者證至此已究竟矣。故佛又曰「吾誓不爲二乘聲聞人說法」佛果何惡於彼而痛絕之甚。蓋以爲凡夫與謗佛者猶可望其有成佛之一日。若彼輩則眞自絕於佛性也。所謂菩薩行者何也。佛說又曰「己已得度。回向度他。是爲佛行。未能自度而先度人。是爲菩薩發心」故初地菩薩之造詣。或比之阿羅漢阿那含。尙下數級焉。而以發心度人之故。即爲此後證無上果之基礎。彼菩薩者。皆至今未成佛者也。其有已成佛而現菩薩身者。則吾不敢知。　何以故。有一衆生未成佛。彼誓不成佛。故夫學佛以成佛爲希望之究竟者也。今彼以衆生故。乃並此最大之希望而犧牲之。則其他更何論焉。故舍己救人之大業。惟佛教足以當之矣。雖然。彼非有所矯強而云然也。彼實見夫衆生性與佛性本同一源。苟衆生迷而曰我獨悟。衆生苦而曰我獨樂。無有是處。譬諸國然。吾既託生

此國矣未有國民愚而我可以獨智國民危而我可以獨安國民悴而我可以獨榮者也知此義者則雖犧牲藐躬種種之利益以爲國家其必不辭矣

三　佛教之信仰乃入世而非厭世

明乎菩薩與獨覺之別則佛教之非厭世教可知矣宋儒之謗佛者動以是爲淸淨寂滅而已是與佛之大乘法適成反比例者也景教者衍佛之小乘者也翹然日懸一與人懸絕之天國以歆世俗此寧非引進愚民之一要術然自佛視之則已墮落二乘聲聞界矣佛固言天堂也然所祈嚮者非有形之天堂而無形之天堂非他界之天堂而本心之天堂故其言曰「不厭生死不愛涅槃」又曰「地獄天堂皆爲淨土」何以故菩薩發心當如是故世界既未至「一切衆生皆成佛」之位置則安往而得一文明極樂之地彼迷而愚者既待救於人無望能造新世界焉矣使悟而智者又復有所歆於他界而有所厭於儕輩則進化之責誰與任之也故佛弟子有問佛者曰誰當下地獄佛曰「佛當下地獄不惟下地獄也且常住地獄不惟常住也且常樂地獄不惟常樂也且莊嚴地獄」夫學道而至於莊嚴地獄則其願力之宏大其威神之廣遠豈復可思

議也然非常住常樂之烏克有此彼歐美數百年前猶是一地獄世界而今日已躁進化若彼者皆賴百數十仁人君子住之樂之而莊嚴之也知此義者小之可以救一國大之可以度世界矣

四　佛教之信仰乃無量而非有限

宗教之所以異於哲學者以其言靈魂也知靈魂則其希望長而無或易召失望以致墮落雖然他教之言靈魂其義不如佛教之完景教之所楬櫫也曰永生天國曰末日審判夫永生猶可言也謂其所生者在魂不在形於本義猶未悖也至末日審判之義則謂人之死者至末日期至皆從塚中起而受全知全能者之鞫訊然則受鞫訊者仍形耳而非魂也藉曰魂也則此魂與形俱生與形俱滅而曾何足貴也故孔教專衍形者也則曰善不善報諸子孫佛教專衍魂者也則曰善不善報諸永刼其義雖不同而各圓滿具足者也惟景教乃介兩者之間故吾以爲景教之言末日猶未脫埃及時代野蠻宗教之迷見者也（埃及人木乃伊術。保全屍骸。必有所爲。殆令爲將來再生永生地也。又按景教雜形以言魂者甚多。即如所言亞當犯罪。其子孫墮落云云亦其一端也。如耶氏之教。則吾輩之形。雖受於亞當。然其魂則固受諸上帝也。亞當一人有罪。何至罰及其數百萬年以後之裔孫。此殆猶是積善之家有餘慶不善之家有餘殃之義而已。仍屬衍形教。不可謂之衍魂教也。）

○耶氏言末日審判之義。峭緊嚴悚。於度世法門。亦自有獨勝處。未可厚非。特其言魂學之圓滿。固不如佛耳。夫人生也有涯而知也無涯故爲信仰者苟不擴其量於此數十寒暑以外則其所信者終有所撓瀏陽仁學云『好生而惡死可謂大惑不解者矣蓋於不生不滅瞢焉瞢而惑故明知是義特不勝其死亡之懼縮朒而不敢爲方更於人禍之所不及益以縱肆於惡而顧景汲汲而四乃蹷蹷惟取自慰快已爾天下皆復有可治也今使靈魂之說明雖至闇者猶知死後有莫大之事及無窮之苦樂必不於生前之暫苦暫樂而生貪著厭離之想知天堂地獄森列於心目必不敢欺飾放縱將日遷善以自兢惕知身爲不死之物雖殺之亦不死則成仁取義必無怛怖于其衷且此生未及竟者來生固可以補之復何所憚而不亹亹』嗚呼此「應用佛學」之言也西人於學術每分純理與應用兩門如純理哲學應用哲學純理經濟學應用生計學等是也瀏陽仁學吾謂可名爲應用佛學瀏陽一生得力在此吾輩所以崇拜瀏陽步趨瀏陽者亦當在此若此者殆舍佛教末由。

五　佛教之信仰乃平等而非差別

他教者率衆生以受治於一尊之下者也惟佛不然故曰『一切衆生皆有佛性』又曰『一切衆生本來成佛生死涅槃皆如昨夢』其立教之目的則在使人人皆與佛平等

而已夫專制政體固使人服從也立憲政體亦使人服從也而其順逆相反者一則以我服從於他使我由之而不使我知之也一則以我服從於我吉凶與我同患也故他教雖善終不免爲据亂世小康世之教若佛教則兼三世而通之者也故信仰他教或有流弊而佛教決無流弊也。

六　佛教之信仰乃自力而非他力

凡宗教必言禍福。而禍福所自出恒在他力。若祈禱焉。若禮拜焉。皆修福之最要法門也。佛教未嘗無言他力者。然只以施諸小乘。不以施諸大乘。其通三乘攝三藏而一貫之者惟因果之義。此義者實佛教中小大精粗無往而不具者也。佛說現在之果即過去之因現在之因即未來之果既造惡因而欲今後之無惡果焉不可得避也既造善因而懼後此之無善果焉亦不必憂也因果之感召如發電報者然在海東者動其電機長短多寡若干度則雖隔數千里外而海西電機之發露其長短多寡若干度與之相應絲毫不容假借人之稟其業緣於「阿賴耶」識（阿賴耶識者。八識中之第七識也。其義不可得譯。故先輩唯譯音焉。欲知之者。宜讀楞伽經及成唯識論。）也亦復如是故學道者必慎於造因吾所已造者非他人所能代消也吾

所未造者非他人所能代勞也又不徒吾之一身而已佛說此五濁惡世者亦由衆生業識熏結而成衆生所造之惡業有一部分屬於普通者有一部分屬於特別者其屬於普通之部分則遞相熏積相結而爲此器世間者（佛說有所謂器世間有情世間一指宇宙一指衆生也）其特別之部分則各各之靈魂（靈魂本一也以妄生分別故故爲各各）自作而自受之而此兩者自無始以來又互相熏焉以遞引於無窮故學道者（一）當急造切實之善因以救吾本身之墮落（二）當急造宏大之善因以救吾所居之器世間之墮落何也苟器世間猶在惡濁則吾之一身未有能達淨土者也所謂有一衆生不成佛則我不能成佛是實事也非虛言也嘻知此義者可以通於治國矣一國之所以腐敗衰弱其由來也非一朝一夕前此之人蒔其惡因而我輩今日刈其惡果然我輩今日非可諉咎於前人而以自解免也我輩今日而亟造善因焉則其善果或一二年後而收之或十餘年後而收之或數百年後而收之造善因者遞續不斷而吾國遂可以進化而無窮造惡因者亦然前此惡因既已蔓莚而我復灌溉而播殖之其貽禍將來者更安有艾也又不徒一羣爲然也一身亦然吾蒙此社會種種惡業之熏染受而化之旋復以熏染社會我非自洗滌之而與之更

始於此而妄曰吾善吾羣吾度吾羣非大愚則自欺也故佛之說因果實天地間最高尚完滿博深切明之學說也近世達爾文斯賓塞諸賢言進化學者其公理大例莫能出此二字之範圍而彼則言其理而此則並詳其法此佛學所以切於人事徵於實用也夫尋常宗教家之所短者在導人以倚賴根性而已雖有『天助自助者』一語以爲之彌縫然常橫天助二字於胸中則其獨立不羈之念所減殺已不少矣若佛說者則父母不能有所增益於其子怨敵不能有所咒損於其仇無歆羨無畔援無罣礙無恐怖獨往獨來一聽衆生之自擇中國先哲之言曰『天作孼猶可違自作孼不可逭』又曰『自求多福在我而已』此之謂也特其所言因果相應之理不如佛說之深切著明耳佛教洵倜乎遠哉

以上六者實鄙人信仰佛教之條件也於戲佛學廣矣大矣深矣微矣豈區區末學所能窺其萬一以佛耳聽之不知以此爲讚佛語耶抑謗佛語耶雖然即曰謗佛吾仍冀可以此爲學佛之一法門吾願造是因日爲此南贍部洲有情衆生造是因佛力無盡我願亦無盡

十

難者曰。子言佛教有益於羣治辯矣。印度者。佛教祖國也。今何爲至此。應之曰。嘻、子何闇於歷史。印度之亡。非亡於佛教。正亡於其不行佛教也。自佛滅度後十世紀。全印即已無一佛跡。而婆羅門之餘燄。盡取而奪之。佛教之平等觀念。樂世觀念。悉已擢亡。而舊習之喀私德。及苦行生涯。遂已印相終始焉。後更亂以回教末流。遂極於今日。然則印之亡。佛果有罪乎哉。吾子爲是言。則彼景教所自出之猶太。今又安在也。夫甯得亦以猶太之亡。爲景教優劣之試驗案也。雖然、世界兩大教。皆不行於其祖國。其祖國皆不存於今日。亦可稱天地間一怪現象矣。

談叢

捫蝨談虎錄

民賊與賊民

憂患餘生

有唐之暴君而黃巢出。有明之暴君而張李出。黃巢張李者。孟子之所謂賊民也。然導乎其前者。實爲暴君。暴君者。孟子之所謂民賊也。人而不憎厭賊民則亦已耳。苟其憎厭之。必當思民賊之可憎可厭。更有甚於彼等十倍者。何也。無有民賊則無有賊民。賊民之罪。民賊罔而陷之也。唐有无能子。明有黃梨洲。皆察是非之理。推理亂之原。能爲非常之言者也。无能子因黃巢之亂。其罪雖由於君主。而其原實肇於聖人。於是乎作聖過。黃梨洲因張李之亂。其機雖動自民間。其罪實迫於君主。於是乎作原君明夷待訪錄。近人多知之多言之。而无能子一書。明自然之理。亦與盧梭同。將一切詩書禮樂仁義忠信盡破之。雖未免流於過激。其發人所未發。言人所不敢言。自秦以後一人而已。惜乎其書不著。又無表彰之者。又無繼起而續其說者。遂至陰沈埋沒視明夷待訪

錄。尤遭奇厄。不亦哀乎。

中國之軍歌

中國之有軍歌。始於五代時唐莊宗。五代史補稱莊宗爲公子時。雅好音律。又能自撰詞曲。其後凡用軍。皆以所撰詞曲授之。使揚聲大唱。謂之御製。至於入陣。不論勝負。馬頭纔轉。則衆聲齊作。故人人力戰。竟忘其死。云聲音之道。能移易人至於如此。豈不奇哉。助之於文事。則爲舒暢血氣。助之於軍事。則爲發起精神。能使臨陣者哀而樂。弱而勇。生而死。軍中之神聖品。豈有過此耶。西史稱斯巴達與敵戰。乞援於雅典。雅典使一小學校教師之跛者往焉。斯巴達人少之。及臨陣。則跛者爲製軍樂。授三軍。使咸誦習。戰時和以金鼓。雜以鸞和。斯人忘其疲。遂以大捷。嗚呼。吾觀於泰西軍中之歌。而知其致强之非偶然矣。中國數千年。僅此一人。而正史又復闕不載。無論其遺譜不可得聞。卽事實亦在若隱若見之間。嗚呼。是安得不爲天下弱歟。

爭向城頭罵漢人

國之强弱在乎民。民之優劣在性質。亦在習慣。性質自天。習慣自人。習慣者由人情學

術風俗宗教政治所蕩成積之既久遂有歷百數十年而不變或更歷千百年而不變欲有以變之非廓清之不能爲功非矯制之不能返直其克治之難需時之久動至不可思議非如水之從盤盂瞬息可使之爲方爲圓也昔人謂習慣爲第二天性非虛言矣悲哉其爲中國習慣乎予始讀五代詩話所載古今詩話云『幽薊數州自石晉敗入戎後懷中華不已有使北者見燕中傳壁畫塗鴉甚工旁題詩云月明星稀後時欲向南飛』吾不禁歌之舞之額之禮之以爲中國人不忘中國爲中國幸也後又讀後邨詩話云『唐失河湟未久司空圖詩云「漢兒盡作胡兒語爭向城頭罵漢人」自石晉割棄至本朝宣和歷年多矣議者猶以燕人思漢卒召狄難』云云予又不覺爽然若失歎古今詩話所云皆爲虛語然後始知中國人甘心異族凌滅同種爲歷史上習慣且眞相盡爲呈露不特唐時然宋時亦然不特河湟然燕人亦然然燕人甘從外族其可爲証據者又甯止此據金史所載有金某云『燕人最卑賤金人來則從金宋人來則從宋遼人來則從遼』嗚呼以如此民族而國欲資以立種欲資以競其可得耶其可得耶昔所稱燕人多慷慨悲歌之士遺烈沈沈芳蹤杳杳今安在也瞻懷漸離憑

弔荆卿筑聲慘裂劍氣悲鳴山河不殊人物非故曾幾何時今遂至此路易十四嘗詢其宰相哥爾別爾曰以法國之大而不能征服小荷蘭其故何也哥爾別爾曰國之大小不以彊域而論視其國民之品格何如品格者金城鐵壁不可破也今日燕人之品格較之唐宋時爲進化耶爲退化耶聯軍入京以還懸順民之旗獻德政之傘屈意媚外種種醜態上自王公下至豎卒相競崩角稽顙若不及嗚呼此豈非所謂首善之區之民族耶幸而京師猶亡而復存耳使今日化爲俄人之京師吾知其將爲俄人罵漢人矣今日化爲英人之京師吾知其將樂爲英人罵漢人矣乃至今日化爲德人法人奧人意人日人之京師則亦皆將樂爲德法奧意日人罵漢人矣中國先哲之敎最貴忠順夫其所居之地受某家統治則爲某家効死力以罵其所敵視之人斯豈非所謂忠順者耶準此以談則當時之燕人食遼金之毛踐遼金之土者其爲遼金人罵漢人又何足怪也嗚呼昔人所風刺所歎息者惟燕人耳寖假而全國人皆處燕人之地位焉寖假而全國人皆爲燕人之性質焉嗚呼使哥爾別爾而愚悖也則可哥氏而稍知治體者則是豈可不爲寒心哉

四

三一七六

作法自斃

作法自斃莫不爲商君惜莫不爲商君病然而無可惜無可病也作法自斃之人多其國必强作法自斃之人少其國必弱何也作法之人即當守法之人也其法已行雖作法者亦不能反背也無論知愚賢否勇怯善惡貴賤貧富皆納於法中也而後其法乃可行而後其法乃可久而後其法乃可一人心自此定風俗自此變雖其法未必遽完成漸可更張之漸可擴充之且必有一定之法而後乃知其方針之所向其爲適合乎其爲鑿枘乎而其所爲更張之與擴充之乃能用之而得當也商君者大人物也不審禍福不顧毁譽苟有造於秦國苟有益於生民不憚以其身爲犧牲也秦孝公知之深愛之至死時至欲以位禪之雖先主於孔明符堅於王猛宇文於蘇綽神宗於安石比之殆有過焉孝公死後公子虔追念舊怨竟車裂商君是公子虔前中後皆犯法也其前之犯法者是法律未大行爲刑其師傅時也其中之犯法者是法律已定後爲四年犯約被劓刑時也其後之犯法者何不悔已之犯法而追戮立法之人寧得不爲犯法乎以國法言之則不忠以改革言之則不智國人所守之法而已屢犯之是不忠也改革

圖存之法。而謬然犯之。是不智也。夫此法者。雖商君所定。而實孝公所施行也。況此法已施行之後。而國人便之。而國人頌之。而公子不問此法之善與否。不問此法之有效與無效。而惟以區區舊嫌爲念。其惡孰有大於此者乎。秦之不亡於其手者幸焉耳。

商君出走之後。欲宿客舍。客人不知其爲商君。曰『商君之法。舍人無驗者坐之。』然則其法已行可知矣。其法已行。雖死可也。雖死亦生。雖死亦榮也。作法自斃。又何害焉。冒天下之大不韙。排億萬人之大難。其爲商君乎。其爲商君乎。有商君之才。有商君之心。而又有商君之志。乃成爲商君。有商君之才。有商君之心。而無商君之死。仍未盡其爲商君。何則。商君自求其死也。非變法不足以致死也。非刑公子師傅。雖變法或可不死。非劓公子虔。雖刑師傅。或可不死。要之因變法而刑公子師傅。因變法而劓公子。則商君遂夕。則商君竟死。

商君與來喀瓦士

千古之大立法家。於泰東得一人焉。曰商君。於泰西得一人焉。曰來喀瓦士。以隻手轉移一國之風俗。立百年以後霸王之基者。惟此兩人而已。來喀瓦士定法後。視民之旣

從其法而服其敎也。於是遁而之他。且告國民曰。非待吾歸。毋易吾法。遂自沈也。此以身殉法之偉人也。來喀瓦士之殉法以身爲紀念。商君之殉法以身爲試驗。此二傑者吾烏從而軒輕之

國聞短評

論日本解散下議院

陽歷十二月廿八日日本下議院被解散

日本自頒憲法以來。迄今凡十三年。召集議會者十七次。下議院被解散者五度。其一明治二十四年辛夘散之者爲松方內閣。其二明治二十六年癸巳散之者爲伊藤內閣。其三明治三十年丁酉散之者爲松方內閣。其四明治三十一年戊戌散之者爲伊藤內閣。其五即今度散之者爲桂內閣。

解散議院者。政府與民間最後之決戰。而現內閣之死活問題也。前列舉五度之中。惟癸巳一役。於再選舉時適遇中日之戰。全國一致以禦外侮。故伊藤內閣得以不蹶。自餘三度。皆議院方解散。而內閣隨以覆亡。其在辛夘則再選舉開會後而松方內閣總辭職也。其在丁酉則不待再選舉後而松方內閣已辭職也。其在戊戌則再選舉後不待開會而伊藤內閣已辭職也。今玆桂內閣之前途又將如何。

解散議院者民權進化之大消息也。有衝突然後有解散。有衝突然後有進化。凡立憲國公例。政府每建一政策。不可不求人民之協贊。下議院者代表民意者也。故將其政策提出於議院。而得過半之贊成者則謂之通過。得過半之反對者則謂之不通過。旣不得通過。則其政策萬不能施行。不能施行。則政府員當去其位。於此而政府員堅持所信。不肯舍去也。則其所以待議院者惟有兩法。小則停會。大則解散。停會者意謂使議員再熟思其利害也。解散者停會之後。而議員之反對如故。則政府謂此或不過代議士之偏見。而非國民之眞意。於是解其現任者而命全國人民再選焉。亦名爲「訴意見於國民」。停會解散二者。皆以君主之名用其特權以行之。實則皆由政府意也。解散後必隨命再選舉。開臨時議會。再選舉後而新議員之反對政府者仍居多數。則國民之意嚮益可見矣。於是乎政府員更不得不辭職。於此而仍欲不辭職。則命再解散而三選舉亦可也。雖然。果爾者則政府員之無恥極矣。終亦必亡而已矣。故再選舉而議案猶不得通過。則政府必辭職。其常也。日本前此之三度。皆若是矣。故立憲國之政府。萬不能率其私意以行厲民之策。苟爾爾者。人民一心戮力與之決戰。政府未有能

久尸者也。此之謂權在國民。

英國者政黨政治之完全模範也。其國爲兩大政黨。一在朝。一在野。在朝黨必其在議院占多數者也。若在野黨易而占多數。則在朝黨不得不與之易位。蓋政府之廢置一聽諸議院者也。故英人恒言曰『巴力門之權無事不可爲。除是使男變女女變男耳』。極言一國大小之主權皆在其手也。日本維新日淺。民權方在萌芽。故未能純然爲英國所謂政黨政治者。明治三十餘年間政權皆在藩閥之手。（藩閥者舊藩士之有功於維新之役而膺爵賞者也其人以薩摩長門兩藩最多）雖然。人民智識政治思想既漸發達。其機固不可以終遏。明治七八年以後。民主革命之聲徧國中。十三年終頒發立憲之詔。而板垣大隈皆以元勳下山。結集民間政客。互標旗幟。建國體而自爲之領袖。日本之有政黨。實始於開國會以前七八年也。雖然其所謂政黨者甚幼稚。結集不肅。機關不備。故經十餘年猶不足以代內閣。然藩閥之爲政府者。固已常不得不與一有力之黨相提携以自固焉矣。其間所謂「超然內閣」者。（日本有所謂超然內閣者謂超然於諸黨之外不相提携也）則常岌岌若不甚安。否則議會屢解而政府屢蹶。民間勢力日高一日矣。然其天皇固非深喜政黨者也。故政黨力雖日盛。然猶未能直

接獨力以當政府之衝。及明治三十一年戊戌。伊藤當國。以俄人逼還遼東一案。國民恥其損威聲譽頓減。議院反對之者大半。於是伊藤解散議會。及總選擧時自由進步兩黨合爲一。名曰憲政黨。併力以向之。伊藤察事不可爲。故不待再開院而先辭職。而大隈板垣代之。是爲日本第一次之政黨內閣。是時民黨萬歲之聲。徧國中論者。至稱爲第二之維新云。雖然自由進步兩黨之主義。常枘鑿不相容者也。一旦以利害之故相聯合。其事固不可以久。果也不過六月。而憲政黨內潰。自進兩派復裂爲二。而第一次政黨內閣亦隨而亡矣。繼之者復爲藩閥。所謂山縣第二次內閣是也。山縣內閣與自由黨提携。得以安者兩年有餘。山縣感激不自勝。而自由黨之驕態亦可掬。於時伊藤忽翩然下野。徧國中演說。倡革新政黨之議。未幾取板垣十餘年來經營慘淡之自由黨。一擧而奪之。更組織新黨。名曰立憲政友會。會既成。庚子九月。山縣拱手相讓。伊藤復受之。是爲日本第二次之政黨內閣。是時進步黨之勢薾然。政友會占大多數於議會中。宜若可以久矣。乃亦不數月而政府內部復訌。政友會內閣又潰。繼之者即爲今之桂內閣。其成立殆兩年於茲矣。至今日而始有解散議會之事。而風潮又將一變

此十年來日本世界之大略情形也。

由此觀之。日本之進步。固不得謂甚緩。開議會僅十三年。而民黨與政府衝突。至被解散者。既五度。取政府而代之者。亦既兩次。謂其民之無力焉不可也。雖然政黨內閣既成立矣。且皆以大多數立於議院矣。而皆不能持久。或半歲而蹶。或七八月而蹶。其蹶也又皆由自腐。而非有敵黨從而犄之。然則謂其眞有力焉。亦不可也。經此二役以後。遂使前此之謳歌政黨政治者。漸變爲厭倦政黨政治。或且疑政黨員之閱歷淺。而行政之智識有所不足。反不如藩閥之可以持盈保泰焉。謂非政黨之自取侮於人。固不可也。雖然立憲政治之必與政黨爲緣勢也。其傾向固漸趨於彼端。欲避不得避。桂內閣之以「超然」立於今日。其能安然一年有餘。亦云幸矣。果也遂有今度大衝突之事。

此次最大之爭點。則地租增徵繼續案也。政府提出此案。而兩政黨皆反對之。是以決裂。其案之始末內容。今勿具論。要之反對此案者。進步黨素所持之主義也。而政友會則新表同情。是以前此常相枘鑿之兩黨。（政友會即自由黨之化身向與進步黨爲政敵）今忽提攜爲聯合軍以向於政府。若此者。政府之所不及料也。兩黨既提攜矣。於議會既占全數矣。論者以爲政

府必更其主義。退讓以求調停。而政府强硬不屈。交涉不諧。而至停會。停會不已。而至解散。若此者。又兩黨之所不及料也。

政府之强硬也驕也。何驕爾。以其新與强英結同盟。自以爲功也。此其事與戊戌之伊藤內閣頗相類。伊藤內閣當時之强硬也。亦驕也。何驕爾。以新戰勝我。而自以爲功也。當時伊藤政府且不能與大勢敵。今內閣可想矣。

議會之强硬也。恃聯合也。此其事亦與戊戌時之議會相類。至其再選舉再開會時之形勢果何如。則非今日所能知也。以兩大政黨之力同傾政府。則政府自固不得不蹶。即不遽蹶者。更解散一度焉。其蹶亦必矣。若蹶後而繼之者。仍爲超然內閣乎。將爲政黨內閣乎。果爲政黨也。則爲兩黨聯合乎。抑一黨獨立乎。非今日所能預言也。而今日兩黨之交涉。日親一日。其選舉至互相避。互相讓。則雖非如戊戌時之合兩黨爲一黨。然相去亦不遠矣。意者數月以後。日本將有第三次聯合政黨內閣之出現乎。未可知也。

雖然。聯合內閣。必不能久立。此立憲國政治家所經驗也。憲政黨往事。亦其前車矣。兩

黨首領。夫既熟知之然則後此之出於何途果有非旁觀人所能逆覩者也。雖然自今以往日本藩閥之燄將日衰而日趨於政黨政治此吾所敢言也彼伊藤者向來藩閥中最有力者也而今已立於反對之地位吾非以伊藤之進退卜輕重然其機勢可覩也民權進步之大勢不得不如是也

他人之內政與吾最無與者也。然觀此可以測世界進化自然之大運焉。故略述一二。以爲內地人士之欲知外事者告其久旅此邦之人讀之是不啻野人之語其曝也。抑吾與彼之政府彼之政黨兩無所憎好也。而聞其民黨之聯合之衝突之將勝利也。則色然若有喜者然。吾不知何心歟。

雜俎

詹詹錄

食菜協會

德意志與墺大利之上流人士。聯一菜蔬協會。擇地於兩國之間。盧加那湖之傍。以爲會場。是行食菜主義。每食八簋。率皆青黃之品也。其會員不戴帽子。不穿外套。雖雪天亦然。食宿必於此。不能出會場之外也。

禁酒旅館

蘇格蘭海岸有一禁酒旅館。一日有旅客數人宿於此。皆有劉伶之癖。終夕躊躇不能眠。以金錢賂役者使沽酒。不敢持瓶歸。而以一盂盛之。入途中爲主人所覺。詢爲何物。役者答爲客人剃鬚之水也。主人怪其夜半剃鬚而疑之。止僕人曰。剃鬚不可無香胰也。乃置胰於盂中

禮拜日則地球爲方形

英國有一小學校教師。其教地文學之時。演地動之理。常以己之鼻煙箱比之以示生徒。一日安息敎師領生徒他出運動。途中問談試驗學生以地球之形狀。時敎師適持一方形鼻煙箱。一學生答曰。地球平日圓而禮拜日則四方

英國皇帝與禮拜二

英國皇帝遏活第七。其生平之大事。悉在於禮拜二。誕生時爲千八百四十一年十一月九日禮拜二。受洗時爲千八百四十二年一月廿五日禮拜二。結婚時爲千八百六十三年三月十日禮拜二。罹熱病將死之時。起於千八百七十一年十一月廿一日禮拜二。即皇帝位時爲千九百一年一月廿二日禮拜二。今年之大病亦起於禮拜二。

無妻者之課稅

南美洲亞爾然丁共和國。有課稅無妻者之法律。自二十歲至三十歲。而未婚者每月十圓。三十歲至三十五歲者倍之。三十五歲至五十歲。每月四十元。五十歲至七十歲。每月六十元。七十五歲至八十歲。每月四十元。過八十歲者乃獲免。

小說

十五小豪傑

披髮生

第十七回 老伊範智擒雙奸細 勇杜番力戰一水手

卻說童子們見笳稚蘭說出伊範到來。正是天公派他打救各人的話。不禁喜的眉開眼展。正欲大衆商量那防戰的法子。俄敦先開口道。若使倭東們答應不與我們爲難。我們也不犯和他作對。伊範道。這是怎麼講法呢。俄敦道。我想他們若得把那傳馬船修好。定然要往別個地方去。更沒有工夫算害我們。所以我想和他商量。說我們肯把做木的器具借給他。只要他們修好了船。就要快快離去本島。他們定是樂從這些話的。這樣辦法。彼此受益。不至鬧出事來。豈不好嗎。伊範君。衆人聞俄敦說出這個計較。甚合情理。正欲發聲贊成。只見伊範蹙眉道。這話說來有理。只恨那倭東爲人。偏帶着許多和別人不同的惡質。他見各位肯把做木的器具借給他。他們得隴望蜀。定要把各位所有的東西。都奪了去。纔肯罷手。他們估量各位從背羅船帶了好些金銀財寶

到來。如今還藏在這裡。正想着設法搶將去哩。諸君的意思。以爲我們這麼樣待他。他們定然感恩激義。不忍再來算計麼。只是他們決非知情識理的。況且他們所欠的不止做木的傢伙。就如硝藥那件他們也沒有許多。不能持久。他們若知到這裡有怎麼多。一定要各位讓給他。那時候各位肯答應他嗎。俄敎道。這是使不得的。伊範道。各位不聽從他。他一定恃着蠻力前來搶奪。那時候到底不免開戰。是的。這樣說來還是早定下一個防守的法子。先發制人纔好。俄敎道。足下說的有理。我們今日除了固守自防。別無他法了。伊範又道。我們不肯把做木的器具借給他。還有一個道理呢。因爲他們修好了船隻。縱然感各位的恩義。不忍再來加害。只是他們情薄如紙。一定相率自去。不復顧念我們。那時我們卻如何是好呢。沙毗道。他們自去。和我們有什麼關係呢。伊範道。不是這麼說。若使失了那隻傳馬船。我們再無憑藉。怎能彀脫離本島呢。俄敎道。足下想用那船。脫離本島麼。伊範道。可不是嗎。杜番道。用怎麼小的船便想渡過那汪汪萬里的太平洋嗎。伊範道。不是用那船渡過太平洋。不過要渡到近處一個埠頭。再搭別個大船回澳洲去。巴士他道。離這裡最近的地方。有幾百邁路呢。伊範掉

頭道。那有幾百邁。不過要走三十來邁路。就有上岸的去處了。壯番聞說站起大叫道。繞着本島的。不是大洋嗎。伊範道。本島西方是對着大洋不錯的。只是東南北那三面卻不是呢。俄敦道。我們初來的時候。就疑本島相去大陸不遠。今聽足下說來。可眞是嗎。伊範道。各位向來以爲自己住在什麼地方呢。衆人荅道。以爲是太平洋中一個孤島。伊範道。島是不錯。只不算是個孤島。原來就是南阿美利加沿岸羣島裏頭的一個。各位既把島裏頭的地方。都替他起了名字。也曾替本島改了別號沒有呢。衆人道。我們叫他奢們島。因爲我們上的學校。叫做奢們。所以替他取了這個名兒。伊範道。奢們那名字起得好。如今本島一新一舊。卻有兩個名兒了。原來世人早已定了本島一個名兒。叫做哈諾巴的就是。衆人聞說。喜不自勝。伊範見夜深了。因和衆人說道。明天再拿地圖出來。指明本島的所在罷。各人聽說。點頭而散。各自打睡去了。只賸下俄敦和莫科兩人。各持軍器。緊守前後門口。徹夜戒嚴。已而晨光微發。世上已變爲十一月二十八日。……卻說亞美利加南方盡頭有一海峽。東臨大西洋。南接太平洋。橫斷地骨。蜿蜒奔流。長亘三百八十邁。兩岸層巒疊障。高拔海平三千餘呎。沿岸海灣甚多。宜於泊

舟。小川縱橫。茂林葱秀。到處薪水足用。因此往返。都喜他比那列迷爾海峽路程較近。又比那荷龍海峽風波較穩。因此漸漸改從這裡經過。這就叫做馬智蘭海峽。係由一千五百二十年由葡萄牙人馬智蘭新尋出來的。經了五十年。星霜西班牙人始來移住。在布蘭斯域半島開一港口。叫做佛華明。後來英吉利人荷蘭人陸續紛來。自十七世紀末年至十八世紀初年。法國人也多來占居。後來有了輪船。航海的不怕逆風逆水。於是往來這海峽的日盛一日。這海峽北岸有巴達果尼亞國。及乾維廉士蘭島布蘭斯域半島。南岸便是的拉地費哥及其他群島。東口有一大灣。海濶天空。一望無際。西口與太平洋相接。小島棋布。俱向着智利國海岸一帶平行。連珠北上。直至左諸斯及支羅諸島爲止境。這就是馬智蘭海峽的形勢了……且說二十八日清早。伊範齊集各童子。拈出地圖一幅。指着南美洲南端盡頭說道。諸君試瞧。自那馬智蘭海峽西口。北抵智利沿岸。一帶島嶼如沙。其中有一個。南與母琼不列的島相對。北與瑪特路及查丹島相望。這就是諸君估量是一絕域孤島。在此淹留了二十多個月的地方了。俄敦聽說驚道。據老兄說來。這裡和那智利國不過相隔一衣帶水嗎。伊範道。可不

是嗎。只有一件。諸君往日縱然渡過了對岸。若想到智利國或到亞貞陀因共和國那大都會去。總要經過數百邁沙漠的地方。那都是蠶叢荒域。行路艱難。而且在那曠野出沒的。盡是土番野人。若碰見了。諸君恐是不肯放過的。所以我說諸君株守這島不到對岸去。正未必是失策哩。俄敦再問道。若那傳馬船到了手。我們要向那方駛去纔好呢。伊範道。直向午位而走。若遇順風。容易的便能轂駛到智利國一個口岸。只是智利國沿岸。形勢曲折。行船未免有些險兒。武安道。自此南下。可以尋到一個去處便於我們搭船歸故鄉的麼。伊範道。你們試瞧這地圖。自此南下。經過了斯密士海峽。出了馬智蘭海峽西口。便有一個商港叫做陀馬爾。在那裡候船。就使得。武安道。萬一陀馬爾港沒船可搭。却怎麼樣呢。伊範道。進入馬智蘭海峽裏頭。行不多時。便可到那布蘭斯域半島。那島有科的士鳩灣。灣內有一個牙蘭港。往來船隻。大半在此停泊。若再過半島南端佛羅華岬。又有畢恩俾爾灣。相去不遠。又有佛華明港。以上各埠。雖然不大繁盛。儘有便船可搭。若再進至澎德列拿那處。便是智利國中一個富庶地方。百貨雲集。熱鬧非常。既到那埠。何患不能回鄉去呢。又道。我們今日第一條問題。就是要到那

馬智蘭海峽了。既要到那海峽。那隻傳馬船。是最爲吃緊的。我們既想把那破船修好而用。這就不可不向倭東們奪了回來。變爲我有。這樣算來。總要熙戰一場。待勝了他們纔使得哩。說着便領着童子們巡覽洞內洞外。相了形勢。見童子們布置得宜。心中甚爲敬服。又見軍器充足。糧食豐饒。不禁滿心歡喜。只是見那執干戈自衛的國民兵。盡是少年童子。年紀已上十六歲的。只有俄敦一人。餘者武安杜番巴士他韋格格羅士五人。在這法人洞裏。雖稱長者。還是未滿十五歲的居多。至那更爲年輕的。更不消說了。童子們雖然義勇過人。也難在洞外和那殺人不眨眼的兇狠大漢。公然對壘。伊範因和衆人說明戰守的利弊。就定了主意。深溝高壘。以待敵來。俄敦問道。他們七人俱是無情無義。絕無一點仁心的惡人麼。伊範道。是筎稚蘭道。內中只有一人。還算尙有一點良心。這不是別人。就是救我一命的那個福倍。伊範道。你雖然這麼說。我却不以爲然。他當初或非主謀。不過被倭東們恿慫。才入了夥。這或不錯。若至近來。我以爲他也和倭東們一樣。竟沒有首從可分了。你不見他和祿克追我嗎。你不見他屢次發鎗擊我。見我撲下水去。信爲溺死。因和祿克拍手稱快嗎。那時他要救你。我想他是別

有所爲。斷非出於義擧的。我如今說下一句話。你試瞧將來應驗不應驗。我料倭東們若來攻襲這洞。他定是要做個先鋒的。那人還可以靠得住的嗎。笳稚蘭聽說。掉頭嘆息了一會。自此各人磨拳擦掌。預備接仗。卻是一連候了幾天。并不見倭東們有些動彈。伊範心裏詫異。左思右想不解其故。一日忽有所悟。乃向俄敦武安道。他們以爲笳稚蘭久經物化。又估量我也溺水死了。他們料不到諸君知道他的來歷。以爲派一個人假扮了被難的水手。親來求救。料諸君一定信以爲眞。延至洞裏。那時他擧了暗號。開門內應。就可不發一彈。屈服諸君如反掌了。若使我們在了他們的地位。也應用這條計策。我細想來。他們定爲這個事情。所以遲遲不來的。各人齊聲稱是。當下大衆商量定了一個將計就計的法子。直等至第二日下午。依然沒有消息。喫完晚飯。各人正在納悶。忽見在石壁上頭看守的乙菩和格羅士兩個人。匆匆走歸洞來報道。對岸有兩個人影。漸漸偪近法人洞來了。笳稚蘭伊範兩人聽說。忙躱至放置東西的房子裏。從窗眼向外一張。見果有兩個人自遠而近。定睛細看。正認得是福倍和祿克兩人。伊範道。果然不出所料。他們眞扮了被難人來了。說畢。立刻出來告訴各人。又向武安耳邊

說了這般這般。便又向那房子裏隱身去了。武安忙帶著俄敦杜番巴士他同到川邊散步。那邊福倍祿克望見這邊有人。佯爲吃驚。因就趲步前來。渡了川。登了岸。居然顯出一段憔悴的顏色。杜番迎面問道。你們是什麼人。兩人荅應道。我們原是水手。所乘的船。今早在本島的南方沈了。所以逃難至此。杜番道。是英國人嗎。兩人道。不是。是美國人。俄敦問道。還有駕船的人呢。兩人道。都溺死了。單我兩人幸得鳧水抵岸。纔能彀拾得一命。請問各位是什麼人呢。俄敦道。我們都是遷來居住的。兩人跟著道。原來如此嗎。我們難人。敢求各位開恩。賜些食物。幷求賜一個安身的地方。這就沒齒不敢忘大德了。我們自朝以來。勺水未嘗入口。萬望各位見憐。才好。俄敦道。救苦救難。是我們應做的事情。你跟我們這裏來罷。於是童子們把兩人擁著便行。武安見那祿克狀貌凶獰。一見知爲惡賊。又見福倍比那祿克。略有一點似人的樣子。因此盤問了幾句。兩人留心荅應。果像個遭難人的口吻。絕不肯露出半點破綻。後來見武安層層推問。因說道。這會太疲倦了。不便說話。請各位賜我兩人休息一會罷。童子們會意。也只得荅應了。無何回到洞來。兩人四下一張。見洞內防守極嚴。糧械俱足。不覺顯出一點驚怖的

樣子。俄敎眼明。早已覺察了。過了半天。童子們帶兩人至那放置東西的房子。叫他睡在一處。只見他兩人一倒頭便睡著。鼾聲大起。只有俄敎留心細察。見他兩人登床的時候。瞧了房內一眼。彼此眉目傳語。臉上便似有十分喜色。俄敎暗地覺他可恨。又覺他可憐。到了九點鐘時候。莫科進來。在那兩人對面睡下。那時兩人依然佯睡。不以爲意。直至十二點鐘。仍不見兩人有些動彈。莫科暗道。莫非他們要等至明晚才動手麼。正疑惑間。忽見兩人徐徐起身。潛到門邊。可喜那燈籠火光照得明亮。把他兩人一舉一動。都看得親切。只見他把那堵門的大石。逐漸搬開。祿克正欲把那門閂除去。忽覺背後突有兩隻鉄腕。緊緊把自己攔腰抱住。祿克驚得魂魄都散了。急忙回頭一顧。正和那人打個照面。略一細看。不禁大叫道。噯呀。伊範。你在這裡。伊範更不答應。高聲叫道。諸君快來。諸君快來。便見巴士他格羅士杜番武安四人狂命奔來。竟把福倍拿住。祿克乘著伊範手一鬆。閃身擺脫。開門便走。伊範連忙執鎗轟然一發。可惜不能命中。祿克早已走得遠了。連脚步聲都不聽見了。伊範咬牙道。可恨可恨。到底被他逃了。忽回頭望著福倍。怒道。你這一個。說著拔刀正欲斫將下去。福倍連忙叩頭道。請饒狗命。

請饒狗命。笳稚蘭也挺身攔著道。他曾救我一命。請看妹妹臉上。饒了他罷。伊範恨聲道。笳稚蘭今晚我且看你面上。暫且饒了他罷。童子們忙把福倍緊緊縛住。拉到那房子裏頭。仍舊下了鎖。用大石堵塞了各人手執軍器直守至天亮。伊範便帶著武安杜番俄敦三人同出洞外窺探動靜。只見一路上印著無數靴痕。縱橫錯雜。卻不見有半個人影。知道倭東們已經遠去。湖畔川邊和那陷穽林。都無什麼變動。廠舍牧場。也整然如故。只是倭東們從那裏來。從那裏去。沒法查究出來。各人轉回洞來。把福倍牽至當中。衆人圍著。伊範先問道。福倍。你們所弄的詭計。都被我識破。毫不中用。這是你親眼看見的。我如今要知倭東們的詳細。你必定是知道的。我今問你。你能彀逐一告訴我嗎。福倍似是良心發見。面有愧色。只是低頭不語。笳稚蘭道。福倍你向在舍比龍船上。挺身救我一命。這就是你的善舉。你如今何不再發一點隱惻之心。把這十五名無辜被難的童子。都救了。這不是你將功贖罪的好机會麼。你意下怎麼樣呢。福倍仍是默然無語。笳稚蘭又道。你的行爲。萬死不足以蔽其辜。如今各位尚且饒你。你腔子裏也應有一點澌滅未盡的良心。你試想。你現在所犯的罪過。豈是尋常的。你如今還未知

悔麽。福倍聽說。不禁太息一聲說道。你們想叫我怎麽樣。伊範道。你把倭東的毒計詳細告訴我罷。你昨晚不是開門作內應要想讓他們進來嗎。福倍道。正是這麽樣胡思亂想。伊範道。童子們待你怎麽情義。若使倭東們進了來。豈不叫這班可敬可愛的童子。都遭了他們的毒手麽。伊範說至此句。福倍越發低著頭不敢則聲。伊範又問道。倭東們打算從那邊來襲取這個洞子呢。福倍道。從那湖的北岸。伊範道。你和祿克從南岸來的嗎。福倍應聲是。伊範道。他們曾到本島的西岸沒有。福倍道。沒有。伊範道。他們如今在那裡呢。福倍答不知道。伊範道。他們將來再用什麽計策。你可以揣測出來嗎。福倍應道不能。伊範又問他們要再來這裡麽。福倍應聲說是。伊範再問了一會。後來福倍再不能答。因把他照舊鎖在房裏。到了下午。叫莫科給他幾種食品。他卻一點兒不喫。只是低頭沈吟。不知他心裏別有計較。抑或自己懺悔前非。這等看了下文。才曉得。今且慢題。卻說伊範喫了午餐。提議要往洞外查探消息。各人贊成了。立刻扎束停當。吩咐莫科。稚蘭。佐克。和巴士他四個人在洞裏守衛着那胡太們四個最幼年的。餘外八位年長的。都跟着伊範。各各拿着長鎗短鎗。威風懍懍。殺氣騰騰。下午兩點鐘

時候。結隊出了洞門。留守的依舊關上門閂。因不再把大石掛塞、因怕偵探隊碰見敵人。急欲退入洞來的時候。不便開納。……算來倭東們雖然兇惡。卻喜他們如今只剩六人。且又軍器不足。僅得洋鎗五桿。據伊範眼見他的彈藥。已是所餘無幾。這裏雖則童子居多。若論人數。不止多他一倍。加以武器充足。可以持久。因此童子們都壯着膽。轉過法人洞舊主坡陰那株山毛櫸樹。借着叢林掩庇。直向陷穽林進發。照例符亨先登。入了林中。忽見他張耳嗅地。頻作怪狀。行未數武。果見那邊樹下有一堆積薪餘燼尚燃。俄敦道。倭東們昨夜曾到這裏。無可疑了。伊範道。看那餘燼。他們離去這裡正沒有兩三打鐘工夫呢。話猶未了。忽聽見右邊轟然一響。有一枚彈丸。正從武安額邊閃過、又忽聽見本隊裏頭發了一鎗。便聽見右邊相隔十來丈遠的樹裏有人哎呀一聲。原來第二發鎗聲。係杜番跟著第一發的火光放去。杜番放了鎗。便先著符亨向那邊樹林狂命奔去。伊範瞧見大叫道。進前進前。我們不可叫杜番獨自一人向敵。不一會衆人趕上杜番。同到那株樹下。只見有一個死骸橫臥地上。伊範道。這是裴克了。南無阿彌陀佛。我們爲清平世界。滅了一個惡人了。杜番道。他們殘黨那裏去呢。想來還是逃得

沒多遠。伊範道。是的。或者還在這裡藏著呢。忽聽見有人大叫諸君。別要抬頭。沙毗聽說。正欲跑下。忽見左邊火光一閃。早有一個彈子。恰可從沙毗右額掠過。俄敦叫道。受了傷沒有。沙毗應道。不要緊。不過破皮的微傷罷了。這時雅涅忽然大叫道。武安那裡去了。衆人掉頭四望。果不見了武安。只見符亨向著左邊灌木叢中一直跑去。因此各人一面叫著武安武安。一面跟著符亨跑去。跑了一會。格羅士忽然俯伏地上。大叫伊範留神。伊範留神。伊範急忙鞠躬垂首。說時遲。那時快。早有一發彈丸。正從伊範頭上飛過。可喜高下差了幾分。不會命中。伊範抬頭一看。見是昨晚逃去的祿克。正欲穿過那叢茂林。閃身逃去。伊範忙舉鎗一擊。待硝煙散了。却不見了那祿克的影兒。伊範道。咄。莫不是又被他逃了去麼。說畢。便同格羅士正將趕及各人。忽見符亨昂首高吠。杜番正在鼓勇先登。忽然發聲大叫道。武安別要懈了手。我來也。伊範聽見。忙催大衆跟着杜番聲浪從後趕上。及進入灌木叢中。見前頭武安和胡布厮打。武安敵胡布不過。被他纏在地上。胡布正欲拔刀刺下。湊巧杜番連忙趕到。把胡布右手緊緊捉住。叫他不能動手。再伸隻手欲從腰上取出短鎗。胡布乘杜番腕力一懈。翻身躍起。挺刀向

著杜番胸前一劃。可憐義勇絕倫的杜番。大叫一聲。塌然倒在地上。有分教　文身無力　臥病久而阻歸期　侍藥多情　因緣深而成佳偶

要知杜番性命如何且聽下回分解

文苑

詩界潮音集

詠西史　　鄒崖逋者

巴黎獅吼女英雄（英后馬加勒法女）牀第干戈報國功。獨有年年黃鵠怨，漢唐公主可憐蟲。（傷女權也）

救世金人獨祭天，殺仇禳鬼俗（英舊）。劇堪憐腥風血雨，耶穌墓十字軍興百八年。（傷教禍也）

北兵眯目雪飛陰（蘭伽斯黨），乞食荒山獨抱琴。紅白薔薇花落盡，宮門風雨晝沈沈。（慨宮庭黨禍也）

苦是鵝眠大敫徒，露頭赤脚布衣粗。跨驢踏破東球路，十字縱橫磔殺圖。（慨彼教堅苦沈毅以厲吾黨也）

英蘭教典一家言，蠻語何如國語尊（英北藍大日奈朝法佛朗西斯）。蛟脚蠻行粗解識，籐竿手杖託輶軒。（諷尊國語譯普通學會也）

鴻都曾有入羊郎，海外聞開鬻吏場（英理查第一法）。手版脚靴頭半白，腰纏欲渡大西洋。（諷鬻官也）

舊俗金牛（摩西在猶太）膜拜虔，周妻何肉不妨禪。馬槽悟得空黨旨（日本僧空海親鸞），十戒還將遍大千。（諷不拜偶像也）

魯華宮闕刼灰殘石柱雲耽蟠蚪大可汗血肉橫飛油畫院至今流涕憶師丹（諷忘讐也）

旗槍茶百萬付東流病渴盧仝死不休（英重徵茶稅美人禁飲茶） 花債白門鷘粟索致人惹殺十三州

（慨償煙債也）

江山秀弱文章好士女粗豪血稅多希臘詩詞妙天下至今故國黍離歌（諷右文也）

布衣東海雪肝腸拔劍椎膺憤自戕（馬其頓老儒伊索克提拉斯） 血性男兒曾幾箇黃金世界（腓立）一悲

塲（黑拉克利底）

祭壇十二鬱嵯峨（亞歷山大）折鏃沉沙瘞馬坡（不色哈祿）醇酒美人豪氣盡驪山烽火照笙歌（弔覇業之不終也）

懸軍深入亞尼河雪窖天荒馬斃多二十萬軍齊覆沒更無人睨墨斯科（憂北顧也）

將軍傅粉態苗條（綳標）面皟桃花泊雨消若遇錦帆銀櫓隊（埃及女王姑婁巴多拉） 英雄兒女各魂銷

（傷羅馬埃及兵氣不揚也）

葡萄販酒涨巴菇雙槳蘭橈夜盪湖十五垂髫充間諜（美娃莫爾治） 月明氍幕有啼烏（激同仇也）

紅雲大柱照迦南（亞倫）甘露鴝鵒皁錫潭（摩西）到底不離神鬼事天堂地獄日喃喃，（不拜土偶而神道設）

敎無中外一也

黑衣太子白衣王，南北單于本一彊。英諾爾曼朝四百年來婚媾禍，風潮海峽血玄黃。婚媾猶寇何有于我倚外援之不足恃也

天草當年起義師，馬關覺島悔攘夷。燕雲十萬橫磨劍，此是神州鎖港期。想望中粵也

壬寅冬蔣觀雲先生往遊日本海上同志公餞江樓珍重贈言余乃作詩以誌別　　烏目山僧

洪霾逼乾坤，剞劂慘日窄。房州帝子愁，禹穴羣矢的。巨海渺洪波，扁舟當衝突。萬派競潮洶，地籟天風翃。亞陸沈盤渦，舞臺演天擇。百年過渡期，四戰正壞刼。銅駝萎荆榛，金碧成瓦礫。東林遭斧斤，梁木摧前哲。呂武僞臨朝，莽卓私僭竊。易水起悲歌，造物困豪傑。因明無上士，調御起巖穴。一劍隨天風，飄飄辭故國。願以肝腦傾，神運拯手足。津濟駕蓮航，彼岸發偉業。蒲牢吼自由，支解梅特涅。震雷吹法螺，穢土卜重闢。前旌發問題，諸賢起而答。南洲倡尊王，福澤冀教育。維廉馬志尼，吭聲勉鼎革。培根笛卡兒，格蘭斯康德。依次互討論，相規盡天職。嗟余浮屠民，無物壯行色。附驥趁遠圖，夢想空組織。因

戀南山雲遲瞻東海日今夕餞君行希望難言說拜手頌雲興舉頭覩明月爰感月照師扶桑澍新澤巍峨光明幢莊嚴紫金宅又思明月光與君照不隔兩間有別離以太未曾別

辛丑秋感四首用漁洋秋柳詩韻

養眞

閒居何事最銷魂獨立衡山望薊門四鎭蟲沙空雨泣二陵檜柏着霜痕西平謁駕饒深策北塞流民賸幾村王樸又聞新拜將賈莊前事莫重論

蒹葭水冷露爲霜一抹浮雲蔽玉塘海上孫恩喧草澤朝中呂祿富倉箱將軍耀武空思岳相國臨邊又姓王日暮觚棱冠蓋寂蒼涼莫問舊鷹坊

十載承明侍袞衣金臺氣象逐年非和戎廣武封侯晚愛客平原國士稀九塞愁聞千騎擁三橋又見六龍飛蕭王未忘蕪亭粥正位鄗南志莫違

盧龍北望最堪憐寂寞關河障晚煙上堵有吟空涕淚平陵無曲記纏綿名流白社識前事大獄黃門憶隔年卻怪奇峯七十二峯峯含恨到眉邊

中國近事

◎改設內部述聞　皇太后近擬將內閣改爲內務部。設官照外務部之例。在各部調選熟悉新政之郎中員外主事爲司員。以軍機大臣爲領袖。即以小軍機爲內班參謀。司員爲外班參謀云。

◎紀將弁學堂　北京將弁學堂。已於保定府設立。學員多由袁軍各營抽選。其實缺參遊以下各員有不諳操法者。亦准其自呈履歷。保送入堂肄業。捐納文職同通以下如願肄習者。亦准入堂。學員額設一百人。學期以八個月爲一班。每員月給津貼銀四兩。以爲膏伙之資。頭班約明年二三月即可開學云。

◎將設學部　都中將添設一學部。該部尚書將派張冶秋大冢宰。不日可見上諭云。

◎特科消息　特科已有明諭在明年四月舉行。日前政府中人又言須至明年八月及後年二月舉行。均在未定。惟所考諸員。擬上等者分外務部。中等三等者均入內務部云。

◎練兵條陳續聞　榮中堂前者奏請添募新軍三萬人。訓練洋操。護衛畿疆等情。已紀前報。茲聞中堂嗣又上一摺。大意謂第一新募之兵。以警備兩宮皇居爲至要。除老衰疾病事故外。均令終身服役。第二新募之兵。以訓練洋操。專挑選誠實忠正之士。其兵營需費。酌籌的欵。以應支辦。第三練習新募之兵。聘用外國將校。不可偏倚一國。擬請招聘俄國少佐大尉各一人。日本中佐少尉各一人。德國少佐中尉各一人。第四新募之兵。作爲守備兵。無論何省。遇有亂事。均可由督撫奏請隨時派赴亂地。以資鎭懾。

◎誌招商局　朝廷整頓電報局。並撥欵收還商股。煌煌硃諭。已見邸鈔。聞政府近並欲將招商輪船公司一切商股。悉行發欵購回。改爲中國公家產業。不日當見明諭。並有每股原係百金。照數發給。其股票無論漲至若干。概不增加云。相傳如此。未知確否。

◎力詆學堂　袁慰帥到京召見數次。聞其面奏時。力詆大學堂。謂學堂所用人員。多主民權自由學說。將來以此敎導學生。其勢大張。爲禍必甚於戊戌。又謂學堂有改

裝易服之說云云。其實張尙書祇因長袍濶袖。不便體操。擬製操衣發給學生。並經電致南皮張宮保訪求式樣。上月十八日開學致祀孔聖。張尙書曾諭令辦事人員各備朝服。嗣因不可必得。乃改爲補褂花衣。虔謹將事。可見改裝之說。實屬虛誣。至民權自由學說。近人每多誤解。聞學堂人員亦無主持者云。

◎馬賊猖獗　探聞近日奉天將軍會同黑龍江吉林兩省將軍有密奏到京。據稱距盛京北約六百里地方名桐溝者。山谷紆曲。林木茂密。形勢極爲險要。有著名盜魁韓邦富者。招聚亡命。窟穴其中。歷爲地方之害。刻下該盜嘯集馬賊票匪至十餘萬人。四出擄掠。于溝內建築石寨。密布砲壘。爲僭據之計。并僭號大韓。自鑄大小銀元。面文曰光武二年。形迹頗爲悖逆。地方文武無敢往捕。該將軍等恐成鉅患。故具摺密陳。請旨辦理。現聞兩宮之意。擬與袁宮保商議以定勦撫之計云。

◎中俄新約紀聞　據東報云。駐北京俄公使近向外務部要求改訂中俄通商條約。以圖中俄兩國陸路商務之發達。業與王夔石中堂商議。一是玆揭其所議條欵如左。

第一欵　盛京吉林黑龍江三省所需槍砲彈藥及一切軍械。由陸地俄領輸入者。

須課入口稅。

第二欵　在張家口設一製造廠。以造今後中俄協同築造鐵路所需各種材料。

第三欵　在哈爾賓設一礦務局。辦理中俄協同開採吉黑兩省各礦一切事宜。

第四欵　凡經過西伯利亞而輸入清國內地之俄國貨物。及由清國陸路輸出俄領之貨物。未列諸特別章程者。皆不課稅。

第五欵　前定條欵除中俄兩國外。不得使他國均霑此利。又中俄兩國當扼要分設通商監察局。稽查經過各種貨物。

第六欵　中國應在奉天哈爾賓哈巴羅夫喀及張家口四處各劃地段百萬坪（每一坪日尺六尺對方）以內租與俄國爲專管租界。

◎俄人要求　英京電云。路透局得北京電稱。俄國現向中國政府要求允准俄人在滿洲各處創設稅關郵局。聲言此項稅關與中國之海關無損云云。

海外彙報

半月大事記 西曆十二月上半月

▲一日路透電。英將爾格陽由印度帶兵前往阿富汗交界處平亂。共毁敵營五十九座。並在鄉村擒獲敵人二百〇二人。牲畜五千六百頭。殺斃敵人二十五人。受傷者二人。

同日倫敦電。俄美兩國漁人在白令海峽捕魚齟齬一事。自交和蘭萬國弭兵會調處後。現已斷定此事美國得直。俄國須以十萬元償之。

▲二日路透電。俄屬柯克士所種茶樹大著成效。俄國農部大臣近復加意改良。特採中國印度錫蘭各處茶種。分給農民布種。計是季柯克士所出之茶共有十四噸。每磅約值廿六辨士。以至四十六辨士不等。

同日倫敦電。杜國三提督已將英人所助被難杜民之欵。合共計算。計有二萬五千二百八十磅。

同日電。法國理藩大臣杜麥哥。已決計派專員一班往查暹羅圜法事宜。如果查出將來在遠東各殖民地有所關碍。則必設法以維持之。

▲三日路透電。此次美國議院會議時。美總統羅斯福致函言今須定一新例。以便政府監察各商業聚行一事。惟須謹慎。不可令合例大事業有碍。又言美國應設一極大海軍以保們羅遺訓。

同日倫敦電。意大利外部大臣普利納在下議院宣言。已允英國在非洲東部攻回酋之兵在非洲。意大利權限圈內某處從事。蓋以該處現尚未歸意國保護。惟英兵在內用事須不與吾國殖民地及所保護之處有碍。始可。是以特派一水師大員隨營前往。以觀英兵動靜。

同日柏林電。德國擬在南美洲委內瑞拉用兵一節。現聞德國所用船隻。祇用已在該國海面者。至于此禮拜內由德起程之三巡船。則用以在美洲其他海面辦事。英德兩國已議定于本月三日將哀的美敦書送交委國。并聞委國已將德國所索賠欵。經由紐約滙交德國。而德政府則並未接有是項消息云。

▲四日路透電。英國下議院已三次宣布新訂學校章程。此次贊成二百八十六人。反對者僅一百三十四人云。

同日電。西班牙樞密院諸臣刻已一律辭職。

同日電。有英兵艦四艘已由印度起椗前往委內瑞拉。尙有兩艘不日將往云。

同日電。英國理藩院大臣張伯倫偕其夫人刻已行抵埃及京城矣。

▲五日路透電。英政府現已擬定遣派西非洲軍士四百人或六百人前往非洲索瑪勒攻擊酋長。該酋長亦統軍甚多。現已預備開仗。

同日電。英國二等巡船英牒脫格刻由西印度英屬德利尼達地方調赴委內瑞拉。

▲六日路透電。法國礦工爭鬥一事。法政府已極力調停。尙未了結。各礦務公司以及各官均大爲失望。

同日電。英屬達丁黎地方某伯爵及愛爾蘭地方總兵官業已預告駐扎商愛德博靈之孟大臣云。英皇及皇后擬于明春巡幸愛爾蘭。

▲八日路透電。英國兵艦理吐力畢森號及德國第三號某兵艦。現已行抵委內瑞拉。

同日電。張伯倫于昨日下午覲見埃及國王後。旋赴金字塔遊覽。即回轉蘇彜士河原船首途。

同日電。美國元老代表兩議院刻均將非律賓改用金磅一事開議。

同日電。英國皇太子及其夫人此次往東方游歷。道經埃京。埃王偕其弟暨各大臣以及英埃兩國武員均至車站迎迓。并往阿普丁宮殿游覽。

同日倫敦電。英國要索委內瑞拉之故實有數端。一擄英船二奪鐵路。三刻薄英人。四任意傷害英人利權產業。

同日電。英國外務大臣業已宣言。謂英國之與委國交涉。迄未議結。德國亦然。現英德兩政府均已簡派專員向委政府極力要索委政府所許條欵。如果不滿兩國之心。惟有開戰。必欲達其目的而後已。又英德兩國戰艦已于前禮拜日下午駛抵委國格洛埃斯地方。委國果不從兩國之要求。必有一番血戰云。

▲九日路透電。法國馬耳賽口岸所有船塢工人及舵工等。已均一律罷市。凡船隻到時。無論何國。一概不與起貨。其解各行工業。亦將商同罷市。而漁人木匠餅師屠人

等則已一律罷市云

同日柏林電。英德兩國自將哀的美敦書送與委國後。二十四點內。仍未接到覆文。故英德駐委國兩公使。已離去委京。而主停泊在拉夸爾口岸之兵船暫駐。如委國不遵哀的美敦書所載各節。則英德兩國即將奪其兵船封其海口。

同日電法國各報頗不以法埃所立之商約爲然。據言該約之立法國幾若已暗認英國占据埃及矣。

▲十日路透電。倫敦得委京格洛坎士電稱。英德兩國兵艦。已于本日在理谿武拉港中聯合拘獲委國戰艦四艘。委政府即將委京各英民悉數拘禁以報之。

▲十一日路透電。法國馬耳賽罷市工人。現已決意不再與其主及政府議和。

同日電此次委京各英民均被委政府拘禁一事。英政府尙以爲得計。盖英民既被監禁。愈可保全無恙也。

同日電委京居民聞知理谿武拉港中委國兵艦四艘均被英德所拘。即將兩國旗撤下。以火燒燬。幷欲迫入德國使署。將德人盡行誅戮。警察雖備知其事。亦徒袖手

旁觀而已。

同日電。德國由委國鐵路所運貨物。委政府均不准放行。

同日電。委政府現已大赦國內犯人。并諭國民從軍禦敵。

同日電。美國駐委公使現在委京關顧英德兩國一切利益。已將兩國被禁商民設法釋放。現仍籌謀良策。冀兩國民衆盡脫囹圄。

▲十二日路透電。委國各戰艦均被英德兩國擊沈。惟一艘無恙。

同日電。委將敷列帶兵一千二百名前往理豁武拉應戰。委總統現已降諭。極言英德聯合軍有野蠻之舉動。諭令國民同心戮力應戰。以保疆土。

同日電。德委政府拘禁英德兩國人民。目下均已釋放。委將敷列所統之軍并大砲十八尊。現已行抵理豁武拉。

同日電。目下英德各軍并未與彌軍開仗。

同日電。委總統現已招集新軍。凡年在十五歲以上至五十歲者。均可應募。委國總主教及總統近曾往謁委國革命黨首領。請其相助禦敵。

同日倫敦電。與英國爲敵之素瑪勒酋長。聞已于拜神祈禱時。爲人行刺而斃。

▲十三日路透電。委政府現已照請美公使代向英德兩國求和。惟觀現在情形。兩國似不能允其所請。

同日電。英德兩國將所獲委國兵船沈没。其故以無從解釋。故美人聞者頗爲訾議。并極忿怒。

同日電。在暹羅之各國銀行。因暹羅改用金幣。以致受虧。咸向暹政府索償。暹廷不允。

▲十四日路透電。北妙達地方之英兵艦二艘。現亦開赴委內瑞拉矣。

同日電。意大利現亦遣派戰艦兩艘。前往委國。

同日電。日前傳說素瑪勒酋長被刺一節。係屬謠傳。蓋英政府已接該酋來文。其辭甚爲倨傲。文書略言議和情形。并請英政府允其載運各種軍裝進口。

▲十五日路透電。德國力測斯達商約。已在議院辨駁終宵。始獲定議。此次贊成者三百〇二八。反對者一百人。

同日電。德國米尼滔兵艦。現又拘獲委國力士滔的砲船。

同日電。英國滔斐士輪船。于本月十日爲委屬嘉拍洛土匪所拘。旋卽釋放。

同日電。英國開勒的士兵船。幷德國米尼滔兵船。已將委屬之嘉拍洛地方極力攻擊。

同日電。委國總統日來舉動大異于前。一面聲責英德兩國行爲之非。一面諭令各屬不得擒拿英德商民。幷將德國所建德律風以及鐵路一切交還。駐委德使之夫人抱病在署。委總統曾親往問候。幷請其入宮靜養。且諭飭嘉拍洛地方各官。務允英德兩國所要求云。

餘錄

支那教育問題

光緒二十八年。日本始以代興支那教育自任。其明年。文部外部合力創設弘文學院于東京。專教支那遊學人士。以高等師範學校校長嘉納治五郎主之。中設教育一科。又分爲速成永久兩門。而各省所派速成師範學生。惟湖南十八先至。入院最早。江蘇四川廣東浙江之自備資斧來學者。以其時各本省皆尙無官派者。可附則皆附屬于湖南列爲一班。而各省士大夫以教育之目的遊于日本者。又有湖南黃君忠績（成齋）周君渤（士眞）戴君展誠（惠庵）楊君度（皙子）湖北胡君珍（仁山）江蘇夏君偕復（迪山）四川任君憲吉等。後先繼至。謀之于嘉納治五郎。皆以居于院外。每日入院聽講。附于湖南諸生。別爲旁聽一班。其後各省漸有官派師範生繼至者。各爲一級。嘉納治五郎以將爲支那謀興教育。因出遊于北京江蘇浙江湖北湖南等省。一觀其國政民風。以定教育之旨。及其歸而湖南速成師範生六月期滿。將辭歸國。嘉納治五郎乃以西曆十月

二十一日聚衆演講。湖南與各省師範生多來集者。而旁聽者惟湖南戴君展誠楊君度至焉。

嘉納氏乃言曰。吾新以教育事出遊貴國而歸。據其觀察。竊有所見。今湖南師範諸君方將歸國。故願爲一陳之。

教育之種類不一。有普通。有專門。有實業。有美術。以貴國今日之情勢論之。其最宜急者。莫如普通實業二種。而專門美術爲後。因一則未可驟幾。一則未切實用也。今請爲諸君先言普通教育。

普通者。專門之對待名詞。而又爲專門之基礎也。非先有普通教育。不能逕習專門理科。其尤著者。餘如農事建築圖畫手工等類。以平日習慣之知識求之。而以當專門之用。似亦無所不可。然農事固專門也。使講農事者不能知植物動物地質化學之理。則何農事之可言。圖畫亦美術之專門也。使習圖畫者於地形昧地理學。於人身昧生理學。於物狀昧動植物學。則何圖畫之可言。故教育之次第。必無離普通而能成專門之理。惟詩文不必其然。以其可實亦可虛也。

普通之種類方法。與其科目次序。諸君數月以來。聞之熟矣。然予猶不能不爲諸君一陳者。則因普通教育之所以然。其大端不可不三致意也。試爲舉其條列如左。

目的之一

道德教育

一智　識

二智識與情（行爲）之聯絡

三習　慣

智識者。所以敎國民之心得。與個人之心得。使能深明其理。而養成一種善美之性質也。

智識與情之聯絡者。使其行爲善則心爲愉快。不善則心爲慙悚也。

習慣者。漸漬浸潤。使其習慣於爲善而不以爲難。不待勉制而能自然也。此三者謂之德育。國民有此德育之根基。則雖無專門之學。亦必不至爲公衆之累國家之害。不然。則雖學問專精。亦只知爲一身謀私利。而不知爲一國謀公益。譬有政治家外交家於

此。皆以專門而擠國事。其施行舉措。或以其私意而偏愛于一隅之地。偏重于一部之事。不顧一羣之全體。是必因一身本無教育。遂不知其所職爲國民所公託。以致背謬如此。其爲害何如乎。故普通之有德育。如船之有舵工。其專門之利用者。乃其機器煤水也。趨向不正。則百物皆誤其用矣。

目的之二

智識

一生活上必須之智識

二高等教育之基礎

三國中有少數高等智識之人必有多數普通智識之人

生活上必須之智識者。國民之不能求高等學問者。得此已足利用之而自謀生活也。嘉納氏言至此。問湖南師範生曰。諸君聽講數月。必能知普通教育所以爲高等教育基礎之理。曷一言之。

俞君誥慶起而對曰。高等教育之基礎者。舉例以明之。則如普通學有算術一科。無論

何種專門。不能不知算數也。有外國語言一科。無論何種專門。不能不通他國之語。而讀他人之書是也。又如歷史地理兩科。不僅言內治外交者。能知己國與各國之現狀。與其所由來。即農工商兵等學。亦由此而知彼此時地之適宜是也。嘉納氏曰。然國中有少數高等智識之人。必有多數普通智識之人者。凡事須合羣而成。一人知之而衆人茫然。譬有良將而無健兵。事何能舉。此又以普通學問備專門學問之用而贊助之者也。

此三者謂之智育。國民之智識程度高。則國家之智識程度亦高。日本人口四千萬。其數不少於法國。而國稅所入之數不及之者。國民之學問尚不能盡發天然與人爲之利益。故因國民之程度不如。而國家之程度亦遠不及。貴國四萬萬人。而不能人人得其用。故國力日衰。若他日人人皆有智育。使其程度日高。則人數之十倍於法國者。其國力亦必十倍于法國矣。此可由教育上之定理而預決之者也。

目的之三

身體強健

此謂之體育所以使國民習慣勞苦健壯輕捷皆能肩艱任鉅以謀國事勿使其因身體疲弱之故而精神疏慢氣力頹頓以阻國事之進步也國民有此體育者則國無懈政人無惰氣不戰而能武行步而有彊國之容矣今日世界方以種族競爭此亦強種之一要事也

今既言三目的之條列請進論貴國適宜之方法

德育仍宜用孔子之道而必得學人取其精理以作爲教科書由淺入深由粗入精以教幼兒及于成童惟宜審度世界大勢以養成國民適宜之性質不可徒爲迂遠之論乃爲有用至經籍繁多必不可令童兒背誦以傷腦力惟宜列爲專門之學以待學人之研究若以列於普通教育亦未見成童以下之學者眞能治此也

智育之于專門基礎尤爲切要欲不蹈於空理而能切於實用非此不能貴國于此項學問知者極少若教育而僅重德育以此爲末則國民徒有團結之精神而無扶持之藝術工商等事猶須待人而理仍無自立之具也論者若因時勢亟需之故欲暫時不習普通而求逕習專門雖亦權宜之道然普通不足則其習專門時必處處阻滯仍須補

習普通，是欲急而反緩，故以學理論之，仍不如順序爲要，惟此時不能再緩耳。

體育于重文輕武之國，較他國爲尤重，以其能挽積弱之弊而使之復强也。貴國人士凡學問稍優者，其身體必羸瘠枯槁，已無精力擔任國家之事，國家何貴有此無用之學人乎？國民如此，必不能以壯往之精神，促國力而使之健進，故今日之弱，亦其所也。今亟宜使文者習武，武者習文，互參其短長，使文明其腦筋，而野蠻其體力，反重文輕武之風，而行全國皆兵之制，以尙武之精神，而濟之以學問，國烏得而不强？今欲使全國學校盡習體操，恐輕武之儒，多有視爲兒戲，而以爲不屑之論，然不可因此而遂阻也。此外又宜多立醫學校，考求防禦災疾之道，以保國民之生成，亦其方法也。

至于教員之種類雖多，而以小學校教員爲最要最急，因國民教育之根基，皆由其所創造，爲立國之精神所在，不可不精其選也。必求其能擔負此理而實行之，則教員自以出于師範學校爲正。然言師範者，必先有普通學而後能言教育學，貴國此時未易辦此，惟有不分中學校與師範學校之別，折衷其間，立一種學校，出校之後，可以充教員，亦可以習專門，俟中學校設立既多，然後再立師範學校，分教與學爲二種，不然則

徒備其名而無其實。言教育者無普通之學。因無確實教人之具。學普通者又不諳教育之法。不能即充教員。有二者不能應於急用之憂也。

大學校乃各專門之程度極高者。今貴國各省皆奉詔立之。以吾思之。其辦理最善者。亦不過取能治經史子籍之士入之而已。必不能如各國立大學校之意也。各國所以立此者。皆取專門學問程度最高之士聚之於此。以考求他國學術與已國學術之高下。而即現有者以求進步。以求勝人。其效極緩而亦極大。故貴國他日終不可不立大學校。而此時則殊可暫緩。國民之學問程度未及。即立之亦無能入學者。既無教員。又無學生。徒慕他國立此虛名。誠可不必也。

專門中惟醫學法學兩種專門學校。可以此時即立。泰西醫學。向爲貴國人所不信。且學之亦必略有普通預備。此時立校。未必有人來學。若有學者。則即立之。先稍教以普通。亦甚易也。

法學則不必先有普通預備。而可逕學。故此時竟可即立學校。各處開設。使人人皆能通各國之政體。并法制經濟之理。（日本用經濟二字爲理財之義）則於國事之補益必不少矣。此於貴國

今日實爲最要。惟設立學校之時。其中科目。宜爲留意。不可造次。請爲諸君一陳其故」。少年之人英氣多而經驗少。老年之人經驗多而暮氣亦多。往往有相衝突之勢。各國與日本無不有此。貴國前途。恐亦不免。此予之所深慮也。夫衝突必有勝負。政府勝則民氣愈壓。生機愈阻。按壓力愈重則抵力愈出未有壓而能阻生機者也民黨勝則必思傾其政府。然貴國今日之事局。必非一二省之亂可以顛覆政府者。亦徒以生內亂召外兵之蹂躪已耳。若少年以此而求得名。則不知國家之進步。既以自生阻力而益遲。則一身之名譽。亦何有乎。故今日在下位者而言辦事。必對其長官。如子弟之於父兄。無少怠慢。誠心相與。使其感動。以求信用。徐圖大展其才。李文忠之薦袁蔚亭。由此道也。袁今者雖阻力猶多。然較之前日。已能進步。非誠心何能得此乎。李平待時之至而眞能辦事。固未爲遲也。按甲午一役李敗而袁興庚子一役李死而袁繼袁之得用多由于榮非由於李迹其驟起之由亦正譎參半謂其傾心事李而得其薦未爲確也予遊貴國。與政府諸公及各督撫論事。雖其中亦有明達者。然無不以老成持重爲主。實皆守舊主義也。民間志士。則多進步主義。然欲銳進而無權力。爲上所忌。此貴國最不幸之事。而有心人不可不思。善處此者也。予每遇各大吏。輒見問以此間留學生之學法制經濟者。多倡民權自由之

說將如之何予輙答之曰貴國此時即不能立憲法開議會而現行之舊律亦未能守之以終古必稍改而後可以適用即請外人代改亦必已國自行則烏可不令人學之也日本此時猶有言民權自由者是何傷乎且今日貴國治外法權尙未收回自應思有收回之一日豈有國中無人能知他人法律而能收回權利之理予今日與諸君言法學宜急講者亦此意也然議者猶多則辦此者安能不和平謹愼以求事之能濟乎」

治法學者不必先有普通故可急辦然其中亦有一弊無道德教育之根基而盡言權利義務則或藉此日與人相爭競以權利利己義務責人終日嘵嘵以便私圖則反爲公衆之害故法學興創仍須留意於其道德教育也

大學校爲各專門最高之學其效大而極緩甯以俟諸異日普通學之效則至速而可即觀諸君回國之後可以辦此爲正大之基礎兼辦應急之專門以爲時用則緩急得宜至于實業之可即辦者亦多異日當爲諸君言之

嘉納氏講畢將退旁聽者楊君度問曰敝國教育于普通專門之緩急先後先生所言皆爲不易之論敢不欽服惟論辦事方法專在和平主義固亦苦心然事非萬不得已

亦誰肯舍和平而用激烈者。以先生之學術眼孔。游觀于敝國。豈有于社會情狀不能識破之理。敝國之事。明者皆知。我等何容自諱。且先生又已言及之。我能無一貢其疑乎。敝國之官吏。雖不必謂其絕無賢者。然各爲其私。以利相市。則其大較也。先生慮守舊進步兩主義之相衝突。而欲令銳進者以誠心感老成。求其事之能濟。夫銳進老成云者。猶據辦事手段之區別言之耳。果有老成在上。而銳進者往輔之。既可以相依成事。亦可以自救其偏。豈不甚幸。設有達官於此。除保全爵位以外。不知其他。時或辦一二事。亦皆爲其爵祿上之關係。勢有不得不如此。本無心爲國家辦實事。爲國民謀公益也。如此者既無辦事之心。豈能居老成之號。欲以誠心感之。而無心可感。則處此將如之何。

嘉納氏曰。尊論至爲高尙。貴國情形。亦實如此。然此亦當看時勢如何耳。下期會講。當與君一論之。言畢各散。

二十三日。嘉納氏又會講于弘文學院。聽者如前。嘉納氏曰。前論貴國今日之情勢。其教育之最要者。莫如普通實業二種。普通已言之矣。今請更言實業。

高等實業。即爲專門。必先有普通預備。此乃指理上之實業教育言之故耳。若實地上

之實業教育則無普通亦可如湖南多山林則可令於種植一道經驗最多之人開講習會本其習慣以教人而又進求學理以求改良至程度漸高於是再開學校如日本之有農學校山林學校是也浙江杭州有養蠶塲近有人謂新法不佳者因羣取以與舊法比較成蹟較多新法得以不廢究其所謂新法者亦不過講究其方法而參以淺近之學理而已非有普通之學也各省土地宜于養蠶者皆可倣此興辦又如江西磁器從前甲於各國因各國日求進步而此只守舊法致近年反出他國之下若不急思所以救之必日見其衰敗終歸於無有矣又如染織一道貴國人向無此學然亦可本其經驗而教以淺近之學理以漸期於改良凡此之類皆必以講習會爲下手方法以粗淺學理實驗應用爲主不必先有普通始能即事此亦非難辦者若欲求高等之程度則非普通完備不能驟語也

楊君度日記中記其遊高等工業學校時有教員某氏爲染織學專家爲言教育與工業之關係及染織學之概略今因其可與此發明特爲摘錄於左

工業由教育而來教育盛則工業亦盛所以然者以工業之要素有四一原料二機器三人力四資本今但舉人力一端言之非盡人皆能爲工也必先之以教育使稍

知理科之學始能備於實用其高等者無論也英國因工業盛而商務亦盛向有名於世界今則德國以教育之進步考求學理日加精密工業之化品銷路亦駕英國之上德國於關係工業各種學問皆有進步而應用化學尤甚如染色之顏料雖亦多取於植物其過人之處則能取已成炭之木名爲副生物者而化之取其色以染物此學理之進步使然也近有人考究英德兩國工業進退之所以然據其報告雖述種種原因而大原因則考求高等學業之人德國較多故也高等學問之人多則普通學問之人亦宜更多以備工人之用故工業之盛衰可以視教育之盛衰爲準言工學者不僅不能自運機器即原料資本二者之用亦無不有賴於人工則人工者所以用此者也而曾學與未曾學其備用之優劣至爲懸殊此所以必待於教育也夫教育人工之法但使有物質之知識理科之思想而已不必過高也普通學已足矣然文字難則學問苦職工之造就不易日本今已有文字改革之議欲使言文一致貴國文字更難若欲求人民之進步亦不可不思改革之法也貴國之原料資本皆足惟機器或求自製或購諸人皆可至人數雖衆而曾習普通堪備職工者不多至于高等學問之人愈見其少若能興教育以植其基將來奮發振興不患不爲地

球上一大工業國也。

問曰。敝國工學尙未萌芽。即以染織二事而論。不過守其習慣。未能稍求學理。欲于此時求目前急切辦法。先學粗淺。徐圖改良。不知有可行之理否。先生此學名家。幸有以教之。

答曰。此亦未可易言。然吾願爲君言染織學之梗概。原料者。羊毛蘭絲廠糸之類。必皆染色始可織造成物。而原料異則其方法亦異。顏料取于植物副生物。亦有取於動物者。今世界之顏料種類。共有二千餘種。以學理推之。將來必有三百一十九萬六千餘種。其進步尙遙。其方法亦必屢變。今則通常方法。必待水之熱度高。始可加顏料以染物。惟藍者獨否。凡物有黏顏料永遠不脫者。有與顏料絕不相黏者。欲其不黏者而使之黏。此所以貴有學也。顏色有深老經久者。有淺嫩易脫不能經日晒水洗者。要當視顏料之性。以爲人生應用之別。亦製造家所有事也。

織有二種。一平織。一花織。從前之織機。不能使用。法國人查嘉德始作機器。一人能管機器十二臺。每機一分鐘。緯線來往可二百次。日本無此大機。今所用者。不過每

分鐘百五六十次而已織學之有賴于機器尤其彰著者也

予未能盡知貴國實業何者可以速辦此數端者不過舉此以示例耳欲求切實辦法惟有擇洞悉本國各種實業情形之人使其出游各國考究彼此情勢度本國何種實業可以不習普通而逕聘外人教之何者不能詳審其宜否以定興辦之次序此最上策也

凡事必合羣力而後能成貴國之實業不興由于團力之不結其根源在于愛國心之淺薄此教育者所最宜注意者也教育其愛國之道先不可使其有一種驕傲心亦不可使其有一種卑屈心發揚與壓抑皆不可有所過如謂已國皆是他國皆非則生其驕傲心如謂他國皆長已國皆短則生其卑屈心皆于愛國心大有妨礙者也以貴國而論地大人衆有數千年之歷史以此教人可以使之自壯惟不可詆毀他國以相形容致生其驕傲又不可因已國現狀之危弱專以詆已譽人爲教致生其卑屈惟各舉其有無長短以相比較徐言其當改革者則人人皆有自保以求勝人之意愛國之心油然日生和藹親洽不抗不屈而團力自然能結國事自然能舉矣

貴國重文輕武最不相宜今日文官之能壓抑武官者以其無學問也他日武官皆由

學校出身。若猶壓抑如此。必不免大有衝突。此于國事甚有妨礙。宜于未發時調和之。教育者之于小兒。卽宜以二者并重。不可有輕慢武人之意。以免後來之衝突。前日所論守舊進步兩主義之免於衝突。惟宜在下者先以誠心相感。而楊君謂有非誠心所能感動之人。此論實然。以予所見。今日北京政府之權力。尙能盡遏自費遊學之途。不宜過激以自阻塞。雖然腐敗之人而有權力。足以阻遏新機。此本以去之爲宜。若有其機。固亦甚善。惟去之不宜以公衆之名。致招羣敵。但宜於其一身之聲名惡劣。如貪賄賂等事去之。則無不可也。

楊君度問曰。旣如此。則避衆敵而攻一身。非自道理上言之。而自權力上言之也。然官吏之不惜聲名。敢於爲惡者。必倚一大有權力之人爲之保護。以有恃而不恐。而保護之者。又必有權力極大之一人爲之保護。而託命焉。是雖揭其一身之短。彼猶將笑其不量力。而日加恣肆矣。如此則誠心旣不能感之。權力又不能去之。而猶欲與之共事以圖相濟。則如之何。嘉納氏曰。此論愈益精微。實爲貴國一大問題。非一時所能盡言。三十日之夜。揚君其過我室。一暢論之可乎。楊君度諾之。嘉納氏又宣言曰。凡在學院。有欲聞者。可於是夕皆集。言畢而散。

傳記小叢書第二種

俾斯麥傳

現已印成即日出書

十九世紀操弄世界之政權者俾斯麥也其一言一動世皆注目視之雖謂近今大勢皆俾斯麥所造成不爲過讀其傳記于以求時勢思過半矣

傳記小叢書第三種

加里波的傳

現已印成即日出書

意大利興國三傑卓卓在人耳目間其言論行事多可取法欲知加里波的之人物之價值此傳記不可不亟讀也

社會改良論

現已印成即日出書

人類進化以社會改良爲尤亟世未有社會腐敗而其國能興盛者此書詳論社會改良之理推原窮流洵能增世界社會發達之力也

世界十二女傑

現已印成即日出書

英雄豪傑不分男女中國數千年來廢女子不用而女子之傑出者益寥寥罕聞矣讀此書載世界女傑皆可歌可泣可敬可慕倘我中國吾知女子中必有聞而興起者矣女子猶如此男子更可以興矣

男女生殖器病秘書

現已印成即日出書

自人種問題出世益致力於生理衛生諸事以爲傳種改良之具中國學士以生理學未明多闇於身體搆造之理茲書言簡意賅讀之於男女衛生其受益爲不淺也

發行所　上海廣智書局

泰西事物起原

現已印成即日出書

凡事必有起點而後逐漸發達逐漸完成故考各種事物之起原非徒趣味濃深亦實治學問必要之具也中國昔有「壹是紀始」等書言各種事物最初之來歷大便學者惟是泰西今日文明日進事物日繁世人徒艷羨其新學新藝而罕知其出來此書爲日本第一書林博文館所編分類數十門上自政治學問下及一名一物莫不推原其所自始以最簡之筆述其梗概實足供考鑒之資備應對之用博物君子盍一讀之

處女衛生論

現已印成即日出書

天下最名貴之人格莫過於處女處女者一切人類所同敬愛而尤宜矜持自愛者也自愛之道不一而衛生其一端婦女之衛生既與男子異處女之衛生又與尋常婦女異本書以最新穎之名理寫最切實之體段其滋味之濃富學理之精確實有非俗子所能夢見者吾願天下之處女皆讀之吾願天下之敬愛處女者皆讀之

發行所　上海廣智書局

新刊 言文一致普通學全書 新刊

洋裝美本◉插畫豐富◉每篇定價金二角◉郵稅金六分◉六冊金九角七分十冊金一圓九角廿冊金三圓六角卅冊金五圓二角五分

凡普通學之智識者國家文明之基礎且增進國力之充實爲最切要之學問也方今我國普通學之弘布果如何即中等教育之現狀又如何以實言之未免遺憾固由此等獨習書多不完全或則晦澁難解或則其專門的趨于學理一邊而不切于實用或則其材料散漫雜駁究之于初學獨習者不甚見其親切而有味是于國家于學界不無憾事敝社今般新發行之言文一致普通學全書乃補此等之缺點謀斯學之弘布且深鑑以上之通弊而爲種種嶄新之考案自與世間之獨習書不同區區微意諒爲識者所共鑒即敝社亦敢自信不疑者也各篇以二百頁之小冊而能達中等教育之本旨優優有餘各地之篤志獨習者及各受驗者以此書爲自修最爲適切又可爲中學校師範學校高等女學校之生徒諸君高等學校等之入學志願者各種實業夜學校及小學教師諸君之參考書甚爲有益而便利者也

發兌元 東京神田區裏神保町 電話本局千〇三十六 合資會社 富山房

上海廣智書局

日本維新三十年史	全六冊	定價一元六角
政治學上卷國家編	洋裝全一冊	定價四角
政治學中卷憲法編	全一冊	定價三角五分
十九世紀末世界之政治	全一冊	定價四角五分
再版現今世界大勢論	洋裝全一冊	定價二角五分
法學通論	全一冊	定價三角
歐洲財政史	全一冊	定價二角
增補族制進化論	全一冊	定價三角
再版憲法精理	全一冊	定價五角五分
再版萬國憲法志	全一冊	減價五角
政治原論	洋裝全一冊	定價七角五分
支那史要	全四冊	定價八角
飲冰室自由書	全一冊	定價五角
中國魂	全一冊	定價四角
國家學綱領	全一冊	定價一角二分
胎內教育	全一冊	定價三角
國際公法志	全一冊	定價五角
實驗小學校管理法	全一冊	定價一角五分
中國商務志	全一冊	定價四角
東亞將來大勢論	全一冊	定價二角
中國文明小史	全一冊	定價四角
中國財政紀略	全一冊	定價二角五分
修學篇	全一冊	定價二角五分
再版楊子江流域現勢論	全一冊	減價二角
新撰日本歷史問答	全二冊	定價三角五分
再版埃及近世史	全一冊	減價二角五分

出版圖書廣告

東亞各港志	全一冊	定價三角
明治政黨小史	全一冊	定價一角
外國地理問答	全一冊	定價二角
理學鈎玄	全二冊	定價五角五分
近世歐洲四大家政治學說	洋裝精本	定價二角
日本維新慷慨史	全二冊	定價五角
英國憲法論	洋裝全一冊	定價六角
羣學	洋裝全二冊	定價六角
歐洲十九世紀史	全一冊	定價八角
中等教育倫理學	洋裝全一冊	定價五角
精神之教育	全二冊	定價五角五分
地球之過去及未來	全一冊	定價三角
滿洲旅行記	全二冊	定價五角
泰西政治學者列傳	全一冊	定價一角
愛國精神談	全一冊	定價三角
史學小叢書第一種 俄國蠶食亞洲史略	全一冊	定價一角五分
史學小叢書第二種 十九世紀大勢略論	全一冊	定價一角五分
史學小叢書第三種 日本現勢論	全一冊	定價一角五分
十九世紀大勢變遷通論	全一冊	定價四角
二十世紀之怪物 帝國主義	全一冊	定價四角
國憲汎論		近刊
英國憲法史		近刊
萬國官制志		近刊
萬國選舉志		近刊
萬國商務志		近刊
歷史哲學		近刊

本支店所在地

東京（本店） 大坂 京都 横濱 神戸
名古屋 廣島 下關 函館 大津
和歌山 四日市 長崎 小樽 足利
横須賀 三池 門司 深川（東京）

資本金五百萬圓

横濱市本町二丁目二十一番地

合名會社 三井銀行横濱支店

電話 五五番、八九〇番、九八六番

公積金五百參拾五萬圓

存金利息

一 定期存金六月以上週息五分五厘
一 隨時存金每百圓每日九厘
一 特別隨時存金每百圓每日壹錢二厘
一 通知存金利息隨時面議

明治三十六年一月十六日

支店長 矢田績

啓者。本店開設日本東京經已三十有餘年。專製造機器字粒及各種花邊電版一切印刷物件。其精緻秀美。久已四海馳名。迥非別家之可比。至字粒之式樣大小高低。全仿歐美所製。而且字體玲瓏堅固。雖日久用之。永無殘破糢糊之弊。凡印刷書籍地圖繪畫等。皆極鮮明精巧。版面用墨不多。額外着色。本店不惜工本。專心製造。近更日加改良。精益求精。一切印刷物件。實較歐美有過之無不及。倘蒙 諸尊光顧。請移 玉步。貨眞價實。童叟無欺。

又本店之機器字粒及各種花邊電版一切印刷物件。皆印有圖形。如遠地 諸君欲購何種。而欲先行取閱式樣者。可列明函告本店。當按照寄上。

登錄商標

日本東京市京橋區築地二丁目十七番地

株式會社 **東京築地活版製造所**

廣智書局已譯待印書目

獨立自營 大國民 慶應義塾譯本

西力東侵史 齋藤奧治著

六大強國 金港堂編

社會經濟學 金井延著

以上四書本局已譯成過半奉告海內諸君勿複譯爲盼

（梁溪務實學堂四書義）以最新之理想發明孔孟之眞諦識解出漢宋諸儒之上實經說最特色之作也木板四角石印三角總發行所上海廣智書局無錫梁溪務實學堂

古部直太郎之羅馬盛衰記本社已開譯敬告海內諸君幸無騈枝

史學編輯部謹白

啓者本店專製造各種活版器物發客美麗鮮明價甚相宜久爲海內外所推許近更大加改良從廉發售以廣招徠諸尊光顧請移玉步貨眞價實格外克已茲將各種活字器物列下

一電氣銅版　一大小活字模

一厚鉛片　一薄鉛片

一黃銅厚片　一黃銅薄片

一黃銅活字（釘裝用）

其餘各種活版器物

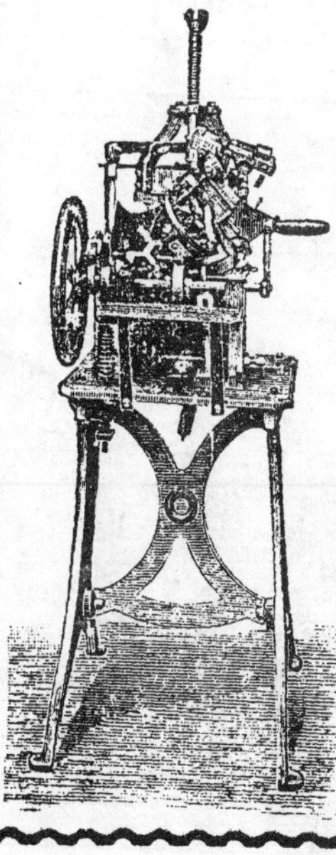

大日本東京市京橋區入舟町六丁目一番地

電氣銅版活版附屬品 製造所 松藤善勝

電話新橋三千三百八十一番

倫理學者人格之模範而國家之基礎也凡各國學校無不以此列於第一科內地迂儒動以爲惟中國有倫理而西人無之實最妄見也泰西之言倫理有視吾中國尤精尤備者也此書著者爲日本哲學大家特爲中學校教授之用著此書凡分兩編前書言倫理之實用區爲自己倫理家族倫理國家倫理社會倫理等

洋裝全一冊

定價五角

中等教育倫理學

日本文學博士

中島力造著

順德麥鼎華譯

後編言倫理之學說所謂直覺說功利說快樂說進化說等擇精而語詳文簡而意備東邦學校以爲此學教授之最善本譯者愍吾國德育之不興特覃精以譯是編實中國前此未有之本也近者學校之議漸興凡教師生徒皆宜各手一編採泰西新道德以與中國固有之道德相調和則既可以存國粹亦可以應時變矣

發行所上海廣智書局

來年之新民叢報

看！看!!看!!!

新年大附錄!!!

癸卯元日所出第二十五號適爲本報開設一週年紀念登錄懸賞應徵之文及本社特撰品之有關時局趣味盎然者視尋常葉數加多一倍

看！看!!看!!!

閏月大增刊!!!

閏五月特出臨時增刊一厚冊由本社總撰述自行執筆

看！看!!看!!!

全册大改良!!!

本報以明年大加改良務使與國運民智同時並進其改良細章別見本號及廿二號廿四號之廣告中

第三種郵便物認可
新民叢報第二十三號　明治三十五年十二月三十日發行

北京師範大學
圖書館
期刊之章

新民叢報

第貳拾肆號

光緒二十八年十二月十五日
明治三十六年一月十三日

◉本號要目

每月二回朔望發行

飲氷室主人著

少年讀本世界人豪傳第一種

意大利建國三傑

（近刊）

此書向分載新民叢報各號頃已完結惟隨時屬稿隨時發刊內中事實尙有漏略之處今由著者自行改訂增補一次並附瑪志尼學說數十條及『少年意大利』綱領章程卷首印刷三傑及英瑪努埃王遺像卷末挿入意大利地圖及建國年表以供參考由本局校印約明春二月初旬發行此等愛國名人傳記最足發揚精神著者才筆縱橫感人尤切欲教少年子弟以文學者最宜以此等書爲讀本勝於尋常教科書萬萬也

上海廣智書局

新民叢報第貳拾肆號目錄

光緒二十八年十二月十五日

二

售報價目表

全年廿四冊	半年十二冊	每冊
五元	二元六毫	二毫五仙
美洲澳洲南洋海參威各埠全年六元半年三元二毫零售每冊三毫正		
郵稅每冊壹仙外埠六仙		

廣告價目表 刊資先惠 論前加倍

一頁	半頁	一行 四號十七字起碼
十元	六元	五角

凡欲惠登告白者須于本報定期發刊之前五日交到價須先惠欲登長年半年者價當面議從減

編輯兼發行者　馮紫珊
印刷者　西協末吉
橫濱山下町百五十二番館
發行所　新民叢報社
印刷所　新民叢報社活版部
橫濱山下町百五十二番館
信箱二百五十五番

本社緊要告白

啓者本報開辦一年仰承海內外大雅推許銷數日增同人無任感悚至明年報章亦依曩例凡購閱者皆先收報費本社擬于二十五號出報後即依各處今年銷數多少照寄代派處于接到後即須向購閱者收取報資彙爲匯下并開明銷數若干或增或減俾便于裁寄報費俱照收大銀如交零碎毫子者依時價照爲補水望代派諸君照章辦理是所切禱

又本報銷流于上海一帶者向皆托廣智書局經理今特在四馬路老巡捕房對面開設支店名曰日本新民叢報支店專發售本報并爲廣智書局總售書處及代理新小說內地各處分派諸君自後如購書購報請逕向本支店交易可也

又本社編印清議報全編經已屢次耽延迄今未能全出其辜購閱諸君之望者實不能辭其咎今計明年正二月間准可出全書特此再爲聲明望爲諒之

新民叢報第二十五

本報開辦未及一年承海內外大雅不棄謬加奬厲發行總數遞增至九千份誠非本社同人所克荷承至二十四號即滿一年之期本社辱承　厚愛且感且奮自維初辦伊始百事草創體例漏略缺點殊多今特悉心研究務求進步改良以期副讀者諸君之盛意焉茲將改良條件列下

一增加葉數字數　本報原定百二十葉皆用四號字今擬隨時增加葉數　八葉至二十葉　其時評、記事、雜俎、餘錄、等門皆　改用五號字　報中內容約比今年　增加四分之一

一多聘撰述　今年報中文字大半成於一人之手議論思想未免簡單今得　海內碩學能文之士數人相助為理　各任專門　議論更歸實際　思想益求繁賾　惟本社　總撰述　之文字仍　有增無

一分設時評　叢報之體本以評論為天職今年之報偏於論說而缺於實際就中惟有國聞短評一門稍具時評之體殊為缺憾今擬　增置政治時評　教育時評　學藝時評　風俗時評　等門　就中國　現在利病　一一指陳以求國民之自省

號以後改良告白

一增加圖畫各國風景及名人造像每號增加數葉

一改鑄鉛字本館鉛字印刷既多未免時有模糊之患今一律淘汰挑去舊字補鑄新字以求娛目

一改良紙張改用上等潔白厚韌之紙以求美觀

一印送附錄元旦所出之第二十五號爲本報一年紀念增加附錄百數十葉來年有閏月別出隨時增刊一厚冊比本報葉數約增加一倍有餘由本社總撰述自行編著凡定閱全年報者一律奉送不取分文

本報爲開廣風氣裨補國民起見故取價極廉比諸上海各書局譯印之書價值較賤倍蓰此意當爲識者所同認惟年來內地銀價下落殊甚日本工價紙墨等事昂貴所虧不貲不得不酌爲彌補今定例自二十五號至四十八號凡內地定閱全年者實收報費銀六元定閱半年者三元四角零售每冊二角郵費照加其海外各埠亦照收通用銀六元惟日本各地不加分文

新民叢報社謹啓

第二年之新民叢報

本報改良章程畧具于上今將改定內容大概再布如下

第一論著門

一論說　由本社總撰述主稿其　新民說及新民議兩鴻著次第刊布此外有　特別重大之問題隨時著論

二學說　泰西近哲之學說如康德學說約翰彌勒學說斯賓塞學說等次第撰成復增演中國先哲學說如孔子孟子荀子墨子莊子王陽明之類

三時局　世界大勢中國前途隨時論列

四政治　專闡實際之學理援證各國之先例不尚空言其　中國專制政體進化史亦續成焉

五歷史　新史學各雜篇次第續成並闡發　史學原理兼多著　史論

六地理　中國地理大勢論尚有餘稿未盡續成之尚有　地理學研究法次第附載

七教育　續成中國新教育案隨成更闡明學理提出問題

八兵事 續成軍國民篇更他有所發揮

九法律 專以淺近之語發明法理以養成國民法律思想

十生計 循次淺深發明生計學學理其應用生計學及中國生計問題亦詳載焉

十一學術 續成中國學術思想變遷之大勢更為泰西學術思想變遷大勢一雄篇又取近世各種科學解其定義敘其源流以為求學津梁

十二宗教 發明佛學之哲理且為世界宗教比較論一雄篇以資國民德育之採擇

第二批評門

本叢報以批評為天職今年之報此類甚為草率誠缺點也今特立此一門占全冊葉數四分之一而一皆用五號字分兩格刊之於本國及世界緊要事件論載無遺務使讀者因以獲得一切常識養成世界的國民分類如下

一政界時評 內分三部 一本國之部二外國之部三國際之部

二教育時評 專調查國中教育之實況加以評論以促從事教育者

之猛省

三學界時評於學界進步墮落之現象有所聞者悉列載焉其新書新報之得失亦附論

四羣俗時評專論現在國中風俗之得失以爲社會改良之基礎

五實業時評今日生計界競爭之天下實業蓋爲立國之本焉有所見者輒論及之

六雜評評論之無可歸類者附於此

七評論之評論專取各報之論說而評之內分三部一本國之部二歐美之部三日本之部

八紹介新書佳書則爲提要尋常之書間予存目內分兩部一本國之部二日本之部所以著日本者因和文較易解近日內地學者漸多著此俾讀者譯者知所別擇也

第三叢錄門

一談叢如今年之例

二譯叢專擇外國人所著短篇佳作譯之所譯以哲理及有趣味者爲主

三本國輿論擇錄本國報紙之佳文惟不如今年之例全篇錄入惟擷其要耳

四海外思潮　擇譯外國最近各報之論說亦撮其要不使其占篇幅

五雜俎　如今年例

六小說　續成新羅馬傳奇其章回體小說亦附載焉

七文苑　如今年例

八寄書　社員以外寄來之文字錄之

九專件　若有大事件其記載文字關係重要者擇載焉

十問答　如今年例

十一記事　分中國之部外國之部　惟以簡要爲主

以上諸門類惟論著門各類及叢錄門之談叢、譯叢、小說、文苑、圖類仍用四號字依今年之例

其餘各門皆用五號字庶使文字增加讀者多得常識

封面之紙請日本美術大家繪一醒獅圖以獎厲國民自尊自立之性

其餘各項改良疊見前報告白者不贅述

新民叢報社

新民叢報第二十五號要目豫告

●封面題跋
●醒獅歌 祝今年以後之中國也

●圖　畫
●當代第一雄主德皇維廉第二
●當代第一政治家英國殖民大臣張伯倫
●美國紐約市自由神像
●美國華盛頓府國會議堂
●英國大哲學家洛克
●英國大歷史家謙謨
●瑞士日內瓦府盧梭銅像
●匈牙利布達彼斯得府狄渥銅像
●爲國流血鄧壯烈公世昌
●爲民流血譚瀏陽先生嗣同

論著門

●論說
●敬告我國民

●學　說
●近世第一大哲康德之學說

●政　治
●政黨論
●中國專制政體進化史論
第五章　論權臣種類之變遷及其消滅

●傳　記
●新英國巨人克林威爾傳

●學　術
●社會學即羣學之範圍及其沿革

批評門

●政界時評
●本國之部
逆臣廢弑之陰謀　易服色問題　外數件

新民叢報社徵事廣告

啓者本社來年之報特添設教育時評一門誠以此事爲今日中國第一急務而內地從事教育者多奉行故事毫無實際或不通理法舉措失宜阻國民進步莫大焉本社爲一國前途起見思有以規正之使咸自反省惟僻處海外於內地情形未能悉知殊爲遺憾讀者諸君或親在學堂睹其缺點或採諸輿論悉其內情伏乞不吝金玉隨時賜告豈勝忻幸本社非好爲尋瘢索垢實以報館有監督國民公僕之天職不敢自放棄耳君子鑒諸

廣智書局特別告白

敝局自開辦以來印行各種新書及所代派之新民叢報承海內外諸君所賞識銷塲愈推愈廣惟外埠來函購書報者多有住址開不清晰或用古地名或用別號或僅寫某省某學會某學社字樣而無地名街名以致郵局民局無從傕遞遺失頗多經敝局賠補亦不少有負購閱先覩之意爲憾嗣後外間來函屬寄務望于原信書明住址暨大清郵政已通未通之地均請詳細註明以便得函之下隨復回件免失雅望此啓

嚴查翻刻賞格告白

啓者近日查得廣州杭州等處間有私自翻刻本局書籍者在東西各文明國以此等事爲侵人權利治之與盜賊同罪本局除已查出一兩處稟官嚴究外恐尚有別家踪跡詭祕未能查確用特懸出賞格無論諸色人等若有知情某地某家翻刻本局之書投函報到者謝花紅洋銀二十大元能親自帶到該翻刻之所指証者即謝花紅洋二百大元决不食言特此通布

上海　廣智書局謹啓

購飲氷室文集者鑒

本局近刊之飲氷室文集原訂本月中旬出書前以一千部出售股票早已沽罄茲又得何君擎一續交來補遺數卷屬增印附入全書初訂十六冊茲加印至十八冊致未克如期殺青而外間仍紛紛函購股票本局特再以一千部仍售股票以副續購者之雅望改至明年正月成書屆時出版再當登報週知此佈

上海廣智書局

新小說第三號要目

東歐女豪傑　第三回　晏生訪美公義私情　葛女贈金氷心熱血

此回敍述女傑蘇菲亞入獄事而男員晏德烈扶病千里往救之德烈者即後此手刺大民賊亞歷山第三之人俄國民黨中第一流也少與菲亞同學兩情膠漆而相愛者實皆爲公義本回補敍德烈出身來歷內中在大學論政治原理駁斥頑固教習一段凡數千言洋洋灑灑將民權大義發揮殆無餘蘊又徵引歷史上下千古讀此不啻讀一部民約論也晏德烈苦心營救菲亞而苦無資財又有一俠女葛好巧慨贈鉅金好巧者亦本書中一緊要人物也本回所出現之人物共有四人其出法各各不同大似水滸筆墨至其穿插之巧妙議論之精新不能盡述一讀全文方知其妙

新中國未來記　第四回　旅順鳴琴名士合幷　榆關題壁美人遠

本回乃著者欲描寫瓜分以後爲奴爲隸之苦况因將旅順作一影子叙黃克强李去病二人游旅順查察情形見一廣東商人口述俄人種種苛虐之狀又揭出俄人侵畧東方種種陰謀內中所言事實乃合十數種之報數種之書而鎔鑄之者以數日之功

搜輯材料煞費苦心讀之如欲覺聞鐘發人深省又黃李兩人初到旅順遇著一人在隔壁唱英國文豪擺倫的愛國詩此處將英文原本用中國曲本體裁按譜譯出實詩界革命第一壯觀也著者文學之價值久有定論此數詩尤其經營慘憺之作也黃李兩人遂與唱歌之人相會一見如故後來同任大事又二人再到旅順口見有和韻題壁一詞題者爲一女傑往東歐游學者也此本回內容之大略也

其餘海底旅行離魂病二勇少年皆漸入佳境滋味益加盎然

短篇小說有「老學究」一篇描寫陳腐八股家之情狀蘊想惟妙惟肖謔而不虐不惡而嚴文筆之雅鍊削勁論斷之精嚴透警視聊齋等過之十倍

傳奇有歎老一齣借老朽之口以激厲少年其寄意之深遠詞藻之妍麗視刼灰夢新羅馬有過之無不及

「黃蕭養回頭」有歎獄敕折用二簧名調音節凄惋沁入心脾又有粵謳數章名爲童謠問答者確爲百粵俗語文界開一新生面

雜歌謠有人境廬主人所著「幼稚園上學歌」數章亦向來詩界所未有也復有樂府數首皆以古韻譜近事有關時局之文

自餘雜錄一門「燕市刼華錄」續登數段有「新骨董錄」搜紀地球奇聞軼事「射覆叢錄」將前號酒底錄出別有新燈謎數條

上海百美圖照相

全一冊定價二元

中國之美麗人都聚於上海一埠所惜者曇花一現即爲金屋深藏是以情人思客有侯門似海之悲鄙人感焉在滬上百計搜求費十餘年之心力將二十年來之名妹秀媛小影共得百數十人一時名貴無不備具有時俗客不來明窗展玩如溫舊夢如對新花茲特精工印成合爲一冊公諸普天下情人其亦添見影相思之感乎現將印成不日即可出版

十冊以上九折　五十冊以上八折

北京總批發所西門內琉璃廠　有正書局

上海總批發所南京路同樂里　廣智書局

橫濱總批發所山下町百五十二番　新小說社

英國名將戈登

General Gordon.

德國名將毛奇

H. Karl. B. von Moltke.

論說

新民說十七

中國之新民

第十五節 論毅力

曾子曰「士不可以不弘毅任重而道遠仁以爲己任不亦重乎死而後已不亦遠乎」聖哉斯言聖哉斯言欲學爲「人」者苟非於此義篤信死守身體而力行之雖有高志雖有奇氣雖有異才終無所成

人治者常與天行相搏爲不斷之競爭者也天行之爲物往往與人類所期望相背故其反抗力至大且劇而人類向上進步之美性又必非可以現在之地位而自安也於是乎人之一生如以數十年行舟於逆水中無一日而可以息又不徒一人爲然也大而至於一民族更大而至於全世界皆循茲軌道而日孜孜者也其希望愈遠其志事愈大者其所遭拂戾之境遇必愈衆譬猶泛澗沚者與行江河者與航洋海者之比例其艱難之程度恒與其所歷境界之廣狹相應事理固然無足怪者

天下古今成敗之林。若是其莽然不一途也。要其何以成何以敗。曰有毅力者成。反是者敗。蓋人生歷程。大抵逆境居十六七。順境亦居十三四。而順逆兩境。又常相間以迭乘。無論事之大小。而必有數次乃至十數次之阻力。其阻力雖或大或小。而要之必無可逃避者也。其在志力薄弱之士。始固曰吾欲云云。吾欲云云。其意以爲天下事固易易也。及驟嘗焉而阻力猝來。頹然喪矣。其次弱者。乘一時之客氣。透過此第一關。遇再挫而退。稍強者遇三四挫而退。更稍強者遇五六挫而退。其事愈大者。其遇挫愈多。其不退也愈難。非至強之人。未有能善其終者也。夫苟其挫而不退矣。則小逆之後。必有小順。大逆之後。必有大順。盤根錯節之既破。而遂有應刃而解之一日。旁觀者徒豔羨其功之成。以爲是殆幸運兒。而天有以寵彼也。又以爲我蹇於遭逢。故所就不彼若也。庸詎知所謂蹇焉幸焉者。彼皆與我之所同。而其能征服此蹇焉。利用此幸焉與否。即彼成我敗所由判也。更譬諸操舟。如以兼旬之期。行千里之地者。其間風潮之或順或逆。常相參伍。彼以堅苦忍耐之力。冒其逆而突過之。而後得從容以容度其順。我則或一日而返焉。或二三日而返焉。或五六日而返焉。故彼岸終不可得達也。孔子曰

『譬如爲山未成一簣止吾止也譬如平地雖覆一簣進吾往也』孟子曰『有爲者譬若掘井掘井九仞而不及泉猶爲棄井也』成敗之數視此而已

人不可無希望然希望常與失望相倚至於失望而心蓋死矣養其希望勿使失者厥惟毅力故志不足恃氣不足恃才不足恃惟毅力爲足恃昔摩西古代之第一偉人也彼憫猶太人受軛於埃及也是其志之過人也然其携之以出埃及也始焉猶太人不欲經十餘年乃能動焉旣動矣而埃及人尼之譏之經十餘戰乃能出焉旣出矣而所欲至之目的不得達彷徨沙漠中者又四十年焉使摩西毅力稍不足或於其初也見猶太人之頑錮難動而灰其心焉於其中也見埃及人之强悍難敵而灰其心焉於其終也見迦南樂土之艱險不易達而灰其心焉苟有一者則摩西必爲失敗之人無可疑也昔哥命布新世界之開闢者也彼信海西之必有大陸是其識之過人也然其盛年喪其愛妻喪其愛子喪其資財窮餓無聊行乞於市旣而游說於豪貴豪貴笑之建白於葡萄牙政府政府斥之及其承西班牙王之命初航海也舟西指六十餘日不見寸土同行之人失望思歸從而尼之撓之者不下十數次乃至共謀殺其身飲其血使

哥命布榖力稍不足則初焉以窮困而沮繼焉以不遇知己而沮繼焉以艱難而沮終焉以險禍而沮苟有一者則哥命布必爲失敗之人無可疑也昔巴律西法蘭西著名之美術家也嘗憫法國磁器之粗拙欲改良之築竈以試驗者數年家資盡罄再築竈而益以薪又復失敗已無復三度築竈之資猶復集土器三百餘附窯以試驗之歷一日夜不交睫曾無尺寸功如是者殆十年卒爲第四度最後之大試驗乃作竈於家磚石築造皆躬自任閱七八月竈始成乃搏土製器塗藥入竈火熱一晝夜閒坐其旁以待且其妻持朝食供之終不忍離去第二日質終未融日沈西又不去待之於是蓬首垢面憔悴無人形如是者越三日四日五日六日相續至七日未一假寐而功遂不就自茲以往調新質而擣煉之坐守十餘日二十日以爲常最後一度質既備火既熒熱既熾功將成矣薪忽告竭而火又不能滅也巴律西爽然自失傷其功之將墮乃拔園籬之本以代之猶不足碎其桌及椅投諸火猶不足碎其架猶不足碎其榻猶不足碎其門妻子以爲狂號於室而奔告其鄰未幾所燒之質遂融色光澤儼然良器矣於是巴律西送其至困極苦之生涯於此器者已十八年使巴律西榖力稍不足者則必爲

失敗之人無可疑也昔維爾德創設海底電線之人也彼其擁巨萬之貲傾心以創此業欲自美至英超海以通電信請助於英政府幾經哀求始見許而美國議院爲激烈之反對其贊助僅以一票之多數得通過亦既困難極矣及其始敷設也第一次至五百里而失敗第二次至二百里以電流不通而失敗第三次將告成矣而所乘之軍艦又以傾射不能轉運線亦中斷第四次以兩軍艦一向愛爾蘭一向尼科德蘭相距三里線仍斷第五次再試則兩艦距離八十里電流始通又突失敗監督諸員皆絕望資本家亦有悔志第六次至海上七百里地名利鞠者電信始通謂已成矣既而電流無端突然停止又復失敗第七次更別購良線建設至距尼科蘭六百里處將近結果線又斷此大業遂閱一年有奇而維爾德之家貲已耗盡矣猶復曉音瘏口勞魂瘁形游說英美之有力者別設一新公司而功乃始就至今全地球食其利使維爾德毅力稍不足者則雖歷一次二次乃至三四五六七八次其終爲失敗之人無可疑也此其最著者也乃若的士黎禮四度爭議員選舉不第而卒爲英名相加里波的五度起革命軍不成而卒建新意大利士提反孫之作行動機器也十五年始成瓦德之作

蒸氣機器也三十年始成孟德斯鳩之萬法精理二十五年始成斯密亞丹之原富十年始成達爾文之種源論十六年始成吉朋之羅馬衰亡史二十年始成倭斯達之大辭典三十六年始成馬達加斯加之傳教師十年始得一信徒吉德林之傳教於緬甸拿利林之傳教於中國一則五年一則七年乃得一信徒由此觀之世無論古今業無論大小其卓然能成就以顯於世而傳於後者豈有一不自堅忍沈毅而來哉又不徒西國爲然也請徵諸我先民句踐之在會稽也田單之在即墨也漢高之在滎陽成皐也皆其敗也即其所以成也使三子者毅力稍不足則爲失敗之人也張騫之使西域也瀕於死者屢往往不食數日乃至十數日前後歷十三年而卒宣漢威於域外使騫毅力稍不足則爲失敗之人也劉備初用徐州而蹶次用豫州而又蹶次用荊州而又蹶年將垂暮始得益州以定大業使備毅力稍不足則爲失敗之人也元奘以唐國師之尊橫葱嶺適印度猛獸困之瘴癘困之饑渴困之語言之不通困之卒經十七年盡學其正法外道歸而弘布於祖國使元奘毅力稍不足則爲失敗之人也且勿徵諸遠即最近數十年來 威德巍巍照耀寰宇若曾文正其人者其初起時之困心衡慮甯

復可思議餉需則羅掘不足。與李小泉書云。僕在衡極力勸捐。總無起色。所入皆錢。尙不滿萬。各邑紳士來衡。般般相助。奈鄉間自乏此物。莫可如何。欲放手一辦輒復以此阻敗。只惱人耳。又復駱中丞書云。捐輸一事。所託之友。所發之書。蓋已不少。據稱待至歲暮。某處一千。某處五百。俱可按籍而索。事雖同乎水中之月。猶冀得乎十分之五。一經搖動。則全局皆空。云云。蓋當時以鄉紳辦團。只恃捐輸。不仰帑藏故也兵勇則調和兩難。文正在衡初辦團時。標兵疾之。至闖入公所與之爲難。文正僅以身免。其文集中書札卷二與王璞山書上吳甄甫制軍書各篇。苦情如訴詞多不錄。將弁則駕馭匪易。復駱中丞書云。王璞山本侍所器倚之人。今年於各處表暴其賢 蓋亦口疲於贊揚 手倦於書寫 而璞山不諒我心。頗生猜嫌。侍所與之札。皆言撤勇事者。概不回答。既無公牘。又無私書。曾未肯涉風波之險。已有不受節制之志。同舟而樹敵國。肝胆而變楚越。云云 當時用人之難。可見一斑矣。類此者猶夥。衡州水師。經營積年。甫出即敗於靖港。憤欲自沈。復思乃止。直至咸豐十年。任江督駐祁門。而蘇常新陷。徽州繼之。圍左右八百里皆賊地。或勸移營江西以保餉源。或勸遷駐江干以通糧路。文正乃曰『吾去此寸步無死所』。及同治元年合圍金陵之際。疾疫忽行。上自蕪湖。下迄上海。無營不病。楊岳斌曾國荃鮑超諸統將皆呻吟臥薦。無守望之兵。厨無炊爨之卒。而苦守力戰。閱四十六日。乃得拔。事後自言此數月中心胆俱碎。觀其與邵位西書云。『軍事非權不威。非勢不行。弟處無權無勢之位。常冒爭權爭勢之嫌。年年依人。頑鈍寡效』與劉霞仙書云。『虹貫荊卿之心。而見者以爲淫氛。碧化萇宏之血。而覽者以爲頑石。古今同慨。我豈伊殊。屈纍所以一沈而萬世不復者。良有以也』

又復郭筠仙書云「國藩昔在湖南江西幾於通國不能相容六七年間浩然不欲復聞世事然造端過大以不顧生死自命寧當更問毀譽以拙進而以巧退以忠義勸人而以苟且自全即魂魄猶有餘羞」蓋當時所處之困難如此其甚也功成業定之後論者以爲乘時際會天獨厚之而豈知其停辛竚苦銖積寸累百折不回而始有今日也使曾文正毅力稍不足者則其爲失敗之人無可疑也嗚呼綜觀此中西十數君子則我輩所以求自立於天地間者可以思矣可以興矣拿破侖曰「兵家勝敗在最後之十五分鐘而已蓋我困之時人亦困之時也我疲之時人亦疲之時也際人之困疲而我一鼓勇氣以繼之則勝利固不得不在我」此言乎成功之術之非難也古語曰「行百里者半九十」此言乎成功之道之非易也難耶易耶惟志士自擇之

抑成敗云者又非可以庸耳俗目而論定者也凡人所志所事愈大則其結果愈大而成就亦愈遲如彼志救一國者而一國之進步往往數十百年乃始得達志救天下者而天下之進步往往數百千年乃始得達而此眇眇七尺之軀殼雖豪傑雖聖賢曾不能保留之使踰數十寒暑以外然則事事而欲親覩其成寧復有大事之可任耶是故

當知馬丁路得固成也而拉的馬、列多黎、格蘭瑪三人皆爲宗教革命而死者格蘭瑪縛於柱而焚殺。亦不可謂不成哥侖布固成也而伋頓曲伋頓曲在夏威夷爲土人所殺亦不可謂不成狄渥固成也而噶蘇士亦不可謂不成加富爾固成也而瑪志尼亦不可謂不成大久保木戶固成也而吉田松陰藤田東湖亦不可謂不成曾國藩固成也而江忠源羅澤南李續賓亦不可謂不成成敗云者惟其精神不惟其形式也不然若孔子干七十二君無所用伐檀削跡老於道路若耶穌受磔十字架其亦可謂之敗耶其亦可謂之敗耶故眞有毅力者惟懷久遠之希望而不計目前之成敗非不求成知其成非在旦夕故不求也成且不求而甯復有可敗之道乎淺見者流覩其軀殼之或貧或錮或殺而妄擬議之曰是實敗焉而豈知天下事固往往敗於今而成於後敗於我而成於人有既造之因必有終結之果天下惟不辦事者立於全敗之地而眞辦事者固必立於不敗之地也故吾嘗謂毅力有二種一曰兢惕於成敗而竭全力以赴之鼓餘勇以繼之者剛毅之謂也二曰解脫於成敗而盡天職以任之獻生命以殉之者沈毅之謂也

若是者豈惟一私人爲然耳即一民族亦有然偉大之民族其舉動常有一遠大之目

的汲汲焉向之以進行歷數十年數百年如一日不懈英國乎自克林威爾以來以通商殖民爲國是爾後數百年不一退轉馴至世界大地圖中五大洋深綠色裏斑斑作硃點者皆北端眇眇三島之附從奴僕也十字角之旗翩翻五大陸萬島嶼之上乃至不與日同出入而至今猶歉然若不足殖民大臣漫游全世界汲汲焉講漲進之法不見俄國乎自彼得大帝以來以東向侵略爲國是爾後數百年不一退轉其於近東也歐亞諸國合力沮之其於遠東也乃至歐亞美諸國全力沮之而銳氣不稍挫近日確然益樹實力於滿洲而達達尼爾事件（此最近之國際問題。俄國蔑視柏林條約。以兵船渡土耳其之達達尼爾海峽以出黑海也。次號論之。）又見告矣計全球數十國中其有朝氣方鼎盛者不過十數揆厥所由未有不自彼國民之有毅力來者也豈無一二仗客氣趁風潮隨雄國以學邯鄲步者然曇花一瞥頹落依然今南美洲諸國是其前車也孟子曰『禍福無不自己求之者』天之降鑒下民豈有所私耶嗚呼國民國民可以鑑矣

吾觀我祖國民性之缺點不下十百其最可痛者則未有若無毅力焉者也其老輩者。有權力者。衆目之曰守舊。夫守舊則何害英國保守黨之名譽歷史豈不赫赫在人耳

目耶。（今內閣亦保守黨）然守則守矣既守之則當以身殉之顧何以戊戌新政一頒而舉國無守舊黨者竟三閱月也義和團之起也吾黨雖憐其愚而猶驚其勇以為排外義憤有足多焉而何以數月之力不能下一區區使館也而何以聯軍一至其在下者惟有順民旗不復有一義和團其在上者惟有二毛子不復有一義和團也各省鬧教之案固野蠻之行也雖然吾聞日本三十年前固嘗有民間暴動濫戕外人之事及交涉起其首事者則自戕於外國官吏之前不以義憤貽君父憂而吾國民之為此者何以一呼而蜂蟻集一鬨而鳥獸散不顧大局而徒以累國家也若夫所謂新進者稍知外事者翹然楬櫫一維新之徽章於額角夫維新則豈非善事然既新矣則亦當以身殉之顧何以見聲色而新者去其十之三四語金錢而新者去其十之五六覩宦達而新者且去其十之八九也或曰此蓋其心術敗壞使然彼其在初固未嘗確有見於舊之宜守確有見於新之不可以已也不過伺朝廷之眼波以為顯官計博時髦之虛名以為啖飯地耳吾謂此等人固自不少而吾終不敢以此陰險黠詐之惡名盡概天下士也要之其志力薄弱知及而仁不能守有初而鮮克有終者比比然爾彼守舊者不足道矣

至如號稱維新者流論者或謂但有此輩亦慰情勝無嗚呼吾竊以爲誤矣天下事不知焉者尙有可望知而不行者則無可望知而不行尙有可望行而不能力不能終者最無可望故得聰明而軟弱者億萬不如得樸誠而沈毅者一二今天下志士亦紛紛矣其大多數者果屬於此抑屬於彼吾每一念及不能不爲我國前途疑且懼也嗟乎一國中朝野上下人人皆有假日婾樂之心有遑恤我後之想翩翩年少弱不禁風皤皤老成尸居餘氣無三年能持續之團的無百人能固結之法團嗚呼有國如此不亡何待哉不亡何待哉

守舊者吾無責焉僞維新者吾無責焉吾請正告吾黨之眞有志於天下事者曰公等勿恃客氣也勿徒悚動於一時之高論以爲吾知此吾言此而吾事畢也西哲有恆言『知責任者大丈夫之始行責任者大丈夫之終』吾儕不認此責任則已耳苟既認之則當如婦人之於所天終身不二矢死靡他吾儕初知責任之日即此身初嫁與國民之日也自頂至踵夫豈復我所得私於此而欲不亹亹焉夫亦安得避也然天下事順逆之常相倚也又如彼吾黨乎吾黨乎當知古今天下無有無阻力之事苟其畏阻力

也。則勿如勿辦竟放棄其責任以與齊民伍而不然者則種種煩惱皆爲我練心之助種種危險皆爲我練胆之助種種艱大皆爲我練智練力之助隨處皆我之學校也我何畏焉我何怨焉我何餒焉我願無盡我學無盡我知無盡我行無盡孔子曰『望其壙睪如也皋如也君子息焉小人休焉』毅之至也聖之至也

歷史

歐美各國立憲史論（續第廿三號）

佩弦生

第一編　英國憲法成立史

斯他伯士 Stubls 之言曰「英國憲法其現在之根據皆深蟠於過去之中」是固所謂歷史的憲法者哉開國以來千有餘年其憲法之進步初未嘗有一息之間斷循序漸進以發達於不知不識之間故觀其外形仍保君主之國體然數經變革實隱移於世襲民主之制而其民權之張盛且或遠逾民主之邦蓋英人以保守之精神行改革之政略持之以堅忍劚之以歲月馴至今日遂以成不拔之基故美國憲法學者巴遮士 Burgess 之紀英國憲法曰「那耳曼王統一英國以來英國之大革命三一千二百十五年第一革命國家之組織自君主而易爲貴族二千四百八十五年第二革命國家之實權自貴族而移於平民一千八百三十二年第三革命改正選法選權普及而無上之權力悉吸收於平民國會之中由是觀之撤遜人之移殖

播英國憲法之種者也伯蘭達遮涅世則培灌而苗其芽孽者也士條亞世則耘耨而長其苗穎者也維多利女皇之時則刈之穫之舂之蒸之而遂得享秋成之利者也今迹其變遷蛻化之由大約區爲四期一曰英國憲法發生時代二曰第一改革時代三曰第二改革時代四曰第三改革時代

第一章　英國憲法發生時代

第一節　條頓 Thutonic 種人之移住

條頓民族者最富於政治之天才者也而條頓種中復以盎格魯撒遜人爲獨優當西羅馬帝國勢猶盛大之時以下日耳曼一蒙昧之族長驅而略定不列顛 Britain 奠不拔之基礎以組立他日民族之國家擴自治之組織以形成後世憲法之祖國盎格魯撒遜民族其富於政才者哉初第五世紀之中葉條頓種人爲遷徙之大舉盎格魯人遜撒人與招特人自去埃耳比及維細河畔之故居方舟並駕越海而侵入不列顛逐賒爾士 Celts 之土人驅之於威勒士 Wales 之一隅奠新都於茲邑別定徽號曰英格蘭 England 英格蘭云者譯言盎格魯之地也方羅馬之盛時不列顛實隸其版圖

其制度文化宗教法律。久涵濡於島國之中。逮盎格魯撒遜之來侵。羅馬以國難之故。雖久已撤戍兵而歸國。（約在四百十年）然文明之流風餘韻。遺制之宏大莊嚴。與夫拉丁民族之制度文物之感化於土人者。其影響皆足以相及。彼同時移居於意大利西班牙歌爾之條頓種人。類皆失其本性。化於羅馬之國風。惟盎格魯撒遜日從事於破壞。初無模倣之心。舉拉丁民族遺傳之制度文化宗教法律。一掃而空之。而取其素用之言語。原有之性質。本國之風俗習慣之制度。舉而代之。播而殖之。以造日耳曼外之日耳曼於不列顛。其政治法制爲今日英國之基礎者。未嘗蒙拉丁分毫之感化。未嘗襲羅馬一二之遺制。而一切皆出於條頓種人所創造。雖那耳曼 Norman 之來寇。亦稍雜以佛風。然條頓之地方制度。未嘗少有變動。要不過以條頓本制爲骨幹。而被以那耳曼之行政法。二者交融。以形成近世之憲法而已。由此言之。盎格魯之三族。可謂爲英國國民之先祖也。其自條頓本國齎來獷野之習俗。粗陋之制度。可謂爲英國憲法之胚胎也。

第二節 條頓本國之制度

三

今日英國之政治。皆導源於來住之條頓種人。而當日不列顛之政治。實皆移殖於條頓本國。故欲詳近制。不可不先述祖制。欲述祖制。更不可不先詳其祖所自出。世界初期之政治地方制度之發達。必先於中央政治。故人類初期之社會。其成家族。結團體以自治也。亦常先於受主權者之統治。徵之歷史。靡國不然。條頓人之制度。初亦非能有國家之組織者也。同族者則互相結合。以村落爲政治之中心。聚族而處。生息孳美於其中。一旦有事。則所謂自由民者羣集於村內之公會。會議而處斷之。以自由自主之權。自出而施行政治。進而及於歷史時代。團體亦漸擴而加大。而爲郡爲州。置王之制。由是漸起。然其所謂王者。要不過以族長君臨州內。由人民之撰舉擁名譽之虛位而已。當時族民中之制度。無一非古代獷野粗陋之民主風習也。今約述其制度之要如左。

（甲）有地之制　條頓之族。初固亦游牧部落之民也。逐水草以爲生。其酋長擇一牧場獵區。爲其部落公有之地。恐安居則漸失勇氣也。每歲必爲一易。恐久踞則不得平均也。定制不許私有。浸而行國定爲居國矣。文化漸進。共有土地之制。亦遂易爲分有之

制同居村內各有宅地。得此宅地所有權者。即爲有會員之資格。團體中之公地。均得與享其權利。於是分配耕地。割授牧塲。皆得私爲獨有。村中所共有者。惟餘荒地而已。

(乙)等級之制　有地之制度。與階級之等差。固相互而不能離者也。能有地於村團者。斯爲自由之民。凡爲自由之民。即能在村團而有地。而自由民之上。復有貴族。自由民之下。復有準自由民及奴隸。總其等差。約爲四級。自由民者。位於其中。占社會中之多數。爲政治上之原位。受分配之土田。幷獲附屬之權利。以其地主之資格。參列公會。與掌政權。被髮及於兩肩。以爲自由之徽誌。貴族者與自由民初無大異。非有政治之特權。惟以血胤之貴。稍有特別之利益。其在置王之州。則獨掌撰君之事。準自由民者。稍勝於奴隸。有私權而無政權。若夫奴隸。上者則爲耕奴。供家主之穀畜。治主人之家事。下者則執汚賤之勞役。不得復與人齒。二者皆徒負義務。絕無權利。凡此四級。固所謂耶士梯特 Estates 之制。盛行於歐洲之中古。而條頓族民。尤爲整嚴者也。

(丙)地方自治之制　原人之結合團體。無不聯於血族之關係者也。條頓種人。初以同族之結合。形成團體之區域。日耳曼之古書。謂之曰瑪爾格 Merk 譯言村也。斯固地方制度。

之基礎也同一之部族各隨地勢以卜居瑪爾格遂布濩於原野林薄之間瑪爾格之中劃為宅地耕田牧場荒地宅地則私而世之耕田則分而耔之林藪荒地則公而享之合同族之親黨聚族歌哭於斯立瑪爾格末德 Merk Moot 譯言村會 以經紀其內事凡經營公同耕作之業務處斷公同權利之問題與夫耕地之分配牧場之選擇新移居者之入籍皆有地之自由民親集會而議其事瑪爾格結合而為墾地列 Hundred 譯言郡也 區域為較大矣中則有墾地列末德 Hundred Moot 合境內自由民以組成之公會也月一集會凡司法之事行政之權一切隸焉其長則州會撰之以專司會中之事復公舉百員之幹事以佐之補其闕失匡其不逮墾地列更合而為州州者地方區畫之最大者也州或置王或否置王之州其王由貴族選立然必選於世傳王統之中乃許即此王位王權則常被限制徒擁至尊之虛榮以代表國家不置王之州則州會與民選官吏同任州務苟有戰事則舉將帥置王與否各州之習慣互殊而州之大權則無不掌之州會 County Munt 自由民皆戎服以蒞會親謀軍國之重事設常置之委員製備議案以供會議有犯法者則以州會為法衙讞其獄而科其罪地方區劃井井畢備

蓋條頓人方在本國之始已日受實驗之政治教育而自治之能力已備矣

（丁）軍隊之制　條頓人之軍制常與政制密接而互相連比者也編制軍伍雜用三法曰以同族關係組成之軍隊條頓人之村團合族部而組織者也國有兵事遂舉村團而從事於戰場是爲徵兵第一制曰自墾地列選出之精兵國有邊事則墾地列各出步兵百人蒐簡精銳成軍而出名之曰墾地列達是爲徵兵第二制曰隸於心服將帥麾下之騎士騎士者專習武事任其自擇素習之軍帥而願爲致死者屬其部下名曰科美德司是爲徵兵第三制

夫彼條頓人以村團而組織軍隊也舉國民之全體而悉使從軍即以軍制與政制合而爲一其軍隊之外征直不啻盡載其族法公會法衙一切地方制度而挾與俱行一定居於征服之土地即織組成固有之村團由是而所謂墾列地士梯特（State州也）者孳乳而生由是而所謂議會法衙者接踵而起故戰血未乾草萊方翦而已奠鞏固不拔之國基當其橫越北海之驚濤突入歐西之海島亦非一舉而略定之也得寸得尺行其分配土地之法以殖其自治制度之基數十年間遂以掃羅馬之遺制而代興

而倏頓之母國復分體而出現於新地

（此章未完）

學術

論初民發達之狀態

記者

本篇乃章氏所譯岸本社會學之一篇以其所論深足濬人智慧故錄之

當有史時代之初則既有開化高度之人種而非僅蒙昧野蠻之充塞於大塊而已觀印度之吠陀埃及之幽靈書皆其智識技術已進文明而至遠者不過七千年亦其前此數十萬年必積種種經驗發明以增進其智識而後自禽獸族居之狀態進而爲有史時代之狀態其果何所倚賴而得此耶余則曰有各種長物之發見爾

第一曰直立之發見　凡動物中有四足獸則犬是也有四手獸則猿是也而人獨爲二手二足之動物分其四肢於下爲步行之用於上爲捕獲採作之用斯人類所以優於他物而能進於文明者也令四肢皆附於地則目常下視而心之所念常不出此咫尺無以發高尙思想惟其直立而觀念進矣又自手足分業以一者專司進退然後一

者得辭其職務而專以採作爲事向令手亦從事於匍匐則於捕獸爭戰求食諸務能便利如彼耶故余以手足區別卽直立直行之發見爲第一長物

第二曰言語之發見　茍稱曰人雖甚劣等未有不能言者茍稱曰「非人動物」雖甚高等未有能言者動物之劣等者不能發聲音漸至高等而聲音漸發其發音之數亦漸多至於哺乳動物最爲高等矣然其發音之數與其變化聲音之力猶無幾也犬也猿也於動物爲發達猶不能言語特以其聲音爲觀念之符號云爾必以此符號之聲音互相連續以爲有義之文句然後得稱曰言語此非唇舌咽喉臻於發達而有種種變音非神經脊髓臻於發達而有種種觀念者不能惟人也爲能之而當其始有言語猶未若今日之複雜也呼吸之官進而益調達思慮之官進而益深長而後其複雜也如是斯豈他物所得有乎故余以言語之發見爲第二長物

第三曰火之發見　始有火化之時今未能了如古物學家所說凡可得稱人之動物未有不知火者未有不能從其目的而用火者下觀於迹層僵石太古之槁骨以時發見率有石片石器以發燄而取煖者附其左右此則人能用火之證亦其所以異於他

物者也人之始知用火也大抵森林灌莽之間烈風時作木摩生火以焚山麓或迅雷間發電氣下觸遂致然熱以此而人之智識爲其所誘導耶雖然余以爲用火者非原人所知其發見必稍在後火之發見可以證人之腦力優於他物自其發見而人獲三利遂與他物差異日甚所謂三利者曰生熱則可以禦寒氣燭暗則可以便行事烹調則可以得熟物故余以火之發見爲第三長物

第四曰器具之發見　文明進步之一義曰致富之術在勞力愈減而報酬之產物愈增其道無他不外於器具機械而已故所謂文明進步者謂人與產物間之機械之進步耳太古百工未具所以爲人用者無過四肢百體能受直接之利而不能受間接之利凡所謂節體力以孳貨殖者幾乎其未有聞也漸及進化而始知器械之爲利其始所用爲具至少爲用亦至簡易漸又進化而始臻於複雜嘗舉其例人與人相搏鬭也初以手足齒牙而已其後或搥以杖或擲以礫人與獸相戰爭也初以股肱膂力而已其後或用弓矢或設陷穽御伏以鬬而人始不徒以力爭設械以獵而獸始不得以猛勝此所以用力寡而獲效多也農夫之穫稻也差差而撫之粒粒而拾之則於事至不

便於是用鎌而收刈速矣虞人之伐薪也枝枝而折之葉葉而引之則於事至不便於是用斧而樵蘇利矣其他類此者猶不勝計夫動物惟有爪牙之利而無器械之用斯所以爲用者不出其身惟人也能利用異物以爲形骸之助形骸鮮用則有餘裕以圖他事是社會所以益開也故余以器具之發見爲第四長物

第五曰慾望之發見　原人之狀如庶物如小兒偷樂一時而無過去未來之思想故僅爲肉慾之動物未得云慾望之動物也肉慾者謂食慾睡慾牝牡慾三事三者又各具三性一曰其樂切膚二曰其滿有限三曰其動有息是惟文明人得制限之若太古原人則擅柯柄於胸中者獨有肉慾孰得加以制限故飢則思食渴則思飲疲則思臥當肉慾起時與一切動物無異已往之經驗不記也將來之備豫不慮也夫慾望者由肉慾與將來之觀念綜合而生故一切「非人動物」有肉慾而無慾望人類始生與彼不異其後漸進而將來之觀念漸萌於是始爲慾望之動物抑其慾望特爲此三肉慾者謀前進久長之計耳又進而於三肉慾外復增慾望曰所有慾望曰權力慾望曰名譽慾望曰美術慾望曰宗教慾望曰智識慾望曰道德慾望此數慾望者與人種相隨

而發達於慾望中爲最多量最高尚矣斯固他物所無也故余以慾望之發見爲第五長物

第六曰自己之發見　自己者與外物對待而爲言若專以對待肉慾之心靈稱爲自己則今所未暇論也對待肉慾者婆羅門謂之神我而文字曖昧則或以對待外物之形性與對待肉慾之心靈一切稱爲自己今所論者祇謂其對於外物生則與他人他物殊觀死則與天然現象殊觀云爾蓋肉體心靈之區別非甚發達者不能知如今日之野蠻人尚未知肉體而外有所謂心靈者故其所謂自己特與外物分劃畛域之名若夫發見心靈對於肉體而稱自己斯必俟諸異日蓋由粗入精思想進步之常軌也故非發見對外之自己無以發見心靈之自己而「非人動物」則並此對外觀念而無之太古原人其始亦若是耳俄而神經發達遂能形造「對外爲己」之觀念者是則有三因焉一曰於萬家中見夫醜然可怖而與人以不歡不利者遂生自己外物之分蓋能知所知之對立即主觀客觀之異形然其始固未能認識此也惟主觀之利益與客觀之事情彼此衝突而主客以辨此其原因一矣二曰使人人互相輯睦則無以知彼

我之區別也而人之經營生計其終不得不出於爭故自利益之衝突而人人互有自己之觀念自利益與利益之衝突彼我既分而愈著其自己之觀念此其原因二矣三曰自遇此衝突而有自己之觀念於是有將來之觀念於是有所有之觀念所有物愈增而自己之觀念愈進何者係望於所有所以爲將來計也如小兒如野蠻如吝嗇者其視自己與所有物咸無區別或滯於所有之愛戀而并不暇計自己之將來寧以所有易其軀命者所在皆是也然正惟有此觀念而自己之觀念益堅彼固曰所有即自己爾此其原因三矣夫生存競爭萬物之常態然不知而自競爭與知之而用此競爭其程度效果殊矣故余以自己之發見爲第六長物

第七曰畜牧之發見　太古衣食之資獨賴天產或茹果衣薪者或射魚獵獸食其肉被服其皮者其所以謀生存者是而已而天產有時地之制限乍遇凶年或漁獵無所獲則今日雖安全而不知明日之爲餓殍否也當是時人與「非人動物」無異雖欲進化其道無由何者衣食不給固不服他圖爾自此天然時代漸以進步則初爲畜牧時代次爲農耕時代畜牧時代者人人選水草豐饒之地以飼養馬牛羊豕其物產既確定

著而非夭儻來寄存者則衣食所需不憂其乍絕而進化之途亦異於前日矣夫然時代不費日力可以得其所欲至是則必以日力營之經日則能持久用力則能忍勞此所以爲進化之資也抑太古獸類其性本獰惡而不可馴而人能發見畜牧者何故蓋當其狩獵長成之獸則取以供啖子獸不足飽於是姑豢養之以待異日則馬牛貍犬之齕草飲水於谷者至是始成爲家畜矣畜牧時代已有將來觀念自己觀念及漸起種種慾望故余以畜牧之發見爲第七長物

第八曰農耕之發見　農耕畜牧皆以天然生產力爲基礎復用人力助之蓋動植諸品放任之則不能蕃殖唯以人力助長而後其量漸增其質漸美如人心所期望農牧之助力與器械相似惟器械以死物而代形勞農牧以活法而增物產斯其所以異耳農以栽養植物爲務牧以飼養動物爲務栽植之期後於飼動乍念如倒置其次序者深思之乃知其確也一以農耕之較畜牧當有天然信任夫牲畜常覩於目前無論何時皆可給用若夫農之播種則未得所獲而種子已失矣自播種以至收穫常更數月其間或遇旱潦又不可知且蒙昧之民所慮不止此也種子既下方以腐敗爲憂故非冀

將來之利益而不惜現在之投資者不能爲農耕非人人有此經驗期望亦不能成農耕時代此農耕所以後於畜牧者一矣二以農耕之較畜牧當有複雜器具彼畜牧所需者一箠一索云爾農器雖簡易耕刈舂簸各需異械當偶爾蒔植時誠非遽需是器及其少有收穫而其器有不得不製者苟無斯器必不得成農耕時代其器或石或金或木非有技術亦不能製造製器而後其施於植附耘刈又自有其法度其視畜牧孰難孰易斷可識矣且畜牧逐水草而移居而農耕必有其定向令耕者越畔以侵他人之隴畝則爭訟繁興而何暇盡力於農事故觀農耕時代之所以成則知其社會之已具也此農耕所以後於畜牧者二矣故余以農耕之發見爲第八長物

第九曰社會之發見　太古人類恃天產以生存其時果組織社會否以余觀之社會之興必不與生民同時最初人類皆獨立生存耳世謂社會所起起於人性自然然可云社會因人性而興不可云社會與人生同現若不辨二者則思想爲混淆矣固人有好親睦喜交通之性雖自餘一切動物亦皆有羣居之本能野蠻人對於外物或畏之或怒之則亦召集同類以相扶助以此推驗似原人必嘗組織社會者不思社會待箇人而形造而箇人不必賴社會以生存凡人必有社會性亦必有非社會性二者互抵大賦

然也故終日羣居而受輿人之束縛者必思獨行屏處以求愉摶斯盡人然矣況於原人性常下急復多我慾又甚放縱而云自有此身便能組織社會不泰誣乎或曰雖極野蠻之原人親子之情夫婦之愛未嘗絕也然則於親子夫婦間必已有其團體矣曰原人之愛小兒其情甚厚惟有此情故寧使種種不便於己而復事於乳哺保抱之勞不然則人類至今已絕矣抑其愛兒之性固動物之本能猶狗之愛狗子而已若云有此本能遂得形造團體則非其義也彼既以動物之本能愛之及小兒自能覓食則亦渙然離散相忘而不顧若夫夫婦之愛亦兩性本能之作用耳情慾起則相合情慾止則相離故原人有男女之慾而不得遽以夫婦名之夫何團體之有要之最初時代人自爲謀未有形造社會者必人智進步然後社會始生是爲有史時代所肇始由是觀之社會之於原人爲一種發見而社會之組織即分業之起原分業之起原即文明之初點則知社會之發見於原人爲發見之發見故余以社會之發見爲第九長物

第十曰道德之發見　通言道德其義似渾淪無指要之不出四者一曰善惡兩觀念之區別二曰可爲善不可爲惡之感想三曰若者爲善若者爲惡之判斷四曰避惡就善爲道德之品性是四者之在今日人人能知如善惡之辨雖甚野蠻猶無不憭此者既能憭此則可爲善不可爲惡之感想亦夫人有之矣至於若者爲善若者爲惡則甲種之與乙種白人之與黃人其間法律觀念或有異同然其最普通者大致不異賤惡

人而貴善人。宙合所同也。諺有云。盜賊間之正直。是雖暴橫如盜賊。猶知正直之不可缺也。以愛人爲善。以盜竊爲惡。此亦宙合所同。而盜賊亦自知之。則知今時人類。未有無道德思想者。夫原人亦人耳。何宜無此。然就考道德思想之起原。則有史以前。必有無此思想之時代。何者。人心發達之次序。感於有利而始稱爲善。感於有害而始稱爲惡。原人惟辨苦快。而未能辨邪正。必也彼此利害互相衝突。交蒙責讓。而後有善惡之分。故非比伍羣居。組織社會以後。則道德思想。固無有也。善惡兩念。觀且未區別。況於可爲善不可爲惡之感想。若者爲善。若者爲惡之判斷。善人可貴。惡人可賤之志念乎。倫類合而後枉直分。生命貴而後仁義立。則雖謂道德之發見。即社會目的之發見可也。故余以道德之發見。爲第十長物。

自太古以至有史時代。其間所發見者。大抵以此十事爲度。是時進化甚緩。積數十萬年。始脫「非人動物」之狀態。而爲有史人類之狀態。自有史時代以前。其事茫昧無有確定。故一以今世野蠻推之。一以吾心理想合之。假定此十事而已。若必曰此十種發見。自有史以往。確審其爲何時。以此詰責。則應之曰。吾惟取聞見所及。而其情狀方類最近於太古者。以是比擬原人而已。譬之算術開方者。數商而猶有尾數之不盡。知其不可盡。則故以是爲方根。其他固非所知也。

談　叢

飲冰室師友論學牋（壬寅十月）

法時尙任齋主人復簡

（前略）公欲作曾文正傳索僕評其爲人僕以爲國朝二百餘年應推爲第一流即求之古人若諸葛武侯若陸敬輿若司馬溫公若王陽明置之伯仲之間亦無愧色可謂名儒矣可謂名臣矣雖然僕以爲天生此人實使之結從古迄今名儒名臣之局者也其學問能兼綜考據詞章義理三種之長。舊學界中卓然獨立古今爲本朝第一　然此皆破碎陳腐迂疏無用之學於今日泰西之科學之哲學未夢見也。郭筠老漸知此意。彼見日本坊肆所賣書目驚駭嘆詫。謂此皆四庫目中所未有。曾貽一函詢日本學問勃興之狀何如、　其功業比漢之皇甫嵩唐之郭子儀李光弼爲尤盛然彼視洪楊之徒張總愚陳玉成之輩猶僭竊盜賊而忘其爲赤子爲吾民也。仁宗之治川楚教匪也。詔曰。自古只聞用兵於外國。未聞用兵於吾民。蔓延日久。多所殺戮是兵是賊。均吾赤子。故教匪不行獻俘禮。不立太學紀功之碑。文正乃見不及也。此其所盡忠以報國者在上則朝廷之命在下則彊吏之職耳於現在民族之強弱將來世界之治亂未一措意也所學皆儒術

而善處功名之際乃專用耆老取已成之功而分其名於鄂督官文遣百戰之勇而授其權於淮軍李鴻章是皆人所難能生平所兢兢者黨援之禍種族之爭於穆騰額（忘其名不甚確）之參劾湘軍也亟引為已過於曾忠襄之彈糾滿人也即逼使告退今後世界文明大國政黨之爭愈爭愈烈愈益進步為黨魁者甘為退讓必無事能成矣其外交政畧務以保守為義爾時內亂絲棼無暇禦外無足怪也然歐美之政體英法之學術其所以富強之由曾未考求毋乃華夷中外之界未盡泯乎甚至圍攻金陵專用地窨而不願購求輪船鉅礮比外人之通商為行鹽以條約比鹽引謂當給之求令推行於內地各省則尤為可笑者矣一篤志守舊然有二事甚奇以長江水師立功而所作水師昭忠祠記乃以為不變即無用（視彭剛直勝百倍矣）遣留學生百人於美國期之於二三十後歸為國用苟此公在今日或亦注意變法者與未可知也然不能以未來之事概其生平也凡吾所云云原不可以責備三四十年前之人物然竊以為史家之傳其人顧後來者之師其人耳曾文正者論其立品兩廡之先賢牌位中應增其木主其他亦事事足敬然事事皆不可師而今而後苟學其人非特誤國且不得成名文正之卒在同

治末年。爾時三藩未亡。要地未割。無償款。無國債。軌道鑛山沿海線之權。未授之他人。上有勵精圖治之名相。文祥下多奉公守法之彊臣。固儼然一大帝國也。文正逝而大變矣。吾故曰天之生文正。所以結前此名臣名儒之局者也。佛言謗我者死。學我者死。若文正者不可謗。又不可學者也。不亦奇乎。作此段畢。自讀一過。頗許爲名論。知公之讀之。其擊節嘆賞也必矣。繼又念公之意見。或者即與我同。亦未可知。本此意以作一傳。可以期國勢之進步。可以破鄉俗之陋見。湘人尤甚湘之士大夫尤甚 其價值決不在李鴻章一傳之下也。(後略)

水蒼雁紅館主人來簡 (壬寅十一月)

(前略)自堯舜以來。逮于今日。生長于吾國之民。咸以受治於人爲獨一無二之主義。其對于政府。不知有權利。實由對于人羣。不知有義務也。以絕無政治思想之民。分之以權。授之以政。非特不能受。或且造邪說而肆謗誣。出死力以相抗拒。以如此至愚極陋之民。欲望其作新民以新吾國。其可得乎。合羣之道。始以獨立。繼以自治。又繼以羣治。其中有公德。新民說公德篇云吾輩生于此羣之今日當發明一種新道德求所以固吾羣善吾羣進吾羣之道未可以前王先哲所罕言遂自畫而不敢進也至哉言乎 有實力。

有善法前王先聖所以諄諄致人者于一人一身自修之道盡矣于羣學尚闕然其未備也吾考中國合羣之法惟族制稍有規模古所謂宗以族得民是也然仁至而義未盡恩誼明而法制少且今日無論何鄉何村其聚族而居者並不止一族溝畫太明必又樹黨相爭其流弊極于閩粵械鬭而猶未已故族制之法施之今日殊不切于用（吾又嘗思之中西風俗同異者多將來保吾國粹以拒彼教者必在敬祖宗一事今姑不具論附識于此）其他有所謂同鄉者同僚者同年者更有所謂相連之姻戚通譜之弟兄者大抵勢利之場酧酢之會以此通人情而已卑卑無足道也其稍有意識者爲商會（即某某會館。潮州人最有規模。會館館長。頗近于領事。）爲業聯（粵省最多。如玉工縫工紙花工之類。近頗有力。有歐洲工黨舉動）然亦不足自立其合羣之最有力量一唱而十和小試而輒效者莫如會黨自張陵創立五斗米教以來竟以黃巾擾破季漢其後如宋之方臘明之徐鴻儒近日之洪秀全皆愚妄無識之徒而振臂一呼雲合響應其貽害徧天下其流毒至數世而猶未已彼果操何術以致此哉其名義在平等其主義在利益均分憂患相救而已法可謂良而挾以作賊則殊可痛也吾以爲講求合羣之道當用族制相維相繫之情會黨相友相助之法再參以西人羣學以及倫理學之公理生計學之兩利政治學之自治使羣治明而民

智開民氣昌然後可進以民權之說僕願公于此二三年之新民報中巽語忠言婉譬曲喻三年之後吾民腦筋必爲之一變人人能獨立能自治能羣治導之使行效可計日待矣即曰未能人人知獨立知自治知羣治授之以權而能受授之以政而能達亦庶幾可以有爲至于議院之開設僕仍襲用加藤弘之之說以爲今日尙早今日尙早也

公之所唱民權自由之說皆是也公言中國政體徵之前此之歷史考之今日之程度必以英吉利爲師是我輩所見畧同矣風會所趨時勢所激其鼓盪推移之力再歷數十年百餘年或且胥天下而變民主或且合天下而戴一共主皆未可知然而中國之進步必先以民族主義繼以立憲政體可斷言也公所草新民說若權利若自由若自尊若自治若進步若合羣皆吾腹中之所欲言舌底筆下之所不能言其精思偉論吾敢宣布于衆曰賈董無此識韓蘇無此文也然讀至冒險進取破壞主義竊以爲中國之民不可無此理想然未可見諸行事也二百餘年政略以防弊爲主學術以無用爲尙有明中葉以後直臣之死諫諍黨人之議朝政最爲盛事逮于國初餘風未沫矯其

弊者極力剗削漸次銷除間有二三骨鯁強項之臣必再三磨折其今夕前席明夕下獄今日西市明日南面者踵趾相接務摧抑其可殺不可奪之氣束縛之馳驟之鞭箠之執乾綱獨斷之說俾一切士夫習爲奴隸而後心安其文字之禍誹謗之禁窮古所未有由是葸懦成風以明哲保身爲要以無事自擾爲戒父兄之教子弟師長之訓後進兢兢然伸明此意浸淫于民心者至深故上至士夫長吏官幕軍人乃至胥吏走卒市儈方伎盜賊偷竊其才調意識見于漢唐歷史宋明小說者今乃蕩然烏有總而言之胥天下皆瞢瞢無知碌碌無能之輩而已以如此無權利思想無政治思想無國家思想之民而率之以冒險進取聳之以破壞主義譬之八九歲幼童授以利刃其不至引刀自戕者幾希。公又以爲英國查理士第一國會之爭法國路易第十六革命之禍終不能免。非不知此事之慘酷。而欲以一時之苦痛易千萬年之和平。吾之以民權自由之說鼓盪末學。非欲以快口舌。吾每一念及。鼻酸膽戰。吾含淚而道也。嗟夫至矣哉。仁人之言。吾誦公言。亦爲之鼻酸膽戰也。雖然。歐洲中古以來其政治之酷。壓制之力。極天下古今之所未見。賦斂之重。刑罰之毒。不待言矣。動輒設制立限某政某事爲某

種人不應爲某權利爲某種人不應享至於宗教之爭黨會之禁往往株連瓜蔓死于縲絏死于囹圄死于焚戮者盈千累萬數至不可勝計校之中國惟興王之待勝朝羈者之戮功臣奸雄之鋤異己叔季之興黨獄間有此禍他無有也教化大行民智已開故壓力愈甚專制力愈甚其反動力亦愈甚彼其盧騷民約之論入于腦中深根固蒂不可拔矣一旦乘時之會遂如烈風猛雨驚雷怒濤之奮激迅疾其立海水而垂天雲固其宜也吾不敢謂中國壓制之不力然特別之事恒有之普通之力不如此甚吾非不知中國專制之害然專制政體之完美巧妙誠如公語苟非生於今日地球無他國無立憲共和之比較乃至專制之名習而安之亦淡焉忘之今以中國麻木不仁痛癢不知之世界其風俗之敝政體之壞學說之陋積漸之久至于三四千年絕不知民義民權之爲何物無論何事皆低首下心忍受而不辭雖十盧騷百盧騷千萬盧騷至口瘏手疲亦斷不能立之立導之行也日本之開國會也享其利而未受其害東人以爲幸事然吾考其原因將軍主政六七百年及德川氏之季諸藩聯合以尊王討幕爲名王室尊矣幕府覆矣而一切大政仍出于二三閥閱之手于是浮浪之士失職之徒乘

間抵隙本萬機決于公論之誓以法國主義爲民倡深識遠慮者從而和之當局者無說以易此遷延展轉國會終不得不開其事之成也有相因而至之機會也然其得免於禍也亦足見斷頭之臺長期之會非必不能免之階級不可逃之天孽也二十世紀之中國必改而爲立憲政體今日有識之士敢斷然決之無疑義也雖然或以漸進或以急進或授之自上或爭之自民何塗之從而達此目的則吾不敢知也吾輩今日報國之義務或尊王權或唱民權或唱民權以爭官權一致而百慮殊途而同歸迹若相非而事未嘗不相成嗟夫吾讀公以乙爲鵠指甲趨乙之函吾讀公不習則駭變駭成習之說有以窺公之心矣以公往往過信吾言懷此半年未與公往復者慮或阻公之銳氣損公之高論也而今日又進一言者以無智不學之民願公敎導之誘掖之勸勉之以底于成不願公以非常可駭之義破腐儒之膽汁授民賊以口實也公之目的固與我同可無待多言願公縱筆放論時少加之意而已天祚中國或六五年或四三年民智漸開民氣漸昌民力漸壯以吾君之明得賢相良佐爲之輔弼因勢而利導之分民以權授民以事以養成地方自治之精神徵論英法卽日本二十年來政黨相爭之情

況吾亦烏有焉眞天下萬國絕無僅有之事也倘若不幸彼政府諸公頑固如故守此不變靳固不予而民智既開民力既壯或爭之而後得或奪之而後得民氣日張民權亦必日伸以物競天擇優勝劣敗之理推之其變態吾不知其結果吾敢斷言也公以播此理想圖報効于國民冀以其說爲消弭禍患之良藥僕以爲由此理想而得事實禍患因而不作此民之幸即公之助也又慮其說爲製造禍患之毒藥僕以爲民已有智民既有力而政府固靳之權禍患末由而弭此政府之責非公之咎也吾輩唯自盡國民一分子之義務而已

若夫後生新進愛國之士有唱革命者唱類族者主分治者公亦疑其非矣吾姑無論理之是非議之當否然決其事之必無幸成也西鄉隆盛之起師也斬竿木荷耰鋤而從者數萬人全國之民響應者十之二三歸嚮者十之七八而以一少將扼守熊本卒不能越雷地一步展轉而困斃是何也政府有輪船有鐵軌有鎗礮而彼皆無之也故論今日政府之弱可謂極矣而以之防家賊治內擾猶綽有餘裕也事無幸成徒使百數十英豪萬數千良懦血塗原野骸積山谷非吾之所忍聞反諸愛國者之初心亦必

悔其策之愚拙事之孟浪也即幸而事成而取一家之物而又與一家長一路之哭而別行一路以今日之愚族亦萬不能遽躋於强臺以暴易暴不知其非吾恐擾擾爭奪未知所底止也且吾輩處此物競天擇至劇至烈之時亟亟然圖所以自存所以自立者固不在內患而在外攘今日之時今日之勢誠宜合君臣上下華夷內外此四字用古代名詞踔厲奮發憂勤兢惕以冀同心協力聯合大力以抗拒外敵即向來官民之界種族之界久存於吾民心目間者尚當消畛域泯成見調和融合以新民命而立國本而反紛紛然爲蠻觸之爭雞蟲之鬥何其量之狹而謀之淺也彼之縱橫交錯布其勢力範圍於我之各行省各屬地各外藩者旣儼然以地主人自命其視吾政府猶奴隸視吾民人猶奴隸之奴隸有識之士所爲痛心疾首者也今不自甘爲奴隸之奴隸又未能養成地主人之資格學爲地主人之本領乃務與奴隸爭彼或者左袒奴隸以攻擊奴隸之奴隸抑擢滅奴隸之奴隸而並驅奴隸患不可勝言也譬之一家輿臺皂隸日喧呶於左右者之側有不勃然大怒揮而斥之乎有能默爾而息置之不問者乎日本當明治二十七八年政黨互鬨上下交爭幾釀大禍及與我開戰乃併力一向忽變鬩牆

而爲外禦。初不願過取之民。舌劍唇槍兩肆攻擊。馬關會議。反責成國民力籌二萬萬銀圓以充戰費。衆無異辭。誠知今日大勢在外患不在內憂也。今五大洲之環而伺我者。恊而攻我者。不獨日本。日夜伺吾隙以徼吾利。而愛國之士。反唱革命分治之說。授之以隙。而予之以柄。計亦左矣。今之二三當道。囂囂然以識時務自命者。絕不知爲國民由國民之爲何義。天賦人權之爲何物。民約之爲何語。謬以爲唱民權必廢君主。唱民權必改民主。積其科名官職富貴門第腐敗不堪之想。一意恢張官權。裁抑民權。舉一切政事溝而畫之。別而白之。曰此官之權。於民無與也。果若人言。勢必所謂官者。絕不取之於民族。如上古封建之世卿。歐洲中葉之貴族。印度四種之刹帝利而後可。果若人言。又必今日爲民。聽其愚昧。明日入官。即化爲神聖而後可。果若人言。又必以二三千神聖之官。率此四百兆愚昧之民。驅之出生入死。安內排外。無所不能而後可。果使普天之下。胥變爲牛馬世界。犬雞世界。虫蟻世界也。彼其說可行也。若猶是人民世界也。吾知此蚩蚩無知之民。始居於無民之國。繼變爲無國之民。是不啻爲淵敺魚爲叢敺爵乎。是直爲天下列强之虎之倀之魔也。是中華之罪人。亦大清國之亂臣賊

子也。雖然。今之新進後生愛國之士。知彼輩之必誤天下。惡彼輩之說。矯彼輩之論。鋌而走險。急何能擇。乃倡爲革命類族分治諸說。其志可哀。其事可悲。然以今日之民操此術也。以往吾恐唱革命者變爲石敬瑭之賂外。吳三桂之請兵也。唱類族者不願漢族鮮卑族蒙古族之雜居共治。轉不免受治于條頓民族斯拉夫民族拉丁民族之下也。唱分治者忽變爲猶太之滅波蘭之分印度越南之受轄於人也。吾非不知時危事迫。無可遷延。持緩進之說者。將恐議論未定而兵既渡河。揖讓救火而火既燎原。雖然此壞刼此厄運。由四五千年積壓而來。由六七大國驅迫而成。實無可如何也。公以爲由君權而民政。一度之破壞終不可免。與其遲發而禍大。不如速發而禍小。僕以爲由蠻野而文明。世界之進步必積漸而至。實不能躐等而進。一蹴而幾也。吾不徵往事。徵之近日神拳之神義民之義。火敎堂戮敎民攻使館之愚。其肇禍也。如此順民之旗。都統之織通事之訛索士大夫之獻媚。京師破城之歌舞。聯軍撤退之挽留。其遭難也。如彼和議告成賠款貽累。而直隸之廣宗湖南之辰州四川之成都夔州又相繼而起。且蔓延于一省。其怙惡也。復如此以如此之民。能用之行革命類族分治乎。每念中國二千

年來專制政體。素主帝天無可逃神聖不可犯之說。平生所最希望。專欲尊主權以導民權。以爲其勢校順。其事稍易。戊戌新政。新機動矣。忽而政變。仍以爲此推沮力尋常所有也。既而團拳禍作。六飛播遷。危急存亡。幸延一髮。卒下決意變法母子一心之詔。既而設政務處。改科擧。興學校。聯翩下詔。私謂我輩目的。庶幾可達乎。今廻鑾將一年。所用之人。所治之事。所搜括之欵。所娛樂之具。所敷衍之策。比前又甚焉。展轉遷延。卒歸於絕望。然後乃知變法之詔。第爲辟禍全生。徒以之媚外人而騙吾民也。設有詰于我者謂公之所志。尚能望政府死灰之復然乎。抑將坐視國家舟流而不知所屆乎。僕亦無辭可答也。茫茫後路。耿耿寸衷。忍淚吞聲。爵爵誰語。而何意公之新民說。遂陳于吾前也。罄吾心之所欲言。吾口之所不能言。公盡取而發揮之。公試代僕設身處地。其驚喜爲何如矣。已布之說。若公德。若自由。若自尊。若自治。若進步。若權利。若合羣。既有以入吾民之腦。作吾民之氣矣。未布之說。吾尚未知鼓舞奮發之何如也。此半年中。中國四五十家之報。無一非助公之舌戰。拾公之牙慧者。乃至新譯之名詞。杜撰之語言。大吏之奏摺。試官之題目。亦勦襲而用之。精神吾不知。形式既大變矣。實事吾不知。議

論旣大變矣嗟夫我公努力努力本愛國之心絞愛國之腦滴愛國之淚灑愛國之血掉愛國之舌舉西東文明大國國權民權之說輸入於中國以爲新民倡以爲中國光此列祖列宗之所陰助四萬萬人之所託命也以公今日之學說之政論布之於世有所向前無人能有惟我獨尊之概其所以震驚一世鼓動羣倫者力可謂雄效可謂速矣然正以此故其責任更重其關係乃更鉅舉一國材智之心思耳目專注於公舉足左右便分輕重彼之恢張官權裁抑民權者公駁擊之指斥之可也聽其自消自滅自腐自朽自潰自爛亦亦無不可也公所唱自由或故爲矯枉過直之言然使彼等唱自由者拾其唾餘如羅蘭夫人所謂天下許多罪惡假汝自由以行大不可也公所唱民權或故示以加倍可駭之說然使彼等唱民權者得所藉口如近世虛無黨以無君無政府爲歸宿大不可也一言興邦一言喪邦芒芒禹域惟公是賴幸公加之意而已吾草此函將斂筆矣吾哀淚滂沱棲集筆端恍若漢唐宋明之往事畢陳於吾前舉凡盡忠殉國仗義興師無數之故鬼新鬼亡魂毅魄乃至亡國之君亡國之君之妃后亡國之君之宗族嗚嗚而哭一齊號咷若曰吾輩何不幸居於專制之國遭此革命之禍也吾熱

血噴湧洋溢紙上又若英日德意之新政畢陳于吾前舉凡上下議院新開國會無數之老者少者含哺鼓腹乃至吾國萬歲吾民萬歲吾君萬歲之聲熙熙而來一片升平若曰吾輩何幸而生于立憲之國享此自治之福也吾亦不自知若何而感泣忽輟筆而歎也若何而舞蹈遂投筆而起也嗟夫孰使我哀哀至於此吾憾公孰使我喜喜至於此吾又德公書不盡言吾復何言

雜俎

無盡智囊

▲蟻之力量能引行大於己五十倍以上之物。

▲美國哈巴特大學自開辦以來。已出大統領三人。

▲歐洲婦人所用之洋紅原料。爲冶容之用者。每年約五百噸。

▲歐羅巴全洲傳布基督教之教會。有二百四十九個。其宣教師有一萬三千六百〇七人。

▲現今世界上之電信局。約有十四萬四千五百所。

▲每日打電之數。約一百二十五萬通以上。

▲美國最近之統計。其財產過二百萬圓以上者。有三千五百四十六家。

▲德國全國女子之數。多於男子九萬。

▲英國昨年一年。其郵便局所遞之信。共二十三億二千三百六十萬封。

▲法國五十九人中。有當兵者一人。德國八十九人中一人。英國百人中一人。

▲英國每年有七百人誕生於航海中者。

▲埃及最豐饒之地每一英方里能養九百二十八人猶有餘力。

▲昨年一年間由加拿大遷居於合衆國者一萬二千人由合衆國遷居於加拿大者一萬七千五百人。

▲盲人之數女子多於男子。女子爲一與九之比例。男子爲一與十一之比例。

▲大鯨之舌每一枚可取出鯨油一噸。

▲德奧二國共有割烹之專門學校百五十所。

▲蘇彝士運河每年來往之船平均有三千八百艘。每艘貨物之重量平均有五十噸。

▲世界之湖。以西比利亞之卑加爾湖爲最深。其最深之處有四千五百尺。湖面高於海平線千三百五十尺。湖底則低於海面平均約三千尺。

▲歐洲每年患肺病而死者百五十人。

▲歐洲語言共有五百八十七種。

▲瑞士之旅館位於高出海面六千五百尺以上者有十四所。

▲專利權之最多者以電氣王埃的遜爲世界第一。昨年計算共有七百四十五個。

▲自一八六〇至一八七〇十年之間英國每年增加鐵路平均爲五百一十英里近來則每年增二百一十英里。

▲各國皇室之歲費額。以土耳其爲最多。每年約三千萬圓以上。

▲去年土耳其國內虐殺基督教徒之事。凡二千五百九十九件。執凶手以正法者僅六十一件。

▲美洲一年間產雞卵八億五千萬個。平列之可繞赤道十二匝。

▲晴天一日全地球之自由車約走一億萬英里。能繞地球四千週。

▲視力之敏銳。以蜜蜂爲最。

▲全世界每年所產之砂糖。共八百萬噸。其四百五十萬噸出於甜菜。三百五十萬噸出於甘蔗。

▲英國人之生涯。以中壽六十年計之。睡眠二十年。食事三年零九月。動作十七年半。

遊樂七年半。散步與運動六年零三月。修容之時刻二年半。（修容之中剃面七月洗面十一月修飾衣服一年）此外淡然兀然無所事者約兩年半。

小說

披髮生

十五小豪傑

第十八回 殲衆魔同學慶更生 駕片帆羣兒還祖國

卻說杜番被胡布傷了胸部。一時昏絕倒在地上。險些兒被那兇漢取了性命。可巧各人剛剛趕到。胡布見衆寡不敵。連忙拋了武安向北就走。韋格乙菩雅涅們遙遙尾追。連放數鎗。覺有一兩發似已命中。那胡布的形影就忽然不見了。這裏武安翻身起來。即走近杜番身邊。把他的頭微微扶起。再從他口裏送了幾口氣下去。只見杜番呼吸如絲。昏昏不省人事。伊範忙把他襯衣展開。仔細一驗傷口。見他左胸第四肋骨旁邊受傷甚重。血流如注。還幸未曾正中心臟。只見他呼吸甚微。又慮是肺葉被創。俄敦忙道。不把他抬回洞裏去。實在束手無策。武安道。我們誓要救他性命。又嘆道。他原爲救我所以致此。眞眞叫我難過了。伊範道。自從開戰以來。未嘗見倭東武婁武蘭二人。殊堪詫異。只是如今卻是救杜番性命要緊。我們且先回洞去罷。說著和各人採了好些

樹枝立地造成一個疏架。把杜番安臥上頭。四人抬著。四人守衛左右。徐向法人洞歸來。杜番臥在架上。因爲行走搖動。觸刺傷口。痛楚之極。不時呻吟。各人見他太苦。只得停頓一會。且停且行。不覺也行了四分三的路程。離著法人洞不過三四十丈。忽聽見紐西侖川那邊彷彿有童子高聲叫喊。又見那符亨向前直奔。伊範心知有異。即吩咐格羅士乙菩雅涅三人看守著杜番。即同俄敦武安沙毗韋格四人。抄捷徑連忙趕回洞去。看將到時。正見倭東挾著一個孩子。方從洞裏走出來。笳稚蘭隨後纏著哀求放還。兩人正在糾纏。細認那個童子。正是佐克。又忽見武蘭從洞中抱著胡太出來。巴士他也隨後趕到。和他相爭。卻被武蘭伸手一推。把巴士他撲在地上。自向川邊走去。又見倭東推倒笳稚蘭。也竟向川邊走去。衆人看得親切。正欲發鎗。又恐誤傷了那兩個童子。那時只不見了莫科和伊播孫那幾個人。各人心中估量是他們一定在法人洞裏。或被傷或被殺了。於是伊範和四童子一意要趕到倭東們奪回佐克胡太兩人。正在狂命趕去。遙見武斐從洞裏拿出那隻小艇。放下水去。正等著倭東兩人到來。便要解纜。把兩個人質一并渡過那邊。帶回巨熊石下那個虎穴去。那時有挾而求。恐怕十五

個童子。都不彀他魚肉了。閑話休題。且說倭東武蘭正將行到川岸。只見那符亨追風逐電似的。霎時趕到武蘭身邊。望著他的咽喉撲將去。武蘭大驚失色。忙把胡太放下。轉身接戰。那時倭東仍挾著佐克前進。忽見有一人突自洞中飛將出來。倭東回頭一看見是福倍叫道這裡來。福倍這裡來。福倍走近倭東身邊。更不言語。突然纏住倭東。正欲把佐克奪回。倭東見事出意外。連忙放了佐克。即拔刀向著福倍腹部一刺。福倍翻身倒地。倭東見武蘭失了胡太。更不肯放過佐克。於是輕舒猿臂。正欲再捉佐克。佐克忙把身上藏著的短鎗拿將出來。轟然一發。這都是倭東罪惡貫盈。合該數盡。可巧佐克這發彈子。不偏不倚。正中倭東前胸。倭東負痛却走。這時武蘭已從符亨狗口逃出餘生。和那武婁正在小艇等著倭東。見倭東負傷而至。不覺大驚。連忙扶將下去。便把小艇解纜開行。正欲渡過那邊川岸。忽見法人洞口火光一沖。煙焰高舉。又忽聽見霹靂一聲。山谷震動。只見川上金光閃爍。波濤翻立。霎時間把那小艇和那三條惡漢連影兒都不見了。童子們眼見那幾條惡漢差不多死乾淨了。單有祿克胡布兩人。雖然未知道他實在死去沒有。也不見他再有動彈。這時各人轉危爲安。不禁滿心歡喜。

正在高興。幾乎把那受傷的杜番都忘記了。武安猛然觸起。於是同著各人大踏步走回去。見杜番仍是不住的叫苦。因叫快把他抬回洞去。路上把方纔的情形大略告訴了格羅士們知道。不一會。到了法人洞。見伊範也把福倍扶著回來。忙收拾兩張睡床。把他兩個受傷的輕輕放下。各人在旁看侍。各把方纔的事情說了。纔知道轟沈倭東們所乘小艇的大砲。原是莫科從法人洞發出去的。大家互相贊賀。喜的眉飛色舞。只是杜番因為出血太多。依然昏絕過去。不省人事。如今在這荒島。既然沒有醫生。又連一點藥材都沒有。正是束手無策的時候。可喜紐西侖川邊。原有許多赤楊樹。那樹葉正是醫刀傷的聖藥。亞美利加人是最慣用他的。笳稚蘭從前見過。留在心裏。這會猛然想起。立即前去採了好些回來。搗爛了。熬成膏藥。先把杜番的傷口敷好了。再看福倍。見他丹田受傷太重。料難醫治。也正要替他敷上草藥。福倍睜眼一看。見笳稚蘭滿面愁容。正在自己身邊用心服侍。不免閉目垂淚。嘆口氣道。笳稚蘭。我感你的恩了。只是我受傷的利害。一定是不中用的了。你自己保重。別要白替我操勞罷。原來福倍雖然一時昧著良心。入了惡人的夥。還喜他後來知悔。有了改過自新的心事。剛遇著倭

東要把佐克擄去。因此拚著性命。定要救他回來。可惜因此受了重傷。竟是成了不可救治的光景。伊範從旁聽他說出這些話來。也覺得十分憐惜。不免安慰他幾句。各人也盡心看視他。奈何命限難逃。到上午四點鐘時候。竟嗚呼哀哉了。各人等到天亮。把他抬至坡陰墳墓旁邊埋葬停妥。再爲弔祭一番。正欲轉回洞去。因爲祿克胡布兩人的下落。還沒知道。各人不能彀放心。伊範未免帶著俄敦武安巴士他韋格幾個人。四處尋他蹤跡。卒之尋出兩人的屍首。祿克是死在韋格所設的陷穽裏頭。胡布是被彈子中傷。還跑了十來丈路。才倒在地下死去的。因此才曉得那晚忽然不見了那兩人的蹤跡。正是爲著這個原故。伊範們既然尋出証據。知道那六個險賊。都死得乾乾淨淨。大家歡喜。不在話下。是晚大衆伴着杜番。談論了一會。定議留下一人看著杜番。才各分頭就寢。笳稚蘭道。我的性命原是杜番救來。今日列位請派我伺候他。也盡盡我的心兒。原來心理學家說的。做那丁甯縝密的事情。男子本不及女子。那笳稚蘭本是溫柔敦厚的絕代佳人。更兼與諸童子同經患難。故此伺候杜番。覺有無限憐我憐卿的感情。眞是體貼入微。無所不至。這一箇月內。竟沒有一會兒離去杜番的病榻。杜番

也感他的厚情。後來歸國之後。兩人竟成了一對小鴛鴦兒。此是後話不表。卻說明天清早起來。用了早飯。伊範和武安巴士他掉著那隻小艇。渡過家族湖。下了東方川。駛到倭東們從前居住的地方。見那傳馬船繫在那巨熊石下的沙灘上頭。連忙進前驗過。見那隻船雖則有了破損。若是船中不放東西。還可以輕浮水面。因此三人盡力把他移下水去。就用小艇拖著。一路駛回法人洞來。直到夜半。才到了紐西侖川。連忙繫在一處。三人上岸回洞。把日間的事情向大衆說了。又見杜番今天有了起色。各人都替他安了心。到了第二天。各人就商量修整船隻的事情。那船有三丈來長。七八尺濶。儘可容得他們十七人。還有餘地。各人知道伊範是向來曉得做木的工夫。因叫他做個工頭。巴士他幇著他督率各童子。日日趕緊修造。原來解拆胥羅船的時候。童子們把他一釘一屑都收拾起來。到這時候。但覺得件件都用得著。伊範已經把船身修好。恐怕海上萬一遇了風波。因又監督衆人。造了幾塊木篷。再把那胥羅船的舊帆湊起來。截長補短。弄了幾幅什麼三角帆。船尾帆。剛剛忙了一個多月。才把件件都做得妥當。這時杜番受傷的地方也差不多平復了。當著耶蘇生日那一天。他還能彀拄著

一枝拐杖。跟著大衆跑出洞外來頑耍了半天。只是病體初次痊可。氣力還未充足。回到洞來。不免又發燒發熱起來。各人見他這樣光景。決意等他十分好了。才開船回去。光陰似箭。容易到了一千八百六十二年正月下旬。各人撿點行李。把一切合用的東西。都収拾齊整。最緊要的就是那些金錢。全靠他做個回鄉的盤費。又預備下十七人彀喫數十天的食物。餘外洋鎗、洋藥、衣服、鋪盖、書籍、厨具、千里鏡、風雨表、和那樹膠小艇、釣具等類。都搬到船上。預備開船。到了二月三日。杜番傷痕都已全愈。身子也復了元。可以擔當風浪了。他就著急起來。屢次催著衆人要趕快動身。於是齊集公議。定了初五日起程。初四晚。俄敦走到廐舍牧塲。把那門檻開了。只見平時盡心豢養的種種禽獸。猛然跑出來。更不回頭一顧。竟各投向那邊去了。雅涅從旁看見。感嘆道。好箇忘恩負義的畜生。沙毗道。你莫怪他罷。如今世人受了人家的恩惠。不但不思量報答。還要反噬的。正多著哩。那麼人正是比那禽獸還比不上。這樣說來。你又怪那畜生幹什麼。各人見沙毗說出這麼樣老成人的話。都不覺冷笑起來。一宿無語。巴巴的盼到天亮。各人就歡歡喜喜的。從被窩裏攢身出來。連忙梳洗。飯罷。各人就在法人洞裏徘

徊一番。又到坡陰墓上憑弔告別。這時覺得種種感情。從心坎兒湧將上來。一悲一喜。相視默然。過了半天。各人方纔上船去。伊範坐在船尾操舵。武安莫科坐在船頭管理帆索。餘者都各占坐定了。這時各人的眼光不轉的望著法人洞。都有依依不捨的情意。無何解纜。各人舉聲相賀。便見這船跟著紐西侖川駛將下去。沒有多大工夫。回頭望那惡蘭岡。漸漸被那岸上的樹林遮了。只因紐西侖川的水流得慢得很。潮長的時候。又少不免停泊一會。等到水勢轉了。才能再駛前去。因此擔擱了日子。直至掌燈時候。方才到了胥羅灣。把船拍岸繫好了。決意在此停泊一晚。杜番在船上坐著。望見有兩隻水鳥飛來飛去。少不免技癢起來。就忙取了一桿長鎗。連發兩響。只見那兩隻水鳥。一併跌了下來。莫科連忙跑去拾得了。這晚就靠著這牲口。各飲了幾杯別酒。自沈沈睡去。及睡醒過來。已是辰初時候。連忙拔錨張帆。向著南方進發。各人回想往日胥羅船初次漂到這裡光景。也有嘆這兩年淪落悽涼的。也有喜如今尚得生還故鄉的。不知不覺。行了八點鐘。已繞過本島南岬。仍傍著阿地利島海岸。向南前進。這時各人回望那兩年內獨占居遊的奢們。已經逐漸沒入北方地平線下了。可喜連日天氣晴和。

波平風順。到十一日清早。過了斯密士海峽。駛入馬智蘭海峽。只見右邊有一座聖安山。高插雲霄。左邊波和爾灣盡頭。也有幾座高峯。積雪成雲。參差錯落。各人看了形勢。憶起往日武安在欺騙灣望見的白點。定是這裡的內中一個雪峯無可疑了。十二日到了陀馬島。只恨那島荒涼滿目。並無居民。只得向著南東穿過海峽而進。一邊望見地多利遜島的陸影。一邊望見格爾卡島海岸。原來童子們沒有一人熟悉航路。專靠著伊範做個主腦。伊範立意橫過佛羅華海峽。沿著布蘭斯域半嶋。直駛至澎打列拿地方。始行下錨登岸。卻喜天公憐他童子們太喫苦了。不肯叫他再捱數天無情風浪。十三日早飯時候。這傳馬船正在揚帆急駛。這時沙毗坐在船頭。忽然高聲大叫道。那邊有一溜黑烟。你們來瞧。俄敦道。定是漁船舉火的。伊範道。不是。像是輪船噴上來的煤煙。武安聽說。忙拿了千里鏡。升到船檣上頭。望了一會。猛然拍手喊道。輪船！輪船!!。各童子聽見了。都伸首出來張望。不一會。見那船漸漸駛近前來。仔細一認。原是一艘八九百噸大的小輪船。算他速率。大約每點鐘可以走得上十一二邁路程。童子們看見了。雀躍歡呼。急忙取出鎗來。連珠發了數十響。作個求救的暗號。只見那船聽

見了鎗聲也用千里鏡望了一會。才轉舵駛將前來。不上十餘分鐘。那船就到了面前。連忙把童子們坐著的傳馬船繫住了。船主叫童子們上了船。問明詳細知道他們就是從胥羅船漂去的十五少年。原來胥羅船初次漂失的時候。英美兩國的新聞紙上。莫不登載其事。一時喧傳世上。這船主也曾知道。如今見他們始末陳情。盡知底蘊。不覺十分歡喜。童子們也問過船主。知道他叫做龍格。這輪船叫做格蘭頓。正欲駛往美坡龍地方。因此哀求他搭載回鄉。船主也不推辭。一聲答應了。於是改了航海的路程。擬定先到惡蘭。然後再往美坡龍去。可喜風平浪靜。船又快捷。廿五日正午。早已到了惡蘭埠頭。各童子回憶前年胥羅船被漂。正是二月二十四日。至今剛剛滿了兩年零兩天。童子們全去全歸。比那衣錦還鄉的。定是更爲歡喜。自不必表。且說十五童子的父母聽見自己的兒子無事歸來。都不覺歡天喜地。驚狂欲絕。同到埠頭相見。這時候也有抱腰的。也有撩吻的。恰似曠夫怨婦見了情人一樣。這種悲歡離合的情形。自是筆難盡述。這事情一傳出來。惡蘭士人人人爭來問候。往來如織。把他一條寬廠馬路。都塡滿了。童子們好容易排人山倒人海。回到家裏去。再有各國的新聞記者。日日都

來訊問那漂流始末。童子們不勝其擾。因訂明派人在那市會議場演說一番。還怕各國新聞沒還知道底蘊。因此索性把巴士他每日留心劄記的日記刻了出來。初次刻了五千部。不上三兩日。都賣完了。再刊了五千部。也是轉眼就都賣得乾乾淨淨。因此棄了板權。任人隨意翻刻。自此各國莫不有了這本十五小豪傑的譯本。只是東洋有一老大帝國。從來還沒有把他那本書譯出來。後來到新民叢報發刊。社主見這本書可以開發本國學生的志趣智識。因此也就把他從頭譯出。這就是十五小豪傑這部書流入中國的因果了。

東海。珠。還小精衛。崑山玉。叫雛鳳皇。人生。經此。甯非福。凱奏。人天。戰一場。

東鄰有兒背傴僂。西鄰有兒不勝雛。眼同井蛙亘語海。身似蠹魚空殉書。

靡靡南風天不驕。少年心死國魂銷。何堪弱海輕盈水。卻當全球物競潮。

海島飄蓬不自哀。傷心吾土舊池臺。蓬蓬紙上風雲氣。可有男兒起舞來。

（完結）

文苑

飲冰室詩話

吳季清先生一家之死難，寔我生朋友中最痛怛之事，而戊戌、北京、庚子、漢口諸烈以外一大悲慘之紀念也。久欲爲一詩紀哀，至今未成，引爲疚焉。前曾見黃公度所作三哀詩中數語，今復得其全編。我心中所欲言，殆盡於是，我其亦可以無作矣。亟錄入詩話：……

世界隨轉輪，成壞各有刼。適値傾覆時，萬法不必說。以君循吏才，三年官於越。無端桴鼓鳴，伏莽寇竊發。山縣斗大城，城頭黑雲壓。紛紛彼狼心，躍躍欲豬突。君昔理常平，手曾治大猾。鴟音不能革，牛性成檮杌。到此播流言，官實通賊諜。作賊衆作官，滿城耳喧聒。城中西教徒，積惡鬼羅刹。閃閃蒼鷹眼，磨刀咸欲殺。公知事不可，大聲作霹喝。反激蚩蚩怒，一霎盡滅裂。非無防禦使，蠢蠢怯如鼈。噤不發一言，坐視民刼奪。此客甫斷頭，彼奴復流血。亂刄白雨點，混殺到手滑。猘犬狂號跳，奔馬肆蹄齧。但是縣衙人，一見輒摧捽。鄭當子若孫，衣破脚不襪。同寮不肯留，望門走托鉢。指名徧搜牢，齊髮互

瓣結。驅羊入屠肆。執箠尙鞭撻。天堂變地獄。肉花碎片割。同時遭荼毒。彼此造何業。原注君一家受戮後並尸於天主堂堂中教士被害者共六人少婦幼兒皆以刀欑割其肉肉盡乃斃之君當就縛時。自知當永訣。上念我佛恩。如何得解脫。下傷戚母慈。如何保生活。可憐八十母。蕭條幾黃髮。追憶六年前。春酒壽筵設。君披宮錦袍。手執先朝笏。公瑾與伯符。同年小一月。我歌壽八曲。登堂來拜謁。孫曾六七枝。一一芝蘭茁。最小耳銀璫。靧面白勝雪。誰料綵衣舞。回旋僅一瞥。覆巢無完卵。雛鳥鳴亦絕。聞今既半年。未悉子存歿。家人畏驚倒。相戒咸結舌。入則圍紅裙。出乃易墨絰。母尙倚閭望。朝夕拜菩薩。念子歸何遲。此別太契濶。原注家人詭以大府調往勦賊告其母豈知望子臺。早既堆白骨。以君精佛理。夙通一切法。明知入世事。如露如泡沫。佛力猶有盡。何況身生滅。將頭臨刄時。定知不驚怛。獨怪耶蘇教。瓣香未曾爇。如何偕敎徒。一例受磨折。觀君遭萬變。已足空一切。只有黃鳥歌。哀吟代嗚咽。原詩後復有補注敘述吳公死事事實頗詳並錄之以備後之作史者參考焉……君名德潚字季清錢塘縣人部選西安縣知縣光緒二十五年到任庚子六月拳匪亂作衢州土寇四起江山常山被圍西安土豪有虎而冠者因積穀事侵公欵甚鉅君嚴治之至是賊新募勇反廿五日晨君方集衆議團練聞譁聲問何爲則以毀天主堂對君出呵禁之反徒麕集遽倒戈相向取官褓而反接之送金衢嚴道署徑以通賊道員鮑祖齡懦而無不能彈壓賊復由道署縛出至堂簷下亂刄斬之又闖入縣署幕賓丁役凡殺二十九人子以啓以發被縛亂民詣鮑處分鮑言聽汝輩懲治吾不敢庇護婦人廿六日亦受戮長孫恕昌倉猝出逃匿於城隍廟之懸匾中搜出亦戮死所賸幼兒二顆乳者抱出得逸太夫人年八十率出將加刄爲人喝阻乃搶擄簪釧而去是役也各官

暑俱獲免鐵道府各員乃議以通賊之罪坐縣令而爲亂民解免派紀綱之僕二三人來搜檢一切文書夫人劉氏君之繼配也已密遣人以絮被裹葬君父子尸聞搜索之令堅持不可具牘詣於道必派委員二人監視乃許行各官不得已從之詭計不得逞乃以樸椽之詞達大府夫人復控訴之卒得旨昭雪復優恤焉辛丑六月補記

林暾谷烈士旭少好爲詩。詩孤澀似楊誠齋。卻能戛戛獨造。無崇拜古人意。蓋肖其爲人也。都中有以晚翠軒集寫本見寄者。蓋皆其二十以前之作。晚歲所臻。尚不止此。顧亦可想見其人格矣。摘錄數章如下。「病起漫書」云。『耳目與口鼻不思何錄錄。苟能得其養。心亦即快足。四者彼何如。惟心實有欲。所以養心者。必先此四族。愚奢厚自奉。反以滋垢黷。一鳥能遺音。豈必奉絲竹。一花可慰眼。豈必陳綺縠。誦詩味芬芳。聞香氣清淑。領略信靡窮。我亦我能慉』。「效太夷丈」云。『松生依澗谷。上爲干霄枝。搖落尚不語。繁華豈嘗知』。「感秋」云。『清晨負手行。蟋蟀鳴我門。因知秋氣厲。感此悲流年。病夫日掩戶。一月不窺園。頗聞梧桐枝。飄葉聚其根。歲寒皆黃落。而汝胡爲先。我將種長松。不與時推遷。小庭數盆花。清淸亦堪憐。但覺淒淸意。莫向西風前』。讀此諸篇。其孤絕高俗之氣。可見一斑矣。又「張園梅花」有句云。芳波照影知誰見。斜日攀條却獨來。又「無題」云。忠先淸曉東輪轉。意共黃昏燭本闌。世界愁風復愁雨。肝脾爲苦亦爲讖。

「雨夜醉歸」云。時世畫眉將半額。春寒呵手不成圍。雨聲月色和同好。馬足燈光一併飛。余皆酷愛之。

歲暮懷人。萬感交集。自念我入世以來不過十二三年。而生平所最敬愛之親友溘亡大半。讀杜少陵死別已吞聲。生別常惻惻。魂來楓林青。魂返關塞黑之句。不自知其涕之淋浪也。丙申間。曾語譚瀏陽曰。吾欲為三亡友傳以誌哀。三亡友者。一南海陳君通甫千秋二南海曹君著偉泰三達縣吳君鐵樵樵也。傳至今未成。而當時所與語之人墓木亦將拱矣。追思昔游。猶在心目。可勝悼哉。三君皆天才。至今眼中之人未有其比。斯人之夭。一國之不幸也。陳曹皆萬木草堂同學。吳則季清先生之長公子也。三君思想學誼並卓絕時流。即文學亦有開拓千古推倒一時之概。壽皆不及顏氏子。著述未一成。事業未一就。三年之間。賫志並沒。嗚呼痛矣。余昔藏其來往論學箋及詩文零稿甚夥。戊戌去國。散佚無復片紙。並此區區者而天亦妒之耶。三君皆不以詩名。然詩固有獨絕處。辛卯冬。余游京師。通甫贈以五言長句二章。今僅記其四語云。「非無江湖志。跌宕恣游遨。蒼生慘流血。斂席安得煖」又通甫嘗為余題箋數語云。伊川賞「[illegible]

魂慣得無拘檢又逐楊花過謝橋」通父賞「蝴蝶上階飛風簾自在垂」二詞誰工詩間知者」所記通甫之文僅此而已辛夘春著偉突訪余翌日苕視之見其璧間自署一楹云「我輩耐十年寒供斯民煖席朝廷具一副淚聞天下笑聲」心大異之時著偉僅二十二歲也自此同學連輿接席者年餘辭後余居京師越三年而著偉遂死著偉詩甚多彼時余不好談詩不記憶之今印於腦中者惟餘一首又脫忘其三句詩云「而今已矣二千年幾個英雄問九淵胎化有靈觀間氣帝王無力笑青天□□□□□□□□□□□□□□□□□□血書重認涕潸然」所記著偉之文僅此而已余初交鐵樵在京師實乙未冬也與譚瀏陽三人相視如兄弟鐵樵雅不好爲詩嘗偕游西山碧雲寺瀏陽强之吟成一章乃大佳絕今惟能誦其一聯云「白雲白鳥相來去青史青山自古今」所記鐵樵之文僅此而已通甫嘗爲「仁說」一書其持論略與瀏陽之仁學相出入又著「性論」「致宗平議」等書皆未成而卒患肺病年餘枕中猶時時屬稿易簀時以書之未完不能盡達其意悉燒棄之通甫嘗居鄉辦西樵鄉團事者一年練民團五百人與一小學校建一藏書樓治事嚴厲以一新進小生摧抑豪

猾鄉中十餘萬人令行禁止賭盜之風頓息蓋將以爲地方自治之基礎也甫就緒而病遂劇至今鄉中人擬爲立祠奉祀志功德云著偉最耽哲理思想淵淵入微嘗爲「佛教平等義」十餘篇未成晚年欲窮魂學之精髓以爲佛教密呪必有特別妙諦捐棄百學以冥索之居羅浮歲餘以暴病卒其文豪放連犿波譎雲詭能肖其心思鐵樵算學並世無兩喜以算學談哲理瀏陽「仁學」多採其說晚年辦湖南礦事在漢口得熱病以誤藥卒嗚呼造詩勢之英雄豈在多耶使今日諸君子者猶在其勢力之影響於國民者寗可思議耗矣哀哉

輿論一斑

上海新聞報

政權公私辨

今日中國之政府。爲國乎。抑爲家乎。爲公乎。抑爲私乎。觀於所施之政令所握之權柄而知之矣。夫其政令權柄亦至變至幻而不可測也。今日政令屬在我。則由我施之。可以作威作福。易一時而政令屬之人。則我又退居人後也。今日權柄歸之我。則由我握之。可以惟刑惟賞。易一時而權柄歸之人。則我又惟人欲爲也。夫其施政令握權柄。大致蓋有數端。一曰報復。大員中有和外派。有排外派。和外派不以排外派爲然。排外派亦不以和外派爲然。庚子之衅。當中外議和之際。凡排外派者無不可危。其時和外派聲勢隆而外交廣。排外派搖尾乞憐。性命託之。官位寄之。其外人不加指索。故卑詞焉。哀懇焉。既而和議定而外交平。向之排外派專制之手段之位際。又恢復如初矣。於是凡向之名爲和外派者。至此又不能不仰給於排外派。而排外派之詭計出。而排外派之巧計生。於是思欲得排外派諸人。而一一中傷之。今日撤其要差。明日開其要缺。一

洗其從前卑詞哀懇之恥。而私仇可報矣。一曰受賄。自庚子糜爛。京中大員屋宇被燬。衣物蕩然。迨迴鑾後。思復舊時所有。大開賄賂之門。人言嘖嘖。某相尤為衆怨之府。致有議其嫁女粧奩。即門包一項。已收納至二百五十萬者。有某大員致送奩儀五千兩。擯棄不納。一笑置之。又有謂某相懸督撫寶缺待價而沽。人言不一。總之無報效者以尋常相待。有報效者以特別相待。則顯然也。一曰專擅。一國之中。凡有關利權之事。於外人則讓之。於華人則奪之。攘商之利。以為已利。而商之數十年辛苦不顧也。據商之權以為已權。而商之數萬人聯絡不顧也。乘商之危。寒商之心。而若輩恃其專擅之力。以相壓制。既收極大之利。又明其生殺之為所欲為也。嗚呼。凡此三者。皆今日能施政令能握權柄之政府之情形也。然而其報復。其受賄。其專擅。亦非遽爾為之者。其始則進讒言於　帝座。而使其人聖眷衰。其繼則散謠言於京師。而使其人物議敗。於是朝降一諭而抑之。暮降一諭而擠之。以圖快其私心而後已。曾亦知今日中國之大局。危如累卵。內外大臣。要在結以同心。而不分黨類。持以公義。而不參私見。然後可以努力王朝。維持全局乎。不然者。我之內政。多一舉動。則外人之思想多一機會。彼惟見我

內外大臣生心妬忌。有意猜嫌。於是即其所以妬忌所以猜嫌者。而枝節橫生。議論旁出。故路礦輪電者皆外人甚願中國有內政之變局。而從中發奇想佈秘計者也。抑吾又聞各國之爲政皆重商務。商富國富。商貧國貧。人之言曰。商者國之元氣。官者國之蠹蟲。蓋以凡事經商辦者無不成。經官辦者無不敗。歷驗皆然。外人之所以重華商而不重華官者。豈非以商信而官誑。商實而官虛。又歷驗皆然歟。而我但以能施政令能握權柄。遂排擠之箝制之。一張其威福刑賞之勢力。則斷之曰政權私而非公也。

體制革命說

星架坡天南新報

亞之大陸有一國焉。蓋數千年來崇尚體制之舊國也。其政府無政治之思想。而唯崇體制以事張皇。其官吏無教養之精神。而唯奉體制以行故事。其庶民無自由之權利。而唯壓體制以受束縛。所以欺飾閭閻者唯體制。所以鞭笞風俗者唯體制。所以敗壞國家者亦唯體制。詩書則體制之傳記也。禮樂則體制之器數也。奏陳時事者則曰體制攸關。頒行諭旨者則曰毋乖體制。甚則賠欵割地之不遑。而條約字樣尤爭體制之浮名。徵抽剝削之俱窮。而告示章程務存體制之局面。盛哉體制。美哉體制。僞哉體制。

然虛腐之漓風。吾不欲長之。而唯欲革之。作體制革命說。

土木者體制之觀瞻也。即商紂之鹿台。秦政之阿房。可謂極體制之宏麗者矣。丹青未竟。金碧旋非。而謂頤和園萬壽山昆明湖。可以長作安樂窩耶。其可革者一。拜跪者體制之儀注也。上古言天威咫尺。已極尊崇。自叔孫通定朝議。上以媚君主。下以束羣臣。而至今爲烈。故武夫不習儀文。而召見每受朝廷之斥退矣。下僚稍違格例。而稟見每遭督撫之呵責矣。未攷其內材。先觀其外局。於是爲官者不以經濟爲救時計。而以應酬爲護身符。如此即學堂林立。豈足以收有用之才耶。其可革者二。服色者體制之章身也。天子冕旒十二。玉藻一篇。已備極尊榮矣。今則四時改換。皆須諭宮門以整齊一切。現換某地紗。某裘某袍某褂。次而獎賜臣工。則有素貂褂團龍褂黃馬褂開氣袍之屬。特別名色。以爲尊貴之等差。而譜服中之文用鳥武用獸之分更無謂矣。披身者愈多。束身者愈甚。而辦事反不得自如。且既有階級爵位之懸殊矣。亦何必以此爲區別哉。其可革者三。刑獄者體制之流毒也。刀鋸桁楊。古所時有。而今日之中國則其害固中外向者所無。初時定律。則訊某罪者用某刑。而施之女子則更爲煩碎。故有贊數十

年刑幕。而不能盡記者。今則新式刑具。日盛月新。昔之刑具定自朝廷。今之刑具增於官吏。徒假盜賊充斥爲名。以求易於苦打成招。豈以爲肅一已之威嚴。以戕萬民之生命耶。抑以爲邀功地耶。其最謬者如情冤命不冤一語。不知誤送幾許殘生。哀我同胞。胡堪此極也。其可革者四。捐納者必求花樣之足否。以爲得缺之遲速。夫花樣即體制之別名也。曰候選候補即用試用等之虛名。固不能盡述。且明明以官缺爲買賣場矣。而必借名於或新海防例鄭工新例。某案軍營。某事賑捐。但計折欵之多寡。不計流品之何如。在奏停捐納者已詳言之矣。獨怪多立名途。以欺人耳目。抑又何也。且武弁爲干城之選。當求禦侮之材。乃不計人地相宜。而但分其海疆某某缺。曰移補借補留補。總總不求甚解。豈能盡書。一若官缺可更。而體制斷不能墮者。欲求賢臣。是亦難矣。其可革者五。其餘漕運虛縻。則曰天庾正供。官倉陳腐。則曰備荒常法。考試扃門。而私路之疏虞不計。綠營操演。而開銷之無用不知。無論臣工奏行何事。而必援上案爲題。其最謬如改換官照一事。則康熙時有翻車墜水。其官照遺落於西河。因准予修補。而今之失照求換者。必援此案。凡諸等弊。言不勝言。以上所云。猶嫌舉一漏萬。則遵泥體制

之風。亦可知其梗概矣。

雖然天方革之誰能阻之。體制之有革命。亦進化之例使然也。昔也爲體制極盛之時代。今也爲體制漸衰之時代。謂余不信。觀光緒初元。吳可讀奏請建儲一摺。而太后駁以本朝家法。向無先立儲貳之理。而今則太后詔立大阿哥矣。清廷於權臣勢重。多就駢誅。如年羹堯明珠鰲拜等是已。而今之榮祿何如。清廷祖制。本無閹宦當權。而今之李聯英何如。右三者皆體制之最重且大者也。而革命出於自然。吾故曰昔則體制極盛之時。今則體制漸衰之時也。然體制漸衰之時。其中國將興之兆乎。擲筆之餘企望久之。

論斷髮易服之大利益

天津日日新聞

近日相傳政府有欲於明年正月令全國官民斷髮易服之說。信乎否乎。吾烏得而知之。然亦聞而快之。所以快之之故。淺者曰。辮髮無所用。舊服寬大。行且不利。況其作事。不斷不易。復將何待。吾則曰此益之小者也。更有大于此者。其能以倍蓰計哉。請約言之。

一可以和新舊也。方今朝廷以變法爲急。而政府諸公多無所建白。故新黨咸力詆之。今政府毅然行斷髮易服之令。使新黨咸曉然於新政之必次第舉行。不復責人無狀。吾所謂大益者一也。

一可以和中外也。方今中國敗壞。外交上十分棘手。西人見華官多有輕慢之意。固由於我內政之頹廢。無可見重。亦由於車馬衣冠之異。已故不能與他國人一例視之也。今毅然斷髮易服。使西人咸化其畛域之見。以平等相待。吾所謂大益者二也。

一可以和滿漢也。朝廷以髮辮袍褂爲國制。不敢輕易更改。二百餘年來。而漢人猶且外之曰滿人。曰滿清朝廷。故多有倡革命之說者。其形迹之未化。故其界限之難融也。今毅然斷髮易服。形迹上無所謂滿。無所謂漢。可泯族類之見。吾所謂大益者三也。

一可以和民教也。自中外大通以來。華洋錯處。民教叢居。華人見洋人曰毛子。曰鬼子。洋人見華人曰豬尾。曰牛尾。平民見教民曰此係奉外國教者。民教之不和。故釀成中外之大衅。此中之緣因雖多。然異言異服。亦搆禍之一端也。今毅然斷髮易服。使外觀上無復有華洋民教之分。官民上下。可以享平安之福。吾所謂大益者四也。

有此四大病。則此舉誠爲當務之急。而其餘諸小病。更可無論。此事不確。吾祝其確。此事而確。吾更祝其勿惑人言。中道變計。庶幾改之。予日望之。

中國近事

◎歸政消息　近聞太后凡召見軍機諸大臣。皆言中國近來百事頹敗。綱紀尤甚。須不論事之大小。急速整理。若幸得於來年萬事就緒。予亦可有所決。大臣等因思太后所云。大約係指明年萬壽節後。歸政於皇上之事而言。

◎擬廢科舉　聞袁慰庭宮保以科舉不足得人才。反爲學堂之障碍。故南下時。即與張孝達宮保商議奏停。意見皆同。回京即商諸政府。諸公業經允准。聞將來即由袁岑張三督出奏。大約明年會試後。即當停止云。

◎刊發新政　日前各部院衙門接到政務處傳單。內稱所有各衙門條奏摺件。除應行慎密要件外。凡有關於內政外交。暨變通舊制。舉行新法者。自辛丑正月爲始。一律檢齊鈔交政務處選擇刊發。嗣後永遠循照辦理云云。聞政務處幷擬奏設官報處一所。專刊印以上各項摺件公牘。或按日按旬出報。俾朝廷行政制法之大端。可家喻而戶曉云。

◎籌議大學　管學大臣以奉明年新進士入學堂之諭旨。商議辦法。緣明年新進士三百餘人。再明年一科已七百餘人。擬暫借喇嘛寺開辦。仍無此寬敞之寺。不得不加緊興工。另建學堂。而新進士入學之事又不能久延。甚費籌畫。大約不能不另建也。

◎奏參大學　張宮保近奏參大學堂軍機以其言多不實。僅交張管學明白回奏。管學以張之洞身處京外。不知京中辦事情形。臆斷之詞。固未足憑。而傳聞之訛。亦未能如京中親見者確切。謹將歷來舉辦實情。詳行奏復。並謂一舉一動。均先稟命政府而行。管學並未敢擅專云云。聞此事政府亦深知其底蘊。故不致爲所搖動云。

◎歸心于俄　直督袁慰帥前向俄國索還大沽船島。交收既畢。即電告政府。畧謂船島業已交還。毫無毀損云云。某中堂聞之。向軍機處諸大臣盛稱俄國邦交可恃。謂畢竟不失大國舉動云。

◎商局動搖　電報局現改歸官辦。某西人託其駐京公使向外務部關說入貲本。改爲華洋合辦。外務部心知不可。不敢與辦。現寘不覆。蓋西人在中國謀利之法。無孔不入。此次欲將華人現成之商業。用勢攙入。尤爲十分無理者。

又聞盛宮保有密電致政府某公。略謂中國商務以輪電兩局爲根本。電局既奉諭收回。上海商情大爲震動。若非戶部速撥銀三百萬以供收購。恐股票盡落外人之手。別生枝節。此咎宣懷不能擔任云云。

又聞某某八國以中國四百五十兆賠欵籌給爲難。而政府又有電局改歸官辦之事。故已商同公向外務部要索。謂如以中國內地電報歸彼八國管轄。可折洋欵二百兆。不然則四百五十兆之償期。亦不能候至數十年之久云云。外務部因此頗費躊躇。尙未作覆。

◎**總轄兵權** 皇太后有擬命鄂督張少保入京授以北洋大臣之職。而直督一缺。仍令袁慰帥任之。又風聞太后嘗謂今後東三省及山東省一帶交涉事件日繁。而練兵一事。亦屬最急之圖。欲令袁慰帥總轄全國兵馬大權。而別使榮相爲之節制。未稔確否。

◎**樞眷中衰** 盛宣懷丁憂後。一切要差盡行撤去。其原因係張之洞交卸鄂督時。虧空過二千萬。電向盛借三百萬兩。盛覆電云。有心無力。張極慚憤。因電致政府極言盛

之不可委任。宜乘其丁憂。盡行撤差。諸樞臣均極謂然。惟聞慶王尙袒盛云。

◎**紀醫學堂**　政府議設醫學堂。刻已議定。將北京舊有之醫學堂合併官醫局開辦。延聘日本教習教授中西醫學。以後行醫須由該學堂卒業。領有文憑。方准出而問世。以免庸醫殺人。議撥內帑萬金。再由各省督撫籌集二萬。派張尙書爲督辦。以陸總憲副之。

◎**議設郵部**　傳聞袁慰帥近建議設立郵政部。仿效日本遞信省之法則。擬設尙書一員。管理各省郵政事務。改良郵政章程。聞政府甚是其議。

◎**委派練軍**　北洋招練新軍。聞擬調現出使德國之廕昌星使爲全軍翼長。以政務處總辦鐵侍郎良副之。先調河南山西山東諸省將弁入保定將弁學堂肄業。以便學業後回省各自教練。一面復於各省中挑選練兵一千之數。在直隸練習洋操。以歸一律。

◎**同文設學**　京師舊有同文館。後改隸於大學堂。今管學大臣奏派五品京堂曾廣銓爲總辦。曾爲惠敏公子。深通英文。極有時譽。此舉可謂得人。

◎商裁漕督　漕督陳夔龍奏言今屯衞已裁。漕務無事。漕督一缺。應否裁撤。請付軍機處政務處會議。

◎陝臬密書　陝臬樊增祥致書都中某官言爲宋伯魯事罵之者衆。足見逆黨黨羽猶盛。深詬某相廢立之謀中止優游不斷。恐以貽禍。某官以諗某相。某相一笑寘之云。

◎參劾陝臬　有陝人某侍御者奏劾陝西臬司樊增祥。摺中略謂樊顯違定章。援引謬種。如本年該省鄉試。其對某房官云。制藝取士。雖眞才無多。尚不失爲端人。策論取士。則禮義廉恥。薄然無存。即如我等皆係八股出身。又何嘗不能爲國家辦事云云。又牌示士子云。文中不准引用後世事跡。不許論議朝政。不得沾染報紙文字習氣。違者雖佳作。亦不發房等語。與考士子。見此牌示。與奏定科場新章。多不相符。合闈譁然。有志之士。皆擱筆交遞白卷。亦有不入二場者。皆因樊之頑固不化。閉塞通才。大違定章。再如關中學堂。於屠梅君則聘之。宏通學堂。於劉古愚則却之。引用謬輩。無非陰行其塞絕之謀。若惟恐其開化之速也者。若不嚴行飭革。何以能得人才。共扶阽危之局。摺上。皇太后有將樊撤任之意。後經某相力保。摺遂留中。

◎蒙汗報効　青海二十九旗。伊犁十三旗。杜爾伯特突爾扈特二十旗。皆在外蒙古四十八旗之外。與俄國毗連。西甯辦事大臣。於庚子亂後。奉命就蒙地籌欵。並賠償各商業各教務之欵。此家十萬。彼家數十萬。各蒙古可汗無不應命。聞所籌者多。報銷者少。陸續匯至北京。已有百萬云。

◎墾務棘手　侍郎貽穀督辦墾務。原欲在內蒙古之西部。烏藍察布盟依克招盟地方。先行辦理。緣該地與俄毗連。庚子亂後各地多歸俄人掌握。或歸教民收租。此時驟歸官辦。恐難就緒。貽穀現擬回張家口先行試辦云。

◎設關不成　政府議在青泥窪設關收稅。俄人堅執不認。德人亦欲援例告政府應照青泥窪辦法。撤去青島海關。德俄二國外交近甚棘手。擬請英日爲之調停云。

◎俄營錦州　俄國擬在錦州開民政衙門。更擬開野戰郵便電信局。已將此事照會中國政府。

海外彙報

半月大事記 西歷十二月下半月

▲十六日路透電。英國兵部大臣羅布力在下議院宣言。謂現已決定仍留駐華兵隊四營。戍防威海衛。

同日電。德國各報均謂委內瑞拉兵艦經德軍一擊而沈。豈足以資航海抵敵之用。即使留存。亦不過阻碍我軍艦行動而已。

同日電。委總統擬將此次交涉交公正人判斷一節。美政府已允贊成。

同日電。美國外務大臣已咨會德政府。謂圍攻委國海口一事。不必通知美國兵艦。蓋此舉非美國之所願。並云。惟望此次亦封禁海口。如一千八百九十六年時。屆勒提雖被圍攻。而海口卒得保全無恙云云。

同日電。英國學校章程。已在上議院宣讀。

▲十七日路透電。英德兩政府現已決定示委國以兵威。將委屬各海口概行封禁。

惟兩國並無欲令英軍登岸佔據委屬各邊疆之意。
同日電。美國外務大臣現已咨催英德兩政府。略謂委總統所請將三國交涉交公正人判斷一節。請從速賜覆。
同日電。美國總統羅斯福及內閣各大臣。昨已會議委國交涉之事。惟應如何辦理之處。尚未決定。
同日電。美國各議員咸贊美政府此番辦理之善。
▲十八日路透電。俄屬阿的曾之褒恒拉鄉村。昨因地震之故。損害人命尚未查知其數。
同日電。英皇曾在議院宣諭。謂英日聯盟。兩國均願同心協力。互保利權。並云聯盟一事。不惟裨益兩國。且可保全東方和平之局。又諭日前所訂中英商約。徵特有益于英。即凡通商各國。均獲益非淺。并指約中數欵。謂此數欵雖未必為各國之所悅。其實均大有裨益也。
▲十九日路透電。委總統已畀全權與駐委美公使。以便與英德兩國開議和局。委國

既已諸多退讓。英國自必樂從所請。不與德國合力與委國爲難也。

▲二十日路透電。美政府咨請英國將英德與委國交涉之案交公正人判斷一節。英政府現經照覆。已有允准言和之意。惟一切條款。僅願與美政府商辦云。

同日電德意兩國亦已照覆美廷。至其所敍情形。大約與英國所覆相同。

同日電。俄外部現移咨英政府。略謂南非洲戰事未發以前。阿富汗各處邊疆交涉。業已議結云云。文中所敍。并無所要求于英。不過欲與阿富汗邦交日形親睦耳。

▲二十一日路透電。英德兩國現已聲言。果兩國所索各條。委國并未請人担保。以表其實。以滿兩國要求之心。當將其海口即行封禁。

同日電。勸請美總統公斷委國與英德交涉一節。委國總統現已允從。

▲二十二日路透電。瑪昆日在畢利湯并柯唔浩兩處之間。所創無線電報。現已傳遞電信。加拿大總督已由該局電奏英皇。此乃該局第一次所傳之電信也。

同日電。英國弗而湯兵艦。曾列入派封委國海口英國艦隊之內。目下停泊阿淩瑙屈江中。

▲二十三日路透電。意國兵艦邦森號。現已擒獲委國梳船一艘。

同日電。日前俄國阿的曾地震。計毁房屋一萬六千間。傷斃居民二千五百人。目下該處地方仍時震動。居民實不勝其苦云。

同日電。塞宣尼國承統公主。忽于十一日夜間潛至某處登舟。不知何往。其時公主神色甚爲慘淡。人皆以爲公主必因家人不睦之故。擬欲附船前往曾尼巴。惟此擧國人均甚張皇云。

▲二十四日路透電。塞宣尼國公主係與宮中某師傅法相約逃。刻下兩人均在曾尼巴某處客寓。

同日電。意國某巡艦并英國某巡艦一艘。現復擒獲委國商船五艘。德國某兵艦亦已擒獲委國兵艦一艘。目下委京糧餉僅資兩禮拜之需。

同日電。英德兩國公請美總統裁判委國交涉一事。已于本日行文美京。

同日電。意國亦已派兵七百人。由委屬巴柏括前往阿彼亞。約廿七日可抵該處。蓋意國以此役亦不得已之擧。其意與英國若合符節。

▲二十五日路透電。意國亦請美總統公斷委國交涉。其照會已遞至美京。文中所述情形。頗爲慷慨。并謂美政府所公斷。我意甚爲樂從。

同日電。委政府現已聲言。謂据萬國公會之例。封禁海口固可。惟所拘委國各艦應即交回。

同日電。委國各商船爲各國封口各兵艦所擒者。計値金五千元。

同日電。塞宣𠩄公主目下不肯歸于其父。盖恐既歸之後。必遭禁錮也。至其潛逃之故。亦已言明。係因與其弟不睦。現其弟亦逃至曾尼巴某處。

▲二十七日路透電。英國殖民大臣張伯倫于本日行抵竹版碼頭。該處總督及各官均來迎迓。張君宣言。謂本大臣此次游歷之故。特欲表明英皇深愛南非洲及南非洲百姓之意云。

同日電。委國交涉一事。美總統今不肯出爲判斷。歐洲各國現已議定改交萬國公會裁判。

同日電。張伯倫在德班宴會席間宣言曰。英旗之在南非。當必日增光彩。兩國亦必

敦好如初可無疑義。又云英杜兩國之聯盟。乃一絕大問題。此事不容緩議。

▲二十八日路透電。日昨張伯倫在德班宴會。嘗云當兩種競爭之時。雖國中大員亦不能阻止其事。又云今日之荷蘭。固已尊崇英國。吾英尚有何憾云云。

同日電。英國皇后于耶穌聖誕之日。特賜宴南非陣亡弁兵之家屬共一千八百人。

▲二十九日路透電。此次美總統不允公斷委因之事。德政府頗失所望。蓋此事若歸萬國公會判斷。曲折頗多。必致遲延時日也。

▲三十日路透電。摩洛哥國王現在潛駐弗蕭宮中。因恐土匪攻擊城村無力阻遏也。

同日電。摩洛哥各土匪已將弗蕭城內吸水管截斷。致城內滴水難求。想三日內摩王當必迫而出降。又摩王曾由宮中逃出。復被各土匪逐回。

餘錄

支那教育問題（續第二十三號）

三十日夜。楊君度戭君展誠與譯者唐君寶鍔同詣嘉納氏宅。時湖南師範生已歸國矣。是夕至者惟浙江師範生一人。并湖北所派考求警察委員二人而已。嘉納氏出謂楊君度曰。今夕可以繼談。願君畢其前辭。

楊君度復申前問。且曰。凡外界之風潮不急。則內界之阻力不生。敝國之新機萌於甲午一役。固不待言。即以敝國與貴國之邦交而論。甲午戰爭之後。反覺日加親密者何耶。豈非以白人之勢力瀰漫全球。我黃人不能不相提携相結合。以與爭競而求自立之道乎。敝國之危亡。豈獨予等憂之。抑亦黃人公共之憂也。先生新自敝國歸。據其所聞見。若守舊進步兩主義。終不免於衝突。則後來之事將如何。若如先生之教而任守舊之如醉如夢。終不與之衝突。後來之事又將如何。予不敏。願先生教之。

嘉納氏曰。貴國今日必非一二省之亂可以顚覆其政府者。內亂一起。不惟政府必以

兵鋤之即外人亦必從而助力焉且不惟外人助之國民又將自殘故貴國此時實不可以復亂亂則外人乘之瓜分之事必矣欲求再振豈易言乎（按庚子以來各國之對我國政策由瓜分主義變而爲門戶開放策勢力範圍論以扶植滿洲政府代壓支那民族而各指一隅以傾注其勢力爲無形瓜分之妙計至弟其摘去滿洲政府公然分割支那四億民族擾擾不靖無固有之政府以代壓之而皆須自理亦白人所不欲者也）且君無徒以政府爲意也亦視己國國民之程度如何耳程度不足雖有智勇之士豈而用之然不過一二人之特識而非全國國民之公意不得謂之輿論事終不可得濟也若國民之思想人人如一羣集於一中心點是方可爲輿論程度至此則政府以外無非其敵欲不進步何以自固即外人之干與者我既自有國民人亦無奈我何此時即有騷動內憂外患皆可不懼今則尚非其時也欲求此國民思想所集之中心點則莫如教育今日貴國各省皆奉旨興辦教育政府之眞心假意亦不必問上有此詔下即可行官吏豈能阻之耶且以實心任實事而又不詆毀官吏既不爲彼害彼亦何至惡絕之也故在貴國之今日惟教育有可辦之機亦惟教育爲最要之事今請爲君言正當之方法

方法有二種　一教導年少者　一開通年長者

教導年少之法有二一乃援今日官吏以爲之戒。常囑其他日爲國民辦事。不可如此。以使其能出此現社會而保其眞性。一乃教其助今日官吏誠實以求信用。借其權力以謀國民之益。使能入此現社會而救其過失。

楊君度日記中記其與日本大教育家伊澤修二別時問答之語其義可與此相補特爲摘錄於左

問曰予本以教育之目的遊于貴國。惟居無幾時。又攖疾病。所得甚少。以有他故。不能再留。今將歸國。願先生以一言爲贈

答曰貴國今日教育初興。其最切要者在養成國民。而非養成官吏。必注意于道德教育。不使于修業之時專爲干祿之計。而後可以去現今社會之惡習。不然則學校亦猶科舉。平日之勤習。亦如求科塲之材料。以冀一日之獲售。雖學問較科舉爲優。國家將安賴之乎。且科舉不廢。學校必不能辦理有效。以人皆分心於彼。而不能驅全國之人心使出于一。以此增其阻力。而道德教育之旨愈難相入。雖興學校。亦不過虛有其名而已。貴國達官爲調停兩可之謀。而不求其實際。是可歎也。

開通年長之法。則貴使其多識外間情事。深知國勢之危急。以期共出任事。即不能。然亦可銷其阻力。豈可外之于國民耶。至其行此之具。則開學校開學會立報館譯書籍著小說數者並舉。而小說之效尤捷。各國與日本興學之始。無不由此。因其教人者普而入人者深也。

楊君度曰。據先生所論。則敝國此時之政府官吏。皆可不問其賢否。而惟借其權力以興教育。俟國民思想羣集於中心點。而後可言國事。實爲至言。然教育云者。非徒形式上之教育而已。固必有精神上之教育焉。敝國之言教育。乃自今始。羣以取法貴國爲言。而貴國亦以代興教育爲已任。先生又嘗主持其事者。是則敝國教育之有精神與否。即謂由于貴國由于先生可也。然予常見貴國新聞紙之論。以爲日本與支那之交涉。關係甚鉅。今又有教育一事。若全以教育之精神輸入支那。則與滿洲政府之主義不合。將有防于外交。日本教育家不可不于此留意。而慢然以精神輸入之也。先生今日之爲敝國謀者。其爲精神教育與否。非予所能悉知。惟以先生之相教者度之。則或者亦假敝國政府之權力。以爲輸入精神之路則可耳。苟其不然。則爲敝國代興教育。

不於其精神而僅于其形式。有末而無本。雖教育數十年。亦與前此之辦洋務何以異。敝國今日有精神教育則猶可存。無精神教育則將立亡。敝國之存亡。實亞洲之存亡。黄種之存亡也。全球盡歸白種。貴國其能獨免乎。貴國今日之精神。能否適合於敝國今日之用。尚是一大問題。然而新聞紙之爲此言者。則殊未可爲解也。未知先生之意爲與之相同乎。爲與之反對乎。願明以教我。

嘉納氏曰。敝國報館主筆。名手僅有三人。今皆未常出稿。其餘率皆淺識。未知世界之大勢。此等議論。不獨報館爲然。敝國士大夫亦常有爲予言者。以爲代支那興教育。將來必有復仇之事。支那強則日本弱。彼之地廣人衆。我何能抗。是自致敵也。予常答之曰。代支那興教育者。非欲強支那而弱日本也。欲其同列爲世界頭等之國。相依相助。而皆益強。以與白人爭競也。支那教育既興之後。日本豈無復進步。猶爲今日之日本乎。且日本若爲土地計。則南洋羣島豈無隙地可尋。而必與白人合力以亡此亞東大國。而自取窘蹙乎。按南洋羣島無不在白人勢力範圍之內日本已無插足之地不僅南洋即歐美澳非各洲與中西南北亞細亞亦何處更有隙地可容日本一席者故合全球論之其可爭者惟支那一片無主之土耳日懼其力之不足而爲白人攫盡則其實情也故凡爲此論者。皆未識世界之大勢者也。以予之意。我兩國在

今日相倚以爲存亡。豈復有所謂教育精神之吝。且日本吝之貴國之人獨不能更學於西洋乎。爲貴國遊學者計在日本者亦不過速成之法。惟宜以此爲階梯。終當更學於西洋。始能眞覩文明之盛。無論何種學問皆宜如此。若以留學日本爲已足。則所得究非眞實東亞之文明終難與歐美爭盛。然在今日則姑取精神于日本亦無不可。湖南師範諸君之歸國。予欲留之再居一月。意欲以教育之精神相告。而諸君不能留。正予之所抱歉者也。

楊君度曰。聞先生之言。令人生起同胞之愛。湖南學師範者。未得畢聞高論。予亦爲之抱恨。然予雖不敏，猶可與戴君共聽之。歸而告人。但不知先生所謂精神者。即予等數月所聞之講義乎。抑先生數日來所示教者乎。抑別有所謂精神者乎。願一聞其說也

嘉納氏曰。教育必貴精神。楊君問及于此。予不勝欽佩。湖南諸君雖未罄予之意。然今夕竟得聚數人於一室而論之。亦君等來遊我輩相交之一樂也。前數月之講義與前數日之所論。皆不得爲精神。今請爲君言其方法與其次序。

方法有二種。一無使其心爲氣所役。舉人生惡德各端。首色慾。其次飲食衣服之貪

修。其次好利。其次好名。其次不盡公衆之義務。其次不盡國家之義務。日日敎戒。處處提撕。以生其恥惡之心。一以聖賢豪傑之士。或潔己者。或救人者。以相勸勵而生其羨慕之心。二者皆所以養成國民之資格者也。

次序亦非可判然分析。因道德敎育之理。無淺無深。事事物物。無不具在。但宜視其人之經驗能力。以爲淺深小大之別。自幼稚以至年長。各有不同。是即謂之次序。若如倫理學敎科書者。雖篇章層遞。以次而進。然不得爲次序也。故謂道德敎育本無次序之可言。亦非無理。

戴君展誠曰。是所論者。似皆一人之私德。而未及于公德也。

嘉納氏曰。敎育者於私德與公德。常混合而融貫之。其性質皆造之於兒童。如小學校中無非團體之結合。而導之以相親相護之意。於其一身。又復行爲謹飭。是即公德私德皆備者也。

楊君度曰。先生所論精神固然。以予思之。各國國民之程度不同。則精神亦不能易地。而善予觀貴國敎育之精神。亦經屢變。鎖港以前之時代。國民之靜守性。亦甚深固。及

得見泰西之文化。而舉國風靡。羣趨于歐化主義。自由民權之說。瀰滿於社會。其後乃歸于國粹保存主義。此亦由人羣之感情由漸進化所必經之階級而無可逃避者也。今敝國之言教育。方自此始。若遺其中間過渡轉關之一級。而以貴國今日之主義行之。則不惟有躐等之患。且以頑固之國民而加以保守之教育。必將益縛其進步。故予意以貴國前日之教育精神。施于敝國之今日。其程度乃爲適合也。

嘉納氏曰。凡國固不可不求進步。然有和平的進步主義。騷動的進步主義。如以歐化爲主。則爲騷動的進步主義。貴國今日之情勢。若更加以騷然不靖。實非國家之福。予殊爲之深慮也。

楊君度曰。不言教育則已。不言教育之精神則已。苟其言之。則未有不經騷動而能入于和平者。此事理之無可逃。予亦未嘗以此爲福而望之也。夫一國有一國之國粹。若有賢人哲士。取歐化與國粹保存兩主義。參酌而融貫之。以定教育之旨。是其上也。若不能然。則惟以兩派分掌教育之精神。一持歐化主義。一持國粹保存主義。在貴國之後先相繼者。在敝國而同時并重。以相反之理。爲相救之法。或可稍免騷動之患耳。至

欲使之全歸于和平主義恐非勢之所能

楊君度日記中記與伊澤修二論兩主義有可與此相足者特爲摘錄於左問曰貴國教育由歐化主義變爲國粹保存主義此前後兩主義不亦過於相反乎

答曰此乃區分教育之時代而取其概狀以名之如此耳其實歐化時代何能盡棄國粹國粹保存時代何能遂拒歐化教育之方針因國體民情而遷變故其名目亦因之而變特沓舉其大者言之耳

嘉納氏曰若不免爲騷動的進步主義則將與政府反對乎

楊君度曰非此之謂也由事理上言之反對不反對亦視政府之自處如何民亦何心而必與之反對乎故後來之變象不可預知者也由心理上言之以數千年靜守之性而忽聞新奇之學說以激刺其感情必致羣思一動而後快雖政府不與國民反對而當社會改革秩序未明亦不能免於騷動此可預知者也予非欲以騷動爲教育之主義而無可以免此之道故不得不慮之也

嘉納氏曰或者騷動竟不能免或者將來遂分兩派以相維持不可預知此亦由事勢

有使之不得不然者。然分派。究非善事。始未嘗不重公義。其後兩派相軋。競爭權利之私見反熱於爲國爲民之公義。君讀敝國帝國議會議事記可知也。故予意仍以主義合一爲是甚不願政府有與國民反對之事而生在下之騷動也。

且一國之進步不可有枉錯迂折虛費時日之處。論者多謂敝國之能有進步者。由於有歐化主義騷動之一級。予則謂無此一級。以枉錯迂折虛費時日。則今日之進步猶當不止於此。前車之鑒。未爲甚遠。貴國豈宜復蹈其轍乎。

楊君度復欲有問。以夜深坐久。遂約後期辭出。

十一月五日之夜。楊君度與譯者唐君寶鍔復詣嘉納氏宅。是夕至者。惟江蘇浙江廣東湖北師範生十餘人。并湖北所派考求警察委員一人而已。嘉納氏出。楊君度問曰。前聞尊論。謂一國進步。不可枉錯迂折。虛費時日。誠爲至論。惟言日本若無維新以來騷動一級。則今日之進步。當不止此。若如所言。則數千年之歐洲。不聞以和平進步。必待近百餘年來法國大革命之後。生出全歐革命。經一大騷動。而後驟進于文明。數千年之日本。不聞以和平進步。必待近三十年來傾慕之兵。立憲之黨。一大騷動。而後驟

進於文明是則騷動者所以促文明之進步而非所以阻文明之進步者也蓋不如此不足以鼓起全國之民氣使之破除錮習發揚蹈厲以言論思想之自由而其程度得一進千里之勢也夫是時之不免於騷動者亦理勢之所必至今預防之則是欲救已往之失而又欲防將來之弊天下必無此完全之法敝國政事專以防弊爲主此其所以弱也今又以此爲教而惟民氣發揚之是慮又安有學術發達之一日乎故予以爲今日之謀國者但宜於一時謀一時之事以救既往之失爲主取數千年之錮蔽一洗而空之至他日之流弊自有後來之救正無煩爲之遠慮也況人民之意亦不過欲自保其生命財產已耳得其所欲即止何至無故而騷動乎如其騷動固亦未可以責國民且若以此而促文明則并不得盡謂之爲流弊即謂之爲大利亦無不可也貴國以人民之騷動而得立憲之詔於是騷動頓止豈非往事之可徵者乎

嘉納氏曰人民之騷動乃以促國家之文明尊論誠爲確當惟貴國此時境遇與日本異若外人因此而干與則如之何

楊君度曰此但問其能進步否耳如今之勢何可騷動若能進步則有國民矣如先生

前夕之言有國民則外人干與亦無防礙無國民則雖內無騷動外不干與亦豈可謂之能自治者敝國數千年以閉關爲國非無苟安之時然何代可當文明之目有一治不可再亂之基乎故和平而不進步不如騷動而進步也據東西洋歷史上改革之時代而觀之惟日本之境遇獨佳乘西人之勢力未及得以變法自振其餘歐洲各國如法蘭西意大利獨逸諸國其革命獨立之際何一爲從容自治而無外力之擢壓者然此固非敝國所得比擬則以歐洲各國當時之程度大略相等非如今日各國之文明之强盛環逼於至危極急之支那不可引往事以爲比例也然亦惟其如此則敝國此時於百亡之中而求一存亦只有孤注一擲之謀而無計出萬全之道即如今日者政府官吏亦持和平主義遂其苟安懷祿之私以任國事之日壞外人亦何日而不干與之不惟干與之且利用此傀儡以奪我國民之權利焉爲國如此即不騷動亦豈有不亡之理耶故予以爲他日者若以國民之進步得獨立而自存當亦由騷動而來即令事不能成而或擢于內或壓于外亦不過歸于亡國而已別無他患也然與其亡於此無寧亡於彼故知此者必不以外人干與爲慮也

嘉納氏曰。此論於貴國前途亦實確當。惟必俟國民之程度相齊而後可以言此。譬有破敗之室屋。欲摧燒而更造之。亦必遍布藥引。一舉皆燃。始能奏功。若偏於一隅。此燃彼熄。亦不濟也。故非教育普遍。即騷動亦不可得。

楊君度曰。高論敬服。予於尊意實無所爲違反。惟以爲教育之時。心中不必先存一和平或騷動之主義。宜專以救社會之錮蔽。保國民之進步爲主。使他日之事而苟可以和平也。誰能誘之使騷動者。預祝之無益也。他日之事而苟有不得不出於騷動也。亦誰能壓之使和平者。預防之亦無益也。故予竊以爲此二者皆可不問。惟視國民之程度以定教育之方針而已。然所以闇闇然辨之者。以先生方居于爲敝國代謀教育之職任。敝國之來學教育者將日益多。無不爲先生是賴。竊思先生於敝國國民之程度。若何而能使進步。若何而能使獨立。必已代思其道。今又新自敝國歸。見之愈眞。他日必有以見教於師範諸生。使其歸而施精神之教育。此予所以爲國民爭爲先生禱者也。予恨不能長侍於此。以聆高誨。竊思一先聞其梗概。歸而有以示人。不知可以見教否。

嘉納氏曰。教育之道。不徒智育而已也。尤必在於德育。一國之工商農礦雖極旺盛。若國民無道德。教育之根基國仍不可得立。其法必取名人之學說而研究之。以爲教育之用。此教育者所有事也。

楊君度曰。德育必資學說固已。予聞貴國維新以來。首慕美國學風。羣宗路索福祿特爾斯賓塞之學說。以故其國民有發揚蹈厲奮興鼓舞之機。國本之所以立。即在此時其後乃改而宗黑拍兒孔孟之學說。爲此階級之可考者也。敝國國民今日之程度。視貴國鎖攘時代之靜守性無以異。而人心之腐敗嗜利。又不如其俠武尙氣。爲非得路索諸儒之學說。以鼓動之。無以去其死氣而發其生機。故取貴國前此之教育以移于敝國之今日。適爲程度相合。不然則時地未能適宜。將有躐等之憂。而必無收效之望先生爲代謀敝國教育之人。不知於貴國前後兩期所取之學說。擬以何者相餉也。

嘉納氏曰。吾意必取內外前後之學說。參合而折衷之。以定貴國之教育。若必移敝國前期之教育。以行今日。亦未盡可也。

楊君度曰。取東西洋之學說。參合折衷。融貫爲一。今茲敝國尙無其人。貴國于二方之學術。無不具有。先生既欲以此定敝國之教育。不知已曾審定可以見教否。

嘉納氏沈思少頃答曰。此問題太大。予未能猝有所對。然論貴國今日之教育。有極大之二事。願爲君陳之。

一種族上　今日之世界。種族競爭之世界也。白種最强。黃種無以敵之。凡我同種。惟宜自相提携。豈可自相離貳。貴國之國體。實支那人種臣服于滿洲人種之下而立國者也。臣服既久。名分既定。豈可復有外之之心。吾未知其欲外之者。將去此已定之君主而以誰爲代也。故支那人種之教育。必以服從滿洲人種爲其要義。由此而推擴其兼愛同種之心。則日本朝鮮暹羅皆當視同一體。相依相愛。以與白種相敵。敵之云者。非必競爭攻戰也。但互相聯絡。以爲聲勢。已足以保世界和平之局矣。

一學術上　學術貴取于自有。而不貴取于外來。貴國向尊儒教。教育仍宜以儒教爲宗。至於路索諸人之學說。不過有此一說而已。未足以爲教也。

楊君度曰。學術上姑置不論。請先論種族上之關係。先生之意。豈非一共保黃種之畫

乎。然此必有勢力者始能言之。黃種中之朝鮮暹羅等小國。不必論也。但以日本滿洲支那三人種論之。其學術之程度。則日本以吸取泰西之文化。程度較高。支那次之。滿洲爲下。其勢力則日本不能行志於白種。而能行志于滿洲與支那。故亦爲最强。滿洲不徒在白種勢力之下。即日本亦得而左右之。而惟於支那人種。則賞罰生殺威福。猶赫赫焉。至于支那則以爲滿洲臣僕之故。幾爲各國臣僕之臣僕。以奉滿洲主人之故。幾以各國爲主人之主人。故支那於滿洲爲直接之主僕。於各國爲間接之主僕。是則支那於三人種之中。學術居其次。勢力居其末也。勢力如此。即使欲外滿洲人種。何能爲乎。先生乃欲對勢力最絀之人種。令其蜷伏于下。而求接歡于上。以期共保黃種。夫保種之事。豈無勢力者所可言乎。設使支那欲之。而滿洲人種不樂聽之。反加惡怒而相殘戮焉。支那人種又將如何。予以爲先生之所見。惟滿洲人種樂聞之。亦惟滿洲人種。能任之。支那何足以言此也。由此言之。則眞欲合三人種以共保黃種。其策固未有勝於此者乎。

嘉納氏曰。君若不以種界爲嫌。吾請述英人評論種族之言可乎。

楊君度曰。固願聞之。

嘉納氏曰。英人之言曰滿洲支那二人種優劣之比較。可于其今日之現局定之。滿洲人種。特有其居上臨下之氣概籠絡一切之魄力。而支那人種則尙文守雄。善于服從。故定二人種之位置。則握一國之政權者。必以滿洲人種爲宜。而支那人種必應爲之臣役。供其指揮。此人種優劣之別也。由英人之言觀之。則主僕之分。亦由其性根上已有如此區別。因以經驗而成事勢。數百年之成局。非他力所能致也。天性然也。豈至今日而有更張之道乎。

楊君度曰。先生知英人此言之意乎。先生頃者之所教。又英人之所樂聞也。先生以服從滿洲教支那人。而不知今日可以服從滿洲者。明日即可以服從英人也。先生又以愛滿洲并愛日本教支那人。而不知今日可以愛滿洲者。愛日本。明日即可以愛日本者。愛英人也。何也。以支那人種固號爲善于服從者。則無人不可以爲之主。無人不可以奴隸之。正不必有所擇也。且先生以善于服從之根性。爲美根性乎。惡性根乎。

嘉納氏曰。是惡。得爲美根性。固必當有以救之。

楊君度曰吾今有一言正告先生可乎吾以爲日本滿洲支那皆爲黃種皆爲同胞而必相愛相護相提携相聯絡以各成其獨立使同列于平等之地而後可與白人相抗者也非可以伸彼而抑此主彼而奴此而能相保者也使他日者日本日益强盛而漸能伸其勢力于西方滿洲復能收回東三省主權支那本部亦得地方獨立自治之制成東亞之奧匈合邦一大帝國鎭撫蒙古回部西藏種族雄厚藩籬堅固中日二國者鼎足而立雄峙于東方則豈特朝鮮暹羅皆吾兄弟即中亞細亞及五印度等國亦誰不應聯絡肘臂使之振興以爭雄於世界者其爲我黃種之幸福豈不偉大若如先生之論則滿洲人既不能自立又欲壓支那人之自立支那人既不可自立又不能責望滿洲人自立於是壓于上者不能提挈其下伏于下者不能扶植其上以圖爲合并自立之國勢必致兩相牽累同歸於亡其時日本雖猶可以自立然遇此數萬萬蚩蚩蠢蠢僅解壓制之滿洲人僅解服從之支那人蜂亂而蝟集不惟無絲毫相助之長且從而擾亂之白人則日日進而毀其闉闥爲兩種既亡日本其能倖存乎故支那人種之不能自立不惟滿洲人種之存亡係之日本人種之存亡亦係之則雖謂黃種全部之存

亡均係于此非過言也先生如眞爲敝國與教育乎則敝國之今日爲兩人種之合立教育之道亦宜幷施於滿洲人則務去其善于壓制之惡根性於支那人則務去其善于服從之惡根性而又教之以平等同胞之愛使各自立而不相侵是即伯兄所以教其叔季之道也若徒以服從教支那者豈亦將以壓制教滿洲乎吾固知貴國之必不如此其或者教支那以服從教滿洲以遜讓以爲此調和衝突維持現局之計則吾又以爲道德教育者原欲去人之惡根性也滿洲得遜讓主義支那得服從主義是滿洲之惡根性已去而支那之惡根性未去也不惟未去且得此教育而沈錮更深焉以比于滿洲所得之厚薄不可以道里計矣然此皆予揣度之言未知先生于二人種之教育究將以何主義且于滿洲教育問題曾慮及之否

嘉納氏曰能服從滿洲日本者即能服從白人支那之存亡爲黃種之存亡所論皆極確當至于滿洲支那兩種之教育吾固亦欲各去其壓制服從之兩惡根性以結其相愛之情必不可使滿洲人以喜怒爲爲法律而恣其威福亦必不可使支那人以奴隸之性甘心永伏于其下也

楊君度曰既如此則學術上亦不能無所改革何也事之有前因者必有其後果支那人之服從根性何自而來乎亦由數千年之學術如此教育如此有今日之果必有昔日之因如影隨形如響應聲絲毫不容假借也今欲去此惡根性非取其可以救此之學說以爲教育必不能于今日布其前因以求于異日收其後果故予之意謂非路索諸儒之學說不能爲力若仍泥舊學而不思變動則前因如此後果可知已往如此未來可知名爲精神之教育實以重奴隸之性其愈于形式之教育無幾也

嘉納氏曰吾前所謂取于國內者非盡屏他國學術之不入也特欲取其長者棄其短者以適吾用焉耳至謂服從惡性之結果由于前此教育之原因而當別求今日之因以布後日之果此論亦殊精透吾意亦無以易之也

楊君度曰舍短取長之道不僅於他國之學非此不能善用之即於己國之學亦然若因保其所長而并泥其所短以致拘守而不化抑亦學界之奴性也

嘉納氏曰誠然吾今更有一言爲君道之凡教育之要旨在養成國民之公德故雖不可服從於强力而不可不服從于公理能服從公理而不服從强力者其教育必爲無

弊。公理云者求一羣中利害之所在而皆能以公德舉之者也公德之用如何則以人羣所得之幸福必由一羣之人皆能互相保護互圖存立確見乎于一身有利而於一羣無利者不惟不能長保而且有危險之象不得爲眞利也眞利者一羣之所共享而己身爲羣中之一分子亦因此之故而不惜一身蒙害以圖一羣之利則一羣之利固而一國之本立設使人人謀利己而不謀利羣必見公衆之不保而個人何有焉故論事實則必以公衆相保因而人人獲利爲目的論教育則必以一人舍身而使一羣獲利爲目的此之謂公德

予遊貴國見有乘瀛車者以其行李亦占一人之坐位管車人與之言而彼大怒夫瀛車者旅行之人公共坐遊之地豈有一人可侵二人之地位者即此可見損人利己已成習慣其無公德如此其爲一羣之害何如乎且管車人與之言乃其所職應爾也今反怒之尤爲無理夫一國中供職之人至不能據公理以盡當然之職國烏得而不弱乎故無公德者不能入于人羣之中則亦不得謂之有人格也歐洲各國公德最優大小事故之類于此者絕無聞焉日本比之遠不逮矣然如此等事或下流之人偶一有

之稍有學問者必不如此且于羣坐羣立之處或有人至而無餘席殆無不能相讓者此皆教育之效人人皆知公德若夫專顧一已不顧他人之事雖屬細故亦不爲之非有所强制也先有教育以移易根性使之習慣于善則惡念無由而生而一羣之人旣皆有此公德則必能相親相愛自相團結即與外人相抗亦不難也

以予觀于貴國官吏與商賈二途之人殆無非俗物者官吏唯知利已而至于不顧民事且有以虐民爲政者夫官而不知保民則與爲民設官之意已大背戾何貴有此官吏乎商賈行爲專利一已欺詐貪騙無所不至與官吏同一肺腑此因無公德之教育故有此不成人格之種類也故貴國之教育于公德尤所當急急云

楊君度曰損人利已爲吾國今日社會之積習先生所論公德之教育實爲對症進藥然此等根性從何而來乎實亦其奴隸根性之幻象使然也惟其奴隸性重故惟知仰人以自存而決不謀自立之道不知自立故不知立人由此而仰人自存之心一變而爲損人自利之心此亦事有必至理有固然非有以治其源不能以淸其流也予於先生所論公德固爲敬佩然於服從公理不服從强力一語尤爲傾服以爲此言也誠可以

醫其病根而爲敝國今日教育之最大方針也予敢不遵先生之明教竭誠盡智以振起吾國國民之精神貴國方以代興支那教育自任敝國之來求教育學者方將不絕於道先生若能準此公理主義以教之乎則支那之自立終有其時吾敢不爲吾四萬萬同胞拜先生之賜也若一時言之而不果行則今日者各國之於敝國方且以扶植滿洲政府擁壓支那人民以遂其無形瓜分之政策以先生之論則今日萬事皆無可爲惟在注意於教育然教育又不能有眞正之精神以使之獨立其勢亦何能久存以同種相護之理論之則他日黃種之亡雖曰支那人種不能自立之罪乎亦未必非貴國代謀之不善也先生其謂此言爲然耶否耶

嘉納氏曰予論公德之教育其言甚泛而足下能于其中摘出服從公理不服從强力之最要一語以爲貴國教育之最大方針最大主義誠爲眼孔極高予殊爲佩服足下歸國以此自教其國民此甚盛事予今日方爲貴國謀教育亦安能舍此而別求所謂主義者乎予觀足下誠熱心於國事今當臨別惜不能多所論議然竊有所見請爲陳之以附贈言之雅予觀貴國社會之習以爲欲言辦事有三者當注意焉

一惜時候　凡事必貴爽利不可迂緩方今世界競爭各國之進步一秒之時皆不知作多少事業故其程度日進千里予觀貴國之事多爲虛文延擱一極要之公文亦必連旬累日始能發行其爲遺誤事機豈云淺鮮此皆因不惜時候之故實由於不知世界進步不能奮起直追之故得明者一矯之則國力必能速進矣

二習勞苦　人之身體能常運動則精神健拔舉事靈捷予與貴國紳士相接無不以車輿相過從絕無徒步往還者即同在一城亦莫不然此可以知其于事業上必有精神疏慢氣力頹頽之弊也故教育之有體育亦因國家之進步與個人之體力有大關係舉國之任事者能見日而不持蓋見風雨而不閉戶則外來之困難必無可以爲其進步之阻力矣故能習勞苦者一身一國皆將增其氣力必不可不注意也

三節用愛人　予觀貴國官吏之出衙署必率衆多無賴子弟以擁護其前後實則於彼一身並無利益而徒多誤國民之職業使成爲無用之人予爲思之使其一人獨出或一二從者隨之究有何不便者而卒無一人能之亦習俗之可嘆者也予又見貴人之于僕從或伸足以受靴或歪嘴以受煙皆使僕從代其勞而已享些微之安逸焉予

又爲思之。此等事豈眞不可自任之者。如之何其必須人也。如此之人不惟于不覺之地日自長其怠慢。且使任此者除僅知覥顏色充服役以外幾無他職可以自養。是國家已少一國民之用矣。如之何不令其爲有用之職業乎。既不能節用又不能愛人而大半居於要職。此欲其能謀國事亦大難也。三者之意。在辨事者皆必知之。而貴國之習俗尤宜亟改。吾願賢者他日處任事之地。一洗此習也。

楊君度曰。承雅教。不敢有忘。即日已將歸國。恨未能常親高論。惟將來請教之事正多。亦不患無再見之日。遂起道別而出。

楊君度既出。乃歎曰。烏乎。予與嘉納君之論深矣。吾國之愛國者。或以予與他國人之論之深。而責予以失言乎。烏乎。吾何能已于言。吾何能已於言。吾國之言教育。方自茲始。而羣以取法日本爲捷易之法。日本亦以代興教育自任。其以此爲外交上之材料與否。吾烏乎知之。然吾國今日之言教育者幾遍國中。然曰教育耳教育耳。其不致爲奴隸之教育者幾何人。吾國今日之來日本學教育者幾遍各省。然曰學教育耳學教育耳。其不致因嘉納君之所言。而仍以奴隸教育歸而教其國民者幾何人。吾方欲萃全國。

之言教育者與謀其精神教育之方針使全國皆出于一吾安得不先於主持吾國教育之嘉納君一究詰之也今以數次之辯難始得一公理主義此主義者含義甚大於數千年之得失數十國之長短皆得以此二字權衡而取舍之惟其條理則待吾輩之自尋焉耳使吾國之言教育者因此而能一出於此主義嘉納君之教吾國言教育者亦因此而不得不出於此主義吾知其教育之必無流弊則較前此之茫無主義者不其愈乎嘉納君之果以此爲教與否不可知然其論固已如此吾輩可執前言以相質矣予方以外交之言詞不能盡申其意不暇盡駁其非固不得爲深論也若我國之言教育者以爲是之人人所能知且精神教育之主義必吾人自定之何待於嘉納君之代謀而與之一辯斯言也實至精至當之言也又或謂教育之主義豈無更高於公理者斯言也又好學深思之論尤吾人所宜研究者也使盡人皆能以此二者相責過相辯詰則是國家思想之發達他日必皆能施至善之教育于我國民布獨立之精神於我民族我國之前途將於是乎依賴此予所禱祝欣慕而願以身隨其後者也予一人失言之咎何足論焉何足惜焉予亦安敢自護自訟而不引爲已非乎哉楊君度之言既畢旁記者乃舉其前後所問答彙錄之其所不及者注以明之以備言教習者採覽焉

萬思想國家年表

（續第二十二號）

非希的	Johann Fichte	一七六二 一八一四	德國大哲
拉猥斯埃	Lavoisier	一七四三 一七九四	法國大化學者及化學命名之大改頁家
邊沁	Bentham	一七四七 一八三二	英國大思想家功利主義之政法哲學者
拉伯里斯	Laplace	一七四九 一八二七	法國大數學家唱星氣之說
非利斯	Jacob Fries	一七七三 一八四三	繼康德之後而爲人類學的哲學派之翹楚
哥斯	Gothe	一七四九 一八三二	德國之大文豪又思想家
遜斯民	Saint Simon	一七六〇 一八二五	法國純正社會主義之翹楚
鳩維埃	Comte Henri de Cuvier	一七六九 一八三一	瑞士之大動物學者
土佐里埃麥加	Schleiermacher	一七六八 一八三四	德國神學之思想家
勘波	Alexander von Humbolt	一七六九 一八五九	德國之大博物家

希幾	Hegel	一七七〇—一八三一	德國之大思想家
克羅斯	Krause	……—一八三二	德國之思想家
士智陵	Schelling	一七七五—一八五四	德國思想家
黑拔	Herbart	一七七六—一八四一	德國大思想家又教育學者
的維	Sir Humphrey Davy	一七七八—一八二九	英國大化學者又思想家
瑕美頓	Sir William Hamilton	一七八八—一八五六	蘇格蘭之大哲學者又論理學者
佐邊荷埃	Schopenhauer	一七八八—一八六〇	德國哲學者
佐利幾爾	Friedrich Schlegel	一七七二—一八二九	德國大思想家又歷史哲學者
拉民奈斯	Abbe de Lamennais	一七八二—一八五四	十九世紀神學的懷疑派之創始者法國人
比匿	Fr. Eduard Beneke	一七九八—一八五四	德國思想家反對希幾及黑拔之學說
法利地	Faraday	一七九一—一八六九	大科學者闡明磁電及光學
哥遜	Victor Cousin	一七九二—一八六七	法國折衷派之開祖

喬梳	Guisot	一七八七	一八七五	法國大政治家大文明史家
佐夫來	Theodore Jouffroy	一七九六	一八四二	哥遜門下之翹楚
禽德	Auguste Comte	一七九八	一八五七	社會學者
特蘭的連白	Trentelenburg	一八〇二	一八七二	近世德國之大論理學者
約翰彌勒	Jhon Stuart Mill	一八〇六	一八七三	英國大思想家論理學者經濟學者
加黎	Thomas Carlyle	一七九五	一八八一	蘇格蘭之大思想家
埒比打士	Rodbertus	一八〇五	一八七五	德國國家論社會主義之鼻祖
曾國藩		一八一一	一八七二	中國近世之大儒
埒斯	Lotze	一八一七	一八八一	德國之哲學者其學說出自希幾
謙荷	Helmholz	一八二一	……	德國之大生理學者數學者物理學且精於音樂
黑民	Eduard Hartmann	一八四二	……	德國當代之大哲學者
斯賓塞	Herbert Spenser	一八二〇	……	英國近時之大思想家

（完）

第一靈驗 驗方續編

定價日洋六毫

此書成于海內五大名醫之手乃費十餘年之心力搜集各種經驗奇方以補驗方新編之缺凡驗方新編所未載之病症所未列之方藥此續編均已齊備海內十八省家家有此書而海外缺如用是特印此編以備海外諸君之購用此書與驗方新編相附而行有新編者萬不可不買此續編也

寄售處新民叢報社

英法德日中五國語言合璧

布面洋裝精本 定價二元

今日新學大興語言一科尤爲要用但向來我國于此等書多無美備之本如字典之類則嫌其涉于煩重如會話之類又嫌其過于漏略種種不適于用不無遺憾本書乃精通五國語言之人合力撰成其中分門別類譯解淸晰而于日用應酧一切皆極詳備凡出外者尤爲稱便若購讀此書則不數月而可通數國之話其便利誠莫過于是矣

不日出書

總批發處 北京琉璃廠有正書局 上海大馬路廣智書局

庚子北京事變照相全册

定價十八元

庚子事變本主人時適在北京一切情景及宮殿各景皆親自照出茲特用上好照相紙晒成合爲一巨册閱者得此雖未至北京而亦儼如親歷其境矣晒成無多欲快先覩者請速購取　高林平太郎啓

茲將各照片分列如下

○一午門　○二保和殿　○三中保和殿
○四太和殿　○五乾清宮　○六壽皇殿
○七翀坤宮　○八天一門　○九疊翠樓
○十皇太后之戲臺　○十一宮內曲廊　○十二宮巷
○十三鴛鴦亭　○十四宮內全景　○十五宮內全景
○十六北海之北儀鑾殿　○十七北儀鑾殿之側面　○十八北海全景
○十九中海玉蝀橋　○二十南海之瀛臺　○二十一皇穹宇
○二十二景山　○二十三萬壽山之佛香閣

代售所横濱新民叢報社上海

○二十四頤和園之昆明湖
○二十五頤和園之霽香橋
○二十六頤和園之石船
○二十七頤和園八鳳亭
○二十八萬壽山側面
○二十九頤和園之長橋
○三十頤和園側面
○三十一御榻
○三十二御便榻
○三十三皇建有極寶座
○三十四建極綏猷寶座
○三十五允執厥中寶座
○三十六正大光明寶座
○三十七皇帝廻鑾入大清門
○三十八慶李與各國公使議和畫押
○四十各國公使
○四十一各國公使及夫人
○四十二慶王
○四十三肅王
○四十四李鴻章全家
○四十五袁世凱之戎裝
○四十六宮內千手佛
○四十七醇賢親王
○四十八太后廻鑾時小影
○四十九皇上廻鑾時小影
○五十皇后
○五十一宮妃
○五十二醇王
○五十三濤公洵公
○五十四王文韶
○五十五袁世凱
○五十六端郡王
○五十七榮祿
○五十八董福祥
○五十九華德西
○六十義和團
○六十一紅燈女子

廣智書局北京琉璃廠有正書局

日本民友社著

十九世紀歐洲文明進化論

（附二十年來生計界劇變論）

●全一冊 ●定價三角五分

歐洲爲今日世界之重心而其所以能致然者實在于十九世紀本書舉其百年間之學藝政俗窮其變通而敘其得失詞旨蘊藉論斷公平眞一篇好十九世紀史論也原作文筆淋漓超超拔俗譯筆復能肖之欲識歐洲之眞相者允宜急手一編也

日本大學教授法學博士和田垣謙三著

經濟教科書

價定三角

經濟一科即近人所譯生計學是也此科今在世界諸學中爲第一重要之學科但其學理深賾其問題繁雜非專門名家者不能領會日本自三年前始將此科列入中學普通科舉其初步簡要之理使尋常學生皆解其義誠智識普及之一方法也此書著者爲東邦斯學名家特撮述精要之理用至簡明之筆編爲教科書使適於中學之用至今彼都以爲最佳本焉我國新學萌芽譯事驟盛而經濟學之書至今尚無一本蓋皆憚於其學理之精深不敢率爾操觚也此書簡淺最適於中國學者之用故今本局特譯之以爲研究茲學之嚆矢云爾

發行所　上海廣智書局

地方自治制論

定價　三角五分

世競言民權然非有地方自治之制則民權即無基礎條頓民族之民權所以獨盛者由其自治之有素也今世界列國中雖以俄羅斯之專制然亦已有地方議會盖此基一立則于政治之實力思過半矣中國數千年來爲治者不甚行干涉保護之政策故民間自治力亦頗發達惟無完備之條理無一定之法律故雖有此美質而其力不足以關係于一國識者慨焉今本局特譯此書詳言各國地方自治制度之精神及其權限職務焉夫團結進步之方法此誠政治之第一級而最適于今日之用者也

心理教育學

定價五角

教育者非他不過因人類心靈之所固有者而濬鍊啓發之而已故欲從事教育者不可不講明心理之作用而求所以牖導之之法故教育學之範圍以心理學占其大部分爲今日中國競言教育而于此事之原理公例率皆茫然以此爲教則教育之前途必難成就矣此書採集東西大家之學說講明人心之現象及教育家所以因勢利導之法條理詳盡解釋顯明誠中國今日不可缺之要籍故本局急譯之以資國民進化之一助云爾

發行所　上海　廣智書局

傳記小叢書第二種 **俾斯麥傳** 定價一角

十九世紀播弄世界之政權者俾斯麥也其一言一動世皆注目視之雖謂近今大勢皆俾斯麥所造成不爲過讀其傳記于攷求時勢思過半矣

傳記小叢書第三種 **加里波的傳** 定價一角半

意大利興國三傑卓卓在人耳目間其言論行事多可取法欲知加里波的之人物之價值此傳記不可不亟讀也

社會改良論 定價二角半

人類進化以社會改良爲尤亟世未有社會腐敗而其國能興盛者此書詳論社會改良之理推原窮流洵能增世界社會發達之力也

世界十二女傑 定價五角

英雄豪傑不分男女中國數千年來廢女子不用而女子之傑出者益寥寥罕聞矣讀此書載世界女傑皆可歌可泣可敬可慕餉我中國吾知女子中必有聞而興起者矣女子猶如此男子更可以興矣

男女生殖器病秘書 定價二角半

白人種問題出世益致力於生理衛生諸事以爲傳種改良之具中國學士以生理學未明多闇於身體搆造之理茲書言簡意賅讀之於男女衛生其受益爲不淺也

發行所 上海廣智書局

泰西事物起原

定價五角

凡事必有起點而後逐漸發達逐漸完成故者各種事物之起原非徒趣味濃深亦實治學問必要之具也中國昔有「壹是紀始」等書言各種事物最初之來歷大便學者惟是泰西今日文明日進事物日繁世人徒艷羨其新學新藝而罕知其出來此書爲日本第一書林博文館所編分類數十門上自政治學問下及一名一物莫不推原其所自始以最簡之筆述其梗概實足供考鑒之資備應對之用博物君子盍一讀之

政治學下卷

定價四角

政治學一書分國家憲法行政之篇共爲三卷其上卷國家篇中卷上下憲法篇早已出書政治學誌極爲詳備諒爲識者所共知無待贅言茲下卷行政篇亦已告成且將全書勘誤列表卷末以便檢查想饜心是書者當必先覩爲快也

處女衛生論

洋裝定價四角

保種之事必先加意于女子而女子尤以衛生爲要種類强弱胥關乎此世間女子不可不奉此爲寶筏乎

發行所　上海廣智書局

浙江潮第一期要目豫告

●**社說** 國魂篇

●**論說** 民族主義論

公私篇

政法——未定

●**學術** 權理……續无鬼論

教育……中國教育之方針

教育學

歷史 印度亡國史

●**大勢** 一般大勢……世界十二年之變化

各國內情……海陸二大强國

極東經營……俄羅斯東亞新政策

●**日本聞見錄** 日本財政攷

去年之議院

●**小說** 少年軍

專制虎

●**新浙江與舊浙江** 浙聲

浙江文明之概畧

其餘紀事雜錄談叢白話數門共八萬餘言皆由同人撰述編纂限正月二十日出版總發行所在上海中外日報館及杭州萬安橋白話報館

啓者。本店開設日本東京經已三十有餘年。專製造機器字粒及各種花邊電版一切印刷物件。其精緻秀美久已四海馳名迥非別家之可比。至字粒之式樣。大小高低全仿歐美所製。而且字體玲瓏堅固雖日久用之永無殘破糢糊之弊。凡印刷書籍地圖繪畫等。皆極鮮明精巧。版面用墨不多。額外着色。本店不惜工本專心製造。近更日加改良。精益求精。一切印刷物件實較歐美有過之無不及。倘蒙 諸尊光顧請移 玉步貨眞價實童叟無欺。

又本店之機器字粒及各種花邊電版一切印刷物件。皆印有圖形。如遠地 諸君欲購何種而欲先行取閱式樣者。可列明函告本店。當按照寄上。

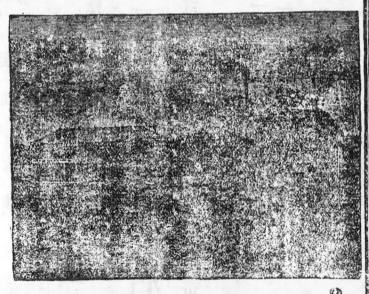

登録商標

日本東京市京橋區築地二丁目十七番地

株式會社 東京築地活版製造所

本支店所在地

東京（本店）　大坂　京都　横濱　神戸
名古屋　廣島　下關　函館　大津
和歌山　四日市　長崎　小樽　足利
横須賀　三池　門司　深川（東京）

資本金五百萬圓

横濱市本町二丁目二十一番地

合名會社 三井銀行横濱支店

電話　五五番、八九〇番、九八六番

公積金五百參拾五萬圓

存金利息

一定期存金六月以上週息五分五厘　一隨時存金每百圓每日九厘
一特別隨時存金每百圓每日壹錢二厘　一通知存金利息隨時面議

明治三十六年一月十六日

支店長　矢田績

最新刊

落合直文先生著

日本大辭典 ことばの泉

第十八版

大訂正増補補遺付

洋本脊革金文字入美製全一冊　正價金五圓五角重量一貫二百匁

和本最上美濃紙刷套入全五冊　正價金八圓　郵重量八百匁

（紙數）二千頁

杉浦重剛先生校閲並序　奚疑島田豐先生纂譯

再訂増補 和譯英字彙　第廿七版

最上等洋裝全一冊　縦六寸六分　横四寸五分

正價金貳圓一角　重量四百五十匁

帝國大學文科學長文學博士井上哲次郎先生著

新獨和辭典

洋裝全一冊　正價八角五分　郵税六分

野村泰亨先生・森則義先生共著　郵壹萬部限特別廉價六角五分

佛和辭典

洋裝美製全一冊　正價二圓七角郵税一角六分

野村泰亨先生　中澤文三郎先生　阿部漸先生共著

佛和新辭典

第六版

帝國大學教授法學博士和田垣謙三先生著　洋裝全一冊正價一圓五角　郵税六分

新英和辭典

洋裝全一冊　正價四角八分　郵税六分

帝國大學教授法學博士和田垣謙三先生著

新和英辭典

洋裝全一冊　正價六角五分　郵税六分

文學士中澤澄男先生　理學士比企忠先生　法學士山中鉦太郎先生　奚疑島田豐先生共著

英和辭典

洋裝最新形全一冊價五角五分郵税六分

法學士高野岩三郎先生　山崎要七郎先生　高野房太郎先生共著

和英辭典

洋裝最新形全一冊價六角五分　郵税六分

發行所　東京日本橋通一　電本局四百十四　大倉書店

圖書目錄入用の方は往復端書にて申込あれば呈す

● 敬送植物種子定價表

本園備有各種植物種子凡田中林中盤中所種者共萬數千種今特搜出最緊要者百餘種繪成圖說用木版精工雕印後附定價表一目了然如欲取閱者不取分文敬送一部

東京內藤新宿停車場際

各國產業種苗問屋
農事月報發行所　耕牧園

梁溪務實學堂四書義　以最新之理想發明孔孟之眞諦識解出漢宋諸儒之上實經說中最特色之作用木板四角石印三角總

發行所上海黃智書局無錫梁溪務實學堂

謹告

敝社向業各種出版圖書發售現今更擴張業務特新設一販賣部凡日本各處之出版圖書皆有出售價格低廉寄送快捷如蒙賜顧請移玉步外埠函購原班回件

再敝店之圖書目錄如要者函寄付如當照寄上

書肆　東京神田表神保町　合資會社　富山房　特電一〇三六番

學校要品 中國暗射地圖出版廣告

定價五元

凡學校敎科莫要于暗射地圖暗射者圖中不明載地名惟畫其輪廓而加以許多符號標識懸諸講堂敎師指其符號以敎學生明日還以質問之故于助記性最有功焉凡各國小學校中學校無不用之而學生亦多自備一份以助暗記盖敎地理學地理最要之品也本局特仿外國最新之法頃製成世界地圖不日即行售罄今中國地圖亦已製成橫直各五尺符號繁備眉目清晰一見令人悅目其間用小字記注最要之地名取便敎師也近來學校之議漸興不可不人手一帙矣

發行所 上海大馬路後街同吉里 廣智書局

來年之

新民叢報

看！看!!看!!!

新年大附錄!!!

癸卯元旦所出第二十五號適爲本報開設一週年紀念登錄懸賞應徵之文及本社特撰品之有關時局趣味盎然者視尋常葉數加多一倍

看！看!!看!!!

閏月大增刊!!!

閏五月特出臨時增刊一厚册由本社總撰述自行執筆

看！看!!看!!!

全册大改良!!!

本報以明年大加改良務使與國運民智同時並進其改良細章則見本號及廿二號廿三號之廣告中

第三種郵便物認可
新民叢報第二十四號　明治三十六年一月十三日發行

期限表

請於下列日期前将書还回

U0515659